KB015519

지식
오케스트라

재미있는 깨우침 · 철학 · 종교 · 문학
정신분석 · 뇌과학 이야기

박검진
한국기술교육대 교수

法文社

감사의 글

　‘지식 오케스트라’가 세상에 나오기까지 많은 격려와 응원을 해준 가족과 벗들에게 우선 감사의 말씀을 전합니다. 인문학과 뇌과학, 정신분석학 그리고 종교 분야는 필자의 전공 분야가 아니기에 어려운 점이 많았습니다. 그러나 그 분야들에 지속적인 관심과 긁적거림이 본서를 쓰게 된 인연입니다.

　아직 세련되게 다듬어지지 않고 투박한 글이지만 일반철학이나 종교철학이 일반인들에게 쉽게 접근할 수 없는 분야라는 것을 불식시키기 위하여 동·서양 철학자들의 사유와 주장을 비전문가의 관점에서 순수하게 바라보았다는 점에서 의의를 찾고자 합니다.

　글을 쓰게 된 계기는 ‘암묵적 지식’이 앞으로의 세상에 중요한 전문지식으로 자리 잡는 것은 자명한 사실이기에 필자의 박사학위 논문도 이 분야로 연구했고, 좀 더 그 심연을 들여다보기 위하여 여러 작가의 작품을 읽었고, 그 작품 속 작가들의 생각을 여과 없이 전달하면서 서로 간의 연관관계를 찾고자 노력했습니다. 그러다 보니 자연스럽게 ‘무의식’이란 분야도 들여다보게 되었습니다.

　비록 내용이 방대하고 쉽지 않은 분야도 있으나 자세히 읽어보시면 모두 연결이 된다는 것을 아실 수 있을 겁니다. 혹시라도 필자가 잘못 생각하는 내용이 있으면 언제든지 채찍을 가해주시기를 앙망하옵니다.

　덜 익은 글들이 발간되도록 신경을 많이 써주신 법문사 가족 여러분께 설 명절을 앞두고 큰절을 올립니다. 감사합니다. 그리고 여러분을 사랑합니다.

2023년 1월 18일

한국기술교육대학교

산학협력관에서

머리글

본서의 제목을 '지식 오케스트라'로 정한 것은 지식의 범주가 너무도 다양하고 활용 가능성이 무궁무진하기 때문이다. 한 분야의 지식을 깊이 있게 연구하는 것은 물론 중요하지만, 그에 못지않게 다양한 지식을 접목하여 새로운 지식을 창출하는 것은 융합을 추구하는 시대적 요구이기도 하다.

대부분의 교양서적은 철학, 문학, 예술, 역사, 종교, 뇌과학, 정신분석 등을 별도의 주제로 다루다 보니 종합적으로 연결해서 사고할 기회가 적었다. 가령, 종교와 철학은 이질적인 분야 같지만, 실제는 비슷한 분야이다. 중세에는 신을 절대적인 존재로 숭배하고, 무조건 신을 따라야만 은총을 받는다고 설교했으나 토마스 아퀴나스는 종교란 신에 대한 믿음을 굳건히 할 수 있는 이성 즉, 철학이 동반돼야 한다고 주장하면서 아리스토텔레스의 철학을 접목했다. 종교와 철학이 만난 것이다.

종교와 철학을 들여다보면 서양이나 동양이나 유사한 사상이 많다는 것에 놀라움을 금치 못한다. 시대와 지역을 달리하면서도 사상들이 비슷하다는 것은 인간의 놀라운 창의력 때문이다. 이러한 인간들의 본질을 파악하는 것이 철학이다.

종교와 철학의 내면에는 인간 정신세계의 의식과 무의식이 수없이 교차한다는 것을 알 수 있다. 실제로 인간에게는 무의식 상태에서의 지식이 상당 부분을 차지한다. 특히, 제4차산업혁명의 화두인 암묵적 지식은 무의식적으로 얻는 것이 많으므로 이것이 어떻게 생산되고 활용되는지를 아는 것은 매우 중요하다.

앞으로의 세상은 누가 암묵적 지식을 많이 소유하느냐에 따라서 삶의 질이 바뀔 것이다. 본서에서는 암묵적 지식의 개념과 체계 그리고 응용으로 가닥을 잡고, 불교에서 말하는 깨우침과 유교의 인과 예 그리고 도교의 유무상생의 원리를 들여다본다. 서산대사는 불교, 유교, 도교는 통합되어야 한다고 주장했다. 자세히 들여다보면, 깨우침은 욕심을 버리라는 것이고, 중용에서는 하늘과 인간의 양심은 한 마음이므로 욕심을 버리라고 한다. 유무상생도 유와 무는 한 쌍이니 서로를 인정할 것을 요구한다. 그 또한 욕심을 버리고 경계에 서라는 깊은 뜻이 있다. 즉, 무위라는 것이다. 모든 것을 자연스럽게 흘러가게 놔두라는 것이다.

본서는 잡다하게 여러 이야기가 있는 것 같지만 모두 연결되는 내용들이다. 본서를 접하는 독자들은 본서가 무언가 답을 줄 것이라고 기대하지 말고, 내용을 음미하면서 독자 스스로가 오케스트라의 지휘자가 되어서 해석을 하라는 것이다. 하나의 곡을 두고 지휘자들마다 해석이 다른 경우가 많다. 본서의 해석은 독자들에게 맡긴다.

본서의 장점은 일반인들이 접근하기 힘든 철학이나 종교 등 분야가 다양한 지식을 나름대로 쉽게 설명하기 위해서 애쓴 점이다. 다시 말해서, 독자들이 지휘할 수 있도록 다양한 지식 내용을 다루었다. 그 지식을 활용해서 훌륭한 하모니를 만드는 작업은 독자들의 몫이다. 그래서 '지식 오케스트라'라는 제목을 달았다.

본서의 특징은 철학자들의 사상적 연계를 쉽게 이해할 수 있도록 중요한 내용을 반복하면서 기억할 수 있도록 추가 설명을 한 점이다. 특히, 지식을 암묵적 지식과 무의식적 지식에 초점을 두고 다양한 분야의 수많은 지식을 접목했다는 점이다. 중요하지만 접근하기 쉽지 않은 암묵적 지식과 무의식적 지식에 대해서 심도 있는 접근을 통하여 지식의 체계를 잡으려 노력했다. 가령, 암묵적 지식이 왜 중요한지와 실생활에서 암묵적 지식이 어떻게 활용되고, 어떻게 하면 세상에 공개되는 형식지가 될 수 있는지에 대한 방안을 모색하고자 했다.

무의식적 세계 속에는 우리가 매일 꾸는 꿈, 불교에서 말하는 공(空)과 노자가 말하는 무위자연(無爲自然)과 유무상생(有無相生), 도(道)와 깨달음, 프로이트, 자크 라캉, 니체 그리고 쇼펜하우어가 말하는 인간의 '욕망(慾望)'도 포함된다. 특히, 자크 라캉은 무의식의 구조를 밝히려고 노력했다. 그 결과로 무의식은 언어로 구성된다고 했다. 그러한 그의 지식의 이면에는 소쉬르의 언어학과 롤랑 바르트의 문화기호학이 존재한다.

무의식적 세계의 아류로는 후설의 현상학과 헤겔의 정신현상학, 메를로퐁티의 지각 현상학이 있다. 현상학에서는 사물의 응시를 통하여 본질을 찾고자 하는 노력이 깃들어 있다. 본질을 찾는 방법은 다양하다. 가령, 사물에 대한 직관과 변증법을 사용할 수 있다.

현상학이 사물의 본질을 파악하기 위함이라면, 실존(實存)을 중시한 실존주의도 함께 이해하는 것이 필요하다. 불행한 삶을 살았던 스피노자와 키에르케고르, 존재와 시간을 고뇌한 하이데거, 존재와 무를 사고한 사르트르, 위버멘쉬(초인)를 주장한 니체의 철학 내용을 이해해야 한다. 어렵지 않다. 철학이 어렵다는 선입견부터 버려야 한다. 세상의 이치를 명쾌하게 개념 잡도록 도움을 준 것이 철학이다.

무의식적 세계에서 빼놓을 수 없는 것이 신(神)의 영역이다. 신과의 교감과 성령의 체험은 신비주의를 넘어서는 무의식의 영역이다. 아우구스티누스의 신에 대한 사랑과 '신학대전'을 저술한 토마스 아퀴나스의 종교철학을 이해할 필요가 있다.

반면에 신의 존재를 부정한 마르크스, 프로이트, 니체, 포 이어 바흐 등은 어떤 이유로 신과 교회를 부정했는지도 함께 고려해야 할 것이다. 또한 스피노자가 주장한 신과 자연과의 관계도 알아야 한다. 스피노자는 그것 때문에 유대인 사회에서 파문까지 당한다. 신과 자연을 동일시하는 것은 당시에 용납될 수 없는 죄이었기 때문이었다. 또한 동시대를 살았던 수학자였던 라이프니츠의 철학과 스피노자 철학의 차이점도 살펴보아야 한다.

무엇보다도 무의식의 세계에서는 인간 내면의 속성(屬性)에 대한 이해가 필요하다. 프로이트에 의하여 시작되고 아들러와 융 그리고 자크 라캉에 의하여 발전한 정신분석학과 깨우침을 목표로 삼는 불교와 같은 종교와 뇌과학과의 연관성 이해도 무의식의 세계를 과학적으로 접근하는 데 매우 중요하다.

이러한 새로운 길에 접근하면서 현재까지 밝혀진 뇌과학과 대체의학(代替醫學)과 마음치유를 통섭(統攝, consilience)하는 철학적 통찰을 하는 것이 본서가 추구하는 방향이다.

차례

제 2 장 무의식의 이해

제1장

암묵적 지식

　　본 장에서는 암묵적 지식의 개념과 암묵적 지식의 태동, 일상생활에서의 암묵적 지식 등을 살펴보고 암묵적 지식이 작동하는 메커니즘을 뇌과학 측면에서 살펴보고, 향후 활용방안에 대해서 논한다.

제1절 암묵적 지식의 개념

1-1 몸이 기억한다

암묵적 지식이란 말이나 글로 표현하기 어려운 지식을 일반적으로 의미한다. 우리가 일상생활을 하다 보면 이의로 이런 지식이 많다는 것에 놀라게 된다. 가령, 걸음에 관해서 설명하라고 하면 매일 아무 생각 없이 하는 일인데도 어렵다. 왼쪽 발을 먼저 내밀지 오른발을 먼저 내밀지, 손은 몇 도의 각도로 상하 운동을 해야 하며, 가슴의 각도와 머리의 각도, 보폭은 얼마가 적당한지, 호흡은 어떻게 등…. 사람마다 모두 다르므로 걸음을 정의하기는 어렵다. 이처럼 우리 몸에 체화된 동작이 암묵적 지식이란 것이다. 다시 말해서 의식적으로 뇌에서 말초신경으로 신호가 전달되어 움직이는 시스템이 아니라 경험 및 감각과 운동신경에 의해서 자연스럽게 동작하는 시스템이란 것이다. 물론, 뇌의 기저핵 또는 편도체 부분에 기억된 것을 무의식적으로 꺼내는 것이다.

가령, 자전거 타기를 생각해 보자. 자전거 타기는 몸의 균형을 잡는데 대단히 좋은 운동으로 알려져 있다. 소뇌의 이상으로 몸의 균형감각을 잃은 사람들은 자전거 타기가 어렵다. 어린 시절에 누구나 자전거를 배울 때의 기억이 있을 것이다. 가르쳐주는 사람이 자전거를 뒤에서 붙잡고 있다가 슬그머니 손을 놓는다. 초보자는 페달을 계속 밟다가 뒤에 사람이 없는 것을 발견하고는 허둥대다가 넘어지고 만다. 이것을 몇 차례 반복하다 보면 몸으로 균형을 잡고 페달을 계속 밟으면 넘어지지 않는다는 요령을 터득한다. 그러나 이것을 말로 설명해 보라고 하면 말문이 막힌다. 핸들을 어떻게 잡고, 몸의 자세를 어떻게 유지하고, 넘어지려 할 때, 핸들을 어떤 방향으로 꺾어야 하는지, 페달 굴리기의 속도는 얼마가 적당한지, 브레이크 밟을 때의 순간 속력은 어떻게 하는 것이 좋은지 등…. 말로 표현하기가 어렵다. 설령, 글로 설명서를 만들어도, 그대로 따라 한다는 것은 불가능에 가깝다. 이것은 뇌가 생각해서 해결되는 문제가 아니라, 신체가 자연스럽게 동작할 수 있을 때까지 반복에 반복을 거듭해야 몸에 체화되기 때문이다.

그러므로 이런 것을 몸으로 기억한다고 한다. 리사 제노바[1]는 이것을 근육기억(muscle memory)이라 한다. '근육기억'은 운동기능과 절차에 관한 기억이자 어떤 일을 하는 방법이 기록된 매뉴얼이다. 근육기억은 무의식적으로 의식의 경계너머로 소환된다고 한다. 몸으로 기억한다는 것은 언뜻 이해가 안 된다. 뇌도 아니고 몸으로 어떻게 기억을 하는가? 가령, 운전하다가 자기도 모르게 엉뚱하게 행선지와 다른 방향으로 달려본 기억이 있을 것이다. 다른 생각에 몰두하다 보니 늘 가던 길로 간 것이다. 이것을 뇌가 지시해서 그 방향으로 갔다고 얘기할 수 있을까? 그 순간 뇌는 다른 생각을 하고 있었다. 몸은 뇌로부터 명령을 받지 못했기 때문에 기존의 방식대로 방향을 튼 것이다. 이것은 아마도 뇌의 바닥핵(기저핵) 부분에 운동 중추가 있는데, 반복해서 어느 한 운동을 계속하다 보면 바닥핵에서 전전두엽을 거쳐서 운동신경이 뇌줄기를 따라 말초신경까지 연결되는 루트가 단단한 신경세포로 뭉치게 된다. 이런 것이 뇌에만 존재하는 것이 아니라 몸 이곳저곳에 흩어져 있는 신경세포로 전달되어 기억을 형성한다고 보인다. 이런 일련의 과정들을 몸이 기억한다고 표현하는 것 같다. 실제로 정확히 그 저장 장소가 어디인지 현대의학으로는 정확히 알 수 없다. 단지 추측할 뿐이다. 몸이 기억한다는 것은 숙련된 반복 과정을

---

1 리사 제노바(Lisa Genova): 과학자의 눈과 시인의 귀를 가진 신경과학자. '기억의 뇌과학'의 저자.

통한 몸으로의 체화를 의미한다. 전문가들일수록 뇌로 생각하는 것보다는 몸으로 먼저 반응한다고 한다.

1-2   기억은 믿을 것이 못된다

몸 전체 열량의 25~30%를 뇌에서 소비할 정도로 뇌는 대단히 높은 열량을 요구한다고 한다. 인간은 원초적인 원시인 시절에는 뇌도 작고, 뇌로 열량도 많이 보낼 필요도 없었는데, 직립보행을 하면서 손이 자유롭게 되었고, 불을 사용하면서 짐승의 살을 날로 먹지 않고 익혀 먹게 되었고, 이것은 음식 소화에 사용되는 열량을 줄여서 대신 뇌로 그 열량을 보내면서 사고하는 활동을 활발하게 하고, 뇌에서 더 많은 열량을 소모하게 되었다고 한다. 뇌가 커지고 만물의 영장이 된 것이었다. 이렇게 발달한 뇌는 수많은 신경세포와 일반 세포를 가지게 되었다. '신경세포'에서 정보 전달을 한다면 '일반세포'는 에너지를 생산하는 역할을 맡았다. 우리가 기억이라고 말하는 부분은 신경세포 부분이다. 신경세포는 몸 전체에서 1,000억 개를 넘고, 그 신경세포들이 이루는 시냅스는 수조 개가 넘는다. 그 신경망은 네트워크를 형성하여 인간의 지능을 형성했다. 지능이 높다는 것은 필요한 요소요소의 신경망이 촘촘히 구성되어 필요한 정보를 신속하고 정확하게 끄집어낸다는 것을 의미한다. 이것은 선천적이라기보다는 후천적으로 신경세포를 적절히 잘 사용했다는 것이다. 다시 말해서 기억을 할 때, 뇌의 둘레계통에 존재하는 편도체와 해마 부분을 잘 활용했다는 것이다. 편도체에서는 감정을 주로 조절하는데 집중을 할 때, 신경전달물질인 '노르에피네프론'을 분출하여 선명하게 감정을 기억시킨다고 한다.

또한, 해마는 기억을 임시로 저장하고, 대뇌피질 연합영역에 장기기억을 시키는 매개 구실을 하는데, 해마에 어떤 정보가 들어있는지에 따라서 장기기억을 잘 시킬 수가 있다. 가령, 똑같은 상황을 목격하고도 사람마다 기억하는 내용이 다르다고 한다. 그만큼 기억은 믿을만한 것이 못 된다는 것이다. 동영상이나 사진처럼 사실을 있는 그대로 기억하는 것이 아니라 왜곡시켜서 기억한다는 것이다. 실례로 힐러리 클린턴이 민주당 대선주자 시절 보스니아 실언 파문으로 큰 타격을 입었다. 당시 1996년 힐러리는 상황이 너무 위험하고 저격수들이 노리고 있어 암살을 방지하기 위해서 고개를 숙이고 황급히 차로 달려갔다고 했는데, 나중에 보스니아 공항 환영식 장면이 촬영된 영상에는 환하게 웃고, 어린이가 환영시를 낭독하는 장면이 보였다. 힐러리는 촬영된 것을 보면서도 믿을 수 없다는 표정을 지었다고 한다. 물론 힐러리가 상황을 과장하기 위해서 거짓말을 했었을 수도 있으나, 보스니아 내전이 1995년에 끝났기 때문에 힐러리는 그녀의 뇌에 왜곡해서 기억했을 개연성도 있다. 이러한 기억을 리사 제노바는 '일화기억(episodic memory)'이라 한다. 즉, 이전에 일어난 일, 특정 장소, 시간과 묶여있는 정보를 말한다. 그녀에 따르면 일화기억은 왜곡, 첨가, 누락, 윤색, 상상 등 온통 오류투성이라고 한다. 그 이유는 지나간 일에 대한 기억은 부호화, 강화, 저장, 인출의 각 단계마다 편집과 왜곡될 가능성이 있다는 것이다. 기억 형성을 위해 투입하는 정보자체가 우리가 인지하고 주의를 기울인 정보에 한정된다고 한다. 힐러리는 당시에 그녀가 몹시 피곤한 상태였기에 말실수를 했다고 사과를 했지만, 실제로 그녀가 당시 극도의 피곤한 상태였다면 얼마든지 그럴 수도 있다. 그러나 그녀는 말실수 때문에 지지도에서 7포인트나 하락을 맛보아야 했다. 이와 비슷한 사례는 여러 곳에서 발견된다. 가령, 로널드 레이건 당시 미국 공화당 대통령 후보는 연설 도중에 애국인사를 소개하면서 실제 인물이 아닌 영화 속의 인물을 소개했다고 한다. 이것도 착각의 사례다.

　다른 사례로는 1986년 미국 우주왕복선 챌린저호는 일곱 명의 우주비행사를 태우고 플로리다 하늘을 치솟다 73초 후 연료탱크가 폭발했다. 리사 제노바에 따르면 에모리대학교의 울릭 나이서와 니콜하시는 심리학 기초과정을 수강하는 다수의 학생을 대상으로 폭발 후, 24시간이 지난 다음 설문조사를 실시했다고 한다. 질문내용으로는 폭발 당시 어디에 있었는가? 무엇을 하고 있었는가? 누구와 있었는가? 하루 중 언제였나? 1988년 가을, 폭발사건이 발생하고 2년 6개월 후에 같은 학생들에게 동일한 질문지를 주고 그들의 일화기억을 원래의 기억과 대조해 보았다고 한다. 즉, '추적조사'를 한 셈이다. 결과는 완벽하게 일치하는 경우는 한 건도 없었고, 25%는 전부 틀렸다고 한다. 학생들의 절반 정도는 한 가지 질문에서만 동일하게 답했다고 한다. 놀라운 사실은 학생들은 기억이 정확한지와는 무관하게 자신들의 기억에 높은 확신을 자지고 있었다고 한다. 심지어 완전히 틀렸던 학생들조차 마찬가지였다고 한다. 1989년 봄에 같은 학생들을 대상으로 1986년과 1988년 각각 작성한 답지를 보여주었다고 한다. 학생들은 놀랍게도 1988년 답지가 맞다고 우겼다고 한다. 본 프로젝트를 기획했던 나이서와 하시의 애당초 생각은 1986년 최초의 답변을 보여주면 사건을 정확히 기억할 것으로 예측했는데 오산이었다고 한다. 되레, 학생들은 1986년 답변에 대해 당혹스러워하면서, 1988년 두 번째 답변이 옳다고 주장했다는 것이다. 기억은 이처럼 믿을 것이 못된다고 리사 제노바는 주장한다.

또 다른 사례는 TV 심리학 프로그램에서 본 내용이다. 바다와 관련된 단어를 나열해 놓고, 실제로 바다라는 단어는 관련 단어에서 삭제했다. 그러나 절반 이상의 많은 사람이 바다라는 단어가 분명히 있었다고 응답했다. 만약 법정에서 중요한 목격자가 이런 잘못된 진술을 하게 될 여지가 얼마든지 있음을 보여준다. 신성한 법정에서조차 발생될지도 모를 잘못된 기억의 무서움이다. 리사 제노바에 따르면 미국인들의 거의 절반은 유일한 목격자의 증언 그리고 그 증언을 뒷받침하는 기억을 근거로 유죄판결을 내려도 된다고 생각한 조사결과가 있다고 한다. 실제로 무고한 사람들이 DNA 검사로 누명을 벗은 사례는 많다고 한다. 그 중 75%는 목격자의 증언을 근거로 유죄판결을 받았다고 한다. 사람의 기억이 생각한 것보다도 허술한데 신성한 법정에서 이것을 근거로 죄 없는 사람들이 유죄가 된다고 생각하면 끔찍한 일이 아닐 수 없다.

1-3 IQ의 비밀

지능이 높은 사람의 뇌를 f-MRI[2] 사진 촬영을 해보니, 뇌의 전두엽, 두정엽, 측두엽, 후두엽 전 분야가 활발하게 반응할 것을 예상했는데 뜻밖에 특정 부위가 활성화되는 것을 목격했다. 이것은 지능이 발달한 사람일수록 신경세포들이 집중적으로 네트워크를 형성하는 지점이 있다는 것을 의미한다고 볼 수 있다. 다시 말해서 잘 쓰는 근육들이 발달하는 것처럼 잘 쓰는 신경세포들이 연결되어 특정 영역에 포진하고 있다는 것이다. 그러니 필요한 정보를 신속 정확하게 뇌의 기억장치로부터 꺼내 쓴다는 것이다. 가령, 학교에서 시험을 칠 때, 어떤 학생은 종소리 울릴 때까지 답안지를 작성하는가 하면, 어떤 학생은 시작한 지 절반도 안 되어 시험장을 빠져나가는 경우를 보았을 것이다. 후자 학생의 경우가 잘 연결된 신경세포를 가지고 있을 가능성이 크다는 것이다. 이 학생은 뇌의 열량을 다른 학생들보다 적게 소모하면서도 높은 학업성적을 보인다. 반면에, 그렇지 못한 학생은 뇌의 여러 부위를 활용하다 보니 뇌의 에너지만 소모하고 성적이 나지 않는 것이다. 그만큼 반복학습이 덜 되었다는 의미이다. 공부를 잘하고 못하고는 얼마나 반복학습을 많이 했느냐에 좌우된다. 반복학습을 많이 하면 해마에서 기억의 색인 작업을 할 때, 우선순위를 두기 때문에 장기기억으로 저장되는 것이다. 기억의 메커니즘은 공부한 내용이 바로 장기기억되는 것이 아니라, 해마에 임시로 저장해 놓고 잠을 잘 때, 해마가 작용하여 대뇌피질의 연합영역에 촉각, 시각, 청각을 저장한다. 미각과 후각은 다중감각연합영역에서 종합적으로 기억을 완성할 때, 함께 기억된다.

기억의 완성은 '렘(REM)'[3]수면 시에 나타난다. 다시 말해서 꿈을 꿀 때, 해마와

---

2 기능성, 또는 기능적 자기공명영상(functional magnetic resonance imaging, f-MRI): 혈류와 관련된 변화를 감지하여 뇌활동을 측정하는 기술.
3 REM수면(Rapid Eye Movement Sleep): 수면 단계 중에서 안구가 급속히 움직이는 것이 관찰. 대개의 경우 꿈을 꿀 때 이런 현상이 발생.

장기기억 장치 부분이 끊어지고, 기존의 신경세포들이 서로 간의 연결 작업을 통하여 더욱더 단단히 하게 된다. 이것이 장기기억이다. 그러므로 사람이 잠을 자지 않고 계속 일을 하면 나중에는 몽롱해지면서 학습의 효과가 전혀 발생하지 못하는 것이다. 이것은 과학적으로도 증명된 것이다. 아인슈타인도 일반 상대성 원리의 개념을 꿈을 꾸고 나서 완성했다는 일화도 있다. 그만큼 꿈은 중요한 것이다.

학창시절에 지능지수(IQ 검사)라는 것을 의무적으로 한다. 표면상은 학생의 진로나 학업 지도를 위해서 참고하려는 방편으로 한다고 하지만 실제로 특정 학생들의 IQ 개발을 위해서 학교 선생들이 나선 적이 있나? IQ는 논리, 추리, 수리, 공간 인식, 물체 인식 등 수많은 영역을 측정해서 IQ100 정도 나오면 평균지능으로 알고 평생을 평균적 인간으로 살다가 죽는다. 이 얼마나 어리석은 사회의 구조주의인가! IQ100이니 150인가가 중요한 것이 아니라, 각 측정된 영역별로 개인의 현재 측정 결과를 알려주고, 자신들이 미흡한 부분을 개선하면 인위적으로는 IQ125 정도까지는 개선할 수 있다고 본다. 그러나 천재적 IQ는 타고난 '유전인자(gene)'[4]와 '염색체(DNA)'[5]를 무시할 수 없다고 본다. 중요한 것은 IQ 수치만 알려주는 것은 아무 의미도 없다. 자칫 학생을 평생 IQ 장애인 또는 우월인으로 만들 수 있다는 것을 현장의 학교 선생들은 인식하고 있어야 한다. 이제 사회는 학생들 개개인의 숨은 암묵적이고, 무의식적인 지식을 꺼내는 작업을 해야 한다. 소크라테스의 '산파술(産婆術)'[6]이 바로 그것이다. 지식을 주입하는 것이 아니라 질문을 통하여 잠재된 의식을 끄집어 내는 것이다. 산파술에는 '아포리아'[7] 상태를 포함한다.

인간은 의식된 지식이 10%라면 무의식적 지식은 90%로 보면 된다. 그야말로 빙산의 일각만을 활용하다가 죽는 것이다. 자신의 무의식적 지식을 꺼내기 위해서

---

4 유전인자(遺傳因子): 생물체의 개개의 유전형질을 발현시키는 원인이 되는 인자.
5 DNA는 한 사람의 유전정보를 담은 기본단위다. 세포핵 속에는 염색체가 있고 염색체는 DNA가 모여 만들어 진다. DNA는 이중나선 구조로 되어있고, 30억 개의 염기로 구성된다. 사람마다 특정위치에 염기서열 부위(STR)가 존재한다. DNA는 주로 영하 80도에서 보관된다.
6 대화 상대자에게 질문을 함으로써 상대자가 스스로 새로운 사상을 얻도록 도와주는 문답법.
7 Aporia상태: 대화 도중, 말문을 막히게 하는 대화술. 상대로 하여금 무지를 깨닫게 하는 문답법.

는 스스로 IQ를 150까지 개발할 필요성이 있다. 인간과 침팬지가 다른 것은 인간은 사고할 수 있는 뇌의 구조로 되어있다는 것이다. 다방면의 IQ를 스스로 개발하면 자신의 잠재적 지식을 스스로 의식할 수 있다. 이러한 인식이 지식 창출의 시작이다. 사람들이 뭔가를 인식한다는 것은 그것이 바로 지식이 되는 것이다. '칸트'는 신(神)과 같은 형이상학을 지식으로 받아들이지 않았다. 우리가 의식하고 인식을 해야 그것이 지식이라고 생각했다. 우리가 그냥 스치고 지나간 자리에 남은 수많은 무의식 속의 지식은 그야말로 무궁무진(無窮無盡)이다. 이것을 꺼낼 수 있는 능력이 진짜 IQ다. '놈 촘스키'[8]에 따르면 인간은 태어나면서부터 뇌 속에 '언어습득장치'가 내장되어 있으나 다른 동물들은 이런 것 없다고 주장했다가, 짓궂은 학자들이 침팬지를 가지고 진짜로 언어를 습득할 수 없는지 실험을 했다. 이것을 '님 침스키(침팬지+놈 촘스키)'[9] 실험이라 명명했는데, 결과가 밝혀진 것이 없다. 촘스키에 따르면, 국가마다 언어는 다르지만 기본적인 언어습득장치는 같다고 해서 미국 국방성으로부터 연구비를 많이 받아서 연구했다.

1-4 뇌의 해마가 없다면 어떤 일이 발생할까?

기억에 대해서 생각해 보자. 어떤 사람이 살인했는데 '기억상실증'으로 기억을 못 한다고 가정하자. 그를 법으로 처벌할 수 있나? 법은 사람의 몸은 같으므로 처벌해야 한다는 주장과 현재의 뇌 상태로는 다른 사람이기 때문에 처벌할 수 없다는 주장으로 나뉠 것이다. 여기서 궁금한 것은 '기억상실증'을 과연 어디까지 인정해야 할지이다. 뇌가 완전히 망가지지 않는 한 장기기억은 쉽게 지워지지 않는다.

---

8 Noam Chomsky(1928~), 매사추세츠공과대학교 명예교수. 언어학, 변형생성문법 이론.

9 Nim Chimpsky(1973~2000), 미국 오클라호마 영장류연구소의 유인원 언어실험 대상이 된 수컷 침팬지. 컬럼비아대학교 심리학과 허버트 테라스 교수의 아이디어로 시작된 이 실험은 연구비 문제로 4년 만에 중단됨.

또한, '기억'은 뇌로만 하는 것이 아니다. 몸에는 곳곳에 신경세포가 있어서, 그런 곳에 기억이 저장될 수도 있다. 단지, 의학적으로 증명하지 못할 뿐이다. 몸에는 1,000억 개의 신경세포가 있는데, 그중 145억 개 만이 뇌에 있다고 한다. 나머지는 몸이 기억한다는 것이다. 그 살인자는 정말 자신이 살해한 사실을 모를까? 알고 있을 가능성이 크다고 본다. 뇌과학이 더 발달하면, 뇌파나 f-MRI를 통해서 거짓인지 아닌지를 판단할 수 있다고 본다. 마치 거짓말 탐지기 역할을 하는 것이다. 범인은 몸으로 기억하면서도 고의로 기억상실을 꾸밀 가능성도 있다는 것이다. 단, 부분 기억상실은 있다고 가정한다. 가령, 우리가 꿈을 꿀 때, 현실에 대해서 꿈을 꿀 때가 많다. 그것은 뇌영역 외에, 몸의 어딘가에서 기억을 하고 있다는 것이다. 왜냐하면, 꿈을 꿀 때는 해마와 대뇌피질이 서로 끊어져 있으므로 장기기억을 불러올 수 없다고 알려져 있기 때문이다. 해마는 대뇌피질의 색인(index) 역할을 하므로 정확한 기억 장소를 찾고자 할 때 대단히 중요한 역할을 한다고 한다. 그러나 꿈을 꿀 때, 장기기억이 반드시 해마를 통과해야지만 꿈에 나타난다는 뇌과학적 증거는 아직 없다. 다른 예로 해마의 부피는 스트레스에 영향을 받는다고 한다. 가령, 스트레스 호르몬(코티졸)이 해마의 부피를 축소시킨다고 한다. 그러나 요가나 명상 등을 통하여 스트레스를 덜 받으면 해마의 부피가 증가한다고 한다.

다시 범인으로 돌아가 보자. 만약, 살인자가 부분 기억상실증이 아니라 '알츠하이머병'에 걸렸다면 상황이 달라질 수 있다. 리사 제노바에 따르면, 알츠하이머병은 해마부터 공격해서 두정엽 또는 전전두엽과 전두엽의 신경회로를 손상시키고, 급기야 몸으로 기억하는 '근육기억'에 저장된 회로도 망가진다고 한다. 아직까지도 알츠하이머병의 치료제가 없기 때문에 결국 모든 종류의 기억을 생성 및 인출하는 기능들이 손상되고 이런 증세가 8년~10년간 지속된다고 한다. 만약, 살인자가 살인을 저지른 당시에 이미 알츠하이머병을 앓고 있었다면 충분히 이런 현상을 생각해 볼 수 있다. 재판이 한번 시작되면 최소 몇 년은 소요되기 때문이다. 물론, 국가마다 다르긴 하다. 과연 알츠하이머병에 걸린 살인자를 처벌할 수 있을까?

인간의 기억 메커니즘에 관하여, 현대의학이 풀지 못한 숙제로 계속 남아있었는데 1953년 헨리 구스타프 몰레이슨(Henry gustav molaison, 1926~2008)이란 환자는 간질 발작을 일으켜서 결국 해마를 절단하게 되었다. 간질 현상은 개선되었으나 문제는 새로운 기억을 하지 못하는 것이었다. 과거에 살던 집, 과거의 대통령 이름, 본인의 이름, 가족들, 자전거 타기, 포크 사용법과 같은 장기기억은 그대로 있었지만 새로운 경험이 단기 및 장기 기억되지 못했다. 이 환자를 통하여 현대의학의 미스터리였던 기억의 메커니즘이 한 꺼풀 벗겨지게 되었다. 해마를 통하여 새로운 기억이 형성된다는 사실이었다. 해마에서 기억할 것과 아닌 것을 구분하여 대뇌피질 연합영역인 장기 기억장치로 보내진다는 것이다. 실질적인 장기 기억을 하는 곳은 해마가 아니라는 것이었다. 그러나 이 환자는 수술을 받은 후에도 50년 이상을 더 살았는데, 수술 후 초기에는 매일 보는 간호사의 얼굴도 기억하지 못했지만, 세월이 흐를수록 새로운 간호사의 얼굴을 기억하고 인사까지 하게 되었다고 한다. 이것은 뇌가 신경세포를 계속 새롭게 연결 및 결합한다는 것으로 뇌 가소성(plasticity)이라고 한다. 비록 해마가 손상됐어도, 계속해서 들어오는 정보를 해마가 아닌 다른 뇌영역에서 기억을 수행한다는 것을 밝혀냈다. 리사 제노바에 따르면, 심리학자 브렌다 밀너는 헨리 몰레이슨에게 따라 그리기를 가르쳤다고 한다. 처음에는 서툴렀지만 지속적인 연습을 통하여 따라 그리기에 성공했다. 이것은 그가 그리기에 필요한 장기 근육기억을 형성하고 유지할 수 있었음을 의미한다. 그러나 그는 그림 그리는 법을 배웠다는 사실은 의식에 남아있지 않았다. 매번 그림을 그릴 때마다 이런 것은 처음 해본다고 주장했다. 서술기억이 의식영역에 붙들어놓지 못한 것을 '근육기억'이 무의식의 영역에 저장해둔 셈이었다. 헨리가 계속해서 그림을 그린 것은 결국 무의식의 도움이었다는 것을 이 사례는 보여준다. '근육기억'은 해마와 상관없다고 리사 제노바는 주장한다. 이처럼 기억은 뇌뿐 아니라 몸에 신경세포가 존재하는 곳이면 어디에서든 기억이 발생할 수 있음을 예상하게 한다. 앞서 말한 몸으로 기억한다는 것이 이것을 의미한다고도 보인다. 아직 현대의학이 과학적으로 증명한 것은 아니지만 그 개연성은 대단히 높다. 헨리가 해마를 제거하고도 자전거 타는 법이나 포크 사용법을 잊지 않은 것은 장기기억의 역할인지 아니면

'근육기억'인 몸으로 운동신경의 작동을 기억하고 있는 것인지 확실하지 않다. 리사 제노바에 따르면, '근육기억'이 견고하게 자리 잡기 위해서는 여러 번의 집중적인 훈련을 통해 신경세포들이 반복적으로 활성화 되어야 한다고 한다.

앞서 언급한 '뇌 가소성'[10]의 사례로 티베트의 정신적 지도자인 '달라이라마'[11]가 뇌 신경학자들에게 발표한 '뇌 가소성'을 시작으로 명상과 삶의 행복지수가 깊이 연관되어 있다는 것이 밝혀지고 있다. 명상을 통하여 우울감, 불안, 분노 조절 장애가 개선된다는 것이 밝혀졌고, 미국 등 선진국에서는 병원에서 환자를 치유하는 방법으로 활용되고 있다. 흥미로운 사실은 '명상'을 하면 '뇌파'가 약해져서 실제로 뇌의 활성이 떨어지면서 심리적인 안정을 찾지만, 혈압, 심장박동, 주의집중 등을 담당하는 뇌부위는 활성화되어 혈류가 증가하는 것을 기능적 자기공명영상(f-MRI) 데이터는 보여주고 있다. 다시 말해서 주의나 각성을 담당하는 부위가 활성화되어 정신적 몰입이나 통찰이 발생한다. 실례로 티베트의 승려를 대상으로 대뇌의 왼쪽 '전전두엽' 부분을 조사한바, 오른쪽보다 '신경세포'가 발달해 있음을 알아냈다(미국 위스콘신대 데이비슨 박사). '데이비슨 박사'의 연구결과는 티베트의 승려를 통하여 좌측 전전두엽이 낙천적이고 밝은 정신 상태의 뇌로서 행복을 담당한다는 것을 보여준다. 그는 '존 카밧진 교수'[12]와 함께 일반인 대상으로도 명상을 통한 실험을 했는데 결과는 왼쪽 전전두엽이 활성화되면서 불안감과 우울증세를 가졌던 사람들이 낙천적이며 쾌활한 상태로 바뀌었다고 한다.

60세 이상의 노인층을 대상으로 스트레칭, 빠르게 걷기, 춤추기를 통하여 어느 운동이 가장 '뇌 가소성'에 영향을 주는지 실험했다. 뇌 가소성이란 '신경세포'가 새로운 성장과 재생을 통하여 뇌가 스스로 '신경회로'를 바꾸는 것을 의미한다. 실험결과, '빠르게 걷기'가 가장 운동 효과가 좋은 것으로 판명됐다. 리사 제노바에 따르면, 매일 빠르게 걷기 운동만 해도 알츠하이머 발병 위험을 40% 줄인다고 한다.

---

10 뇌가소성(腦可塑性) neuroplasticity: 뇌세포와 뇌부위가 유동적으로 변하는 현상.
11 Dalai Lama: 티베트 망명정부 정치 지도자.
12 매사추세스주립대학교 교수, 불교명상을 이용해 마음챙김에 기반을 둔 스트레스 대처법을 개발.

그녀는 알츠하이머병 예방을 위해서는 녹색채소, 콩, 생선 등이 좋고, 비타민D가 부족하면 안 되고, 새로운 친구 사귀기, 새로운 곳으로 여행 등을 추천한다. 그 이유는 새로운 것을 접해야 신경세포들이 새로운 연결을 만들어서 시냅스를 새롭게 생성시키기 때문이라고 한다. 뇌가소성과도 연결된다. 그러나 무엇보다도 알츠하이머병에 치명적인 '아밀로이드'[13]의 수준을 낮추기 위해서는 빠르게 걷기와 충분한 숙면을 통해서 잠자는 동안 '신경교세포'[14]에 의한 아밀로이드 잔해의 청소가 중요하다고 한다.

암묵적 지식의 세계에서는 뇌보다는 몸으로 기억하는 연구가 더 중요하다. 왜냐하면, 해마의 용량은 한계가 있고, 그 한계를 대체할 그 무엇이 있다면 이것은 혁명이다. 뇌에 의존하지 않고도 기억할 수 있다면 얼마나 다양한 지식이 인간의 몸에 체화될 것인가! 그렇게 체화된 지식은 잘 잊히지도 않는다. 가령, 다이아몬드를 세공하는 세공사가 있다고 가정해 보자. 그는 세계에서 인정하는 다이아몬드 세공사다. 그의 이런 기술을 전수받기 위해서 수많은 도제(徒弟)가 그를 찾아갔지만, 그는 세공하는 기술을 설명할 수도, 글로 표현하기도 어려웠다. 다이아몬드 원석을 깎을 때, 어디서부터 가공하고, 빛을 분산시키기 위해 어느 각도로 다이아몬드 원석을 가공해야 하는지, 빛이 침투되는 깊이와 빛이 교란하는 지점을 찾아서 가공해야 한다. 이것을 어떻게 말로 설명하고, 글로 표현할 수 있는가! 그의 비법은 오랜 세월 동안 그의 몸에서 체화(體化)된 경험과 반복 세공으로부터 몸으로 익힌 '암묵적 지식(tacit knowledge)'이다. 이것은 과학이라기보다도 기술이다. 개인의 스킬과 경험으로부터 형성된 노하우라는 것이다. 아무리 수습생들이 그가 작업하는 것을 눈으로 관찰해도 뇌는 흉내 내는 것만 기억할 뿐, 노하우를 기억하지 못한다. 평생을 관찰해도 그를 능가할 수 없을 것이다. 이것이 보는 것과 행하는 것의 차이점이다. 가령, 궁도(弓道)를 생각해 보자. 활쏘기를 궁도라 한다. 고수들은 활이 스스로

---

13 Amyloid: 36~43개의 펩타이드로서 알츠하이머병 환자의 뇌에서 발견되는 아밀로이드 플라크의 주성분이다.
14 신경교세포(神經膠細胞): 신경조직에서 신경 아교를 이루는 세포.

발사되도록 기다린다고 한다. 생각이 많으면 숨이 가빠지고 명중이 안 된다. 마치 잎사귀 위에 눈이 덮이고, 그 무게에 의해 잎이 구부러지면서 스스로 눈이 떨어지듯이 화살을 당기고 있어야 한다는 것이다. 즉, 무심의 상태로 발사해야 한다는 것이다. 이것은 불심(佛心, 깨우침)과도 통한다. 무심(無心)의 상태를 말로 설명할 수 있나? 이 또한 암묵적 지식의 세계이다.

1-5 깨우침이란 무엇일까?

깨우침이 있으려면 계정혜(戒定慧)와 팔정도(八正道)를 우선 공부하고, 제행무상(諸行無常)과 제법무아(諸法無我)를 깨달으면 탐진치(貪瞋痴, 욕심, 분노, 어리석음)에서 벗어나 해탈하고 열반에 든다고 불교에서 가르친다. 결국, 불교는 깨달음의 종교라는 것이다. 그런데 깨달음은 인간의 수행과 지혜로 말미암아 생기는 것이니 인간의 육체가 없이는 깨달음의 수단이 없다는 얘기가 된다. 그러나 제행무상과 제법무아를 깨달으면 자아(自我)란 존재는 원래 없는 것이다. 나란 존재는 육체에 의존해서가 아니라 늘 여여히 그 자리에 늘 있는 것이다. 그러므로 깨달은 분들은 깨달음이란 없는 것에서 무언가를 찾는 것이 아니라 원래 있는 것을 찾는 것이라고 말한다.

인간으로 태어났기에 육체가 있는 것이고, 욕망도 있고, 그것을 달성하기 위한 의지도 생기는 것이다. 그것이 있기에 '깨달음' 공부에 매진할 수도 있는 것이다. 그러나 불교에서는 욕심과 분노와 어리석음을 버리라고 가르친다. 언뜻 이해가 안 된다. 서로 앞뒤가 맞지 않는다. '쇼펜하우어'는 인간은 '의지'가 있어야 한다고 말한다. 여기서 '의지'란 '욕망'이다. 이것이 있어야 에너지가 생기고, 목표가 생기고, 인간다운 삶을 산다는 것이다. '니체'도 비슷한 사상으로 욕망의 순기능을 주장한다. 훨씬 전의 '스피노자'도 이성을 가진 욕망을 주장했다. 이처럼 욕망이 있어야 생기가 넘치고, 삶의 원천을 얻을 수 있다. 그러나 이러한 욕망을 도덕주의에서는 숨기라고 가르친다. 자신의 욕망을 드러내지 말라는 것이다. 이것은 '억압'으로 돼서 꿈에서 '왜곡'의 모습으로 나타난다고 '프로이트'는 설명한다. 그것을 풀지 않으면 히스테리나 신경증 심하면 정신병에 걸린다는 것이다.

프로이트 이론의 숭배자인 '자크라캉'도 인간은 유아기를 거치면서 아버지로부터 '거세'를 당하고 '욕망'에 빠진다고 한다. 그런데 그 욕망은 무의식의 세계에 존재하기 때문에 그것을 찾기 위해서 상징계에서 '기표의 연쇄'가 일어난다고 한다. 다시 말해서 언어로 구성된 수많은 단어를 찍어내서 그 욕망을 찾기 위한 노력을 한다는 것이다. 다행히 찾으면, 그것으로 끝이 아니라, 또 다른 새로운 욕망을 찾아서, '기표의 연쇄'가 계속 일어난다는 것이다.

그러나 그 실재(實在)는 상상계도 상징계도 아닌 실재계에 존재한다고 한다. '실재계'란 상징계의 통제를 받긴 하지만 어디에 존재하는지 도저히 알 수 없는 곳에 있다고 한다. 이런 실재계가 불교에서 말하는 진여(眞如)의 세계, 즉 여여한 상태로 세상을 주시하는 그곳을 의미한다고 불교계에서는 말하고 있으나, 자크라캉은 자아(주체)의 개념을 버리지 않기 때문에 불교의 그것과는 차이가 있다고 한다. 그러면 자아란 무엇인가? 서양의 철학은 실존주의에서 자아의 개념을 놓치지 않고 있으며, 칸트는 우리가 인식할 수 없는 대상은 생각의 범주에서 제외했다. 지극히 관념적인 것이 칸트이다. 서구의 많은 철학자가 칸트의 뒤를 따랐다.

인도의 '우파니샤드'에서도 자아는 존재한다. 유독 불교만이 자아를 인정하지 않는다. 자아를 인정하지 않는 불교에서 깨우침을 얻는다는 것은 너무 어려운 것이다. 우파니샤드는 "나는 누구인가? 삶의 의미는 무엇인가?"라는 물음에 대한 탐구심이 만든 고대 인도의 고전이다. 그러나 모범 정답을 보여주지는 않는다. 자신의 삶에 대해서 진지하게 생각하게 하는 여러 개의 과정을 보여 줄 뿐이다. 우파니샤드에서는 불교에서 말하는 업, 윤회, 해탈의 개념은 같다. 그러나 아트만(atman)이라는 자기의 '참모습'을 말하는 것이 마치 자아와 비슷한 개념으로 보일 뿐이다. '브라흐만'이란 "널리 퍼져있다"라는 뜻으로 우주적 '참모습'을 가리키며, 모든 세상의 에너지원이며 원천이다. 우파니샤드에서는 아트만. 즉, 자신의 정체를 파악하되, 자기 자신을 포함하는 주변의 세상과 자신을 똑같이 여겨야 함을 주장한다. 이것을 범아일여(梵我一如) 사상이라 한다. 범(梵)은 브라흐만을 한자로 옮긴 것이고, 아(我)는 아트만을 한자로 옮긴 것이다. 즉, 브라흐만과 아트만은 결국 하나와도 같다(一如)는 뜻이다. 마치 천도교의 기본사상인 인내천(人乃天) 사상과 유사하다. 즉, 사람이 '한울'[15]을 믿어 마침내 하나가 되는 경지를 의미한다.

그러나 분명한 것은 깨우침의 세계는 무의식의 세계와 관련이 깊다는 것이다. 실제로 깨우친 분들의 뇌파를 보면 '세타파'가 많다고 한다. 수면 중의 뇌파가 델타파인데, 이것 다음으로 조용한 뇌파가 세타파인 것이다. 거의 '몰입'의 경지에 들어서는 순간, 그동안 풀리지 않았던 문제들이 풀리고, 도파민과 같은 행복의 신경전달물질이 솟아난다. 만약 그것이 '화두'였다면 불교에서 말하는 깨우침의 경지를 맛본 것일 테고, 과학자였다면 노벨상을 받을만한 연구의 결과를 맛볼 것이다. 그러므로 불교를 너무 깨달음을 얻기 위한 종교로만 이해하기보다는 몰입을 통하여 또 다른 정신세계와 만난다는 수단으로 수행을 하면 좋겠다. 몰입을 통하여 뭔가의 깨달음을 얻으면 분명히 뉴런의 접속과 연결이 바뀌고 새로운 '시냅스'[16]들이 생성될 것이다. 이런 것이 쌓이고 쌓이면 이전과는 다른 사람이 될 것이다. 아마도 앞으로 과학적으로도 증명이 될 것이다. 대뇌피질이 변하여 마치 도통한 사람처럼 행동할 것이다. 이것이 깨우침이 아니고 무엇이랴!

그들의 몸에서는 알 수 없는 도인(道人)의 향기가 날 것이다. 인간의 몸은 화학물질로 이루어져 있으니 특유의 화학적 냄새를 풍길 것이다. 이런 것을 찾아서 후각을 활성화하는 물질을 개발한다면, 누구나 깊은 연구에 몰입할 수도 있을 것이다. 그런 세계가 반드시 오리라 믿는다. 실례로 미국 병원의 한 간호사는 파킨슨병 환자의 환자복에서 특유의 냄새를 식별했고, 자기의 남편에게도 같은 냄새가 나는

---

15 천도교의 신앙의 대상인 천주(天主)의 우리말 표현, '한'은 크다는 의미이고 '울'은 우리 또는 울타리라는 의미이다.

16 Synapse: 뉴런 상호간 또는 뉴런과 다른 세포 사이의 접합관계나 접합부위.

것을 느끼고, 파킨슨병임을 확신했고, 진료의 결과 정말 그녀의 남편이 파킨슨병에 걸렸다는 것을 발견했다. 당시에 의료진은 냄새로 병을 인지한 사실에 경악했다고 한다. 가령, 반려 견들도 자신이 암에 걸리면 냄새로 알고, 우울증세를 보인다고 한다. 앞으로 후각은 중요한 연구 분야가 될 것이다. 위에서 깨달음(道)과 무의식 그리고 몰입에 대해서 언급했는데 이런 것들은 모두 말이나 글로 설명할 수 없는 정신의 세계이기 때문에 역시 암묵적 지식으로 볼 수 있다. 이것들에 대해서는 다음에 더 자세히 설명할 것이다.

1-6 인간의 성욕이 의미하는 것은 무엇일까?

'무의식(無意識)'의 세계에 대해서 살펴보자. 우리는 살면서 성(性)에 대해서는 대놓고 대화조차 못 하는 영역으로 여기며 살았다. 우리뿐만 아니라 서구사회도 마찬가지였다. 이런 영역에 직격탄을 쏜 것은 프로이트였다. 그는 인간은 본능적으로 '성욕'을 가지고 있으며 이것을 충족하지 못할 때, '신경증'에 걸린다고 했다. 더 심해지면 폭력성으로 변하여 문명을 파괴하는 수단으로 전락한다고 했다. 이것이 '타나토스'[17]다. 타나토스는 폭력성을 말하며, '리비도(성적 에너지)'가 억압되면, 그에 비례해서 더욱 폭력성이 강해진다고 한다. 프로이트는 인간의 활력 에너지는 이런 리비도로부터 발생하기 때문에 이 에너지를 학문이나 스포츠 또는 예술로 승화시켜야 한다고 했다. 그러나 프로이트가 창설한 정신분석학회의 회원이었던 '아들러'[18]는 '성욕'은 에너지의 일부일 뿐, 절대적인 것이 될 수 없다고 했다. 대신, 인간은 '열등감'으로 인한 단점을 보상받기 위하여 더 열심히 큰 목표를 세우고 노력함

---

17 Thanatos: 그리스 신화에서 '죽음'을 의인화한 신.
18 Alfred Adler(1870~1937): 오스트리아 정신의학자. 개인심리학을 수립. 열등감에 대한 보상 심리를 연구함.

으로써 위대한 인간 또는 작품이 나온다고 주장했다. 가령, 나폴레옹은 신장이 작고, 우월한 귀족 출신이 아니었기에 더 열심히 노력하여 영웅이 될 수 있었다고 했다. 또한, 열등감이 강한 사람들은 모임이나 대인 관계를 회피함으로써 자신의 단점을 숨기려고 한다고 했다. 이것을 극복하기 위해서는 타인들보다 더 높은 목표를 세우고 노력함으로써 과거나 현재의 열등감을 이겨낼 수 있다고 했다. 또 한 명의 정신분석학회의 회원이었던 '칼융'[19]은 아들러와 마찬가지로 성적 욕구의 보편성의 논리를 거부했다. 그러나 프로이트의 '꿈의 해석'에서 등장하는 '무의식'의 세계는 동경했다. 또한 성적 욕구에 의한 에너지도 일부는 긍정했다.

프로이트는 성적(性的) 불만족은 신경증의 증세인 '히스테리'를 불러온다고 했다. 히스테리는 이미 기원전 20세기부터 이집트에서 '파피루스'[20]에 적혀 3900년을 내려온 사실이다. 히스테리라는 뜻은 '여성의 자궁'이란 의미였다. 성적으로 만족을 못 하면 자궁이 쪼그라들어서 몸 안의 이쪽저쪽을 옮겨 다닌다고 했다. 치료법으로는 고약한 냄새가 나는 증기를 그 여성의 입에 불어 넣어서 자궁이 밑으로 내려가게 하거나 독한 술을 먹었다. 이런 치료법은 그리스 히포크라테스조차도 그렇게 믿었고, 심지어 플라톤도 '티마이오스'[21]라는 그의 저서에서 이것을 인정했다. 당시의 여성들은 히스테리가 있으면 마녀로 오인되어서 사형도 당했다. 이런 오진(誤診)은 중세까지도 이어졌다. 불과 500년 전 '해부학'이 발달하면서 자궁은 이동할 수 없다는 것을 의학적으로 증명하면서부터 히스테리가 신경증의 한 증세로 인정되었고, 여성뿐만 아니라 남성도 걸린다고 밝혀졌다. 그러나 지금도 노처녀 히스테리라고 해서 결혼이나 임신이 특효약으로 여겨지고 있다.

괴테의 '파우스트'[22]를 읽어보면 파우스트박사가 진리가 뭔지를 깨닫지 못하고

19 칼 구스타브 융(Carl Gustav Jung): 1875~1961, 스위스의 정신과 의사. 분석심리학의 기초를 세움, 인간 유형론(내향형과 외향형).

20 Papyrus: 고대 라틴어. 이집트 특산의 카야츠리그사 과(科)의 식물 또는 이것을 재료로 해서 만든 필기재료(일종의 종이)와 이것에 쓴 문서.

21 Timaios: BC 367 플라톤의 자연학에 대한 대화편. 우주의 창조자로 등장하는 데미우르고스.

22 괴테가 생애 전반인 60년에 걸쳐서 쓴 작품. 독일문학에서 가장 중요하게 여기는 희곡.

자살까지 생각하자 악마가 나타나서 그와 협상을 한다. 모든 쾌락을 줄 테니 대신 쾌락에 젖어서 "멈춰라! 너는 정말로 아름답다"란 말을 중얼거리면, 그 즉시 악마에게 자신의 영혼을 주는 약속을 한 것이다. 악마는 파우스트박사를 이십대 젊은이로 만들었고, 여성을 사랑하게 되고, 결혼하여 애를 낳고 살기도 했다. 또한, 고대 그리스 시대로 넘어가 전설적인 미녀 '헬레네'[23]와 결혼도 하고, 해변 위에 간척하여 도시도 세웠다. 이면에는 물론 악마가 도와주고 있었다. 건설현장의 망치 소리(실제는 악마가 관 짜는 소리)에 빠져 파우스트는 그만 "멈춰라! 너는 정말로 아름답다"를 중얼거리는 순간 악마가 아닌, 천사들이 내려와서 그의 영혼을 가져간다는 얘기로 끝난다. 괴테는 파우스트에게는 2개의 영혼을 가지고 있었다고 묘사한다. 하나는 '쾌락주의' 빠져있는 영혼, 다른 하나는 세속을 떠난 도인(道人)과 같은 '선인(仙人)'[24]의 영혼을 추구했다고 한다. 인간이 가지고 있는 '성욕'은 그도 어쩔 수 없이 받아들인다. 성욕의 리비도를 주장한 프로이트는 비록 많은 사람으로부터 질타도 많이 받았지만, 인간의 성욕이 가지고 있는 에너지를 무시하는 사람은 아마도 없었을 것이다. 괴테는 커피를 즐겨 마셨다. 그는 도대체 커피의 성분이 무엇이기에 이토록 매혹하는지 알기 위하여 젊은 화학자에게 분석을 부탁했고, '카페인'이 있다는 사실을 알았다. 이런 커피의 힘을 두려워한 위정자들도 있었다. 오토만 제국의 무라드 4세는 커피 금지령을 내렸고, 프러시아의 프레데릭 2세는 커피 대신 술을 마시자는 캠페인을 벌였다. 백성들이 지적인 대화와 토론하는 것을 막기 위해서였다. 커피는 원래 이슬람권에서 유럽으로 전파되었다고 한다. 기독교인들은 교황에게 커피 수입을 금지해 달라고 했다. 당시에 교황 클레멘스 8세는 "이교도들에게 양보하기엔 이 사탄 음료는 너무나 맛있다"라고 하면서, 직접 세례를 내렸다고 한다. 곧, 유럽 전역에 커피점이 생겼다고 한다. 우리가 자주 마시는 아메리카노는 제2차세계대전 때, 이탈리아로 파병 간 미군이 에스프레소에 물을 타 마신 데

---

23 Helene: 그리스 신화에 등장하는 절세의 미녀. 스파르타의 왕 메넬라오스의 아내였지만 트로이 왕자 파리스의 유혹에 넘어가 함께 트로이로 도주하는 바람에 그리스와 트로이 사이에 전쟁을 유발한다.
24 동북아시아 문화권의 전설에서 찾아볼 수 있는 불로불사를 얻은 인간. 또는 신선(神仙)이라 함.

서, 유래했다고 한다. 서양인들은 커피를 가리켜 아침에 먹는 포도주라 했다. 종교인들은 아침에 커피 한잔과 함께 취해서 신과 만났다고 한다.

'황홀경'에 빠졌을 때 분출되는 '도파민'과 관련된 '노인 3대 질병'[25] 중의 하나인 '파킨슨병'은 손발이 떨리면서 자세도 구부정하고 말도 어눌하게 한다. 심하면 바른 자세로 서 있지도 못한다. 교황 요한 바오로 2세, 무하마드 알리가 걸린 병이다. 확실한 질병의 원인은 아직도 모른다. 현대의학에서는 파킨슨병에 걸린 사람들은 '도파민'이 부족하다는 연구결과가 있다. 도파민은 중뇌의 '흑질'에서 분비가 되는데 이것이 부족하면 운동신경을 조절하는 바닥핵(기저핵) 부분에도 이상이 와서 중추신경계의 운동 조절이 잘 안 된다. '바닥핵'은 대뇌의 시상 근처에 있다. '시상'이 감각 신경을 중계한다면 바닥핵은 운동신경을 중계한다. 이것이 도파민의 영향을 받는다니 새삼 도파민의 중요성을 알 것이다. 또한, 대장과 소장에 존재하는 '장내세균'이 도파민과 세로토닌을 생산한다. 장과 뇌는 신체에서 멀리 떨어져 있지만 밀접한 관련이 있다. 도파민이나 세로토닌 같은 신경전달물질이 부족하면 우울증세를 보인다. '세로토닌'은 소장에서 많이 분비된다. 뇌에서 분비되는 양은 극히 적다고 한다. 쥐를 대상으로 실험한 결과, 장내세균이 적은 쥐는 신중함이 줄고, 대담한 행동을 취했고, 불안감이 증폭됐으며, 뇌의 세로토닌이 급속하게 감소했다. 장내세균이 만든 신경전달물질이 바로 뇌로 연결되지는 않지만, 뇌 주변부와 연결되어 합성을 시키는 역할을 통하여 뇌에 신경전달물질이 주입되는 효과가 있다고 한다. 장내세균을 활성화하기 위해서는 식생활 개선을 통하여 채식과 현미, 발효식품, 콩류, 해조류, 버섯류 등이 장내세균을 번식시킨다고 한다. 이것이 부족하면 '우울증'을 유발한다. 예전에는 우울증을 정신 상태의 문제로 여겼지만, 현대의학은 영양 장애로 보고 있으며, 그 원인 중의 하나를 장내세균 상태의 악화로 여긴다. 그러나 도파민이 너무 과다하면 '조현병'에 걸린다. 그런데도 도파민을 파킨슨병 환자들에게 투여한다. 도파민은 몸에 활력을 주어서 생기를 넘치게 한다. '히로뽕'

---

25 치매, 뇌졸중, 파킨슨병.

은 이런 도파민의 12배 성능을 보인다니 왜 중독이 되는지 알 것이다. 히로뽕을 투여하면 며칠 잠도 안 오고, 황홀경 극한의 쾌락을 느낀다고 한다. 이래서 중독되는 것이다. 그러나 다행스럽게 우리 뇌는 유연해서 넘치는 도파민을 다시 중뇌의 흑질로 흡수시켜서 안정시킨다. 그러나 코카인은 이런 흡수 작용을 방해해서 쾌락의 상태를 지연시킨다. 이래서 코카인 중독이 되는 것이다. 그러나 치료제로 도파민은 중요하다. 이것이 부족하면 우울증에 걸리고, 삶의 쾌락을 느끼지 못하기 때문이다. 도파민은 '필요악'인 것이다.

앞서 '우파니샤드'에서 인간은 스스로 세상이라는 고통에서 벗어나야 한다고 했다. 불교와도 사상이 겹친다. '사르트르'²⁶는 인간은 세상에 자기 의지로 태어난 것이 아니라 던져졌기 때문에, 애초에 주어진 '사명(使命)'은 없다고 했다. 그러므로 인간의 '본질(本質)'²⁷이란 없고, 자기 스스로 본질을 만들어가야 하는 고된 역경을 겪는다고 했다. '선택'도 자기가 해야 하고 그 '책임'도 자기가 져야 한다는 것이다. 그러나 의구심(疑懼心)이 생긴다. 사회는 이미 짜인 '언어'로 구성된 사회이고 아이 때부터 그 구조 속에서 살아야 한다. 마치 붕어빵 같은 사회 속에서 자신의 본질을 찾아야 한다는 얘긴데 과연 이것이 가능할까? 자기라는 '자아'는 이미 사회 구조 속에서 배제되어 있다. 즉, '무의식' 속에서 존재할 뿐이다. 그러나 그런 무의식을 표출하지 못하도록 '의식'이 가로막고 있다고 프로이트는 주장했다. 자크라캉도 무의식조차도 타자들이 만들어낸 담론이라고 주장한다. 그럼 '구조주의' 속에 나란 존재는 무엇인가? 끝없이 솟아나는 욕심과 분노 그리고 어리석음은 도대체 무엇이란 말인가? 내 안에 내가 아닌 악마라도 살고 있단 말인가? 니체는 선과 악은 인간이 만든 거짓말이라고 했다. 기득권을 지키기 위해서 인간들이 만든 조작물이라고 했다. 그러나 내 안에 분명히 선과 악이 존재하는 것 같다. 이 또한 사회의 구조주의가 만든 나 아닌가? 그렇다면 사르트르가 말한 인간에게는 본질이 없고 텅 빈 무

---

26 장 폴 사르트르(Jean Paul Sartre): 1905~1980, 프랑스의 작가 사상가, 저서: 존재와 무.
27 본디부터 가지고 있는 사물 자체의 성질이나 모습. 실존(實存)에 상대되는 말로, 어떤 존재에 관해 그 무엇으로 정의할 수 있는 성질.

(無)만이 존재한다는 것에 수긍이 간다. 즉, 내 안에 있는 자아라는 이상한 놈은 외부에서 내 몸 안으로 치고 들어와 자리를 차지하고 있는 놈일 뿐이다.

데카르트는 "나는 생각한다. 고로 의심할 바 없이 존재한다."라고 했는데 자크 라캉은 "나는 존재하지 않는 곳에서 생각하고, 생각할 수 없는 곳에 존재한다."라고 주장한다. 즉, 나는 어디서 생각하는지도 모르겠고, 그러므로 나란 존재가 어디에 존재하는지도 모르겠다고 했다. 그렇다면 나란 존재는 허깨비인가? 실제로 이제껏 삶이 내가 원해서 산 적이 있는가? 사회라는 규칙과 규범이라는 짜인 틀 속에서 산 것뿐이다. 즉, 내가 산 것이 아니라 타인의 삶을 대신 살아 준 것이다. 자크라캉이 말한 "나의 욕망은 곧 타인의 욕망"이라는 주장과 맥을 함께한다. 쇼펜하우어는 인간의 의지는 곧 욕망이며 이런 욕망 때문에 인간이 무너질 수도 있다고 했다. 욕망이란 결코 채울 수 없는 '결핍'을 낳거나 한순간 채워져도 '권태'가 생겨서 또 다른 욕심이 생긴다고 한다. 그럼에도 인간은 이런 '욕심'이 있기에 문명과 문화를 발전시키는 힘과 에너지를 얻는다고 했다. 즉, 욕망은 나쁜 면만 있는 것은 아니라는 것이다. 쇼펜하우어는 욕심과 욕망을 제거하는 방법은 '마음수련'을 하라는 것이다. 앞서 언급한 것과 같이 불교의 깨우침은 결국 욕심과 분노 어리석음을 이겨 내고, 자아는 없고, 제행무상과 제법무아를 깨달아야 열반에 들 수 있으니 마음 수련을 하라고 말한다. 쇼펜하우어는 흥미롭게도 불교나 우파니샤드에 매료된 사람이었다. 아인슈타인, 톨스토이, 바그너 등이 쇼펜하우어의 열렬한 독자들이었다. 후에 니체도 추종자가 된다. 소위 '의지'를 주장하는 철학자들이 그를 따랐다. 인간의 '본질'을 탐구하는 것은 '무의식'의 영역이다. 본질을 탐구하는 것은 불교의 깨우침과도 긴밀하고, 현상학의 분야이기도 하다. 이러한 인간 정신세계를 파고들어야 '암묵적 지식'의 세계로도 접근할 수 있다.

1-7 실존주의자와 종교적 본질

　실존주의자들에 대해서 알아보자. 사르트르는 저항적 기질은 있었으나 극단주의자는 아니었다. 그는 시골 고등학교 교사로 생활하면서 '구토'라는 소설작품을 썼다. 그리고 "실존은 본질보다 앞선다."는 유명한 말을 '존재와 무'란 작품에서 주장한다. 손에 잡히지도 않는 보편적 진리보다는 개인적 실존이 중요하다는 것이다. 즉, 개인은 세상에 던져진 존재들로서 본질은 처음부터 없었고 스스로 미래를 스스로가 개척해야 한다고 했다. '하이데거'[28]의 사상을 따랐다. '키에르케고르'[29]도 보편적 진리보다 나의 진리는 무엇이며, 그것을 어떻게 행할지가 더 중요하다고 했다. 즉, 존재(存在)의 중요성을 강조한 것이다. 하이데거도 현존재(現存在)인 인간은 유한한 존재임을 늘 인식하며 살아야 '목표의식'을 갖는 인간이 될 수 있다고 했다. '야스퍼스'[30]는 인간은 '한계상황'에 다다르면 자신을 자각(自覺)하여 초월적 존재가 된다고 했다. 아인슈타인은 그의 철학을 비판했다. 마치 정신병자의 사상과 같다고 했다. 이들의 공통점은 실존(實存)의 중요성이다. 실존주의자인 사르트르가 현실 정치에 뛰어든 것은 제2차세계대전이 발발하고 나서다. 사회의 질서가 위정자(爲政者)들에 의해서 '규격화'되고, 인간들은 단지 그들의 '부속품'밖에 되지 못한다는 생각에서 자유와 평화를 몸소 투쟁을 통해서 행동으로 얻는 것이 '정의'라고 생각했다. 그는 힘없는 자의 편에 섰다. 그리고 마르크스주의에 빠져서 공산주의자가 되기도 했다. 그의 친구들인 메를로퐁티와 카뮈는 정치적 이유로 그와 결별하기도 했다. 그러나 미셸 푸코와는 공산당으로 함께 활동한 적이 있다. 사르트르의 자

28　Martin Heidegger: 1889~1976, 독일의 실존철학자. 독일의 실존철학을 대표. 저서: 존재와 시간.
29　S. Kierkegaard: 1813~1855, 덴마크의 철학자. 현대 실존주의 철학의 선구자. 교회의 비판자.
30　Karl Jaspers: 1883~1969, 독일의 실존주의 철학자. 하이델베르크대학 교수, 1938년 나치정권에 의해 교수 직위 박탈. 정신병리적 현상 속에서 인간의 개성에 대한 강한 탐구가 나타난다고 함. 철학은 '암호읽기'를 내용으로 최고의 지(智)를 나타내는 것을 과제로 함.

유와 평화를 위한 도전적 행위들은 젊은이들을 열광시켰고, '히피 문화'[31]를 낳기도
했다. '프랑스의 68혁명'[32]이 바로 그것이다. 자유가 아니면 죽음을 달라는 것이 그
들의 주장이었다.

영혼(靈魂)! 사람들이 자주 표현하는 말 중에 영혼이 불쌍한 사람, 영혼이 아름
다운 사람 등. 영혼이 뭔가? 태어나면서부터 가지고 있는 것인가? 후천적으로 생
긴 것인가? 플라톤은 '영혼'이란 '이데아'의 세계에만 존재하지 현상에는 없다고 했
다. 여기서 영혼은 이데아 세계의 영혼을 의미하고 현상세계의 영혼과는 차이가 있
다. 자세한 것은 다음에 소개할 것이다. 반면에, 아리스토텔레스는 인간의 육체는
우주상의 질료로 만들어지고, 영혼이란 이데아도 인간에게 깃들여 있다고 했다.
영혼은 철학의 관점을 넘은 종교적인 범주 같다. 가령, 칸트는 인간이 인식할 수 있
는 범주는 관념의 세계로 한정했다. 즉, 우리가 경험하고 의식할 수 있는 세계만을
인간은 인식할 수 있다는 것이다. 그러므로 영혼, 신 등 이런 형이상학적인 것은 논
외라고 말한다. 그런데 왜 사람들은 영혼이란 말을 쉽게 할까? 가령, 철학자들은
'영혼'을 가지고 있는 것은 인간이라고 한다. 그것이 '자아'라는 것이다. 영혼과 이
성(理性)을 혼동하는 듯한 표현들이다. 차라리 인간은 이성을 가지고 있다가 옳은
표현일 것이다. 데카르트는 말했다. "나는 생각한다. 고로 존재한다." 생각한다는
것은 이성이 있다는 얘기다. 이성은 동물들은 가질 수 없고, 오로지 인간들만이 가
질 수 있다고 한다. 반면에, 하이데거는 나는 존재하므로 이성적으로 행동할 수 있
다고 했다. 인간의 본질 자체를 영혼도 아닌, 존재(存在) 그 자체 둔 것이다. 현상학

---

31 Hippie or Hippy: 1960대 미국 샌프란시스코, LA 등지에서 시작. 기존의 사회통념, 제도와 가치
    관을 부정하고 인간성의 회복, 자연으로의 귀의 등을 주장. 탈사회적으로 행동한 사람들. 당시에
    미국사회는 베트남전쟁 참전, 존 F. 케네디 암살, 맬컴 엑스 암살, 마틴 루터 킹 암살, LA흑인 폭
    동 사건들이 발생하여 사회에 분노와 절망감을 불러일으켰고, 젊은이들은 도덕과 이성보다는 자
    유로운 감성을 중시했다. 히피는 좌파운동, 미국시민권 운동과 더불어 미국의 대표적인 반문화
    운동이다. 마리화나를 피우고 약물도 복용했다. 비틀즈는 노래로 히피운동 확산에 기여했다.
32 1968년 5월, 프랑스에서 대학생과 근로자들이 일으킨 사회변혁운동으로 5월 혁명이라고도 한다.
    1968년 3월에 미국의 베트남 침공에 항의해 아메리칸 익스프레스 파리 사무실을 습격한 대학생 8
    명이 체포되면서 대학생들의 대규모 항의 시위가 시작됐다. 68혁명은 독일, 일본까지도 영향을
    주었고, 미국의 히피문화에도 영향을 끼쳤다.

의 거두인 '후설'[33]은 우리가 의식하고 있는 상태를 단절한 상태에서 바라보는 '순수의식'이 '본질'이라 했다. 순수의식에 대해서는 다음에 자세히 소개한다. 이 말은 현상에 순수하게 보이는 존재만이 본질(진실)이라는 것이다. 그러나 종교인들은 영혼이니 신이니 하는 표현을 자연스럽게 한다. 하나님의 가호(加護, 보살핌)로 인간은 누구나 영혼을 가지고 있다고 한다. 단, 맑고 깨끗한 영혼을 '욕심'이란 악(惡)이 가로막아서 혼탁한 영혼이 된다고 한다. 불교에서도 사람은 누구나 불심이 있어서 욕심을 버리면 해탈할 수 있다고 한다. '불심(佛心)'[34]이라는 것도 기독교에서 말하는 영혼과 비슷한 것이다. 그런데도 종교인이든 아니든, 누구나 영혼을 일반적으로 사용하고 있다. 예수나 석가모니를 우린 성인으로 추앙한다. 궁금한 것은 그들도 인간인데 소위 영혼이 불쌍한 사람이나, 악한 사람 등이 그 당시도 분명히 있었을 텐데 어떻게 그들을 대했고, '평상심(平常心)'[35]을 어떻게 찾았을지 몹시도 궁금하다. 이웃을 사랑하라, 용서하라, 자비를 베풀라. 말은 쉬운데 잘 안되니 말이다.

사람이 종교에 빠지는 이유는 뭘까? 지옥에 빠지지 않고 구원(救援)을 얻기 위하여? 인간들 간의 유유상종(類類相從) 모임 때문에? 한순간만이라도 마음의 평온을 찾기 위하여? 종교를 믿으면 지옥에 떨어진 사람이 없나? 지옥에 다녀온 사람도 현상에는 없지 않은가? 그런데 왜 죽음 앞에 나약해지고 두려워지는 것일까? 성철 큰스님이 입적하시기 전에 열반송을 지으신 것이 있는데 그 내용은 生平欺狂男女群(생평기광남녀군) 彌天罪業過須彌(미천죄업과수미) 活陷阿鼻恨萬端(활함아비한만단) 一輪吐紅掛碧山(일륜토홍괘벽산); 평생 남녀의 무리를 속여서, 하늘을 넘치는

---

33 Edmund Husserl: 1859~1938, 독일의 관념론 철학자. 현상학파를 창설. 괴팅겐, 프라이부르크 대학의 교수역임. 존재와 개인으로서의 구체적인 주관으로부터도 분리된 순수의식의 탐구를 실시하여 사물의 본질을 바탕으로 모든 학문과 철학 예술은 진행되어야 한다고 주장.

34 중생을 불쌍히 여겨 즐거움을 주고 괴로움을 덜어주려는 부처의 마음, 모든 중생이 본디 갖추고 있는 부처의 성품, 깨달음을 구하려는 마음.

35 고요한 마음의 상태를 일컫는 말로서 불교에서는 평상심을 도(道)라고 한다. 이 말은 남전선사와 조주스님과의 대화에서 비롯된다. 깨달은 자의 마음은 허공과 같아서 사건에 부딪혀 반응하는 것이 물속의 달과 같다. 즉, 아무 흔적이나 막힘이나 동요가 없다. 그러나 일반사람들은 무명(無明)의 눈으로 일상을 본다.

죄업은 수미산을 지나치니, 산채로 무간지옥에 떨어져 그 한이 만 갈래라, 둥근 한 수레바퀴 붉음을 내뿜으며 푸른 산에 걸렸도다. 1993년 그 당시에 성철스님이 지옥에 떨어졌다고 기독교인들이 난리를 친 적이 있다. 천당을 가려면 기독교를 믿어야 한다고 말이다. 참 딱한 것이 선사의 '열반송'[36]을 범인들이 해석한다는 자체가 잘못된 것이다. 열반송은 그 자신만의 언어이므로 외부인이 해석할 수 있는 성질의 것이 아니기 때문이다. 가령, 도(道)를 깨우친 분의 '오도송'[37]을 해석할 수 있다면 그자도 바로 도를 깨우쳐야 하는 것 아닌가? 열반송도 마찬가지다. 예수도 마태복음 10장 34절에서 "내가 이 땅에 평화를 주러 왔다고 생각하지 말라. 나는 평화가 아니라 칼을 주러 왔다." 이것을 기독교인들은 어떻게 해석할 것인가? 온갖 사이비 해석이 판을 칠 것이다. 성철스님이나 예수님이나 공통점은 몸소 고통을 체험하고 자비와 사랑을 베풀고 현상세계를 떠났다는 사실이다. 그분들이 천국에 있는지? 지옥에 있는지? 그것은 중요하지 않다. 확인할 길이 없기 때문이다. 단지, 마음이 평온하고 온유한 사람들은 임종 시에 편안할 것이다. 그렇지 못한 사람은 분명, 죽음이 두려울 것이다. 그러므로 종교가 있고 없고가 중요한 것이 아니라, 어떻게 사느냐가 중요하다.

불교에서 주장하는 것 중에서 계정혜(戒定慧)가 있다. 이것을 불교의 '삼학'[38]이라고 한다. 혜능스님은 돈오돈수(頓悟頓修)를 주장했다. 즉, 깨우침은 단박에 이루어져야 한다는 것이다. 그러나 신수스님은 수상정혜(隨相定慧)를 주장했다. 상을 쫓아서 선정으로 마음의 고요함을 얻은 후에 지혜를 점차 갈고 닦아야 한다는 가르

---

36 열반송(涅槃頌): 고승들이 입적할 때, 수행을 통하여 얻은 깨달음을 후인들에게 전하는 마지막 말이나 글. 임종게(臨終偈)라고 하는데 다른 말로는 열반게(涅槃偈), 입적게(入寂偈)라 한다. 서산대사 휴정은 열반송으로 "삶은 한 조각구름이 일어남이요, 죽음은 한 조각구름이 스러짐이라, 구름은 본래 실체가 없으니, 죽고 살고 오고 감이 모두 그러하다"를 남겼다.

37 오도송(悟道頌): 고승이 자신의 깨달음을 게송(偈頌)으로 노래한 것.

38 삼학(三學): 가장 기본적인 불교의 교리이며, 일체의 법문(法門)은 모두 삼학으로 귀결된다. 계(戒)는 심신에 좋은 습관을 들이는 것이다. 정(定)은 계에 의해 몸과 마음이 조정되면, 다음에는 마음을 통일하는 정(定)이 생긴다. 혜(慧)는 도리를 명석하게 분별 판단하는 마음의 작용이다. 불교의 최종적인 목적은 깨우침의 지혜를 얻는 것이며, 혜는 가장 넓은 의미에서 지혜이다.

침이었다. 그러나 보조스님은 돈오점수(頓悟漸修)라 하여 깨우침을 얻고도 또 무명으로 돌아갈 수 있으니 계속해서 '선정(禪定)'[39]과 지혜(智慧)를 갈고 닦아야 한다고 혜능과 신수의 중간 태도를 보였다. 그러나 성철스님은 돈오점수는 혜능의 가르침이 아니고 잘못된 해석이라고 했다. 결국, 돈오돈수 즉, 단박에 깨닫는 것이 옳다는 것이고, 수행은 오랜 시간이 필요 없다는 것이었다. 그렇다고 범인이 깨우침도 별것이 아니라고 오해하면 안 된다. 깨우침을 얻을 정도의 사람이라면, 그전부터 범인이 알 수 없는 수행 내지는 타고난 불심이 있었을 것이다. 이런 것이 '암묵적 지식'이다.

오조스님은 행자도 아닌 일개 나무꾼이었던 혜능에게 육조의 자리를 물려주었다. 혜능스님(육조스님)은 설파하시길 선정과 지혜는 하나다. 자성(自性)의 본체가 선정이요, 자성의 작용이 지혜라는 것이다. '자성'이란 본디부터 가지고 있는 불성(佛性) 즉, 모든 중생이 본래 가지고 있지만 보지 못하는 부처의 마음인데, 선정(禪定)이란 본체 속에 지혜의 작용이 있으니, 몸과 뇌는 하나이듯이, 선정이 지혜요, 지혜가 곧 선정이란 것이다. 육조 스님이 말씀하시길, 마음이 어지럽지 않음이 자성의 '선정'이고, 마음이 어리석지 않음이 자성의 지혜라 했다. 고려중기 때, 보조국사 지눌 스님은 돈오점수를 설파하셨다. 즉, 불도(佛道)에 들어가는 문은 오직 돈오(頓悟: 단박에 깨달음)와 점수(漸修: 점차로 닦아나감)의 이문(二門)에 있음을 밝혔다. 점수의 방법론은 정혜(定慧)를 동시에 골고루 닦는 정혜쌍수(定慧雙修)를 그의 저서인 수심관(修心觀)에서 체계화하였고, 이는 곧 한국불교의 선수행(禪修行) 지침이 되었다.

성철 큰스님이 조계종 종정에 오를 때, 한 말은 "산은 산이요, 물은 물이 도다"이다. '산은 산이요'란, 멀리서 산을 바라볼 때 산은 분명 하나로 우뚝 서 있다. 그러나 안으로 들어가 보면, 수많은 나무와 풀과 곤충과 새와 짐승 그리고 잡초로 무

---

39 생각을 쉬는 것을 의미함. 누구든지 망념과 사념과 허영심과 분별심을 버리면 이 세상이 곧 극락이고, 이 마음이 곧 부처라고 하였는데, 이런 경지에 오르기 위해 마음을 쉬는 공부인 선정을 닦을 것이 요구된다.

성하다. 그야말로 작은 우주다. 비가 오면 비를 맞고 눈이 오면 눈을 맞고 자연의 섭리대로 질서를 지키고 살고 있다. 그래도 서로 다투지 않고, 뽐내지도 않고, 서로를 의지하면서 산다. 그러나 짐승들은 생을 유지하기 위해 다른 동물을 잡아먹는다. 인간들처럼 내가 더 잘살기 위해서 또는 더 큰 권력을 잡기 위해서 치고받고 서로 싸우고 죽이는 욕심 가득함이 아니라, 오로지 자신의 생(生)과 종족 보존을 유지하기 위함이다. 이것들은 그들 세상의 질서다. 분명한 것은 이들을 이끄는 대장이 없다는 것이다. 가령, 종교인들은 신(神)이 있다고 하지만 우리가 경험해보지 못한 관념 속의 신은 꺼내지 말고, 실제 보이는 세상만을 가지고 얘기해 보자. 대장이 없는데도 질서를 유지하는 것을 무엇으로 해석해야 할까? 자연의 힘일까? 엄청난 우주 에너지의 힘일까?

아무튼, 질서를 유지하기에 산은 늘 그 자리에 서 있다. 물도 마찬가지다. 가령, 바다나 강이나 수많은 어류와 수초 등이 얽혀서 생활하고 있다. 그러나 그들 세상에도 대장은 없다. 고래가 대장이다. 상어가 대장이다. 우겨대는 사람도 있을 수 있으나 그것들도 생을 유지하기 위해 살생(殺生)하는 행위를 제외하면 인간처럼 탐욕스럽지 않다. 오로지, 인간 세상만 대장을 가리려 한다. 즉, 인간들이 조금이라도 모여 있는 곳이면, 늘 대장 행세를 하는 사람이 꼭 나타난다. 그런 대부분 사람은 욕심으로 가득한 찬 사람들이다. 그들은 있는 질서도 무너뜨리고 자기 세상을 만들려고 다른 사람들을 희생시킨다. 산이나 강과 바다에서 볼 수 없는 잔인한 광경이 인간 세계에서만 펼쳐지고 있다. 노자의 도덕경 제8장에 보면 '상선약수(上善若水)'라는 표현이 있다. 최고의 선은 물과 같다는 말이다. 도덕경에서 물은 만물을 이롭게 하면서도 서로 다투지 않고 또한 남들이 싫어하는 곳에 스스로 처한다. 즉, 물은 높은 곳에서 낮은 곳으로 항상 향하면서 머물 때도 낮은 곳에 처한다는 의미다. 그러므로 물은 도(道)에 가깝다.

불교와 니체의 정신을 보면, 불교는 모든 것은 머물지 않고 계속 변화가 있으니 현재 우리가 보고 있는 것은 허상(虛像)이므로 공(空)의 세계로 들어가 여여한 마음을 갖는 것을 득도(得道)의 길이라고 한다면, 니체는 불교와 마찬가지로 모든 만물은 변화하므로 이 세상에 '절대자'와 '진실'은 없고, 단지 우리가 살아있다는 이유로 이 세상이라는 특정한 세상에서 '힘에의 의지(위버멘쉬)'[40]로써 긍정적으로 살아야 한다고 주장한다. 서양 철학자 중에 무신론자가 많이 있는데 그들은 형이상학보다는 현실에 충실한 실존철학에 무게 중심을 둔다. 후설의 '선험적 현상학', 하이데거의 '해석학적 현상학', 사르트르의 '존재와 무'. 이 모두 현존하는 인간을 중심으로 철학을 전개한다. 그들에게는 신보다 존재하는 인간 자체가 중요하다는 것이다. 니체도 그중 하나다. 고대 그리스에 검소한 쾌락주의였던 '에피쿠로스학파'[41]에 따르면, 인간이 죽으면 그것으로 끝이라고 했다. 지옥이고 천당이고 없다는 것이다. 아무도 죽었다가 살아 돌아온 자가 없으니 실증주의를 내세워 실증할 수도 없다는 이유를 든다. 그들은 신이나 이데아, 로고스 등을 전혀 염두에 두지 않았다.

1-8　독재자는 철학자의 사상을 훔친다

아무리 유능한 천재라도 아무런 바탕도 없이 건물을 세울 수는 없다. 그의 위대한 발명이나 발견에는 반드시 누군가의 도움이 있었다. 또한, 아무리 위대한 정복자라고 해도 그의 혼자 힘으로 이룬 대업이 아니다. 헤겔은 이것을 '세계정신' 또는 '세계영혼'이라고 했다. 가령, 알렉산더 대왕의 제국주의를 '세계정신의 자기실현'이라는 표현을 사용했다. 다시 말해서 세계사는 이미 신의 존재가 만들어 놓은 시나리오라는 얘기다. 예전에 라이프니츠의 '예정조화설'[42]을 인용한 듯, 너무도 형이

40　항상 자기 자신을 극복하는 신체적 존재이며, 인간 자신과 세계를 긍정할 수 있는 존재이자, 지상에 의미를 부여하고, 그 의미를 완성하는 주인의 역할을 하는 존재다. 관련 문헌: 차라투스트라는 이렇게 말했다. [출처] 서울대학교 철학 사상연구소.

41　에피쿠로스(BC 342~270)가 이 학파의 창시자. 육체적 쾌락은 오래가지 못하고 정신적인 쾌락은 영원하다고 한다. 허황한 욕구를 버리면 쾌락을 얻을 수 있다고 함.

42　예정조화설(豫定調和說): 세계는 각각 독립된 존재로서의 단위인 단자(單子)로 이루어지며 독립된 단자가 서로 일치하여 세계의 질서를 이루는 것은 미리 신(神)에 의하여 전체의 조화가 정해져

상학적인 말이다. 헤겔의 이러한 사상은 칸트가 형성한 '관념론'을 뛰어넘는 폭넓은 사상이다. 이러한 헤겔 정신을 마르크스는 받아들이지 않았다. 헤겔의 변증법 추종자인 그가 '세계정신' 같은 관념은 받아들일 수 없다는 얘기다. 마르크스는 대신 종교가 인간을 만든 것이 아니라 인간이 종교를 만들었다는 '포이어바흐'[43]의 '유물론'을 더 신뢰했다. 그로 인해 신들의 전쟁은 폐기되었다고 주장했다. 그러나 포이어바흐도 엥겔스로부터 비판을 받는다. 그는 기독교의 본질을 알면, 인간의 본질도 알 수 있다는 형이상학적인 논조 얘기를 해서 공산주의자들을 실망하게 만든다.

마르크스는 헤겔의 '변증법'과 포이어바흐의 '유물론'을 결합하여 '유물론적 변증법'을 완성한다. 이것이 공산주의자들의 체제 이론의 바탕이 되었다. 유물론적 변증법이란, 세상의 근원은 '물질'이라는 것으로부터 시작한다. 즉, 인간이라는 물질은 신이 창조한 것이 아니라 오랜 세월을 두고 진화한 결과라는 것이다. 변증법에서는 세 가지 중요한 요소가 있는데 첫째로, 대립물들은 상호투쟁 과정을 거쳐서 새로운 진화된 개체가 나타난다는 것이고, 둘째로, 점진적인 양적 변화에서 급작스러운 질적 변화를 일으킨다는 것이고, 마지막으로 부정이 부정을 낳는다는 것이다. 이것은 '정반합(正反合)'의 원리로 세상은 정반합으로 진화(進化)한다는 것이다. 헤겔이 주장한 중요한 사상이다.

'찰스 다윈'[44]은 모든 인간과 동물들은 투쟁을 통하여 우월한 유전자를 확보할 수 있고, 이 우성 유전자는 또 다른 유전자와 투쟁하여 더 좋은 유전자를 생산한다는 것이다. 이것을 '자연선택' 또는 '적자생존'이라고 한다. 이와 비슷한 이론은 기원전 6세기에 '헤라클레이토스'가 주장한 바 있다. 그는 세상은 늘 '변화'하므로 고정된 것은 없다고 했다. 투쟁에서 승리한 자들만이 존재한다는 것이다. 이런 그의

있다는 학설. 라이프니츠(1646~1716)가 주장함.

43 포이어바흐(1804~1872): 독일의 철학자. 그리스도교 및 관념적인 헤겔 철학에 대한 비판을 통하여 유물론적인 인간중심의 철학을 제시함.

44 Charles Robert Darwin(1809~1882), 영국의 생물학자. 1859년에 진화론에 관한 자료를 정리한 '종의 기원'이라는 저작을 통해 진화사상을 주장함.

사상을 헤겔, 니체, 다윈, 그리고 마르크스가 따른다. 그러나 기원전 5세기에 '파르메니데스'는 '진리'는 변화하는 것이 아니라 고정불변에 불생불멸(不生不滅)한다고 했다. 이 사상을 플라톤과 칸트 등이 따랐다.

마르크스의 '유물론' 주장에 힘을 보탠 것은 찰스 다윈의 '종의 기원(1859년)'이었다. 마르크스는 당시에 다윈에게 찬사를 보냈다고 한다. 마르크스는 세계 공산당을 창당했다. 노동자 편에 서서 공산주의를 실현하려고 한 것이었다. 사유재산을 없애고, 토지와 운송 수단 그리고 은행을 국유화시키려고 했다. 노동시간을 평등하게 하고, 도시와 농촌의 차이를 줄이고, 어린이들에게 무상교육을 하려고 했다. 기존 봉건귀족들에게 맞선 신흥 부르주아적 계급인 부유한 상공인들이 투쟁을 통하여 봉건귀족을 몰아내고, 막대한 자본을 쟁취했다. 그러나 그들도 그 자본을 이용하여 노동자들의 '잉여노동'을 착취하자, 이들을 해방해주려는 의도에서 마르크스주의가 시작됐다. 즉, 소수의 부르주아에 맞선 다수의 가난한 노동자들이 궐기하면, '질적 변화'를 유발하여 노동자 천국인 사회를 만들 수도 있다고 생각했다. 헤겔의 변증법을 이용한 것이다. 그 사회는 사유재산이 인정되지 않기 때문에 계급이 존재하지 않고, 노동도 개인 능력에 따른 것보다는 필요한 만큼만 일하고 평등하게 삶을 유지하는 '유토피아'를 꿈꾸었다. 그러나 레닌과 스탈린이 자신들의 독재에 마르크스 이론을 이용하면서 결국, 공산주의는 자본주의에 밀리게 된다. 공산주의의 새로운 착취가 이전 착취보다도 더 심한 것이었다.

마르크스는 그의 저서인 '자본론'[45]에서 잉여가치를 모두 부르주아들이 노동자로부터 착취하고 있다고 기술했다. 마르크스는 위대한 철학자였지만, 레닌과 스탈린 독재의 희생양이었다. 결국, 자본주의의 유전자가 공산주의 유전자를 이긴 것이다. 영국의 '리처드 도킨스'[46]는 그의 저서인 '이기적 유전자'에서 동물은 유전자를 보존하기 위하여 활동하는 생존 기계라고 했다. 현대인들은 자본주의 유전자를

---

45 자본론(資本論): 카를 마르크스(1818~1883)의 대표적 저서. 자본주의 사회에 대한 내재적 비판을 담은 사회주의의 바이블과 같은 책. 마르크스는 제1권(1867년)만 관여하고 나머지 두 권은 그의 유고를 정리하여 엥겔스가 출간했다.

46 Clinton Richard Dawkins(1941~): 영국의 동물행동학자, 진화생물학자.

생산하는 기계들인 셈이다. 그는 무신론자이고, 신이 만물을 창조했다는 것을 비판한다. 또한 종교는 결국 악에 이른다는 주장을 펴서 종교계로부터 비판도 받고 있다.

헤겔은 철학적으로 변증법(정반합)을 주장한 것인데, 독재자들은 정반합을 역사철학으로 이용했다. 나치도 마찬가지다. 1920~1930년대 독일은 아사(餓死) 직전이었다. 제1차세계대전 패전에 따른 전쟁 배상금을 물다 보니 마르크화가 폭락하고 초인플레이션을 맞이한다. 이때 더 나은 세상을 만들겠다고 나선 이가 히틀러다. 그는 국민이 뭉쳐서 이 난국을 헤쳐 나가자고 주장하면서 군국주의 독재를 자행했다. 이 또한 정반합을 응용한 전술이었다. 헤겔은 칸트의 관념론을 추종했으나 형이상학적인 사물의 본질을 생각의 범주에서 제외한 칸트와는 달리, 변증법을 사용하여 사물의 '본질'을 파악할 수 있다고 주장했다.

반면에 칸트는 무엇을 주장하고 싶었나? 종래의 철학은 죄다 형이상학을 추구하는 것이었다. 칸트가 고민한 것은 우리가 본적도 경험해보지도 못한 신이나 영혼을 철학 학문으로 연구한다는 것이 비현실적으로 보인 것이다. 당시에 인간은 무조건 신의 계시에 따르는 수동적인 존재로서, 신 앞에서 모든 것들이 무릎 꿇고 고개를 숙여야 했다. 보이지도 않은 신, 가보지도 못한 천국, 이런 것을 허망한 것으로 보았을지 모른다. 그가 고민에 빠졌을 때, 유럽은 '낭만주의'에 빠져있었다. 계몽주의는 한물간 사조처럼 취급받고 있었다. 그당시 칸트는 1687년 뉴턴의 '자연철학의 수학적 원리'에 매료되었다. 지구에서의 운동과 태양과 지구, 태양과 달의 운동을 수학적으로 계산한 것이다. 만유인력의 법칙 때문이었다. 뉴턴 이전만 해도 인간은 자연을 지배하는 것이 아니라 섬겨야 하는 존재였다. 뉴턴의 자연법칙 해부는 계몽주의를 탄생시키는 계기가 된다. 즉, 인간은 자연을 지배하는 힘을 지닌 존재라는 것이었다. 인간의 이성이 빛을 발하여 계몽주의가 싹튼다. 뉴턴에 영향을 받은 칸트는 형이상학의 허구성을 밝히기 위하여 연구를 진행한다. 그는 윤리 형이상학 정초(1785년)라는 책을 출간한다. 그 책에서는 인간이 보편적이며 필연적으로 따라야 하는 '도덕법칙'을 제시한다. 자유에 기초한 도덕법칙. 즉, '정언명령'[47]

을 도입한다. 누구나 무조건 지켜야 하는 의무로서의 도덕이다. 그러나 강제가 아니라 자기 스스로들이 '자유의지'에 따라서 약속한 마음속 도덕법칙이다. 이것은 경험적으로 알 수 있는 영역이 아니다. 칸트는 죽을 때까지 도덕법칙을 생각했다. 그의 묘비명에도 '도덕법칙'이란 용어가 쓰여있다. 칸트는 형이상학을 깨기 위하여 연구했으나 도덕법칙은 이 세계의 물질세계와는 다른 범주의 세계라는 것을 깨닫는다. 이 세계는 도덕법칙이 '최고선'을 추구하는 길이라는 것을 제시한 것이다. 여기서 '최고선'이란 '덕'과 '행복'이 일치되는 것을 말한다. 그는 실천이성 비판(1788)에서 이것을 구체화한다. 이 세계는 자연법칙이 지배하는 사실에 입각한 곳이고, 인간이 실천해야 하는 도덕은 별도의 범주로서 인간들이 받아들여, 최고선을 추구해야 한다고 말한다. 서울대학교 철학사상 연구소의 박정하에 따르면, 칸트는 행복을 윤리학의 필연적인 요소로서 고수한다. 하지만, 도덕의 원천을 행복에서 찾는 것은 아니라고 한다. '최상선'은 행복이 아니라 도덕성으로서의 '덕'이다. 더 나아가 '도덕성'과 '행복'은 반드시 일치하는 것은 아니라고 한다. 그러나 '최고선'은 행복과 도덕성(덕)이 일치하는 데서 성립한다는 칸트의 주장을 전해준다. 여기서 최고선에 이르는 첫 단추는 '최상선'을 이루는 것이며, 바로 '덕'을 성취하는 것이 최상선인데 이것은 도덕의 목표이기는 하나, 최고선에 이르기 위해서는 '덕'에 의해서 도덕적으로 행위를 하는 사람에게 '행복'까지 따라올 때, 진정한 '최고선'이라고 한다. 칸트는 인간이 무엇인가를 인식할 때, 선천적인 '오성(사유하는 능력)'만 가지고는 안 되고, '감성'을 통하여 경험한 것을 결합해야 비로소 완성된 인식이 된다고 했다. 그러나 이런 인식은 이 현상세계라는 경험할 수 있는 곳에서만 해당한다는 것이다. 이것이 순수 이성 비판(1781)의 핵심이다. 결론적으로 칸트는 인간이 신을 숭배하고, 영혼 불변을 믿는 것을 다른 범주, 즉 종교의 영역으로 판단한 것 같다. 그는 과학적인 철학은 자연법칙을 따르는 이 세계를 확실히 이해시킬 수 있으

---

47 정언적 명령이란 칸트의 '윤리 형이상학 정초'에 기술된 내용으로 한 행위를 그 자체로서 어떤 다른 목적과 관계없이, 객관적-필연적인 것으로 표상하는 그런 명령이다. 즉, 그 자체로 윤리성의 법칙이다. [출처] 서울대학교 철학사상 연구소.

나, 실천철학이 되기 위해서는 마음속의 '도덕법칙'이 자리해야만 한다고 믿었다. 그렇게 해야 '최고선'에 도달한다는 것이다. 기독교나 불교에서 말하는 영성(靈性)이나 불성(佛性)을 마치 도덕법칙에 의한 '최고선'으로 보는 것 같은 느낌이다.

1-9 기독교인의 자성과 불교 수행자의 진실

기독교인들의 생각이 많이 바뀌어야 할 것 같다. 우선 하나님은 전지전능(全知全能)하시니, 그분을 무조건 섬겨야 천국 간다는 것은 현대에는 맞지 않을 수도 있고, 자칫 성경의 가치를 저하할 수 있다. 그 이유는 하나님에 대한 경험을 기술한 성경의 내용은 과학기술이 발전하기 훨씬 전(前)이기 때문에 웃음거리가 될 수 있고, 또한 '이적(초자연적 현상)'이 현대에는 이산화탄소 배출로 이런 현상이 많이 발생할 수 있으므로 자칫, 하나님이 창조했다는 이 세계의 무게 중심이 '이적'으로 흐른다면 이 또한 웃음거리가 될 수 있다. 그리고 예수를 무조건 하나님의 아들이니 그리스도로 받들어야 마땅하다고 주장하면 반대파들은 전지전능한 하나님이 왜 예수를 십자가에 못 박히게 놔두었는지를 의심한다. 이적(異蹟)이란, 창조주 하나님으로부터 비롯한 참 이적이다. 그것은 천지 만물을 창조하신 전능자 하나님만이 자연 만물의 현상을 능히 극복하실 수 있기 때문이다. 성경 속에 나타나는 많은 이적이 이러한 신적 기원을 지니고 있다. 가령, 구약성서의 모세시대 때의 바다가 갈라지는 현상 등이 있다. 독일의 종교학자인 '슐라이어마흐'[48]에 따르면, 성경의 해석은 시대적 상황에 따라 해석이 변화해야 한다고 한다. 즉, 예수는 하나님의 감정과 너무 닮은 인간이라고 주장하면서 예수를 신격화하기보다는 인간 예수는 하나님의 감성을 가슴 속 깊이 이해하고, 하나님의 심성(心性)을 받들고, 그것을 신자들

---

48 프리드리히 슐라이어마흐(1768~1834): 현대 신학의 아버지. 자유주의 신학의 원조.

에게 널리 알림으로써 신자들도 하나님과 같은 심성으로 살 수 있도록 인도한 성자(聖者)라는 식으로 성경을 해석해야 한다고 한다. '장덕환'[49]에 따르면, 칼융의 할아버지는 융하고 이름이 똑같았다고 한다. 그는 '슐라이어마흐'와 매우 친한 친구였으며 동시에 사돈이었다. 독재정권에 항거하여 스위스로 갔다고 한다. 융의 아버지는 목사였고, 어머니는 신비주의자였다고 한다. 그러나 융은 기독교인은 아니었다. 어느 날, 성당을 지나가다가 황홀경을 경험하는데, 하나님이 성당 지붕에 대변을 누는 환상을 보게 된다. 이때 융은 "신이 내게 원하는 것은 신앙적 복종이 아니라, 이러한 문제에 대해서 용기를 내서 해석할 수 있는 인간을 원한다."라고 생각한다. 이것은 주체로서의 인간이 만들어지는 과정이며, 인격에 대해서 '의식'과 '무의식'으로 나누어 생각하게 된다. 그는 당시에 쇼펜하우어의 "인간의 의지와 표상으로서의 세계"에서 인간의 '의지(욕망)'라는 것을 알았고, 헤겔은 절대정신의 존재와 이성의 무력감을 이야기했고, 따라서 인간 본질의 근본은 '이성'이 아니라 '무의식적 충동'이라는 쇼펜하우어의 말에 '경도(傾倒)'[50]된다. 칼융은 자신의 아버지는 목사임에도 아버지의 신앙은 매우 메마르고, 힘이 없고, 열정이 없는 것을 보고 교회에 '신은 없다고 깨닫게 되었다'라고 한다. 칼융이 훗날 프로이트와 만나 '무의식'을 토론하게 된 계기도 여기에 있는 것으로 보인다.

　불교에서 말하는 진여(眞如)의 상태란 절대(絕對)의 상태, 공(空)의 상태, 무심, 평정심, 하심을 말한다. 즉, 인간은 본질(本質)과 현상(現象) 속에서 산다. 진여의 상태가 본질(바탕 마음)이라면, 현상은 상대(相對)가 있는 상태, 생멸(生滅)하는 세계, '색(色)'[51]의 상태를 말한다. 본질과 현상을 잡으려면 '현재'를 잡으라고 한다. 현재를 어떻게 잡나? 모든 것이 제행무상(諸行無常)이거늘 현재가 있나? 과거는 흘러갔고, 미래는 오지 않았고, 현재를 생각하는 순간, 새로운 현재가 생긴다. 매 순간이 현재다. 순간마다 변화가 일어난다는 것이다. 이것을 무슨 재주로 잡나? 본질이

49　장덕환 정신건강의학과 의원 원장. 저서: C.G. 융과 기독교.
50　온 마음을 기울여 사모하거나 열중함.
51　색(色): 불교에서 말하는 물질적인 형체가 있는 모든 존재.

진여의 상태에서 보인다면, 그곳은 공의 상태, 무심의 상태. 즉, '무의식'의 세계일 수 있다. 의식의 세계에서는 잡념이 많아서 무심의 상태가 되기가 어렵다. 그런 상태에서 '평정심(平靜心)'[52]을 갖기란 어렵다. 한 생각이 없이 여여한 상태. 이런 상태가 현상이 배제된 상태일 것이다. 고대 그리스 철학자인 헤라클레이토스는 시간은 강물과 같다고 했다. 즉, 한번 발을 담근 물은 다시 오지 않듯이 시간도 마찬가지라는 것이다. 우리가 있는 지금, 바로 여기, 우리가 사람을 만나든지 연구를 하든지 같은 시간은 절대로 오지 않는다. 그러나 현재에 머물러야 본질을 깨달을 수 있다고 한다. 참 어려운 마음공부다.

깨달음을 얻으려면, 마음 수련을 하여, 현재의 육체가 있는 나는 내가 아니라 생로병사(生老病死)를 하는 즉, 생멸(生滅)하는 세상의 한 존재에 불과하다는 인식이 필요하다. 인연으로 부모를 만나서 잠시 '나'란 '허상'으로 온갖 욕심과 잡생각으로 육체는 병이 들어 죽는 것이다. 이승(지금 사는 세상)에서 '업보(業報)'[53]가 많으면 지옥으로 떨어지거나 윤회를 거듭한다. 기독교에서는 하나님을 믿으면 천국으로 간다고 하나, 이웃을 사랑하지 않고, 욕심만을 채우고, 탐욕만 가진 사람들이 교회에 가서 기도를 드렸다고, 모두 천국에 가면 지옥으로 떨어질 사람들은 종교를 갖지 않은 사람인가? 하나님이 속세의 기만에 속을 분도 아니다. 기독교도 결국 하늘의 뜻을 따라서 즉 천명(天命)을 따라 본심대로 살아간 사람들이 천국으로 갈 것이다. 불교는 자기 안에 부처가 있다는 깨달음이 있어야 진여의 세계에 머문다. 철학이 있는 사람들은 기독교보다는 불교의 깨우침이 와 닿을 수도 있다. 어떤 이들은 산속에서 고행을 통해야만 깨달음을 얻는 것으로 잘못 알고 있다. 50년 동안을 산속에서 불경을 외워도 깨달음을 얻지 못하는 사람들이 훨씬 많을 것이다. 반면에 깨달은 사람 중에는 단박에 깨닫는 사람도 있다. 육조 혜능스님이 그랬다고 한다. 도시에서도 얼마든지 깨달음을 얻을 수 있다. 우리들의 본질. 즉, 본래 마음은 예전 우리가 태어나기 전부터도 있었다. 늘 청정한 마음으로 공의 상태로 존재했

---

52 외부의 어떤 자극에도 동요되지 않고, 항상 편안한 감정을 유지하는 마음.
53 선악의 행업(行業)으로 말미암은 과보(果報).

다. 본래 마음속에서는 모두가 하나이다. 우주 만물이 하나라는 얘기다. 나와 식물과 집에 있는 반려견도 그리고 우리가 만난 적도 없는 다른 사람들도 모두 하나이다. 즉, 모두가 연결되어 있다는 것이다. 모두가 한마음인데 욕심과 탐욕이 있을 필요도 없다. 이런 청청한 마음속에서 무언가에 몰두할 수 있고, 몰입할 수 있는 것이다. 이런 상태는 거의 '무의식'의 상태이다. 이런 상태에서는 우주 만물이 하나가 되어서 에너지를 모을 수 있다. 모든 진여의 세계 속에 존재하는 에너지를 받아서 엄청난 힘을 발휘할 수 있다. 아마도 이것이 깨달음의 세계일 것이다.

세상을 살다 보면 아무 줏대도 없는 사람들이 의외로 많다. 이런 사람들은 대부분 눈치를 많이 보고 자신감이 없고 늘 남 밑에서 행복을 느끼는 사람이다. 이런 사람들은 자기보다 못한 사람들에게는 갑질을 잘한다. 이런 사람들은 행한 대로 업이 쌓여서 중유(불교에서 말하는 사십구재를 말함)에 있는 동안 다음 생이 결정되는데 아마도 지옥이나 아귀도 내지는 축생도로 빠질 것이다. 사람이 어리석은 것을 무명(無明)이라 한다. '무명'으로 인해 어리석음을 행하고, 그것이 인식되고, 그 사람의 몸과 마음을 구성하는 명색(名色)이 된다. 이것으로 그 사람은 눈·귀·코·혀·몸 그리고 마음을 구성한다. 이것을 육처(六處)라 한다. 이것은 그 사람의 행(行)과 식(識)으로 결정된다. 이런 몸과 마음으로 촉(觸)을 느끼고 감성(수(受)라고도 한다)을 가지고 자신의 못된 행위가 쾌락적인 것으로 착각하여 그것을 갈망(애(愛)라고 한다)하게 된다. 그리고 계속 그 짓을 해야 스스로 만족하는 단계까지 간다. 이것을 취(取)라고 한다. 이런 모든 것들이 쌓여 업(業)이 되어서 생유, 본유, 사유, 중유를 거쳐서 다음 생(生)이 결정된다. 이러한 연결고리를 불교에서 12연기(緣起) 또는 12인연(因緣)이라고 한다. 그러므로 함부로 남을 비하하거나 무시해서 작은 쾌감을 얻는다면, 그런 자는 마침내 지옥으로 간다. 인간은 불교에서 말하는 팔정도(八正道: 정견(正見), 정정(正定), 정사(正思), 정념(正念), 정어(正語), 정명(正命), 정업(正業), 정정진(正精進))에 따라서 올바르게 살아야 한다. 각각의 뜻은 바르게 보고, 마음을 바로 잡고, 바르게 생각하고, 바르게 기억하고, 바르게 말하고, 비겁하게 목숨 부지하면서 살지 말고, 자기에게 맞는 일에 근면 성실하게, 바른 노력으로 하루하루를 살아야, 다음 생(生)에서 천국이나 다시 지상으로 태어난다. 그렇지 않고 올바르지 못하게 산 중생들은 지옥, 아귀도, 축생도, 아수라도를 윤회하게 된다.

위에서 언급한 '팔정도'는 불교에서 깨달음의 경지인 '열반'[54]에 이르기 위해 수행해야 하는 여덟 가지 덕목을 말하는데, 계정혜(戒定慧)를 의미하기도 한다. 이것을 삼학(三學)이라고 한다. 계학(戒學)이란 정어(正語), 정명(正命), 정업(正業) 즉, 바른말, 바른생활, 바른 일을 의미하며, 정학(定學)이란 정정(正定), 정념(正念), 정정진(正精進) 즉, 바른 집중, 바른 기억, 바른 노력을 의미하고, 혜학(慧學)이란 정견(正見), 정사(正思) 즉, 바른 견해, 바른 사유를 의미한다. 따라서 삼학은 "괴로움으로부터 자유"를 얻기 위한 구체적인 수행 방법이다. 중요한 석가모니 가르침에 '사성제'라고 있다. 이는 네 가지의 성스러운 진리라는 뜻으로 고(苦), 집(集), 멸(滅), 도(道)라는 사성제(四聖諦)를 제시하면서 세계는 고통(苦)이며, 고통의 원인(集)은 욕망이고, 고통을 소멸(滅)하기 위한 길(道)을 통해 열반(涅槃)에 이르러야 한다고 설파했다. 그러므로 '팔정도'는 '사성제'를 해결하는 도(道)의 길이다.

앞서 언급한 '진여의 세계'에 대해서 부연 설명을 하면, 내려놓음. 즉 불교에서는 하심(下心)이라고 한다. 마음속의 욕심과 탐욕을 내려놓은 청정한 마음. 즉, 무심의 상태로 되는 것이다. 이런 마음을 유지하는 것을 '평상심(平常心)'이라 한다. 텅 비어 고요한 그 자리가 자기의 진짜 마음이다. '공적(空寂)'[55]이라 한다. 이것은 참마음이며 이 속에서 영지(靈知). 즉, 아주 신령스러운 마음이 나온다. 그래서 '공적영지심(空寂靈知心)'[56]이 나온 것이다. 법상 스님의 참선 법문에 따르면, 모든 현상(법 또는 사물)은 꿈과 같고 허깨비와 같다. 그러므로 망령된 생각은 본래 고요하고, 오감과 의식의 대상은 본래 텅 빈 것이다. 텅 빈 그 자리에서도 신령스러운 앎은 어둡지 않으니, 이 텅 비고 고요하되 신령스럽게 아는 이 마음(공적영지지심 空寂靈知之心)이야말로 바로 그대의 본래면목(本來面目)이며, 삼세(과거, 현재, 미래)의 모

---

54 열반(涅槃): 번뇌가 소멸한 상태 또는 완성된 깨달음의 세계를 의미하는 불교의 교리.
55 불변하는 고유한 실체가 없는 상태.
56 공적영지지심(空寂靈知之心): 보조국사 지눌의 수심결(修心訣) 7장. 수심결에는 지눌의 고유사상인 돈오점수와 정혜쌍수 사상이 제시되고 있음.

든 부처와 역대의 조사들, 천하의 선지식들이 몰래몰래 서로 전해온 진리의 법인(法印)이다. '천지불인(天地不仁)'이란 이 세상은 우리에게 자비롭거나 인자하지 않다. 죽어야 하는 것은 마땅히 죽게 만드는 것이 법이다. 진정한 자비는 왔다가는 언젠가 가게 하는 것이며, 그것이 곧 자비고 사랑이라 했다. 즉, 본래 일체가 텅 비어서 분별할 것이 없다. 우리는 이대로 완전하다. 우리는 존재 자체로 완전하다는 의미다. 이것은 화엄경의 중심사상인 일체유심조(一切唯心造)와도 연관된 의미를 지니는 것 같다. 즉, 모든 것은 오로지 마음이 지어내는 것이란 뜻이다. 즉, 텅 빈 고요한 마음은 영지를 만든다고 했으니, 이런 텅 빈 마음을 지녀야 마음의 산란함을 없애고, 평상심을 유지할 수 있다는 뜻으로 해석된다. 이러한 마음은 공적(空寂)인 상태로 '무의식'의 세계와 합일한다고 보인다. 이런 마음속에서 앎과 지혜가 발생한다.

우리 눈앞에 보이는 모든 것은 사라지고, 생로병사하지만, 무심(無心)의 마음은 그 자리에서 영원하다. 즉, 현재의 육체는 내가 아니고, 나의 마음은 무심한 상태이다. 다시 말해서 나는 진여의 세상에 있고, 부처도 거기에 있다. 사람의 죽음은 이승에서의 인연으로 인한 한 개인의 생로병사이지 '참나'가 아니다. 이것을 깨우쳐야 윤회하지 않고, 진여의 세계에 영원히 머물게 된다. 백범 김구 선생이 독립투사들에게 거사 직전에 마지막으로 한 말은 '현애살수장부아(懸崖撒水丈夫兒)'[57]였다. 즉, 낭떠러지에서 붙잡은 손을 내려놓는 것이 대장부라는 것이다. 마음의 집착과 욕심, 탐욕을 버리면 텅 빈 고요한 마음을 얻는다. 부처가 되는 것이다. 비록 육체는 죽으나 참마음은 원래 있던 그곳에 계속 존재하니 죽음을 두려워 말라는 뜻이다. 즉, 공적영지심(空寂靈知心)으로부터 견성성불(見性成佛)하라는 것이다. 부처는 멀리 있는 것이 아니라 내 마음속 깊은 곳에 영원히 죽지 않고 살아있다. 생사를 초월할 수 있는 공(空)의 세계에 살고 있다면 내가 바로 붓다다.

붓다가 깨달음을 얻고 자기가 살았던 고향으로 돌아온다. 성도에는 많은 사람

---

57 중국 송나라 때, 야부도천(冶父道川) 선사의 선시.

으로 북적였다. 그때 한 어린아이가 붓다에게 다가왔다. 그 아이는 붓다의 외아들인 나후라였다. 이름이 '나후라'라는 말은 장애물 또는 굴레라는 뜻이다. 싯다르타가 어느 날, 부인인 '야수다라'[58]가 사내아이를 낳았다는 소식을 듣고서는 무심결에 나후라라고 말하고는 출가를 하였다. 그것이 후에 그 사내아이 이름이 된 것이다. 나후라는 붓다에게 와서, 유산을 상속해 달라고 했다. 붓다는 아무 말 하지 않고, 나후라를 데리고 간다. 나후라는 버릇없이 굴고, 개구쟁이처럼 행동했다. 이것을 본 붓다는 나후라에게 발을 씻을 테니 물을 가져오라고 시켰다. 이윽고 발을 씻은 물을 나후라에게 마시라고 했다. 나후라는 더러워서 싫다고 했다. 그러자 붓다는 말하기를 몸과 마음이 더러우면 사람도 이 물처럼 대접받는다고 가르침을 주었다. 나후라는 붓다를 따라 머리를 깎는다. 수행에 정진하여 붓다의 제자가 되고, 후에 아라한(깨우친 자)이 된다. 아비인 붓다가 물려준 유산은 보물도 다른 재물도 아닌 정신수양을 일깨운 것이었다. 나후라는 붓다를 따라서 발우(스님들의 밥그릇)를 들고 탁발 공양을 다녔다. 한나라의 왕자도, 그 왕자의 자식도 소위 걸식을 시작한 것이다. 무엇이 부족하지도 않은 왕가의 부자가 탁발하러 다녔으니, 그 수행의 고단함과 현실과의 괴리감이 얼마나 소년 나후라를 힘들게 했을까! 붓다는 마음의 평화와 안정이 인간 속세의 생로병사를 이겨내는 수단으로 깨달음을 얻도록 중생들을 교화시켰다. 붓다는 6년간의 고행을 통하여 눈에 보이는 모든 것은 제행무상이라 흘러가고, 마음이 여여한 무심의 상태에서 우리는 늘 현실을 주시하고 있다는 깨달음을 얻었다. 우리 같은 범인들도 세상은 '한마음'이고, 진여(절대 진실의 세계)의 상태에서 늘 존재하기 때문에 욕심과 아집과 탐욕을 버릴 수 있는 진리를 깨달으면 해탈하여 열반에 드는 것이다. 즉, 내 안에 붓다가 있는 것이다. 깨달음은 무엇을 새로 얻는 것이 아니라 있는 것을 찾는 것이다.

---

58 콜리야족 출신으로 싯다르타의 아내. 즉, 나후라(羅睺羅)의 어머니.

1-10 게슈탈트심리학과 치료법

인간 지식(Human knowledge)은 다음의 인식에서 시작된다. 우리는 우리가 말할 수 있는 것보다 더 많이 알 수 있다. 가령, 우리는 수많은 사람의 얼굴을 알 수 있다. 그런데도 우리는 어떻게 그렇게 많은 사람의 얼굴을 인식할 수 있는지 말로 설명할 수는 없다. 또한 이런 유(類)의 지식은 글로 표현할 수도 없다. 그러나 최근에 경찰수사대는 이런 유의 지식과 대화하는 방법을 제시했다. 그들은 다양한 코와 입 그리고 얼굴의 다른 특징 사진들을 다량으로 모은 자료를 만들었다. 이 자료를 범죄 현장에 있었던 목격자에게 보여주고, 그가 목격한 가해자 얼굴의 특징 부위(particulars)를 선택하도록 했다. 그리고 그런 부분들을 모아서 얼굴의 형상을 만들었다. 위에서 언급한 얼굴의 형상을 구현하는 방법에 대해서 만약 우리 스스로가 표현할 수 있는 적절한 수단을 가지고 있다면 얼굴 모습(physiognomy)을 구현하는 지식과 우리는 대화할 수 있다. 그러나 우리가 기억하고 있는 특징을 어떻게 대응시킬지(how to match)에 대한 지식(knowing)이 있어야만 경찰이 제시해준 자료를 활용할 수 있다. 그러나 우리는 어떻게 대응했는지는 말로 설명하기가 어렵다. 이런 지식을 '암묵적 지식'이라고 한다. 게슈탈트심리학(Gestalt psychology)에서는 얼굴의 특징 부위를 확실하게 무엇인지 인식하지 못한 상태에서 우리가 희미하게 인식한 그 특정 부위들을 통합시킴으로써 아마도 얼굴모습(physiognomy)을 찾아내는 것으로 주장한다.

지식(knowledge)에 대한 '폴라니(Polanyi)'[59]의 분석은 게슈탈트심리학의 상기한 주장과 근접하게 연결된다. 게슈탈트심리학에서는 인간의 망막을 타고 들어온 시각 정보가 시상을 거쳐서 뇌의 후두엽이 인식한 특징 부위를 자발적인 평온

---

59 Michael Polanyi(1891~1976): 헝가리의 물리학자, 철학자. 영국 맨체스터대학교 물리화학 교수 및 사회학 교수, 저서: 개인적 지식.

(spontaneous equilibration)을 통하여 얼굴 모습의 통찰력이 생겼다고 추측한다. 그러나 폴라니는 단순한 시각 작용만이 아닌, 지식 추구의 과정에서 형성된 활발한 경험 형성의 결과로 본다. 이러한 형상화 통합은 필요 불가결한 암묵적 힘(tacit power)이라고 주장한다. 게슈탈트(형태)의 구조는 논리적인 암묵적 사고(tacit thought)를 만들어낸다. 그리고 이것은 사물을 보는 통찰력의 범위를 변화시킨다. 이것은 과학과 예술에서 암묵적 힘의 천재성을 나타낸다. 게슈탈트를 설명

[그림 1-1] 나의 아내와 시어머니[60]

할 때, 많이 사용되는 [그림 1-1]을 유심히 보면 두 개의 얼굴 형상으로 보인다. 미녀의 모습과 할머니의 모습이 보일 것이다.

전경(前景)과 배경(背景)을 활용하면 된다. 이런 것에 능숙해지면, 자기가 생각하는 개념을 구체화하는 데 도움이 된다. 천재들이 잘 활용하는 '몰입' 방법이다. 즉, 자기가 해결하고자 하는 문제를 전경으로 떠올리고 필요 없는 것은 배경으로 보낸다. 이런 과정을 계속 반복하다 보면 문제가 풀리는 것이다. 아마도 득도(得道)도 이런 과정을 통하여 형성될 것 같다. 앞서 설명한 것처럼 게슈탈트심리학에서는 마음이 평온한 상태에 임해야 통찰력이 생긴다고 했으나, 암묵적 지식의 대가인 마이클 폴라니는 반복적인 학습과 경험이 통찰력을 생기게 한다고 했다. 아마도, 전자는 수도자들이 말하는 공적(空寂)의 상태와 유사해 보이고, 후자는 자전거 타기처럼 여러 시행착오를 겪은 몸에 체화된 지식 또는 신경세포들의 견고한 네트워크 형성을 통한 집약된 신경세포 집단과 근접해 보인다. 이 두 가지를 모두 종합해야

---

60 '나의 아내와 시어머니'(My wife and my mother-in-law)다. 영국 만화가 윌리엄 엘리 힐(William Ely Hill, 1887~1962)이 1915년 미국 유머잡지 〈퍽〉(Puck)에 처음 게재한 것으로 보이며, 여러 버전 중 하나이다. [출처] 위키미디어, 구글.

[그림 1-2] 많은 사람[61]

결국 천재적인 '통찰력'이 생긴다고 보인다.

모든 스트레스 해소나 문제해결 등에, 게슈탈트심리학을 활용하면 안 될 것이 없어 보인다. 즉, 전경과 배경을 떠올리는 것이다. 물론, 마음이 평온해야 한다. 이런 것은 누가 설명해서 되는 것도 아니고, 설명을 자세히 할 수도 없다. 이런 지식을 '암묵적 지식'이라고 하고, 전경과 배경을 떠올리는 것을 '암묵적 사고'라고 할 수 있다. 앞서 말했듯이 이런 것을 능숙하게 하기 위해서는 폴라니가 언급한 몸이나 뇌에 체화된 지식이 많아야 가능할 것이다. 게슈탈트심리학은 주로 게슈탈트 그림을 가지고 환자의 치료에도 활용된다. 게슈탈트 [그림 1-2] 중에 사람이 모두 몇 명 있을까요? 라는 질문에 눈에 보이는 것을 전경, 보이지 않는 부분은 배경이라 한다.

사람이 잘 보이지 않는 시행자는 너무 전경에 치우쳐있기 때문이다. 이것이 지나치면 심리치료를 받아야 할지 모른다. 이러한 게슈탈트 기법을 활용한 치료법도 있을 수 있다. 가령, 과거의 아픈 추억으로 정신적 질환까지 초래된 사람은 게슈탈트 치료법을 참고할 필요가 있다. 치료법은 어렵지 않다. 위에서 전경과 배경을 교차해서 보는 훈련을 했듯이, 마음속으로 전경과 배경을 만드는 훈련을 하는 것이다. 가령, 나쁜 기억이 떠오르면 그것을 회피하지 말고 전경으로 가져오라. 그리고 그것을 마음속에서 지우기 위한 훈련을 해야 한다. 가령, 나쁜 기억을 의도적으로 노트북에 계속 적고 계속 지우는 작업을 반복 진행하면 뇌에서는 새로운 경험을 기억하기 때문에 결국, 나쁜 기억을 지운 것으로 기억하므로 어느 순간 나쁜 기억이 사라질 수 있다. 즉, 뇌를 속이는 방법이다. 어차피, 뇌의 기억기능 때문에, 나쁜

---

61 [출처] 스포캔 폴 커뮤니티 칼리지. (n.d.) 게슈탈트의 원리: 근접성.
Photo Citation: Spokane Fall Community College. (n.d.). The gestalt principles: Proximity. [Image]. Available from: http://graphicdesign.spokanefalls.edu/tutorials/process/gestaltprinciples/gestaltprinc.htm

기억이 우리를 계속 괴롭히므로 뇌의 기억 메커니즘을 활용해서 지우는 것이다. 또는 과거에 좋았던 경험을 기억하면서 그것을 전경으로 가져오도록 훈련을 하는 것이다. 그러면 자연스럽게 나쁜 기억은 배경으로 가면서 사라진다. 한 번에 되는 것은 아니고, 계속 훈련해야 뇌에서 인식한다. 몸 또는 뇌에서 체화될 때까지 반복 연습을 계속해야 자기도 모르는 사이에 좋은 기억들이 많이 남아서 세로토닌이나 도파민이 분비되어 신체를 건강하게 유지하게 할 것이다. '전경'이 무엇이고, '배경'이 무엇인지 헷갈리는 시행자는 액자 속의 그림만을 우선 생각하라. 그림에 몰두하면 액자의 틀이 안 보인다. 이때 그림이 전경이 되고, 액자의 틀이 배경이 되는 것이다. 만약, 나쁜 기억이 자꾸 떠오르는 시행자는 그것이 완전히 배경으로 가질 못하고, 어중간한 위치에 자리를 잡기 때문이다. 이렇게 되면 사람들의 심리는 불완전한 것을 해결하려는 본능 때문에 나쁜 기억이 전경으로 등장하게 되는 것이다.

게슈탈트 치료법과 상관없이 액자와 그림 관련하여, 철학자인 칸트와 철학자인 자크 데리다[62]가 서로 의견을 달리하는 지점이 있어서 소개한다. 칸트는 예술작품을 본질인 에르곤(ergon)으로 여겼고, 액자 틀을 비본질인 파레르곤(parergon)이라 했다. 가령, 천한 파레르곤의 예로서 금박을 입힌 액자를 사용하는데, 금박의 색채가 너무 강렬해서 작품 고유의 아름다움을 감상하는 데 방해가 된다고 했다. 그러나 자크 데리다는 예술적 아름다움은 매우 모호하므로 본질과 비본질을 구분하는 것은 일종의 '폭력'이라고 주장했다. 그는 '파레르곤'은 분리될 수 없는 그 무엇이며, 작품의 본질 속에 존재하는 결핍을 보완, 보충해주는 역할을 한다고 했다. 그는 작품과 액자의 틀은 경계라기보다는 작품과 더불어 있는 그 무엇으로 보아야 한다고 했다. 그러므로 파레르곤을 경계를 끝없이 넘나들 수 있는 성질을 가진 것으로 이해했다. 가령, 클로드 모네[63]가 1872년에 그린 'Impression Sunrise(인상, 해돋

---

62 자크 데리다(Jacques Derrida): 1930~2004, 프랑스의 철학자. 1968년 5월혁명 이후, 프랑스 보수 정권에 반기를 들었고, 철학 억압정책에 저항하여 철학연구그룹(GREPH)을 결성함. 저서: 근원 저편에(1967년).
63 Oscar Claude Monet(1840~1926): 프랑스 인상파 화가. 1890년 이후부터 하나의 주제로 여러 장의 그림을 그리는 연작을 많이 제작함.

이)'라는 작품은 르아브르 항구의 아침 풍경을 그린 유화이다. 이 작품을 감상한 비평가 루이 르로이(Louis Leroy)는 조롱의 의미를 담아 "그림 내용은 잘 이해가 안 가지만 인상적이다"라고 했다. 이 말이 '인상주의'로 불리게 되는 계기가 된다. 당시에 관람객들은 무엇을 재현한 것인지 파악하기 어려웠다. 이 작품은 물에 반사되는 빛의 효과나 눈에 순간적으로 지각되는 느낌의 관점에 따라서 '파레르곤'이 될 수도 있지만, 모네 자신이 중요하게 생각한 것이 그것이었다면, 그것은 에르곤이 될 수도 있다고 생각한다. 당시에 예술비평가들은 그 작품을 '인상주의' 작품으로 분류했다.

마이클 폴라니는 과학적 창의성(scientific creativity)이라는 것은 어떤 현상에 대한 깊은 몰입(deep immersion)을 통하여 이루어진다고 했다. 그러나 대부분의 연구는 실증주의자에 의한 이성적이며 실증적(경험적)인 연구를 통하여 이루려 한다고 비판했다. 그의 반박 근거는 인간은 실제로 자기가 말할 수 있는 것보다도 훨씬 많이 알고 있다는 것이었다. 심리학적으로 표현하자면 프로이트가 주장한 의식(conscious), 전의식(preconscious), 무의식(unconscious), 잠재의식(subconscious)이 인간 내면에 존재하기 때문에 이러한 것으로부터 개인이 인지하는 것보다도 수많은 지식이 인간의 뇌 속에 내재되어 있다고 했다. 그러므로 과학적 창의성은 개인의 몰입을 통한 직관(intuitive)[64]을 서로 상호교환(interaction) 하면서 완성된다고 한다. 결국, 그의 이론은 잠재적인 학습으로부터 추진되는 암묵적 상태의 직관을 형상화하는 과정(a process of explicating the tacit intuitive understanding)이라고 할 수 있다.

---

64 직관(直觀): 사물이나 사태를 순간적으로 지각하는 것을 말한다. 사상을 순간적으로 직감하는 예로는 상대의 표정에서 상대의 감정 상태를 짐작하는 것 등. 스피노자는 직관은 확신을 궁극적으로 믿게 하는 보증이며 최초의 근원이라 했고, 베르그송은 사물의 이치를 깨닫는 공감적 방법에 상응하는 것으로, 생활현상 등의 본질을 파악하는 것을, 인도하는 것으로 보았다. 가령, 후설의 현상학에서도 직관을 순수의식에 이르는 중요한 방법으로 여긴다. 후설과 베르그송은 동갑으로 직관을 통하여 본질을 본다는 견해가 서로 같다. 베르그송은 모든 생명의 자유로운 창조적 진화를 주장했고, 각 계급은 불평등이 자연적인 상태로 전쟁은 자연법칙으로 불가피하다고 주장했다.

제2절 암묵적 지식의 체계

2-1 조직적 지식 창출

Grant(1995)는 기업의 지식기반 선행 논문들을 분석하면서, Kogut and Zander(1992)는 개인 지식을 조직의 지식으로 변형하는 것에 대한 조직의 능력을 연구했고, Spender(1992)는 지식의 창출과 지식 활용의 차이점을 연구했으며, Demsetz(1991)은 지식 통합을 위한 기관으로서의 기업에 관하여 연구했다. 또한 Nonaka(1994)는 암묵적 지식과 형식적 지식의 상호작용으로 조직적 지식이 창출된다고 했다. 특히, Nonaka는 암묵적 지식과 형식적 지식의 상호작용을 활용한 조직의 지식 창출 체제를 연구했기 때문에 지식 창출의 방법론적인 측면에서 중요성을 띤다.

〈표 2-1〉에서는 Nonaka(1994)의 지식변환 모드에 대해서 정리한다.

Nonaka(1994)는 개인과 조직이 공동으로 지식창출을 해야 지식의 상승적 팽창(synergistic expansion)이 가능하다고 한다. 조직은 개인이 가지고 있는 암묵적 지식을 모으는 중요한 역할을 한다. 그리고 사회화(socialization), 결합화(combination), 외부화(externalization), 내부화(internalization)을 통하여 나선 지식 창출(spiral of knowledge creation)을 달성할 수 있다고 한다. 상술한 네 가지 변환모드는 지식 창출

⟨표 2-1⟩ 지식변환의 네 가지 모드- Nonaka(1994)

구분	암묵적(tacit) 지식	형식적(explicit) 지식
암묵적 지식 (tacit knowledge)	• 사회화(socialization) → 관찰, 모방, 실행을 통하여 학습 → 암묵적 지식을 얻는 열쇠는 '경험'이다 → 실무를 통하여 구성원들의 경험과 통찰력 공유	• 외부화(externalization) → 암묵적 지식과 형식적인 지식은 서로 보완적 관계이므로 상호작용으로 확장 → 의미있는 대화를 통하여 지식이 촉진됨
형식적 지식 (explicit knowledge)	• 내부화(internalization) → 시행착오(trial and error) 및 실험(experimentation)을 수행함으로써 획득 → 이러한 과정을 경험에 의한 학습(learning by doing)	• 결합화(combination) → 미팅, 전화, 대화를 통하여 지식을 교환 → 기존재하는 형식적인 지식들을 분류, 추가, 재유형화, 새로운 문맥형성 → 존재하는 자료와 외부지식을 결합하여 서로 간 공유

과정을 이끌기 위하여 동적이며 계속해서 서로 엮어지면서 상호 작용을 한다.

Nonaka의 이론에 따르면 관찰과 모방 등을 통하여 공공연구기관의 암묵적인 지식이 기업으로 흘러 들어갈 수 있음을 추측할 수 있게 한다. 가령, 대학교수 연구실의 암묵적인 지식을 선·후배 간의 네트워크로 가능한 범위 내에서 기업 내로 흡수하여, 기업의 암묵적 지식으로 활용할 수도 있을 것이다. 이것의 이론적 토대는 위의 표에서 언급한 Nonaka의 이론 중에 '사회화'와 '내부화'가 적용될 수 있다. Nonaka의 조직적 지식(organizational knowledge)은 형식적 지식과 암묵적 지식의 계속 대화를 통하여 창출되고, 새로운 지식은 개인에 의하여 개발되는 반면, 조직은 그러한 지식을 분명히 하고, 확장하는 데 중요한 역할을 한다고 한다.

Grant(1995)는 기업이 조직 내에서 접근할 수 있고, 이전 가능하며, 응용 가능한 특별한 지식을 활용하는 효율적인 통합 메커니즘(integration mechanism)을 설명하면서 형식적 지식의 경우에 전문적인 지식은 반드시 소통을 위하여 보통 지식(common knowledge)으로 변형되어야 한다고 한다(Demsetz, 1991). 보통 지식으로 변형되는 방법에는 컴퓨터에 활용(computerization), 국부적인 네트워크(local area networks), 응용 소프트웨어(applications software), 전문가 시스템(expert systems) 등을 활용하여 형식적 지식을 통합한다. 여기서 보통 지식이란 시스템에 입력할 수 있는 지식을 의미한다. 즉, 그 분야의 다른 사용자도 알 수 있는 용어로 통일되어야 한다는 것이다. 가령, A라는 의사는 자신만이 사용하는 용어로 환자의 상태를 기록할 수 있는데 그 내용을 다른 의사들이 이해할 수 있는 형식으로 변경해서 컴퓨터에 입력시켜야 함을 말한다.

반면에 암묵적 지식은 소통의 어려움 때문에 제품 프로세스에 개인의 지식이 바로 반영될 수 있도록 해야 하며, 조직적인 표준(organizational routines)을 통한 모듈 방식의 조립(modularization)이 돼야 한다고 한다. 즉, 말이나 글로 표현할 수 없는 지식이므로 제품에 바로 녹일 수 있는 형태로 상용화 단계에서 연구개발이 필요하다는 것이다. 다시 말하면, 과학은 문서로 입력되어서 문서로 출력되는 형태를 지녀야 한다. 즉, 형식적 지식에서 형식적 지식으로 변형되어야 함을 의미한다. 그러나 기술은 문서 또는 비문서 형태로 입력되어 제품을 생산해야 하므로 출력은 문서로 될 수가 없다. 이것은 제품 프로세스에 개인 지식 즉, 암묵적 지식이 반영된다는 것이다.

Nonaka(1994)는 정보와 달리 '혁신'은 조직적 지식 창출이 주된 형태이나 정보가 공이나 문제해결만으로 충분히 설명될 수 없다고 한다. '혁신'은 조직이 문제를 정의하고 그것을 해결하기 위하여 '새로운 지식'을 적극적으로 개발하는 과정으로 더 잘 이해될 수 있다고 한다. 가령, 한 조직이 혁신을 창출하면 차례로 관련된 일련의 정보와 지식이 창출되고, 그것은 조직 전체적으로 더 큰 지식시스템으로 변화를 유도한다. 조직적 지식 창출(organizational knowledge creation)은 형식적 지식과 암묵적 지식 사이의 끊임없는 대화를 통한 것이고, 이것들은 새로운 개념과 생각을 창출한다. 또한, 그것은 개인들이 가지고 있는 지식을 공유하고 개발하는 사회적 상호작용과 관련이 깊다고도 한다. '개인들이 가지고 있는 지식'이란 것은 개인이 가지고 있는 암묵적인 지식일 가능성이 크다. 왜냐하면 형식적인 지식은 이미 문서로 만들어져서 조직의 지식으로 체화되어 있을 가능성이 크기 때문이다. Lam은 개인의 암묵적인 지식을 조직에서 어떻게 결집할 수 있는지가 기업의 지식 창출에 있어서 매우 중요하다고 했다.

Nonaka(1994)에 의하면 지식 창출 프로세스는 암묵적과 형식적 지식으로부터 이끌어진다고 폴라니의 주장을 인용한다. 가령, 형식적 지식은 부호화된(codified) 지식이라고 하면서 공식적이고, 시스템적인 언어로 전달 가능한 언어로 언급했고, 반면에 암묵적 지식은 공식화하거나 소통하기 어려운 개인적 성질을 갖는 것으로 설명하고 있다. 다시 말해서 인간 마음과 육체에 내재(內在)된 것이라고 하면서 인지적인 요소와 기술적인 요소를 포함하고 있는데, 인지적인 요소로는 정신적 모델 안에 실무적 모형(working model)을 포함하는데 그 종류로는 패러다임, 믿음, 견지 등이 있다. 부연하면 개인의 현실 이미지(image of reality)와 미래의 비전(visions for the future)을 나타내지만, 기술적인 요소로는 노하우, 기능, 스킬 등을 포함한다고 한다. Nonaka에 의하면, 암묵적 지식은 알고자 함과 구체화하는 계속된 활동이라고 Bateson(1973)이 주장했다고 한다. 이것은 아날로그 성격(analog quality)으로 언급된다. 개인 사이의 소통은 아날로그 프로세스로 보일 수 있다고 한다. 이것은 상호이해를 위한 암묵적 지식을 공유하는 것을 목적으로 한다. 반면에, 형식적 지식은 개별적(discrete) 또는 디지털(digital)로 본다. 이러한 것들은 과거의 기록으로 보관되는데 가령, 도서관(libraries), 기록보관소(archives), 데이터베이스(databases) 등을 말한다.

Grant(1996)는 조직적 지식의 통합(the integration of knowledge)을 위해서는 규칙을 만들거나, 가이드라인을 활용하거나, 지시(directives) 등이 있고, 특히, 이런 것들은 암묵적 지식을 형식적 지식으로 코드화하는 데 도움을 준다고 한다. 또한 다른 사람들의 전문적인 지식을 조직 구성원 모두가 소통을 통하여 습득하기는 어려우므로 조직적인 표준(organizational routines)을 만들면 도움이 된다고 했다.

앞서 Nonaka(1994)에 의하면 조직적 지식 창출은 개인적으로 창출된 지식을 확장하고, 조직의 지식 네트워크의 한 부분으로 확고히 하는 프로세스로 이해되어야 한다고 하면서 지식변환의 네 가지 모드는 사회화(socialization), 결합화 (combination), 외부화(externalization), 내부화(internalization)로써 표현했다. 이것에 대해서 〈표 2-1〉에 따라 자세히 알아보자.

사회화(socialization)는 암묵적 지식에서 암묵적 지식으로 변환되는 것을 말하며 개인들은 암묵적 지식을 언어 없이 획득할 수 있다고 한다. 마치 수습공이 멘토로 부터 말로 배우지 않고, 관찰(observation), 모방(imitation), 실행(practice)으로 솜씨를 배우는 것으로 이해하면 쉽다. 암묵적 지식을 얻는 열쇠는 '경험'이라고 한다. 다른 사람의 사고체계(thinking process)를 공유한다는 것은 지극히 어려운 일이다. 암묵적 지식을 창출하는 과정은 공유된 경험을 통하여 가능하다고 한다. 부연 설명하면, 팀(team) 또는 실무(field)의 상호작용(interaction)으로 시작된다. 실무(field)는 구성원 들의 경험(experience)과 통찰력(perspectives)을 공유하도록 촉진해주는 역할을 한다.

결합화(combination)는 형식적 지식에서 형식적 지식으로 변환되는 것을 말하 며 개인들에 의하여 만들어진 서로 다른 형식적 지식을 결합하는 과정으로 이해 하면 쉽다. 개인들은 서로 미팅이나 전화 대화를 통하여 서로 간의 지식을 교환하 거나 결합할 수 있다고 한다. 이러한 교환 메커니즘을 결합화라 한다. 즉 이미 존 재하는 형식적인 지식을 분류(sorting), 추가(adding), 재유형화(recategorizing), 새로 운 문맥형성(recontextualizing)을 통하여 변환을 시도하는 것이 새로운 지식이 된 다는 것이다. 이처럼 형식적인 지식을 통하여 새로운 형식적인 지식을 창출하는 것을 결합화라 한다. 부연 설명하면, 팀에 의하여 창출된 개념을 존재하는 자료 (existing data)와 외부지식(external knowledge)을 결합하여 견고하며 공유 가능한 명세 서로 만든다는 것이다. 이것을 달성하기 위하여 팀 구성원과 다른 조직의 구성원 이 협력(coordination)해야만 더욱 촉진될 수 있다. 이 과정에 존재하는 지식의 문서 화(documentation)도 중요하다. 이것은 Kogut & Zander(1992)의 "현재의 지식과 획 득된 지식을 합성하거나 응용하는 결합능력(combinative capability)"과 Grant(1996)의 "지식의 흡수는 지식을 받는 사람이 보유하고 있는 지식에 새로운 지식을 부가(to add)할 수 있는 능력에 좌우된다"라는 이론과 흡사하다. 이와 같은 개념들은 조직에 존재하는 지식뿐만 아니라 조직 외에 존재하는 지식도 중요하다는 것으로 대학과 같은 공공연구기관으로부터 지식을 습득할 수도 있음을 의미한다.

외부화(externalization)는 암묵적 지식에서 형식적 지식으로 변환되는 것을 말하며 암묵적 지식과 형식적 지식은 서로 상호보완적인 관계이고, 상호작용(mutual interaction)을 통하여 확장될 수 있다고 한다. 부연 설명하면 의미 있는 대화(dialogue)에 따라 촉진(trigger)된다고 한다. 대화를 통하여 팀 구성원이 가지고 있는 통찰력(perspective)을 정확하게 전달할 수 있다. 반면에 형식적인 지식을 암묵적인 지식으로 변환하는 것을 **내부화(internalization)**라 하며, 이것은 시행착오(trial and error) 및 실험(experimentation)을 수행한다고 한다. 이러한 과정을 경험에 의한 학습(learning by doing)이라 한다. 즉, 문서로 만들어진 특허나 논문은 바로 제품 상용화에 적용하기 어려우니 생산 환경에 맞는 지식으로 변경하는 것을 의미한다.

조직적인 지식 창출 모델의 핵심은 서로 다른 지식의 변환 모드 사이의 역동적인 상호작용(dynamic interaction)이라고 한다. 지식 창출은 암묵적 지식과 형식적 지식 사이의 교환(interchange)을 내부화(internalization)와 외부화(externalization) 과정을 통하여야 한다는 것이다. 개인에 의하여 창출된 암묵적 지식은 지식창조 프로세스의 핵심이라고 한다. 그것이 실익(practical benefit)을 얻도록 현실화하는 것이 외부화(externalization)이다. 여기서 내부화는 제품 프로세스에 도움을 줄 것이고, 외부화는 다른 구성원과의 상호작용을 통하여 시너지를 얻어서 한 단계 개선된 제품 프로세스에 이바지할 것이다. 또한 앞서 설명한 네 가지 지식변환 모드 사이의 역동적인 상호작용을 통하여 더욱 지식이 확장되어 나간다고 한다. 이처럼 지식변환을 통하여 동적으로 서로 얽히게 됨으로써 암묵적 지식이 동원되는 것이다. 이러한 과정을 나선 모형(spiral model)이라고 한다. 이러한 암묵적 지식과 형식적 지식 사이의 상호작용은 더 크고, 빠르게 조직 내부에 관여된다. 이러한 나선 모형은 조직적인 지식 창출의 과정으로 개인 수준에서 그룹 수준으로 그리고 조직 수준으로 확대된다.

Nonaka(1994)는 조직적 지식 창출의 과정은 개인 지식의 확대(enlarging individual

knowledge), 암묵적 지식의 공유(sharing tacit knowledge) 및 개념화(conceptualization), 구체화(crystallization), 표준화(justification) 그리고 지식의 네트워크화(networking knowledge)를 통하여 체계화된다. 이러한 일련의 과정을 시장 환경에서 지식과 정보의 생산 과정이라 한다. 〈표 2-2〉에서 조직적 지식의 창출 과정을 표로 정리한다.

〈표 2-2〉 조직의 지식과 정보의 창출 과정-Nonaka(1994) 재구성

과 정	내 용
개인 지식의 확대 (enlarging individual knowledge)	• 조직의 지식창출 활동에서 개인의 역할은 필수적임 • 개인은 암묵적 지식을 직접적인 경험을 통하여 축적함 • 암묵적 지식의 수준은 개인 경험의 다양성에 의존함
암묵적 지식의 공유 (sharing tacit knowledge)	• 개인 지식은 실무 또는 자생력팀(self-organizing team)을 만들어서 그 속에서 활성화 됨 • 자생력팀: → 다양한 기능을 하는 부서로부터 합류 → 이러한 복합 기능팀은 경험을 공유하고, 계속적인 대화를 통해 지식을 창출 • 팀구성원 간의 상호신뢰와 협조가 필요함 → 개인의 암묵적인 지식을 공유
개념화 (conceptualization)	• 상호신뢰를 통한 경험 공유 → 팀은 끊임없는 대화를 통하여 개인의 통찰력(perspective)을 구체화 → 외부화의 과정과 유사함
구체화 (crystallization)	• 자생력팀에서 창출된 지식은 구체화되어야 함 → 제품 또는 시스템으로 구현 → 내부화의 과정과 유사함 → 실험(experimentation)에 의하여 현실화
표준화 (justification)	• 창출된 지식의 가치를 마지막 단계에서 조율(final convergence)과 검사(screening)를 통하여 검증하는 과정 → 표준(standards) 가능성을 판단
네트워크 지식 (networking knowledge)	• 조직 속에서 발생한 개념화, 구체화, 표준화 등은 조직의 지식기반이 되어 조직지식의 전 네트워크를 구성

개인 지식의 확대(enlarging individual knowledge)를 위하여 조직적 지식 창출 활동은 중요하다고 한다. 조직의 지식 창출 활동에서 개인의 역할은 필수적이다. 개인은 암묵적 지식을 직접적인 경험을 통하여 축적한다고 한다. 암묵적 지식의 수준은 개인 경험의 다양성이 중요한 요소라고 한다.

암묵적 지식의 공유(sharing tacit knowledge)란, 조직의 지식 창출 과정은 조직 내 개인의 지식을 확대함으로써 시작된다. 그러므로 조직은 개인의 통찰력(perspective)을 사회적 상호작용을 통하여 분명히 해야 한다. 만약 공유할 수 없다면 개인의 지식으로만 머물 것이다. 이러한 개인의 지식을 조직적인 차원에서 실행하기 위하여 실무(field) 또는 자생력팀(self-organizing team)을 만들어서 그 속에서 개인들은 새로운 개념을 창출하는 과정에서 서로 협조하게 된다. 자생력팀은 다양한 기능을 하는 부서로부터 합류한 구성원으로 구성된다. 이러한 복합기능팀(cross-functional team)은 경험을 공유하고, 계속된 대화를 통하여 조직적인 지식 창출 과정을 구축해 갈 것이다. 이 팀은 구성원 간의 상호신뢰(mutual trust)를 우선 구축해야 한다. 상호신뢰는 건설적인 협조(collaboration)를 촉진하는데 필요한 요소이다. 상호신뢰가 있어야 개인의 원초적인 경험인 '암묵적 지식'을 공유할 수 있다. 공유된 경험(shared experience)은 팀 구성원에 의하여 공통 인식(common perspectives)된 지식 창출을 촉진할 수 있다.

개념화(conceptualization)란, 상호신뢰를 통한 경험을 공유하면서 형성되는데, 팀은 끊임없는 대화를 통하여 개인의 통찰력(perspective)을 구체화할 수 있다. 이것은 '외부화'의 과정과 유사하다. 가령, 대화(dialogue)는 개인 간의 대면 소통(face-to-face communication)이고, 이것을 통하여 개인은 다른 사람과 협조를 통하여 개념을 만들어나갈 수 있다고 한다. 즉 언어는 사회적으로 창조적인 수단이며, 대화를 통하여 개념을 현실화할 수 있다고 한다(reality created through dialogue).

구체화(crystallization)란, 자생력팀에서 창출된 지식은 구체화하여야 한다. 가령, 제품(a product) 또는 시스템(a system)과 같이 견고한 형태(concrete form)로 구체화하여야 한다. 이것은 '내부화'와 비슷하다고 한다. 자생력팀에서 창출한 개념의 현실화와 응용(reality and applicability)을 조직 내부의 다양한 부서에서 시험을 거쳐서 구체화를 시도하려 한다. 이러한 '내부화' 과정은 실험(experimentation)으로 현실화한다. 지식 창출의 새로운 과정이 구체화에 의하여 촉진된다. "조직 내부의 다양한 부서에서 시험을 거쳐서 구체화를 시도" 이 말은 제품의 상용화를 위해서는 여러 부서의 도움이 필요하다는 의미로 Teece(1998)는 기술의 상업화는 복잡하고 거대한 조직 규모에서 바람직하다고 했다. 그 이유는 지식자산을 재설정하고, 경쟁력을 다지면서 보완재를 개발하고 경쟁적인 이득을 계속 유지하기 위해서는 새로운 기술을 확보해야 하는데 이 모든 과정을 역동적 역량(dynamic capabilities)이라 하면서 이러한 능력을 보유하기 위해서는 다양한 부서의 협조가 필요하다고 한 것과 맥락이 같다.

표준화(justification)는 창출된 새로운 지식이 정말로 가치가 있는지 마지막 단계의 의견조율(final convergence)과 검사(screening)를 통하여 검증하는 과정이라고 한다. 다시 말해서 창출된 지식의 수준을 결정하고, 표준(standards) 가능성을 판단하는 과정이다.

네트워크 지식(networking knowledge)은 조직 속에서 발생한 개념화, 구체화, 표준화 등은 조직의 지식기반이 되어서 조직 지식의 전 네트워크(whole network)를 구성한다고 한다.

Nonaka(1994)에 따르면 지식변환(knowledge conversion)은 Anderson의 ACT 모델[1]을 응용했음을 밝힌다. ACT 모델에서 지식은 서술적 지식(declarative knowledge)과 절차적 지식(procedural knowledge)으로 나누어지는데, 서술적 지식이란 실질적 지식(actual knowledge)으로서 진술(proposition)의 형태로 표현되고, 절차적 지식은 방법론적 지식(methodological knowledge)으로서 어떻게 자전거를 타고, 어떻게 피

---

1 Wikipedia, ACT-R (pronounced act-ARE; short for "Adaptive Control of Thought—Rational") is a cognitive architecture mainly developed by John Robert Anderson at Carnegie Mellon University. Like any cognitive architecture, ACT-R aims to define the basic and irreducible cognitive and perceptual operations that enable the human mind. In theory, each task that humans can perform should consist of a series of these discrete operations.

아노를 치는지와 같은 방법에 주로 사용된다고 한다. 전자는 형식적 지식(explicit knowledge)을 의미하며, 후자는 암묵적 지식(tacit knowledge)을 의미한다고 설명하면서 Anderson의 ACT 모델은 서술적 지식을 절차적 지식으로 변형하는 일방(unidirectional)만을 묘사하고 있으나 양방향(bidirectional)의 변환을 할 수도 있을 것이라고 인정하면서 자신이 주장하는 네 가지의 지식 창출 프로세스가 ACT 모델을 상당히 응용하고 있음을 암시한다.

Kogut and Zander(1992)는 조직적 지식은 정보와 노하우 기반으로 나누어진다고 하면서 정보는 서술적 지식(declarative knowledge)이고, 노하우는 절차적 지식(procedural knowledge)이라고 했다. 또한 Vincenti(1984)는 지식은 묘사지식(descriptive knowledge)과 처방지식(prescriptive knowledge)으로 나뉜다고 하면서 묘사지식이란 사물의 있는 그대로의 사실을 묘사한다고 했으므로 위에서 언급한 서술적 지식인 정보와 성격이 매우 유사하다고 판단되고, 처방지식은 절차(procedure)나 동작(operation)과 같은 절차적 지식이므로 위에서 언급한 절차적 지식인 노하우와 매우 성격이 유사한 것으로 판단된다. 〈표 2-3〉에서 지식 용어에 대해서 상호간 비교 정리를 한다.

〈표 2-3〉 지식 용어의 상호 간 비교

형식적 지식 (explicit knowledge)	암묵적 지식 (tacit knowledge)	연구자

• 서술적 지식(declarative knowledge)
→ 실질적 지식(actual knowledge)
  으로 진술의 형태로 표현
	• 절차적 지식(procedural knowledge)
	→ 방법론적 지식(methodological
	  knowledge)
		Anderson
		ACT모델

• 정보는 서술적 지식
  (declarative knowledge)
	• 노하우는 절차적 지식
	  (procedural knowledge)
		Kogut &
		Zander
		1992

• 묘사지식(descriptive knowledge)
→ 사물의 있는 그대로의 사실을
  묘사
	• 처방지식(prescriptive knowledge)
	→ 절차(procedure)나 동작(operation)
	  과 같은 절차적 지식
		Vincenti
		1984

위에서 언급한 내용을 통합 정리해 보면, 서술적 지식(declarative knowledge)은 묘사지식(descriptive knowledge)과 유사하며, 형식적 지식(explicit knowledge)이면서 정보적 성격을 갖지만, 절차적 지식(procedural knowledge)은 처방지식(prescriptive knowledge)과 유사하며, 암묵적 지식(tacit knowledge)이면서 노하우적 성격을 갖는다.

2-2 암묵적 지식의 종류

Grant(1996)에 따르면 암묵지(tacit knowledge or intuition)는 개인적인 기능(personal skill)이기 때문에 대면접촉(face-to-face contact)과 수습(apprenticeship)을 통하여 전달 가능하며, 응용(application)으로 구현된다고 한다. 이것은 말이나 글로 표현하기 어려우므로 제품 개발에 그 개인의 노하우를 활용해야 한다는 뜻이다. 여기서 '직관(intuition)'을 암묵적 지식으로 여기고 있다는 점에 주목해야 한다. 앞서 언급한 스피노자, 베르그송 그리고 후설은 '직관'을 대단히 중요한 것으로 파악하고 있다. 스피노자는 직관을 통하여 사물이나 사태의 근원을 알 수 있다고 했고, 베르그송과 후설은 직관을 통하여 본질을 알 수 있다고 했다. 직관은 특히, 현상학에서 중요한 이론적 수단을 제공한다. 그러나 이것은 개인마다 다르므로 형식적 지식으로 간주하기가 어렵다는 것이다. 즉, 직관한다는 것은 사물이나 사태에 대한 개인적인 '지각(知覺)'[2]을 토대로 하므로 개인마다 다르게 '본질'을 파악한다고 해석하면 될 것이다. 이러한 점 때문에 많은 철학자가 후설의 현상학을 비판하는 요인이 되기도 했다. 즉, 개인마다 보는 관점이 다른 것을 어떻게 철학이라고 할 수 있는지를 질문한

---

2 Perception, 지각은 자극에 대응하는 차별 반응의 일종이다. 사물을 인지하면서 그것이 무엇인지는 모르지만, 무엇인가의 존재를 발견하는 단계로부터 그것이 무엇인지 명확하게 알게 (recognition) 되는 단계까지가 포함된다.

다. 가령, '지각'은 다른 기능으로부터 독립된 것이 아니라 감각적인 태도나 선행경험 등에 의하여 많은 영향을 받는다. 가령, 고액권 화폐가 저액권보다 크게 보이는 경우가 있다고 한다. 인간은 사회적 동물이기 때문에 사회생활로부터 영향을 받는다. 이것을 사회적 지각(social perception)이라 한다. 흥분된 상태에서는 존재하지 않는 것도 존재하는 것처럼 생각되는 경우가 있는데, 이것을 환각(幻覺) 상태라 한다. 마약을 복용해야만 환각의 상태에 빠지는 것이 아니다. 앞서 기억은 믿을 수 없는 것이라고 했다. 이런 환각 메커니즘도 작용하기 때문이다. 그러므로 지각을 객관화한다는 것은 어렵다. 이런 이유로 후설의 현상학은 비판받고 있고, 이해하기가 난해한 것이다.

　　Kogut and Zander(1992)는 문제를 해결하는 행위가 어떻게 현상(phenomena)으로 기능하는지에 대해서 언급하면서, 이것은 설명하기 어려운 물리적 이해를 통한 감각(a sense)에 의존한다고 한다. 이것을 절차적 지식(procedural knowledge)이라 한다. 즉, 암묵적 지식은 기능적 지식이므로 감각적으로 이해해야지 논리적으로 이해하려 해서는 안 된다는 뜻이다. 기능적이란 일종의 스킬로 이해하면 될 것이다.

　　Lam(2000)은 암묵적인 지식(스킬, 기교(technique), 노하우 그리고 표준(routines))은 경험기반(experience-based)이며 사회적 네트워크를 통하여 전달되고 특별한 환경(in a particular context)에서 실행을 통하여 나타난다고 하면서 직관적(intuitive)이고, 실행 경험(practical experience)을 통하여 획득되는 동작 스킬(operational skills)이나 노하우가 여기에 해당하여 행동 지향(action-oriented) 형태로 구분되고 개인적인 특징 때문에 공식화하거나 소통이 어려운 특징을 가지고 있다고 한다. 그러므로 이런 류(類)의 지식은 밀접한 상호작용이 요구되고 대화자 사이에서 공유된 이해(shared understanding)와 신뢰(trust)가 요구된다고 한다.

　　Grant(1996)는 재산적 가치를 인정받아야 하는 자원(resource)은 '지식(knowledge)'이라고 하면서 암묵적 지식(tacit knowledge)은 직접 전달할 수 없으므로 즉시 재산적 가치를 산정하기 어렵다고 한다. 즉, 형식적 지식처럼 말이나 글로 표현되는 것이 아니라 경험과 동작 기능으로 습득해야 하는 경우가 많으므로 즉시, 상대방에게 전달하기 어렵다는 의미이다.

Teece(1998)는 지식자산(knowledge assets)은 일반적으로 복제하기가 어렵다고 하면서 많은 조직적 표준들(many organizational routines)은 암묵적인 성격(tacit in nature)을 띠므로 모방은 쉽지 않다고 한다. 이것은 마치 코카콜라의 제조기법처럼 한두 사람이 알 수 없도록 여러 사람의 노하우를 접목하여 사용하기 때문에 형식적 지식처럼 모방을 쉽게 할 수 없다는 뜻이다.

Abidi(2005)는 암묵적 지식은 전문가의 본유(本有)의 지식(innate knowledge)이라고 하면서 아직 분명히 드러나지 않거나 형식화되지 않은(not yet articulated and made explicit) 지식이라고 설명한다. 그것의 예로는 경험적 노하우(experiential know-how), 개인적 스킬(personal skills), 직관적인 판단(intuitive judgment), 어떻게 일을 수행할 것인가(how to make it work) 등이 있다고 한다.

Galbraith(1990)는 기술 공급자의 생산시설에서 계속해서 생산을 진행(continuing production at the source site)하고, 관련 전문가를 파견하면(moving personnel) 기술 수령자가 암묵적 지식(tacit knowledge)에 접근할 수 있게 되어서 기술이전을 활성화한다고 하면서, 암묵적 지식이란 필기할 수 없거나(not written), 체화된 문서(embedded in documents), 계획(plans), 도구(tools), 제품(products) 등을 말한다.

Saint-Onge(1996)는 암묵적 지식은 사람 또는 부서로부터 전파되는 일과 관련된 실질적인 노하우(work-related practical know-how), 일의 경험(work experience)의 형태로 저장되는 것, 주관적인 통찰력(subjective insights), 관점(perspective), 믿음(beliefs), 사람에 의하여 수행된 일을 통하여 획득되는 가치 있는 모든 것(value all of which are acquired through works performed by people), 절차(procedures) 등을 예로 든다(Wagner & Sternberg, 1985).

Dutta(1997)는 암묵적 지식의 예로써 눈에 보이지 않고(intangible), 직관적(intuition)이며, 주관적인 통찰력(subjective insights), 믿음(beliefs), 전문성(expertise)을 제시한다(Wagner & Sternberg, 1985).

Dinur(2011)은 암묵적 지식을 스킬, 원인과 결과(cause-effect), 인지(cognitive), 합

〈표 2-4〉 암묵적 지식(tacit knowledge)의 종류

암묵적 지식(tacit knowledge)의 종류	연구자
• 개인적 스킬 → 대면접촉과 수습을 통하여 전달, 응용으로 구현됨 • 암묵적 지식은 직접 전달할 수 없으므로 즉시 재산적 가치를 산정하기 어려움	Grant (1996)
• 문제를 해결하는 행위가 어떻게 현상으로 기능하는지에 대한 이해 → 절차적 지식(procedural knowledge)	Kogut & Zander (1992)
• 스킬, 기교(technique), 노하우, 표준(routines)→경험기반(experience-based), 직관적(intuitive), 실행 경험(practical experience)을 통하여 획득되는 동작 스킬, 행동 지향(action-oriented)	Lam (2000)
• 지식자산은 일반적으로 복제하기 어렵다고 하면서 조직적 표준들(organizational routines)은 암묵적 성격(tacit nature)이므로 모방이 어렵다고 함	Teece (1998)
• 인지적인 요소: 패러다임, 믿음, 견지 • 기술적인 요소: 노하우, 기능, 스킬 • 사회화(socialization): 관찰, 모방, 실행 • 내부화(internalization): 시행착오, 실험, 경험에 의한 학습	Nonaka (1994)
• 아직 분명히 드러나지 않거나 형식화되지 않은 지식 → 경험적 노하우, 개인적 스킬, 직관적인 판단, 어떻게 일을 수행할 것인가?	Abidi (2005)
• 필기할 수 없거나(not written), 체화된 문서(embodied in documents), 계획, 도구, 제품	Galbraith (1990)
• 사람이나 부서에서 전파되는 일과 관련된 실질적 노하우, 일의 경험, 주관적인 통찰력, 관점, 믿음, 사람에 의하여 수행된 일을 통하여 획득되는 가치 있는 모든 것	Saint-onge(1996), Wagner &Stern berg(1985)
• 눈에 보이지 않고(intangible), 직관적(intuition), 주관적인 통찰력, 믿음, 전문성(expertise)	Dutta(1997) Wagner & Stern berg(1985)
• 스킬, 원인과 결과(cause &effect), 인지(cognitive), 합성(composite), 문화, 학습 해소(unlearning), 터부(taboo), 인간(human), 감성적(emotional)	Dinur (2011)
• 인쇄된 서류 안에 존재하지 않고, 사람, 기관(institutions), 표준(routines)에 존재함	Lee (2012)

성(composite), 문화(cultural), 학습 해소(unlearning), 터부(taboo), 인간(human), 감성적(emotional) 등 아홉 가지로 나열하고 있다.

Lee(2012)는 암묵적 지식은 인쇄된 서류 안에 존재하지 않고, 사람(people), 기관(institutions) 그리고 표준(routines)에 존재한다고 한다. 〈표 2-4〉에서 앞서 학자들이 언급한 암묵적 지식의 종류에 대해서 통합 정리한다.

2-3 암묵적 지식의 형식적 지식으로 변환

Grant(1996)는 암묵적 지식이 코드화(codified)가 되지 못하고 단지 응용을 통하여 관찰된다거나 실행(practice)을 통해서만 확보된다면 정보체계에서 전달이 늦고, 비용(costly)이 들어가고, 불확실(uncertain)하다는 점을 지적한다.

Teece(1998)는 지식의 코드화와 그것을 위한 비용 사이의 효용에 대해서 경험의 코드화가 더 많이 진행될수록 전달할 때, 더 많은 경제적 이점을 볼 수 있다고 주장한다.

Jaeschke(1994)에 따르면 암묵적 지식은 형식적 지식 형태로 기록을 허용해야 지식의 내용을 분석할 수 있고, 분해할 수도 있다고 하면서 직관적 판단(intuitive judgment) 보다는 종래의 개연성(prior probabilities)이나 두 개의 모델을 통계기법을 통하여 비교하는 방법(likelihood ratios)을 사용해야 한다고 주장한다. 이것은 암묵적 지식을 될 수 있으면 형식적 지식으로 변경함으로써 종래 존재하던 형식적 지식과의 비교가 가능해져서 그것의 유용성 여부를 판단할 수 있다는 의미다.

Wyatt(2001)는 현대의 많은 의학적 진보는 암묵적 지식을 형식적 지식으로 전환하는 작업을 통하여 환자나 대중이 그러한 형식적 지식을 효율적으로 공유하면서 발전되었다고 주장한다.

Kogut and Zander(1992)는 절차적 지식(procedural knowledge)을 전적으로 이해

하는 것은 어렵다고 하면서 대신 자료(the data)나 정보 또는 실마리(information or clues)가 그 문제의 해결을 이끌 수도 있다고 한다. 또한 작은 조직 내에서 노하우나 정보를 조직 구성원들에게 가르치기 위해서는 빈번한 상호작용(interaction)이 필요 하다고 하면서 이러한 소통은 독특한 언어(a unique language)나 부호(code)의 개발을 통하여 가능하다고 한다.

Lam(2000)은 코드 기반 지식(encoded knowledge)을 설명하면서 신호와 기호(signs and symbols)를 수단으로 지식이 전달되므로 청사진(blueprint), 사용법(recipes), 규칙 (written rules) 그리고 절차(procedures) 등에 이 지식이 활용되고, 개인의 지식과 경험 을 코드화(encoded)시켜서 조직 내에서 제어할 수 있는 '집단지식'의 형태를 가진다 고 한다. 이것은 개인이 가지고 있는 암묵적 지식을 형식적 지식으로 변경함으로써 집단을 제어하는 규칙과 생산 프로세스를 구축할 수 있다는 뜻이다.

Grant(1996)는 규칙과 지시·명령은 조직 내에서 암묵적 지식을 쉽게 형식적 지 식으로 변경(tacit knowledge can be converted into explicit knowledge)할 수 있는 수단을 제공한다고 한다. 이것은 개인이 가지고 있는 암묵적 지식을 일정 기간 내에 컴퓨 터에 입력해야만 한다는 강제 규칙을 만들면 개인의 지식이 집단 내 구성원 모두가 활용할 수 있는 범용 지식이 될 수 있다는 뜻이다.

Polanyi(1966)는 실행을 통하여 획득한 암묵적 지식을 언어로 표현함으로써 형식 화(verbal pointing)할 수 있다고 한다. 암묵적 지식이란 쉽게 언어로 표현할 수 없는 지식인데 이것을 언어화한다는 자체는 매우 힘든 작업이 될 수 있다고 한다.

Spender(1996)는 마이클 폴라니의 이론은 잠재적인 학습으로부터 추진되는 암 묵적 상태의 직관을 외부로 형상화하는 과정(a process of explicating the tacit intuitive understanding)이라고 해석한다.

Nonaka(1994)에 따르면 외부화(externalization)는 암묵적 지식에서 형식적 지식 으로 변환되는 것을 말하며 암묵적 지식과 형식적 지식은 서로 상호보완적인 관 계이고, 상호작용(mutual interaction)을 통하여 확장될 수 있다고 한다. 또한 개념화 (conceptualization)란, 상호신뢰를 통한 경험을 공유하면서 형성되는데, 팀은 끊임없는 대화를 통하여 개인의 통찰력(perspective)을 구체화할 수 있고, 이것을 '외부화' 과정이라고 한다. Lam(2000)은 개인적 형식지의 개념을 설명할 때, 개인이 가지고 있는 개념적 스킬을 활용하여 추상적 표현을 가능하게 할 수 있다고 하면서 개인의 내면적 지식을 형식화할 수 있다고 한다.

Maitland(1999)는 기업의 경쟁적 이점을 결정하는 중요한 요소는 조직적인 학습 (organizational learning)을 통하여 암묵적인 지식을 형식지로 변환하는 능력이라고 주장한다. 다시 말해서 개인의 지식을 조직의 지식으로 변경할 수 있는 능력을 말한다.

지식(knowledge)은 인간이 명확히 설명할 수 있는 인공물(artefact)이고, 주로 형식적인 지식으로 획득되고, 획득하기 쉽지 않은 암묵적인 지식은 점점 형식화되질 수 있는 것으로 연구되고 있다(Busch & Richards, 2003; Goldman, 1990; Grant & Gregory, 1997; Howells, 1995; Nonaka, Takeuchi, & Umemoto, 1996; Pylyshyn, 1981; Raghuram, 1996). 가령, 리플 다운 규정(ripple down rules(RDR), Compton & Jansen(1990))은 지식의 상황적 견해(a situated view)를 기반으로 암묵적(tacit)과 형식적인(codified) 지식을 획득하는 방법을 제공하는 것인데, 'RDR'은 전문가들이 이미 형식화한 지식(codified knowledge)에 따라 그들의 암묵적 지식(tacit knowledge)을 추가로 형식화(codification)하거나 분명하게 하는 것(articulation)을 의미한다고 한다.

Noh(2000)는 인식지도(cognitive map, CM)를 도구로 활용하여 암묵적 지식을 형식지화한다고 하면서 사례기반 추론(case-based reasoning, CBR)을 예로 들면서 새로운 상황에 직면하게 되면, 인식지도에 의하여 대표되는 암묵적 지식을 재사용 (reusing)한다고 한다. 또한, 암묵적 지식을 관리하는 세 가지 양상의 방법론을 제시한다. ① 암묵적 지식은 CM의 도움으로 형식지화된다. ② CBR을 활용하여 가장 적절한 인식지도가 검색되어 진다. ③ 이전 단계(in the previous phase)에서 검색된 인식지도는 새로운 의사결정(decision-making)에 응용된다. CM은 암묵적 지식을 이해하기 위한 매우 유망한 기교(technique)로 알려져 있다(Lenz & Engledow, 1986). CBR은 인공지능 분야에서 문제해결(problem-solving)을 위한 모범(paradigm)

으로 이전의 유사한 상황을 검색해서 새로운 문제해결에 사용되는 기법을 말한다 (Kolodner, 1993).

Numata(1997)에 따르면 암묵적 지식은 표현할 수 없는 것(the inexpressible)을 표현하기 위하여 비유 언어(figurative language) 또는 상징성(symbolism)에 의하여 종종 끌어내진다고 한다.

Mowery(1996)는 형식적 지식(codified knowledge)인 특허(patents)는 인용 분석 (citation)이 가능하나 암묵적 지식을 인용 분석하기는 어렵다고 하면서 특허와 암묵적 지식은 서로 대체 관계(substitutes)라기보다는 보완 관계(complements)라고 한다. 즉, 형식적 지식의 흐름과 암묵적 지식의 관계는 서로 밀접하게 연결(closely linked) 되어 있다고 한다. 그 이유는 암묵적 지식은 기업의 특정한 능력을 위한 기반(the basis for firm- specific capabilities)을 형성하기 때문에 특허와 같은 형식적 지식과 떨어져서는 존재할 수 없다는 것이다(Patel and Pavitt, 1994).

Lee(2012)는 발명과 관련되는 암묵적 지식은 형식지화하는 것이 항상 어려운 것은 아니라고 하면서, 특히 부수적인 문제해결(side-by-side problem solving)과 상호 간의 대화(conversation)를 위해서는 특허실시권자(licensee)가 특별한 기술적 질문을 확실히 하거나, 발명자가 자신이 소유한 특허와 관련되는 노하우의 가치를 상호 인식하기 위하여 암묵적인 지식을 형식지화할 필요성이 있다고 한다. 즉, 특허만 가지고는 상용화가 어려우니 발명자의 암묵적 지식이 필요하다는 의미이다. 〈표 2-5〉에서는 위에서 여러 학자가 언급한 암묵적 지식을 형식적 지식으로 변환할 수 있다는 관점들을 개념과 활용으로 나누어서 표로 통합 정리한다.

〈표 2-5〉 암묵적 지식의 형식적 지식으로 변환

구분	암묵지의 형식지화 개념 및 활용	연구자
개념	• 암묵적 지식이 코드화되지 못하고 응용 또는 실행을 통하여 확보된다면 정보 전달이 늦고, 비용이 소요되고, 불확실한 지식이 됨	Grant (1996)
	• 경험이 코드화가 진행될수록 전달 시 더 많은 경제적 이점을 볼 수 있음	Teece (1998)

• 조직내에서 구성원들에게 노하우를 가르치기 위해서는 빈번한 상호작용이 필요하고, 이러한 소통은 독특한 언어나 부호의 개발을 통하여 가능함	Kogut & Zander (1992)
• 실행을 통하여 획득한 암묵적 지식을 언어로 표현함으로써 형식화 (verbal pointing)할 수 있음	Polanyi (1966)
• 암묵적 지식과 형식적 지식은 서로 상호보완적인 관계이고, 상호작용을 통하여 확장될 수 있음 • 개념화란 상호신뢰를 통한 경험을 공유하면서 끊임없는 대화를 통하여 개인의 통찰력을 구체화할 수 있음(외부화)	Nonaka (1994)
• 기업의 경쟁적 이점을 결정하는 중요한 요소는 조직적 학습을 통하여 암묵적 지식을 형식적 지식으로 변환하는 능력	Maitland (1999)
• 암묵적 지식은 비유언어(figurative language) 또는 상징성(symbolism)에 의하여 끌어내어짐	Numata (1997)
• 특허와 암묵적 지식은 서로 대체(substitutes)라기보다는 보완 관계 (complements)임. 즉, 형식적 지식과 암묵적 지식은 서로 밀접하게 연결됨	Mowery(1996) Patel & Pavitt(1994)
• 발명과 관련되는 암묵적 지식에 대해서 노하우의 가치를 상호인식하기 위하여 암묵적 지식을 형식지화할 필요가 있다 함	Lee (2012)
• 현대의 많은 의학적 진보는 암묵적 지식을 형식적 지식으로 전환하면서 이루어짐	Wyatt (2001)
• 청사진, 사용법, 규칙, 절차 등에 신호와 기호를 활용함으로써 개인의 지식과 경험을 코드화(encoded)시켜서 조직 내에서 제어할 수 있는 집단지식 형태를 가짐	Lam (2000)
• 규칙과 지시·명령은 조직 내에서 암묵적 지식을 쉽게 형식적 지식으로 변경할 수 있는 수단을 제공함	Grant (1996)
• 리플 다운 규정(ripple down rules)에 대해서 언급하면서 암묵적 지식과 형식적 지식을 획득하는 방법을 제공함	Richards & Busch(2003), Compton & Jansen(1990)
• 인식지도(cognitive map)를 도구로 활용하여 암묵적 지식을 형식적 지식화함 • 사례기반 추론(case-based reasoning)을 활용하여 가장 적절한 인식지도가 검색됨 • 인식지도는 암묵적 지식을 이해하기 위한 매우 유망한 기교임 • 사례기반 추론은 문제해결을 위하여 이전의 유사한 상황을 검색함	Noh(2000), Lenz & Engledow(1986), Kolodner (1993)

활용

암묵적 지식을 형식적 지식으로 바꾼다는 개념은 특히, 기업으로서는 대단히 중요하다. 개인들이 소유한 암묵적 지식을 조직이 사용하기 위해서는 형식지화는 필수이다. 앞서 Maitland(1999)는 기업의 경쟁적 이점을 결정하는 중요한 요소는 조직적으로 암묵적인 지식을 형식적인 지식으로 변환하는 능력이라고 했듯이 암묵적인 지식은 기업의 성과에 영향을 준다는 것을 추측할 수 있다. 그러므로 암묵적인 지식이 무엇인지를 이해하고 그것을 기업 내에서 활용할 수 있도록 하는 방법이 무엇인지 아는 것은 매우 중요하다. 기업은 암묵적인 지식을 대학 등 공공연구기관으로부터 개인 간의 비공식적인 소통으로 입수하는 경우가 많다. 그러므로 특히, 대학의 암묵적인 지식에 초점을 맞추어서 기업의 구성원과 대학의 교수 및 연구원이 어떻게 암묵적인 지식을 공유해서 기업의 성과에 연계시키는지를 아는 것은 중요하다. 만약 암묵적인 지식을 형식지화할 수 없다면 기업과 공공연구기관의 암묵적 지식은 영원히 개인의 암묵적인 지식 상태로 남을 수밖에 없고, 이런 경우 공공연구기관의 암묵적 지식은 기업의 성과에 아무런 영향을 줄 수 없을 것이다. 그러나 다행히 여러 학자는 암묵적인 지식이 형식적인 지식으로 변환할 수 있다고 주장하고 있으므로 일반적으로 인식하고 있는 암묵적인 지식은 말이나 글로 표현할 수 없는 지극히, 개인적인 지식으로서 형식지화는 어려울 것이라는 우려를 회피할 수 있을 것이다. 그러므로 기업은 공공연구기관이나 외부 연구기관의 암묵적인 지식을 효율적으로 기업 내로 기술이전 내지는 지식 이전받음으로써 기업의 성과에 이바지해야 한다.

제3절 암묵적 지식의 응용

3-1 자율주행차량의 한계

암묵적 지식을 설명할 때 많이 등장하는 것이 자동차 운전이다. 자동차 운전 설명서를 보고 자동차 운전을 배우는 사람은 거의 없다. 운전은 절차를 외우거나 지시사항을 따른다고 되는 것이 아니기 때문이다. 만약 이것이 가능하다면 자율주행차량을 완벽하게 구현할 것이다. 그 방식대로 프로그램하면 되기 때문이다. 그러나 자동차 운전을 하다 보면 많은 변수가 발생한다. 가령, 건널목에 신호등이 푸른색으로 바뀌면 자율주행차량은 출발할 것이다. 그러나 갑자기 사람이 뛰어들면 자율주행차량은 아무리 감지기가 360도 감시를 한다 해도, 순식간에 일어나기 때문에 미처 대응이 안 될 수도 있다. 클랙슨(경적)을 울릴지, 비상등을 킬지, 무조건 브레이크를 밟아야 할지, 여기서 브레이크를 갑자기 밟으면 뒤차와 충돌할 수도 있다. 인간이 이런 상황을 직면해도 쉽지 않은 상황인데, 기계가 대처한다는 것이, 얼마나 어려운 일인지 알 수 있다. 위의 클랙슨(Klaxon)은 자동차 부품회사 상호인데 여기서 생산되는 경적(警笛)이 유명해서 붙여진 이름이다. 참고로 열차와 선박은 경적이라 하지 않고, 기적(汽笛)이라 부른다. 기적은 유사시에는 '모스부호'[1]처럼

---

1 모스부호(Morse Code): 새뮤얼 핀리 브리즈 모스가 고안하여 1844년에 완성한 전신 기호로, 짧

신호를 전달하는 용도로도 사용된다.

　'자율주행차량'에 관하여 간략하게 설명한다. 일반적으로 차선 유지, 크루즈, 긴급 제동 등은 자율주행으로 안 본다. 가령, 스스로 속도 조절 및 차선변경, 운전자 개입이 없는 경우를 '자율주행'으로 간주한다. 자율주행 시, '인지단계'로는 라이다, 레이더, 카메라, 초음파센서 등 외부 인식 하드웨어가 관여하고, '판단단계'에서는 데이터 머신러닝, 딥러닝 등 소프트웨어가 관여한다. 테슬라와 모빌아이가 점진적 기술발전을 꾀하고 있다면, 웨이모와 크루즈는 혁신적 기술 개발을 추구한다. 후자의 경우, 기술 핵심은 '라이다'이다. 라이다는 초당 수백만 개의 빛을 발사하고 되돌아오는 시간을 이용해 거리를 측정하는 방식을 활용한다. '레이저 빔'을 이용하기에 레이더보다 정밀도가 높다. 야간에도 사용할 수 있으나 눈, 폭우, 안개 환경에서는 사용하기 어렵다는 한계가 있다. 이것이 현 자율주행의 한계이기도 하다. 라이다는 정확도는 높으나, 인지 가능 범위가 좁고, 속도가 높아질수록 범위는 더 좁아진다는 단점이 있다. 그러므로 운전자 동승이 필요 없는 완전 자율 주행이 되려면 아직도 시간이 더 필요하다.

　결과적으로, 사람의 운전 능력이 얼마나 우수한 것인지 자율주행 기술을 보면 알 수 있을 것이다. 이것은 매번 뇌로 인식해서 운전하는 것이 아니라 경험과 숙달을 통한 몸의 감각인 '암묵적 지식'으로 운전하는 것이다. 즉, 현재 차선은 제대로 지키고 있는지 감각적으로 인식해야 하고, 앞차의 속도를 감지해서 자신의 운행 속도를 결정하고, 원활한 브레이크 사용법과 핸들링, 사선에서 근접한 차량 발견 등 이것을 가능하게 하는 것은 수많은 상황을 경험하고 학습한 체화된 운전 기술인데, 자동차가 인간의 능력치에 도달하기 위해서는 인간만큼의 데이터베이스를 축적하고 있어야 한다. 그렇다고 사망자 발생 시마다 사건 데이터를 축적하려 시도한다면 윤리적인 측면에서 문제가 발생할 수도 있을 것이다. 하나의 대안으로 운전자들이 자신들이 보유한 운전 지식을 다른 사람들도 볼 수 있도록 데이터베이스화하는 것

은 발신 전류와 긴 발신 전류만을 가지고 문장을 구성하여 전송. 지금도 비상통신수단으로 사용한다.

이다. 우선 시행한 후, 그 데이터에 근거하여 프로그램하면 양질의 자율주행 시대를 앞당길 수 있을 것이다. 문제는 운전자들의 헌신적인 참여이다.

3-2 '통속의 뇌' 사고실험

'통속의 뇌(Brain in a Vat)'라는 것의 논리를 살펴보자. 이것은 미국의 철학 교수인 '힐러리 퍼트넘(Hilary Putnam)'[2]이 제시한 사고실험이다. 만약, 살아있는 인간의 뇌만을 분리하여 통속 액체 속에 집어넣으면 기존 팔 다리가 있을 때처럼 외부 대상을 감각해서 뇌의 '사고(思考)'로 그 대상을 지향할 수 있는지 실험이다. 즉, 통속의 액체는 기존에 뇌세포와 주변 세포 그리고 슈퍼컴퓨터가 서로 연결되어 있다고 가정하는 것이다. 너무도 완벽해서 뇌조차 슈퍼컴퓨터가 만든 가상세계를 믿을 수밖에 없는 현실을 가정한다. 이것은 마치 데카르트가 자신이 정말 존재하며, 자기가 사고하는 것이 맞는지 아니면 악마가 자신을 조정해서 자기는 빈 껍데기에 불과한지를 회의하면서 시작된 사고 게임 같다. 데카르트는 계속 자신의 존재를 의심하다가 어느 순간 사고를 멈추게 되는데, 그 시점이 "나는 생각한다. 고로 존재한다." 즉, 의심할 바 없이 나 자신은 존재한다는 명언으로 남아있는 문구이다. 이런 데카르트의 회의론 현대판이 '통속의 뇌' 사고실험이다. '통속의 뇌'는 악인들에 의해서 실제 존재하지도 않은 가상 세계를 그 뇌에 슈퍼컴퓨터 입력 수단으로 전기신호를 주입하여 뇌가 그 악인들에 의해서 통제를 받을 수 있는지 실험이다. 물론, 뇌가 살아 있음을 전제로 한다. 이론적으로는 하자가 없어 보인다. 그러나 현실세계와 같은 세상을 만들기 위해서는 인간의 뇌세포와 시냅스를 포함하면 상상할 수 없는 신경 네트워크가 형성되기 때문에 이것을 완전히 해독하기 전까지는 어림도 없는 일

---

2 1926~2016, 철학자, 심리철학, 언어철학, 수리철학, 과학철학에 기여함. 노스웨스턴대학교 교수, 프린스턴대학교 교수, MIT 교수, 하버드대학교 교수.

이다. 현재 인류는 아직 접근도 못하고 있다. 그러나 가능하다고 전제하고 시작하는 것이다. '사고실험'은 과학적 검증이 아니라 철학적 검증이다. 아무튼, 뇌에 가상 세계를 주입했기 때문에 뇌를 슈퍼컴퓨터가 조정할 수가 있다. '형이상학적 실재론' 입장에서는 가능하다고 논리를 펴는 학자도 있다. 크리스핀 라이트(Crispin Wright)는 총체적 회의주의로 귀결되는 다른 논증의 방식도 존중해야 한다고 주장했다. '형이상학적 실재론'이란 것을 알아야 하는데 실재(형이상학적 사물, 본질과 유사한 개념)와 정신(뇌, 외부사물을 인지)과는 독립적으로 존재한다고 한다. 그것에 따라 '외부 사물'과 '본질'도 인식할 수 있다는 논리다. 즉, '통속의 뇌'의 경우도 비록 악인들이지만, 그들이 주입한 가상 세계로 뇌를 통제할 수 있다는 뜻이다. 그러나 힐러리 퍼트넘은 가능하지 않다고 못을 박는다. 미국 과학철학자인 다니엘 데닛(Daniel Dennet)도 통속의 뇌에 인간의 경험을 그대로 복제하는 것은 물리적으로 불가능하다고 했다.

　힐러리 퍼트넘의 논리를 이해하려면 칸트의 '선험철학'을 이해해야 한다. 그는 칸트의 옹호자였다. 칸트의 선험철학에 따르면, 우리의 경험적 지식이란 '표상(表象)'[3]으로 외부의 사물이나 현상(외부대상)을 받아들이는 능력(감각 기관을 통한 외부대상을 포착)과 뇌 속의 표상을 통하여 그 대상을 이해하는 능력(뇌에 선천적으로 이미 범주화된 것으로 이해)으로 구분된다. 전자는 외부의 대상(사물 등)이 감각 기관을 통해 뇌의 표상의 대상이 되고, 후자를 통하여 그 대상이 이해된다. 다시 말해서, 정신(뇌)의 선험적 틀(시간과 공간 그리고 12개 범주)은 인간이 태어나면서 내재적으로 이미 뇌에 형성된 것이고, 인간이 외부에서 감지한 것(대상)을, 선험적 틀에 저장시켜놓는다. 그 대상이 필요하면 뇌는 그 대상을 획득하기 위해 현상세계를 지향한다. 즉, 우리의 '인식(認識)'[4]은 현상세계로 국한된다는 뜻이다. 정리하면, '지식'이란 것은 인간이 '인식'할 수 있는 것을 대상으로 한다는 것이다. 가령, 형이상

3　감각에 의하여 획득한 외부세계의 현상이나 사물을 마음속으로 즉, 기억으로 재생한 것.
4　사물을 분별하고 판단하여 안다는 것으로 자극을 받아들이고, 저장하고, 인출하는 일련의 정신과정을 말한다.

학적인 신, 영혼, 우주 이런 것은 인간이 인식할 수 없으므로 '지식'으로 성립되지 않는다는 것이다. 그는 자신의 내재적 실재론에 칸트의 선험철학을 그대로 적용한다. 경험적 틀에 따라 뇌에 형성된 개념과 동떨어진 어떤 경험적 유입물도 부정한다. 그러나 합당한 대상들은 발견된 만큼 뇌에 저장되는 것이다. 그 대상들은 우리의 뇌에 형성된 개념과 독립적으로 존재하지 않으므로 내재적 실재론이라 하는 것이다. 그래서 그의 철학을 현대판 칸트 선험론이라 하는 것이다.

그는 현상론을 창시한 후설이 주장한 순수한 의도에서의 지향(순수의식)을 오로지 정신 속에서 진행되는 것이라 했다. 즉, 외부 대상(사물)을 실제로 보는 것이 아니라, 정신 속으로만 보는, 즉, 실제로 경험하지 않은 외부유입물들과 관련된 것이라 했다. 즉, 칸트의 선험철학에 따른 합당한 대상들이 아니므로 '지식'으로 인정하지 않는다. 즉, 경험된 유입물들이 아니기 때문에 외부의 대상을 인간이 지향할 수도 없다고 했다. 그러므로 후설의 '순수의식'은 내재적 실재론과 상관없다고 했다. 다시 말해서, 물(物) 자체(본질)는 우리가 인식할 수 있는 대상이 아니므로 내재적 실재론에 그 대상을 포함할 수 없다는 것이다. 헤겔은 칸트의 관념론을 지지하면서도 칸트가 지식으로 인정하지 않은 물 자체(본질)를 '변증법'을 활용하여 계속 주시하다 보면, 그 본질(本質)이 나타난다고 주장했다. 다시 말해서 꽃을 계속 응시하다 보면 표면상 보이는 꽃만 보이는 것이 아니고, 그 본질을 볼 수 있다는 것이었다.

그러나 힐러리 퍼트넘은 '물 자체'는 우리의 개념으로 알 수 없는 내용이므로 그것이 진리라고 말할 수 없다고 한다. 단지 물 자체를 이론적으로 받아들이고, 우리의 개념적 틀(칸트가 주장한 선험적 범주)과 대응시킨다면, 정합성과 수용가능성 측면에서 불가능한 것은 아니지만 눈으로 볼 수 없는 물 자체와의 '정합성'은 절대로 진리가 될 수 없다고 한다. 진리는 바뀔 수 없는 진술의 속성이기 때문이고, 이상적인 정합성 또는 이상화된 합리적 수용가능성이라고 주장한다. 즉, 우리는 인식적으로 이상적인 정합성에 도달할 수 없고, 그런 상태에 충분히 가까이 접근했는지조차도 절대로 알 수 없으므로 물 자체는 진리로 인정할 수 없다는 것이다.

그는 '통속의 뇌'의 경우도 뇌가 정상적으로 작동하기 위해서 칸트의 선험철학의 개념처럼 작동해야 하는데 외부에서 악인들이 가상의 세계를 주입하려고 해도 그 뇌는 실제로 경험한 대상들이 아니므로 기억을 거부한다는 것이다. 즉, 뇌의 작용 메커니즘을 따라야 하는데 그것이 아니고, 어제까지 멀쩡하게 육체가 있는 사람이었기 때문에 자신이 '통속의 뇌'인지를 의심한다는 것이다. 지극히, 과학 공상만화에 등장할 법한 주제이다. 그러나 만약 신생아를 대상으로 사고실험을 한다면 가능할 수도 있다는 생각이 든다. '통속의 뇌' 사고실험을 통해서 얻을 수 있는 교훈은 인조인간을 만들고, 그의 뇌 속에 위에서 언급한 인간 세계와 같은 가상 세계를 프로그램해주어도 인간의 뇌 기능과 같을 수는 없다는 것이다. 인간은 감각과 지각을 통하여 외부 대상들과 교감을 해야 하고, 그것이 선험적으로 주어진 뇌의 기억저장 장소에 보관돼야 하는데, 인조인간은 이것이 힘들다. 또한 인간이 감각적으로 쉽게 운동신경을 통하여 숙달할 수 있는 것도, 인조인간은 어렵다는 것이다. 즉, 인간의 '암묵적 지식'을 인조인간이 획득하기에는 구조적으로 우선 차이가 난다는 점이다. 이런 이유로 해서 미래에 아무리 기술발전이 고도화되어도 인간의 능력을 따라오기는 힘들 것 같다는 생각이다. 부연설명하면, 인간의 뇌는 운동신경을 반복적으로 사용함으로써 운동메커니즘을 거의 자동적으로 반복 사용할 수 있는 능력이 생기고, 이것을 '암묵적 지식'이라고 하는데, 인조인간은 한 번의 프로그램으로 현실의 세계를 경험하고 판단해야 하므로 암묵적 지식 즉, 체화된 지식을 습득한다는 것이 어렵다. 이것이 뇌과학의 고도성이다. 무엇보다도 인간을 능가하는 인조인간을 만들기가 어렵다는 것은 뇌의 구조와 작동원리를 밝힌다는 것이 실질적으로 불가능하므로 인간 뇌의 복제는 생각할 수도 없기 때문이다. 이처럼 인간의 우수성은 절대로 인간의 기술로 정복할 수 없다.

3-3 '체화된 지식'이란 무엇인가?

인지과학의 주류인 '인지주의(認知主義)'[5]는 주객 이원론적 인식론, 내재주의, 뇌 중심주의, 기호 주의, 계산 주의에 기반을 두고 사고와 판단과 같은 상위 차원의 '인지'를 잘 설명하고 있지만, '지각'이나 '운동'과 관련된 하위 차원의 인지는 제대로 설명하지 못하고 있다. 이와 대조적으로 '체화된 인지 이론'은 인지와 마음에 대한 새로운 관점을 취함으로써 인지주의의 한계를 극복하고자 한다. '체화된 인지 이론'은 내재주의 대신 외재주의, 뇌 중심주의 대신 뇌·몸·환경 중심주의, 정보와 같은 서술적 지식(declarative knowledge)이 아니라 노하우와 같은 절차적 지식(procedural knowledge)을 강조한다. 체화된 행화주의(embodied enactivism)는 바렐라·톰슨·로쉬가 그들의 저서인 "체화된 마음"(The Embodied Mind 1991)에서 '행화(行化)'[6]란 개념을 제시했는데, 그것은 행동주의로 "지각의 주체가 자신의 행위를 환경적 요구에 부응해 창조적으로 구성하는 것"을 의미한다. 그 개념은 사람들이 벌이는 '행위'의 의미를 그것의 내외적 조건 및 상호관계의 측면에서 규정한다. 가령, 공연 예술가가 연주하는데 자신이 홀로 연주하는 경우와 상대와 함께 협주하는 경우가 있을 수 있고, 공연장에서 연주할 수도, 야외에서 연주할 수도, 공식적인 행사 또는 사적인 모임에서 연주할 수도 있을 것이다. 즉, 아무리 연주(演奏)가 '체화된 지식'이라고 해도 상황과 환경에 따라서 자연스러운 연주는 힘들 것이다. 즉, 상황에 맞는 연주를 할 것이라고 한다.

다니엘 후토(Daniel Hutto)는 행화적 접근(enactive approach)은 인지의 기초가 몸적이고 행동 지향적인 과정이라고 한다. 그것은 환경의 어떤 부분을 지각할 때 그것

---

5 Cognitivism, 인지주의는 인간의 뇌가 인식할 수 있는 능력이 있다는 점에서 출발한다. 인지란 인식주체가 인식하려고 할 때, 지니게 되는 다양한 지적활동을 가리키는 말이다.

6 자기(自己)의 수행(修行)과 남의 교화(敎化)를 한꺼번에 하는 일.

의 특정 구조에 민감해질 뿐 아니라, 그 구조와 관련해서 함께 할 수 있는 일에 반응한다고 한다. 즉, 지각은 세계가 제공하는 것에 즉각적 반응이라는 것이다. 이것은 일종의 행위 유도성(accordance)이라는 것이다. 가령, 의자가 앉음을 제공하는 이유는 그 크기와 모양 때문이 아니라 우리의 몸이 구부릴 수 있는 관절을 갖도록 구성되어 있기 때문이라는 것이다. 이러한 행위 유도성은 관계적이고 행위자와 환경에 의존한다. 숀 갤러거(Shaun Gallagher)는 행위 유도성은 행위자의 기술 수준에 따라 달라질 수 있다고 한다. 암벽은 '등반'을 제공하는데 행위 유도성은 절벽을 오르는 훈련을 받은 사람에게만 제공될 수 있다는 것이다. 또한 무거운 탁자를 옮기는 상황을 누군가가 보고 있다면 그 사람도 당연히 그를 도울 것이라고 하면서, 이것은 일종의 몸적 작용이지만 뇌도 이 과정에 포함된다고 한다. 다니엘 후토(Daniel Hutto)는 행화주의자들은 인지의 복잡성을 이해하기 위해 동적 체계이론(dynamical systems theory)이 필요할 것임을 조언한다. 즉, 뇌는 동적 체계로 이해하는 것은 물론이고, 몸과 동적으로 관계하는 것으로 이해되고, 몸은 다시 물리적 특성과 사회적, 문화적 특성을 갖는 환경과도 동적으로 관련된다고 주장한다. 즉, 뇌 기반적인 계산 과정이나 표상의 관점에서 상황을 인지한다는 것은 뇌 인지과학 측면만을 주장하므로 범위가 좁다고 한다. 이것은 칸트가 주장하는 선험적 철학과는 구분이 되어야 한다. 칸트는 사물이라는 것을 인식하는 것은 뇌에서 그 사물을 기억하고 있어야 가능하다는 것이다. 즉, 사물 자체에 초점을 두고 있다면, '행동주의'는 사물을 보면, 그 사물의 고유 성질에 운동적으로 반응한다는 것이다. 가령, 피아노를 보면 연주하고 싶고, 야구공을 보면 던지고 싶다. 이런 것은 뇌로만 인식되는 것이 아니라 뇌·몸·환경이 모두 관여해야 가능하다는 것이다.

숀 갤러거(Shaun Gallagher)는 수행이 작동하는 방식을 두 가지로 설명한다. 수행을 주로 뇌 관점에서 생각하는 전통적인 견해로서, 뇌가 지능의 유일한 원천이고 몸이라는 비지능적 부분에게 지침을 내려 수행을 지도한다는 개념이다. 이것은 데카르트의 생각이기도 했다. 뇌가 이성적으로 작동하고, 몸은 뇌의 지시만을 받는다는 사상이다. 가령, 하위 차원의 몸적 과정(뇌 안의 운동제어 과정)과 상위 차원의 인지과정(사고, 반성, 지각 모니터링 등) 간에 차이가 있다는 것이다. 전자는 그 자체로 자동적이지만, 후자는 뇌에서 발생하는 표상 과정 때문에 지능적인 것으로 가정한다. 이것은 전자는 뇌의 운동 중추인 바닥핵(기저핵) 부분에서 말초운동신경에 손가락을 움직일 것을 지시하면, 전전두엽에서 이 신호를 받아서 뇌의 뇌줄기에 지시하고, 이 과정에서 소뇌도 작동한다. 뇌줄기에서 척수를 타고 말초신경계로 명령을 전달하여 손가락이 움직이는 것이다. 이런 일련의 과정을 하위 차원으로 보는 것이다. 반면에 사고나 반성(反省), 지각 모니터링은 전전두엽의 사고 과정이므로 상위 차원으로 보는 것이다. 여기서 '반성'은 잘못을 반성한다는, 그런 뜻이 아니라 현상학에서 말하는 대상(사물)을 지향해서 뇌로 되돌아오는 반성을 의미한다.

그는 운동제어 과정이 단순히 자동적이 아니라고 주장한다. 만약, 운동선수나 재즈 연주가가 연습한 대로 운동하고 연주하는 것이 자동적이라면 모든 상황에서 같은 몸적 움직임을 반복할 것이라고 의문을 제기한다. 실제로, 전문 수행자는 단순히 반복적 동작만을 하는 것이 아니라 상황 변화에 적응한다고 한다. 가령, 다른 사람들과 연주하고 있다면, 그들과 얼마나 오래 그리고 어떤 방식으로 상호작용을 했는지와 같은 협력요소들이 수행을 뒷받침하는 뇌 · 몸 · 환경에 역학적 영향을 미칠 수 있다고 주장한다. 그러므로 수행에 포함된 모든 과정이 의식적은 아니지만, 일부는 의식적이라고 주장한다. 즉, 연주과정은 무의식적 같이 보이지만 일부는 의식적도 포함되므로 상호 간 관계도 이해해야 한다고 주장한다.

야구경기의 경우, 얼마나 많은 체화된 지식이 필요한지 알 수 있을 것이다. 단순히 운동을 열심히 해서 몸으로 체화했다고 끝이 아니다. 가령, 일본 프로야구의 대스타였던 장훈선수를 보면, 하루에도 몇 천 번씩 스윙 연습을 했다고 한다. 스윙을 생각해서 하는 사람은 없을 것이다. 몸에 체화를 시켜야 한다. 스윙할 때, 자세를 어떻게 잡고, 배트의 어느 부분을 잡고, 부드럽게 스윙하는 궤적을 찾고, 손으로만 스윙하는 것이 아니라 허리가 뒷받침되고, 어깨가 열리지 않아야 한다. 말은 쉬어도 체화되지 않으면 아무 소용이 없다. 말이나 글로 설명하는 것은 지극히 기초적인 것이고 나머지는 선수 역량에 맞는 스윙궤적을 스스로 찾아야 한다. 공과 배트는 점과 점의 만남이다. 조금만 어긋나도 파울볼이 되거나 헛스윙을 한다. 전설의 야구선수인 홈런왕 이승엽도 스윙궤적을 잃어서 1할 대의 빈타를 보여서 2군으로 좌천된 경우를 일본야구에서 많이 목격했다. 이승엽같은 대스타도 완전 체화하기가 힘들었다는 얘기다. 아무리 이승엽선수가 많은 훈련을 거듭해서 완전히 체화된 스윙 궤적을 보유하고 있었다고 해도 경기는 '실전'이다. 상대투수는 이승엽선수의 약점만을 파고든다. 위협구도 들어온다. 순간, 이승엽선수는 자기의 체화된 스윙궤적을 잊을 수가 있는 것이다. 스윙궤적을 기억하고 있는 몸이 먼저 반응을 해야 하는데, 자신의 약점을 파고드는 상대투수의 현란한 볼에 놀아 날 수도 있다는 것이다. 일본에 있을 때, 집요하게 일본투수들이 몸 쪽만을 공격했던 기억이 있다. 뇌로 생각한다고 해결될 문제가 아니다. 뇌는 분명히 지시를 했지만 몸이 즉각 반응을 하지 않는 것이다. 이만큼 예민한 것이 야구다.

오랜 슬럼프 끝에 빗맞은 안타로 원래 스윙 궤적을 다시 찾는 경우도 많이 본다. 몸이 다시 기억을 찾은 것이다. 그동안 찾지 못했던 미비한 점의 포인트를 찾은 것이다. 이런 것이 가능해지려면 확실한 자기 스윙궤적이 있어야한다는 것이다. 이것이 흔들리면 투수들의 변화무쌍한 투구에 대응을 하지 못한다. 프로야구 선수가 얼마나 어려운지 알 수 있는 대목이다. 스타로 대성하는 선수들을 보면, 분명히 확실한 자기 스윙 궤적이 있다. 그것이 몸으로 우선 반응하는 것이고, 상대 투수의 볼 궤적에 따라서 스윙 각도의 변화를 줄 수는 있다. 이런 유연성이 대선수로 가는 첩경이다. 반짝 스타들을 보면, 자기 스윙이 없는 상태에서 계속 스윙 궤적만 바꾸다보니 몸이 반응을 하지 않는 것이다. 실전에서는 뇌로 생각할 시간이 없다. '탑건(2022년 상영)'에서 주인공 매버릭(톰 크루즈)은 "비행은 뇌로 생각해서 하는 것이 아니다."라고 말한다. 이 또한 몸에 체화가 되어야함을 의미하는 것이다. 야구에서 "공보고 공치기"라는 말이 있듯이 몸이 반응해야 한다. 직구를 노렸는데 변화구가 들어와도 잘 대처하는 선수들이 있다. 그들은 순간적인 스윙의 궤적이나 스피드를 감각적인 운동신경으로 대처하는 것이다. 뇌로 생각할 시간이 있을 수가 없다. 이것이 응용력이다. 끊임없는 연습으로만 가능한 얘기다.

3-4 　공부를 잘하는 사람과 못하는 사람의 차이

　　학교 다닐 때, 공부를 생각해 보자. 영어와 수학의 기초가 없는 학생은 사상누각(沙上樓閣)이다. 모래 위에 세워진 누각이 오래갈 수가 없다. 공부 잘하는 학생은 우선 기초가 튼튼하다. 어떤 상황이 닥쳐도 환경에 대응한다. 그의 뇌활동은 평상시 기초를 쌓을 때는 뇌의 전 부분을 활용하다가 계속된 반복 학습을 통하여 특정 뇌근육이 발달되고, 특정 부분의 뇌를 활용하여 문제풀이를 하다 보니 남들보다 문제를 빨리 더 정확히 풀 수밖에 없는 것이다. 이것이 그 학생의 경쟁력이다. 머리가 좋고 나쁘고의 문제가 아니다. 공부나 운동이나 똑같다고 보면 된다. 단지, 운동은 '운동근육'을 발달시키는 것이고, 공부는 '뇌근육'을 발달시키는 것이다. '운동'은 뇌의 운동신경을 관장하는 바닥핵, 전전두엽, 소뇌, 중뇌 등의 견고한 결속과 반복 훈련으로 뇌와 몸에 형성되는 신경세포들의 연결을 얼마나 견고히 하는지가 관건이다. 충분한 수면을 취하는 것은 기본이다. 특히, 몸에 형성되는 신경세포들이 중요하다. 반면에 '공부'는 전전두엽과 대뇌 피질의 연합영역을 얼마나 견고하게 장기기억으로 바꿀 수 있는지와, 특정부위의 신경세포들 간의 결합을 견고히 해서 정보를 정확하게 신속히 찾아내는 것이 핵심이다. 이 과정에서 어떤 방식으로 근육을 발달시킬지가 노하우이고, 암묵적 지식인 것이다. 사람마다 똑 같을 수가 없다. 지능 수준도 다르고, 체력도 다르고, 성격도 다르다. 자기 자신에게 맞는 공부 방식을 스스로 찾아야 하는 것이다. 이것은 설명하기도 힘들다. 다른 사람을 흉내 낸다고, 그 사람이 될 수 있는 것은 아니다. 운동도 마찬가지다.

　　몸으로 체화된다는 것을 앞서 언급한 행동주의만을 생각해서는 안 된다. 몸과 뇌는 모두 연결되어 있고, 어떠한 상황에서도 즉흥적으로 반응할 수 있는 역량이 바로 체화된 지식인 것이다. 가령, 체조의 경우도 얼마나 많은 반복 연습을 통해서 체화시키는 지가 관건이다. 올림픽 같은 무대에 나가면, 자신이 평소 운동한 환경과 다를 것이다. 우선 심적으로 긴장되고, 시설이나 심지어 관중이나 관객도 다르다보니 그것도 영향을 준다. 아무리 연습을 많이 했어도, 주의집중에서 실패하면 본 실력도 발휘할 수 없다. 뇌에서 형성되는 도파민이나 세로토닌 같은 신경전달물질이 당일 컨디션에 영향을 줄 수도 있다. 이런 것이 환경이라는 것이다. 숀 갤러거가 주장한 무의식과 의식 상태에서 경기를 한다는 것이다. 경기력이 우수한 선수는 무의식으로 경기를 진행한다. 이런 경우, 주변환경에 영향을 거의 받지 않는다. 경기에만 '몰입'하는 것이다. 이것은 평상시 꾸준한 반복 연습으로 파생되는 것이다. 몸으로 체화된 지식으로 경기를 할 수 있는 것은 견고한 신경세포들의 결합인 것이다. 경기력이 좋지 못한 선수는 역으로 주변을 의식하면서 경기를 한다. 이런 선수는 몰입이 되지 못하여 감정적으로 쉽게 흔들리고, 자멸하는 경우를 종종 본다. 명상으로 이겨내는 방법도 있으나 제일 좋은 방법은 '반복연습'이다.

　반복연습을 계속적으로 수행하면 해마에서 장기기억장치로 우선 선택한다. 그것이 수면 중에 꿈꾸는 시간동안 대뇌피질의 연합기억 장치간의 결합을 촉진하여 흔들리지 않는 견고한 신경세포를 구성한다. 가령, 당구경기의 경우, 비슷한 공의 배열은 있어도 똑같은 배열은 없다. 수많은 경우의 수를 경기 당일 뇌활동으로 해결한다는 것은 불가능하다. 만약, 이런 선수가 있다면 뇌의 열량 소모가 너무 많아서 빨리 지치고, 집중력을 잃게 된다. 프로선수들은 오랜 경험과 반복연습을 통하여 소위 '길'이란 것을 숙지하고 있다. 어떻게 공을 치면 되는지 이미 몸에 기억이 되어 있다는 것이다. 이런 훈련이 되어 있지 않으면 프로선수가 될 수 없다. 앞서 얘기했듯이, 공의 배열이 조금씩 매번 다르기 때문에 그날 당구대의 상태와 습도 등을 고려해서 공의 회전과 당구큐대의 스피드를 조절해야 한다. 이것이 가능하려면 체화된 지식이 있어야 한다. 그 다음 환경에 적응하는 응용력이다. 이런 응용력이 약한 선수는 당일 최고의 컨디션을 발휘할 수 없다.

3-5   '메타인지'를 잘해야 전문가가 될 수 있다

바둑도 크게 다를 바 없다. 단지 운동신경보다는 뇌신경을 더 많이 활용한다는 점이다. 바둑에는 복기(復棋)라는 것이 있다. 복기는 한번 두고 난 바둑의 판국을 비평하기 위하여 두었던 대로 다시 처음부터 놓아 보는 것을 말한다. 바둑을 모르는 사람들이 보면 바둑기사들은 천재들만 있는지 의구심이 들것이다. 시합에 집중하기도 힘들었을 텐데, 자신이 둔 과정을 모두 기억하고 있다는 것이 그저 신기하게 보인다. 이것이 아마와 프로의 차이다. 프로는 많은 기보(棋譜)를 거의 외우고 있기 때문에 복기가 가능하다는 것이다. 기억에 의존해서 복기한다는 것은 불가능하다. 이것도 체화된 지식이다. 시합에서는 뇌를 활용하여 새로운 전략을 만드는 것이 아니라 자신에게 체화된 기보를 어떻게 활용하는지가 당일 승부를 결정하는 것이다. 다시 말해서 여러 수 중에서 단지 선택하는 것이다. 그 선택을 복기하면서 전략적 실패가 어디서 발생됐는지 알 수 있다. 이런 것이 쌓이면 고수가 되는 것이다. 바둑에서 기보를 활용하는 것을 정석(定石)이라한다. 정석은 수백 년 동안 고수들이 활용한 승부처를 모아서 정리한 것이다. 남과 내가 다를 수 없다. 그래서 정석이다. 단지, 수가 많다보니 선택을 해야 한다. 그 선택이 그날 승부를 결정짓는다. 정석이 결정되면 뇌가 생각해서 두는 바둑이 아니라 손가락이 움직이는 것이다. 매번 뇌가 생각한다면 뇌가 지쳐서 몽롱해질 것이다. 하루 종일 두는 바둑에서 뇌가 지친다면 승부는 이미 끝난 것이다. 그래서 정석은 몸으로 체화시켜야 한다는 것이다. 몽롱한 상태에서도 손가락이 갈 정도로 반복 연습을 해야 한다.

복기 시에 중요한 것은 '메타인지'이다. 즉, 내가 아는 것과 모르는 것을 정확히 파악할 수 있는 능력이다. 이런 자기 객관화가 제대로 되어 있어야 복기하면서 실력이 향상된다. 이것을 메타인지적 지식(metacognitive knowledge)이라 한다. 모방송사에서 방영했던 0.1%의 비밀이란 프로그램에서 전국모의고사 전국석차 0.1% 안에 들어가는 800명의 학생들과 평범한 학생들 700명을 비교한 바가 있다. 조사해보니 지능지수도 비슷하고, 학부모의 경제 상태나 학력도 비슷했다. 그럼 무엇이 이런 차이를 나타냈는지 궁금했다. 그 차이는 '메타인지' 능력에 있었다. 그 프로그램에서 실제 여러 개의 세트 그림을 보여주며 얼마나 기억하고 있는지 능력을 확인하는 실험을 진행했다. 단, 평가 전에 얼마나 맞출 수 있을 것 같은지를 사전 조사했다. 놀랍게도 성적 상위 학생들은 예측치와 거의 비슷했지만 보통학생들은 예측치와 거의 어긋난다는 사실을 발견했다. 이것은 상위학생들이 자신의 능력을 객관적으로 파악하고 있는 결과였다. 반면에 보통학생들은 자신의 능력을 과대 혹은 과소 평가하고 있었다는 것을 발견할 수 있었다. 실제로 상위학생이나 보통학생의 기억력은 비슷했다.

상위학생들은 자신의 능력을 객관적으로 정확히 파악하고 있기 때문에 자신의 단점을 보완하기 위해서 효율적인 해결방안을 찾은 반면, 보통학생들은 무엇을 모르고 아는지에 대한 분명한 메타인지가 부족하여 몸만 바쁘게 움직였지 효과적인 학습을 할 수 없었다. 그러나 방안을 어떻게 찾는지에 대한 방법적 해결은 학생마다 다르기 때문에 정답은 없었다. 단지, 자신의 상황에 맞추는 해결방안을 찾아야 할 뿐이다. 이것을 메타인지적 기술(metacognitive skill)이라 한다. 소크라테스에 따르면, 세상 사람들은 자신을 가리켜 매우 현명한 사람이라고 하는데, 분명한 것은 자신은 무엇을 모르는지 분명히 알고 있는데, 보통사람은 그 조차도 모르는 차이밖에 없다고 했다. 이것이 바로 '메타인지'이다.

인지심리학자들은 세상에는 두 가지 종류의 지식이 있는데, 첫 번째는 "내가 알고 있다는 느낌은 있는데 설명할 수 없는 지식"이고, 두 번째는 "내가 알고 있다는 느낌뿐만 아니라 남에게 설명할 수 있는 지식"이 있다는 것이다. 전자는 메타인식적인 측면에서 볼 때, 진짜 지식이 아니라는 것이다. 여기서 문제점은 있다. 가령, 암묵적 지식의 경우는 체화된 지식이기 때문에 말이나 글로 설명하기 어려운 지식인데 이것을 간과하는 것 같다. 인지심리학자들은 형식적인 지식만을 가지고 판단하는 것 같다. 그러나 이 세상에는 암묵적 지식이 훨씬 더 많다. 이런 것은 형식적

지식만을 가지고 개인을 평가하는 학교시험과는 다른 종류의 지식이다. 보통학생
들 중에는 비록 학업성적은 우수하지 않지만, 이런 암묵적 지식을 소유한 학생들도
많을 것이다. 이런 학생들은 남과 다른 잠재력을 가지고 있다는 것이다. 암묵적 지
식은 무의식적으로 몸과 경험으로 체득한 지식이 많다. 우리가 꾸는 꿈도 무의식
적 상태에서 꾼다. 프로이트는 꿈은 의식이 기피하고자하는 것이 가식의 형태로 나
타난다고 한다. 꿈에서 뭔가를 이룩하면 암묵적 지식일까? 이상하게 꿈에서 깨면
생각이 나지 않는 경우가 많다. 그래서 지식으로 부르기에는 어려움이 많다. 가령,
꿈이 아닌 체화된 수많은 암묵적 지식이 무의식적으로 이루어진 것이 많다면 우린
얼마나 많은 지식을 가지고 있을까?

3-6　'밧줄 묶기'를 잘해야 사람을 살린다

　　암묵적 지식의 좋은 사례는 '밧줄 묶기'이다. 등산을 하거나 요트를 타거나 인
명구조를 하는 사람들에게 밧줄을 묶는 일은 생명과 직결되기 때문에 매우 중요한
행동이다. 즉, 얼마나 세게 잡아당기고 강하게 묶느냐가 아니라, 어떻게 매듭을 짓
고, 고리를 만들어 꿰는 순서가 중요하다. 높은 산을 등반할 시, 고도에서는 산소
가 희박해지고 정신이 몽롱해진다. 본능에 의지해서 몸을 움직이는 수밖에 없다.
훈련할 때는 밧줄 묶기 선수가 실전 등반에서는 터무니없이 밧줄을 잘못 묶어서 인
명 사고를 일으킨다. 그는 연습 시에는 순서를 잘 기억하고, 밧줄을 잘 묶을 뿐 아
니라 남에게 설명까지 해주는 전문가였다. 그랬던 전문가가 실수를 한다는 것이 납
득이 잘 안 간다. 연습은 곧 실전이란 말도 있는데 뭔가가 이상하다. 그러나 오히려
아무 생각 없이 밧줄 묶기를 잘하지만, 남들에게 차근차근 설명을 잘하지 못하는
사람이 있다. 차라리 이런 사람이 실전에서 실수를 하는 경우가 거의 없다. 잘 이해
가 안 간다. 도대체 뭐가 잘못된 것일까? 설명을 한다는 것은 뇌가 기억하고, 그 기

억으로 남에게 설명한다는 것이다. 이것은 대뇌피질에 장기 기억된 기억을 불러내서 설명한다는 의미다. 연습 시에는 아무 문제가 없다. 그러나 산소가 희박한 곳에서 밧줄 묶기를 하는데 뇌로 생각해서 한다는 것은 많은 열량을 소모한다는 것이고, 산소마저 부족한 상황에서는 뇌가 제대로 작동할 수 없게 된다.

그러나 위에서 소개한 설명을 잘 못하는 사람은 뇌의 대뇌피질에 기억시키는 것이 아니라, 운동능력과 본능적인 것을 관장하는 바닥핵(기저핵)에 기억을 저장한다는 것이다. 이곳에 저장하기 위해서는 반복연습을 꾸준히 함으로써 가능하다. 더 많이 반복할수록 기저핵에 더 강하게 기억된다. 즉, 밧줄 묶기를 수십 번 반복 훈련한 사람은 뇌의 대뇌피질에 기억시키지만, 수백 번 반복 훈련한 사람은 기저핵에 저장되기 때문에 뇌에서 열량을 굳이 많이 사용하지도 않고, 몸이 먼저 반응하는 것이다. 그러므로 이런 사람은 말보다는 몸이 우선한다고 보면 된다. 이런 것이 암묵적 지식인 것이다. 설명에는 능숙하지 못해도 실전에서 실수를 하지 않는 것이다. 가령, 바둑기사가 정석을 익힐 때, 피아니스트가 정해진 곡을 연습할 때, 김연아 선수가 트리플 악셀 점프를 연습할 때, 분명히 수백 번은 연습했을 것이다. 뇌로 동작을 기억하는 것이 아니라 몸으로 기억시켰을 것이다. 이것이 숙련된 전문가의 길이기 때문이다.

3-7 '몰입'의 중요성

미하이 칙센트 미하이(Mihaly Csikszentmihalyi)[7] 교수는 그가 개발한 경험추출법(Experience Sampling Method), 줄여서 ESM이라 한다. 70년대 초반 시카고대학 교수 시절에 개발했다. ESM은 호출기나 프로그램이 입력된 시계를 이용하여 시행자들

---

7 Mihaly Csikszentmihalyi: 1934~2021, 이탈리아 출생, 미국 시카고대학교 심리학 교수, 저서: 몰입의 즐거움 외 다수.

에게 미리 배부한 소책자에 경험한 것을 적도록 하는 기법이다. 하루를 두 시간 단위로 쪼개서 아침부터 밤 사이에 불시에 보낸다. 신호를 받은 시행자는 자기가 어디에 있으며, 무엇을 하고 있는지, 무슨 생각을 하고 있는지, 누구와 함께 있는지를 소책자에 기입하고, 그 순간의 자기의 심리상태를 점수로 평가한다. 가령, 내가 얼마나 행복한지, 얼마나 집중하고 있는지, 어떤 충동을 느끼고 있는지, 얼마나 자신감을 가지고 있는지 등을 스스로 평가하도록 한다. ESM을 통하여, 어떤 사람이 하루 동안 어떤 활동을 했으며, 다른 사람이 하는 일에 대해서 또는 같이 있는 사람에 대해서 시행자가 느꼈던 감정의 변화를 감지할 수 있다. 이것을 활용하여 사람들이 보내는 일상의 무늬와 결을 아주 자세하게 정확하게 들여다 볼 수 있다. 가령, 청소년, 성인, 노인이 식사를 하면서 가지는 느낌이 어떤지, 혼자 식사할 때와 여럿이 식사할 때 어떤 차이가 있는지 등을 알 수 있고, 인종적 또는 문화적으로 비교하는 작업도 가능하다고 한다. 그는 아무리 타고난 재능이 있어도 집중하는 법을 배우지 못하면 성숙한 지능으로 발전하지 못한다고 한다. 정신력을 모을 수 있어야 음악적 재능을 가진 아이는 음악가가 될 수 있고, 수학적 재능을 가진 아이는 공학자나 물리학자가 될 수 있다. 성인이 되었을 때, 전문가로서 갖추어야할 실력과 지식을 습득하기 위해서는 많은 노력을 기울여야 한다고 하면서 모차르트의 예를 들었다. 모차르트는 신동이었지만 그의 아버지가 강제로 음악연습을 시키지 않았다면, 그의 재능을 꽃피울 수 없었을 것이라고 그는 주장한다.

칙센트 미하이교수의 의견에 전적으로 동의한다. 소위 '몰입'이 잘 안 되는 사람들은 무엇을 해도 그 분야에서 성공할 수 없다. 몰입은 거의 무의식의 상태에서 일을 수행하는 것과 같다. 무언가를 골몰히 생각하다보면 자기도 모르는 사이에 그 주제에 빠져든다. 온갖 아이디어가 샘솟는 느낌이 든다. 마치 우주의 다른 영혼과 만나는 느낌일 것이다. 그 영혼은 많은 지식을 가지고 있는 영혼이다. 그와의 영혼대화를 통하여 그동안 풀리지 않던 미스터리를 해결할 수도 있다. 단, 자신도 많은 지식이 있어야 영혼대화가 가능하다. 가령, 우주의 에너지를 흡수하면서 그 기운으로 엄청난 결과를 만들어 낼 수 있다. 이것은 학문분야의 얘기였고, 운동 분야도 마찬가지다. 김연아 선수가 트리플 악셀 점프를 할 때, 잡념에 가득 차 있으면 아마도 성공하지 못할 것이다. 아무 생각 없이 수많은 연습으로 몸이 기억하는 대로 점프를 해야 성공할 것이다. 아마도 그 순간만큼은 영혼과 대화하듯 몸 전체가 우주의 일부가 된 느낌일 것이다. 즉, 본인이 잘해서 성공한 것이 아니라 우주의 기운이 성공을 도운 것이다. 이것이 '몰입'이다. 이것은 말로 설명한다고 될 수 있는 성질이 아니다. 스스로 체험을 해보지 않으면 도저히 근접도 못할 것이다. 이것은 신비주의도 아니고, 정신적 집중이 만드는 상상속의 세상일 것이다. 가령, 홈런을 친 이승엽선수에게 당시 상황을 물으면, 몸이 반응하는 대로 스윙을 했다고 한다. 이것을 우연이라고 단정하기에는 너무도 단순하다. 이승엽선수는 투수가 어떤 볼을 던질지 예측을 했고, 본인의 스윙궤적으로 아무 생각 없이 몸이 인도하는 대로 스윙을 한 것이다. 본인도 당시 상황을 자세히 설명할 수 없을 것이다. 일종의 무의식 상태에서 스윙했기 때문이다. 몸에 체화된 스윙을 만들려면 수많은 연습에 연습을 거듭했을 것이다. 언젠가, 일본프로야구의 장훈대선배가 이승엽선수가 슬럼프에 빠졌을 때, 훈수를 두려고 했으나 이승엽선수가 스스로 부탁하지 않아서 그만두었다고 하면서 이승엽선수는 자신의 스윙 메커니즘을 확고히 가지고 있는 선수라고 하면서 본인이 해결할 것이라고 말한 적이 있다. 이것이 대가들끼리 통하는 무언의 세계인 것이다. 오로지 대선수들만이 느끼는 정신적 세계이다. 이승엽선수는 한일프로야구 통산 626개의 홈런을 때린 전설적 대선수다. 이런 선수가 우연히 홈런을 많이 쳤다고 말하는 것이 우스운 것이다. 홈런을 많이 친 비결은 몸으로 체화되는 암묵적 지식인 것이다. 이것을 말이나 글로 설명할 수 없다. 오직 선수 자신만이 몸으로 느끼는 것이다.

3-8 '도(道)'와 '깨달음'

암묵적 지식을 아무리 형식화시키려고 해도 절대로 안 되는 것이 있다. 몰입을 통한 정신적 세계다. 노자는 도덕경에서 '도가도비상도(道可道非常道)'라고 했다. 이 말은 도(道)를 도라고 말할 수 있으면, 이미 영원한 도가 아니다. 도(道)를 통달한 자에게 도통한 사람이라고 말한다. 이것은 틀린 표현이다. 그가 도를 통했는지 알 수도 없거니와 설령, 도를 통했어도 함부로 도란 말을 사용하면 안 된다. 도라는 자체가 이미 인간의 인식을 뛰어 넘은 표현인데 범인들이 도를 운운한다는 자체가 틀린 것이다. 도가 눈에 보이는 것도 아니고, 그 신성한 세계에 토를 다는 것조차 어리석은 것이다. '일미진중함시방(一微塵中含十方)'이란 표현이 있다. 화엄경 법성게 가운데 나오는 말로, 먼지 한 톨 속에 우주가 다 들어간다는 뜻이다. 그 이유는 이 세상 만물의 모습이 '시방(十方)'[8]에 편재하기 때문이라고 한다. 조계종 초대 종정을 지냈던 한암스님의 '천이통(天耳通)'과 관련된 전설이 있다. 한암스님께서 주석했던 상원사 아래 마을에서 소가 새끼를 낳았는데 사람들이 "송아지가 한암스님을 닮았다"고 농을 하였다. 스님은 이를 알고 빙그레 웃으면서 '시자(侍者)'[9]에게 무엇인가를 말했는데, 얼마 후, 시자가 마을로 내려가서 확인해보니 정말 그러했다. 마을사람들은 스님의 '법력(法力)'[10]에 놀라워했다. 이처럼 스님은 비록 마을로 내려가서 직접 들은 것은 아니지만 시방을 돌고 있는 먼지를 보고 알았다. 이것을 한암스님께 질문한들 어떻게 설명할 것인가? 이와 같이 도(道)는 도(道) 자체로 머무는 것이다.

도(道)는 '깨달음'일까? 조계종의 현응스님은 "잘 이해하는 깨달음"이라고 표현한다. 즉, '반야지(般若智)'라는 것이다. 반야와 지는 서로 같은 뜻인데, 이를 강조하

---

8 사방(四方), 사우(四隅), 상하(上下)를 통틀어 이르는 말.

9 귀한 사람을 모시고 시중드는 사람.

10 수행으로 얻은 뛰어난 능력.

기 위해서 반야지라 한다. 반야지는 '반야종지'와 같은 뜻으로 '미망(迷妄)'[11]과 고통의 세계를 극복하고, 평화와 안락한 극락세계에 돌아오는 지혜를 의미한다. '깨달음'이란 공(空)과 연기(緣起)를 이해하는 것이라 한다. 스님에 따르면 '깨달음'은 지혜와 이해의 영역이며, '선정수행(禪定修行)'[12]을 통해 이르는 몸과 마음의 높은 경지를 뜻함이 아니라고 했다. 이 말에 선정수행을 하는 분들의 비판을 많이 받았다. 그 이유는 불교의 '삼학'은 '계정혜'인데 마치 정(定)을 무시하는 듯 한 말이기에 비판을 받은 것 같다. 스님은 '깨달음'을 잘 얻기 위해서는 설법과 질의응답, 토론, 경전과 어록 열람, 불교를 풍부하게 하는 다양한 독서 등이 현대적인 수행법이라 했다. 조계종의 '조계선풍'은 육조 혜능스님이 정립했는데, 그 정신의 요지는 돈오(頓悟), 즉 단박에 깨닫는 것이라고 했다. 스님은 부처님의 당시 가르침에서부터 2600년간 형성된 불교의 가르침을 두루 살펴야 하는데, 그중 가장 유용한 가르침은 '대승불교'와 '조계선풍'이라고 한다. 그 이유는 간결하면서도 직관적이며 본질을 꿰뚫는 선적인 안목은 오늘날 현대사회의 다양한 문화들을 단숨에 재정리하여 새롭게 통합시키는 안목을 낳는다고 한다.

3-9 '몰입'과 '건망증'

다시 몰입(flow)으로 돌아가자. 영어사전에서 '몰입'을 찾아보면 '흐름(flow)'이란 뜻은 안 보인다. 이 용어는 '칙센트 미하이 박사'가 사용한 용어로 몰입을 하기 위해서는 지속적으로 물이 흐르듯이 지속적인 몰두가 필요하다는 의미에서 이 용어를 사용한 것 같다. 칙센트 미하이는 집중한다는 것에 대해서 사례를 제시한다. 가령, 스키를 타고 산비탈을 질주할 때 우리의 몸의 움직임, 스키의 위치, 얼굴을 스

---

11 사리에 어두워 갈피를 잡지 못하고 헤맴.
12 마음을 하나의 대상에 모으기 위해서 온갖 잡념을 버릴 수 있도록 지속적으로 수행하는 것.

치며 지나가는 공기, 눈 덮인 나무에 주의를 집중한다. 이것 외에 다른 생각할 짬이 없다는 것이다. 잠시라도 딴 생각을 하면 눈 속에 고꾸라진다. '활강(滑降)'[13]이 너무도 완벽하게 성공하면, 한없이 그 순간이 계속되기를 바라고 순간의 경험에 완전히 '몰입'한다고 한다. 또 다른 몰입의 예로는, 성가대에서 합창을 할 때, 컴퓨터 프로그램을 짜는 일, 춤이나 카드놀이, 독서 등을 언급한다. 그리고 외과수술을 할 때, 피가 마르는 거래처와의 상담에 몰입하는 순간, 친구와 이야기를 나누거나 엄마와 아기가 놀 때처럼 사람과 사람이 어울리는 순간에 완전히 빠져드는 경험을 할 수도 있다고 한다. 이러한 순간의 공통점은 '의식'이 경험으로 꽉 차 있다는 것이다. 이 순간을 '몰입경험'이라고 한다. '몰입'이란 삶이 고조되는 순간, 물 흐르듯 행동이 자연스럽게 이루어지는 느낌을 표현하는 말이라고 한다. 그것은 운동선수가 말하는 '물아일체(物我一體)'의 상태, 신비주의자가 말하는 '무아경(無我境)', 화가와 음악가가 말하는 '미적 황홀경' 등이 모두 각각 다른 활동을 하면서 몰입상태에 도달하지만, 그들이 그 순간의 경험을 묘사하는 방식은 놀라울 정도로 비슷하다고 한다. 흥미로운 사실은 외과수술을 할 때, 의사는 놀라울 정도의 몰입을 경험하면서 수술을 끝내지만, 그만 메스나 가위 등을 수술 부위에 그대로 둔 채로 '봉합(縫合)'[14]하는 실수를 간혹 발생시킨다고 한다. 몰입과 건망증이 함께 존재하는 순간이다. 이처럼 인간은 불완전한 존재이다.

3-10 '유가(儒家)'와 '도가(道家)'의 차이

도가(道家)에 대해서 살펴보자. 춘추시대에 태동한 제자백가 중의 하나로 노자가 창시했다고는 하나 노자의 실체에 대해서는 의견이 분분하다. 세상을 바라보

---

13 비탈진 곳을 미끄러져 내려오거나 내려감.
14 수술을 하려고 절단한 자리나 외상으로 갈라진 자리를 꿰매어 붙이는 일.

는 관점에서 유가(儒家)와 도가(道家)는 차이가 있다. 유가는 예의범절과 사회규범을 확립함으로써 혼탁한 사회를 바로 잡을 수 있다고 한 반면, 도가는 유가처럼 선한 것과 그렇지 못한 것의 '기준'이 있으면 차별을 하게 되고, 나아가 '권력'이 되고 '폭력'이 될 가능성이 있다고 보았다. 즉, 세상의 이치를 상대적인 관점으로 보자고 주장했다. 또한, 이러한 사회의 규범을 타파하고, 백성이 '자발성'을 가지고 삶을 향유해야 국가가 더 부강해 진다고 했다. 도가에 따르면, 만물은 도(道)로 인해, 무(無)에서 유(有)로 다시 무(無)로 돌아가기를 반복하는 실체가 없는 것이고, 도(道)는 그 모든 생성과 변화의 과정 그 자체라는 것이다. 이점에서 도가 사상을 이데아와 같은 실체를 지니지 않는 일종의 현상학이라고 한다. 노자는 이 도(道)를 무(無)와 동일시했는데, 이는 유(有)의 가능성을 내포하여 유무상생(有無相生)의 도(道)라 했다. 그 도(道)는 스스로 그러한 것, 즉 자연(自然)으로서 자연스럽게 세상을 돌아가게 한다고 주장했다. 여기서 무위(無爲)사상이 나온다. 노자 사상을 오해하는 부분은 자연(自然)이라고 해서, 숲속에 들어가 원시인처럼 살라는 의미가 아니라는 것이다. 여기서 자연이란, 세상이 돌아가는 흐름인 도(道)를 파악하고, 그 안에 자연스럽게 흘러들어가는 것으로 이해해야 한다고 한다. 결국, 도를 도라고 표현할 수 없는 것은 유무(有無)관계로 이루어진 '도'란 것은 항상 운동과 변화를 거듭하기 때문에 정의를 내릴 수 없다는 것이다. 즉, '도가도비상도(道可道非常道)'가 생긴 이유이다.

장자의 '호접지몽(胡蝶之夢)'은 '인생무상'이나 '물아일체'를 말하는 것이 아니라 그 꿈속에서 사는 사람들에게 깨어나서 진정한 자신을 깨달으라는 것이다. '호접지몽'은 장자(莊子)가 꿈에 나비가 되어 즐기는데, 나비가 장자인지 장자가 나비인지 분간하지 못했다는 고사에서 유래했다고 하며, 물아일체의 경지나 인생의 무상함을 비유해서 이런 고사가 생겼다고 하는데 이것은 잘못된 해석이란 의견이 많다. 또한, 도가에 대해서 오해를 하는 부분은 자연으로 돌아가 자연과 더불어 살라는 것으로 잘못알고 있다는 것이다. 사실, 도가는 정치철학이다. 가령, '도덕경'이 오랫동안 제왕학의 교본으로 사용되었다는 점이 이를 뒷받침한다. 노자가 말한 무위

(無爲)라는 것은 백성이 있는 그대로 살아갈 수 있도록 해야지, 책을 읽고 만들어진 백성은 유위(有爲)라는 것이다. 즉, 폭군이 있다면 목숨 걸고 충언을 하는 것이 유가의 가르침이라면, 도가에서는 인위적인 것은 철저히 배제해야 하므로 일단 폭군과 함께 행동하여 그를 길들인 후, 그로 하여금 폭정을 하지 못하도록 움직이라고 가르친다. 이런 점에서 도가와 유가는 서로 반목한다. 노자는 '무위'라는 것은 어떤 것을 이루려는 마음(욕망) 자체가 없어야 한다고 한다. 유가가 백성을 사랑하는 어진 정치라면, 도가에서는 그런 정신이 없다. 노자는 천지(天地)가 인간을 딱히 더 사랑하지 않는다고 말한 것처럼, 도가의 성인(聖人)은 그러한 '자연'을 본받아 백성만을 사랑하지 않는다는 것이다. 그 성인은 심(心)을 초월했기 때문에 세계와 주변 상황을 자기 마음속에 있는 특정한 틀이나 고정관념으로 바라보지 않는다. 즉, 그대로의 세상을 직시하면서 변화무쌍한 세상에 대응하면서 전략을 짤 수 있다는 것이다. 마치 도가는 '권모술수'와 연결되는 것처럼 보인다. 그 예로 노자는 '무위'를 통하여 다스리지 못할 것이 없다. 즉, 백성에게 어떤 욕망이나 깨달음을 주지 않으면, 그들에게 어떤 방향성이 생기지 않고, 항상 그들을 통치할 수 있다는 것이다. 경우에 따라서는 우민화(愚民化) 정책으로 해석될 수도 있을 것이다. 이런 해석은 법가(法家)의 '한비자'에게 영향을 미치고, 법가를 숭상한 진시황은 백성의 배움은 죄악을 낳고, 책과 선비들이 죄악을 부추긴다고 생각해서 '분서갱유(焚書坑儒)'[15]라는 끔직한 사태를 낳고 만다. 이점에서 도가는 고도의 정치철학이라 볼 수 있다. 가령, 유가가 정면 돌파하는 스타일이라면, 도가는 힘겨룸 대신 여러 전략과 발상으로 상황을 타개하는 두뇌파 스타일로 대비된다. '최진석'[16]에 따르면, "나는 오랫동안 노자의 도덕경을 즐겨 읽고 필사를 해왔다. 도덕경을 읽으면서 삶을 깨달았고,

---

15 BC 213년 중국 진나라 시황제 때 사상을 탄압한 사건. '분서'는 책을 불사른다는 뜻이고, '갱유'는 유생을 구덩이에 산채로 파묻는다는 뜻이다. 시서와 제자백가의 서적은 박사관이 가지고 있는 것을 제외하고 모두 불태워버렸다. 제나라 출신의 순우월이 군현제에 반대하고, 봉건제로 돌아갈 것을 주장했고, 승상인 이사가 이를 비판하여 황제의 권력을 강화하기 위한 방편으로 학문으로 도당을 이루지 못하도록 엄격히 통제할 것을 주장하면서 협서율이 제정된다.

16 서강대학교 철학과 명예교수. 저서: 노자의 인문학 외 다수.

필사하면서 일상에서 만나는 고민을 풀어갈 수 있었다"고 한다. 그는 노자의 도덕경은 마치 한편의 시와 같아서 읽은 자의 생각에 따라 자유롭게 그 의미와 뜻을 부여할 수 있어서 좋아하게 되었다고 한다. 그는 노자에 대해서 인간의 내면성이 아니라 객관적으로 존재하는 '자연'을 근거로 자신의 사상을 펼쳤다고 한다. 자연은 객관적으로 존재하며, 누구에게나 열려있고, 주관이 개입되는 세계가 아니기에 객관성과 보편성을 나타낸다고 한다. 그는 이 시대를 살아가는 우리는 '논어'나 '도덕경'을 자신의 삶을 위해 참고해야지 숭배해서는 안 된다고 주장한다. 필자도 그의 의견에 동의한다.

'견소왈명(見:볼 견 小:작을 소 曰:가로 왈 明:밝을 명)'이란 작은 것을 보는 밝음이란 뜻으로 노자의 도덕경52장에 나오는 말이다. 이것을 '한비자'[17]는 사소한 변화를 감지하는 놀라운 통찰력이라고 법가적으로 재해석했다. 이것은 작은 변화를 보고 미래를 예측한다는 의미가 아닐까한다. '주왕(紂王)'[18]이 상아 젓가락을 만들자, 그의 숙부인 '기자'는 왕에게 말하기를 상아 젓가락에 어울리는 것은 흙으로 빚은 그릇보다는 소뿔이나 옥으로 만든 그릇이어야 할 테고, 또한, 그 그릇에는 야채를 담아 먹을 수는 없을 것이고, 소고기 아니면 코끼리고기 또는 표범고기를 먹어야할 것을 우려했다. 그리고 이러한 것을 먹기 위해서는 하찮은 옷과 초가집 보다는 비단 옷과 구중궁궐과 같은 집을 지어야 할 것이라고 말했다. 이 말에 주왕은 기자를 옥에 가두어 버렸다. 얼마 후, 주왕은 기자가 예측한대로 술과 향연에 빠져 살았다. 또 다른 사례로 정나라의 무공은 자신의 공주를 호나라 군주에게 시집을 보내고 난후, 신하들을 소집해서, 다른 나라를 정벌했으면 좋겠는데 어느 나라를 치면 좋겠냐고 묻자, '관기사'라는 신하는 호나라를 쳐야 한다고 했다. 이에 무공은 크게 노하며 형제의 나라를 치라는 것이냐며, 관기사를 사형에 처했다. 이 사실을

---

17 중국 전국시대 말기 한(韓)나라의 공자(公子). 법치주의를 주창. 군주는 세상 돌아가는 것을 파악하고 관리자들을 잘 관리하고, 상벌을 시행하고, 상공(商工)을 장악하고, 측근이나 중신, 학자, 민중에게 좌우돼서는 안 된다는 주장을 폈다.

18 중국 은조(殷朝) 최후의 왕. 제후들은 포악한 주왕을 몰아내고, 주나라의 무왕을 도와 은나라를 멸망시킴.

들은 호나라 왕은 정나라에 대한 경계를 등한시하다가 결국, 정나라에게 함락되고 만다.

위의 두 사례가 주는 시사점은 무엇일까? '기자'나 '관기사'는 모두 옳은 진언을 했다. 그러나 그 둘은 벌을 면치 못했다. 그 이유는 왕의 '역린(逆鱗)'[19]을 건드렸기 때문이다. '역린'이란 '용의 목에 거꾸로 난 비늘'이란 뜻으로 왕의 단점을 말한다. 두 신하는 충성스러운 신하였으나 왕의 불편한 심기를 건드렸기에 벌을 받았다. 요즘 말하는 괘씸죄라고나 할까. 즉, 신하들이 '유가'에서 말하는 충성심을 발휘했으나 그보다는 상황을 예의 주시하며 기회를 엿보는 '도가'의 사상을 따랐으면 어떻게 되었을까? 그 옛날이나 현대나 바뀐 것은 없다. 시대와 인물만 변했을 뿐, 괘씸죄는 더 심해졌다. 두 사례의 핵심은 자신이 아는 것을 말하는 것은 쉬우나 상대의 마음을 읽고, 그것을 어떻게 쓰느냐가 더 어렵다는 것으로 처세술과도 관련이 있다. '도가'의 사상이 예나 지금이나 처세술에서는 한수 위다.

3-11 한비자(韓非子)

한비자의 기록에 따르면 '화씨벽(和氏璧)'이 있다. 춘추시대 초나라의 '변화(卞和)'라는 사람은 '형산(荊山)'에서 귀한 옥돌을 발견하고 여왕에게 진상했다. 여왕(厲王)은 옥공을 불러 감정을 시키니 일반 돌이라 했다. 왕은 '변화'의 왼쪽 발을 자른다. 무왕(武王)이 즉위하자 '변화'는 옥을 들고 다시 간다. 옥공은 또다시 돌이라 한다. 이 말에 오른쪽 발마저 잘린다. '변화'는 밤낮을 옥돌을 껴안고 피눈물을 흘리자 '문왕'이 다시 감정을 시켜보니 천하에 둘도 없는 '백옥'이라 했다. 문왕은 이것을 벽옥(璧玉)으로 만들었다. '벽'은 납작한 구슬이고, '옥'은 둥근 구슬이다. 그래

---

19 임금의 노여움을 일컫는 말.

서 '화씨의 벽'이라 불리게 되었다. 춘추전국시대 말기 조(趙)나라 혜문왕(惠文王)이 천하제일 보물인 화씨의 벽을 얻게 되었다. 그런데 진(秦)나라의 소양왕(昭襄王)이 그 보옥이 탐나 진나라의 성(城) 열다섯과 보옥을 바꾸자고 제안했다. 조나라는 진나라의 침략이 두려워서 그렇게 하기로 했다. 그 구슬을 재주 있고, 용감한 인상여(藺相如)라는 사람을 시켜 진나라로 보냈다. 진나라 왕은 보옥만을 넘겨받고 성(城)을 줄 생각을 안했다. 인상여는 꾀를 내어 보옥에 흠집이 있다고 속이고 자신 손에 받아들고는 별안간 큰소리로 성을 내주지 않으면 보옥을 산산조각 내겠다고 으름장을 놓았다. 이에 왕은 약속대로 하겠다고 했다. 인상여는 또 한 번 꾀를 내어 이번에는 이 보옥을 받으려면 왕은 일주일동안 목욕재계를 해야 한다고 했다. 왕이 그러겠다고 하자, 인상여는 숙소로 돌아와 하인을 시켜 조나라로 몰래 가져가게 했다. 소양왕은 인상여를 죽이지 않고 대장부 기질을 칭찬하며 조나라로 돌려보냈다. 인상여가 성을 주지 않으면 보옥을 온전히 조나라로 가져오겠다고 한 말에서 완벽귀조(完璧歸趙)라는 말이 유래했고, 현재는 줄여서 완벽(完璧)이라고 한다. 완벽이란 흠이 없는 구슬이란 뜻으로 결함(缺陷)이 없이 완전(完全)함을 이르는 말이다. 이 '화씨의 벽'은 춘추전국시대에 여러 나라를 전전하다가 결국 진나라 진시황에게 들어가고 전국옥새로 만들어진다. 이 옥새는 한(漢)나라 유방에게 전해지고, 손견, 원술을 거처 조조의 손에 들어간다. 후당까지 계속 전해졌다고 한다. 이 전국옥새는 천하를 손에 넣은 자만이 가질 수 있는 상징이 되었다. 한비자는 옥(玉)을 옥이라고 전하지 않은 옥공을 간신으로 보았다. 바른 말을 하는 사람의 말을 그대로 전하지 않고, 중간에서 다른 말로 전하는 간신에 비유하면서 얼마나 진심(眞心)이 다른 사람에게 전해지기가 어려운 지를 설파한다.

　한비자(韓非子, 기원전 약 280~233년)의 이름은 한비(韓非)이고 전국 말기 한(韓) 출신이다. 원래는 한나라의 공자로 순자(荀子)에게 배운 중국 고대의 이름난 사상가이자 법가 학파를 대표하는 인물이기도 하다. 기원전 234년은 진왕 정(훗날의 진시황) 13년으로 진나라가 군사를 동원해 한나라를 공격해왔다. 진왕 정이 한을 공격한 것은 까닭이 있었다. 오랫동안 천하통일에 힘을 쏟아온 진(秦)은 6국을 제거할 결심을 하고 6국 중에 가장 약한 한나라를 우선 공격 대상으로 삼았기 때문이다. 진시황이 한을 공격한 것은 한비자를 얻기 위함이었다는 설도 있다. 한비자는 순자로부터 '성악설'을 배웠다. 맹자가 주장한 '성선설'의 반대되는 개념이다. 성악설은 인간의 본성은 악하기 때문에 법(法)과 예(禮)로 눌러야 한다는 것이고, 성선설에 따르면 인간은 본디 인의예지(仁義禮智)를 갖춘 상태이기 때문에 백성을 예로써 대우하고, 도덕정치를 하면 국가 간에도 전쟁이 없다는 것이 맹자의 논리였다. 그러나 맹자가 살던 시기에는 전국시대로써 전국 7웅이 각축을 벌이고 있었고, 각국의 왕들은 맹자의 논리보다는 상앙이나 신불해의 논리를 더 신뢰했고, 그들을 승상으로 삼았다. 한비자(韓非子)는 법(法)과 술(術) 그리고 세(勢)로 군주는 나라를 다스려야 한다고 했다. 한비자는 법(法)은 드러내야 하고, 술(術)은 드러나지 않도록 해야 한다. 이것은 치국(治國)의 길이라 했다. 여기서 한비자가 말하는 '법'은 진나라 상앙(商鞅)에 뿌리를 두고 있으며, '술'은 신불해(申不害)에 근원을 두고 있다. 한비자는 '술'에 대해서 신불해의 사상을 따른다. '술'이란 재능에 따라 관직을 주되, 그 관직에 따른 직책을 맡긴 다음, '생사여탈(生死與奪)'[20]의 권한을 가지고 신하들의 능력을 평가하는 것으로 이는 군주가 장악해야 마땅하다고 말한다. 이는 군주가 관직 임명과 일처리에 대한 심사, 공을 세운 자에게는 상을 주고, 잘못을 한 자에게는 벌을 주는 일 등에 대한 권력을 장악하는 것을 가리킨다. 다음으로 '세(勢)'란 지위의 높고 낮음을 가리킨다. 통치자는 말과 행동을 떠나 지위가 높으면 높을수록 영향력도 커진다. '세'를 탈 줄 알면 좋은 자도 나쁜 자도 모두 이용할 수 있다. 다만 유능한 자를 기용하면 천하를 다스릴 수 있지만, 못난 자를 기용하면 천하를 어지럽히게 된다. 법(法)은 상앙이다. 상앙은 기원전 4세기 때 위나라에서 승상이었던 공손좌 슬하에서 낮은 관직으로 그의 문하생으로 있다가 공손좌가 죽자 제나라로 가서 신불해, 맹자 등과 사상 논쟁을 벌였다. 당시에 그가 주장한 것은 전국시대 같은 한치 앞을 볼 수 없는 세상에서는 '인의예지'는 이상적일 뿐, 부국강병

20　마음대로 살리고 죽이거나, 주고 빼앗는 행위를 이르는 말.

(富國强兵)에는 도움이 되지 못한다고 했다. 나라를 강하게 하기 위해서는 강한 개혁이 필요하고, 그 개혁을 가능하게 하는 것은 군주도 따라야 하는 법(法)이라고 했다. 법이 서질 못하면 강한 왕권을 누릴 수 없다고 했다. 실제로 당시 진(秦)나라의 '효공(孝公)'[21]은 그의 말을 따랐고, 진나라는 가난하고 힘없는 서쪽의 변방 국가에서 강한 국가가 되었다. 효공이 없었다면 진시황의 천하통일도 없다고 보는 학자들이 많다. 그만큼 효공과 상앙은 중국 역사에서 빼놓을 수 없는 인물들이다. 상앙은 독특한 정치가이자 사상가였던 인물이었다. 당대에 맹자도 있었고 많은 현인들이 있었건만, 진나라의 효공은 왜 상앙을 친형제 이상으로 대우하면서 개혁을 이끌었을까? 이유는 간단하다. 가난한 작은 나라를 부강하고 강하게 만들기 위해서는 인의예지를 내세우는 맹자보다는 상앙과 같은 부국강병을 주장하는 인물이 필요했다. 당대에 신불해라는 인물도 있었다. 그도 개혁가였고, 한(韓)나라에서 재상을 맡고 있었다. 상앙과 신불해 둘 다, 변법(變法, 변칙적인 방식이나 방법)을 시행한 인물들이었으나, 상앙은 법(法)에 의한 통치를 강조했고, 신불해는 술(術)에 의한 통치를 강조했다. 상앙은 법 앞에는 천민과 귀족이 다를 수 없다는 논리를 폈고, 신불해는 군주는 신하를 잘 다스리는 '술'이 중요하다고 했다. 후에 한비자는 이 둘의 사상을 접목하여 법, 술, 세를 주장한다. 상앙은 진나라 효공과 부국강병을 위한 토론을 했다. 무엇보다도 중요한 것은 백성을 개나 돼지가 아닌 사람으로 인식시키고, 부유하게 만들면 그것이 바로 '강병'으로 이어진다는 것에 의기투합을 한다. 그것을 위하여 귀족이 소유하고 있던 토지를 몰수하여 백성들에게 나누어주고, 노예제를 폐지하고, 백성으로부터 세금을 받고, 전쟁이 터지면 농사를 멈추고 전쟁에 참여하고, 공을 세우면 작위(爵位)를 받도록 했다. 19세기 링컨의 흑인노예해방 한참 전에 이미 상앙과 효공이 먼저 시행했던 것이다. 백성은 부유해질 수밖에 없었고, 국력은 강해질 수밖에 없었다. 지금으로 치면 사회주의 사상이다. 토지의 국유화

---

21 중국 전국시대 진나라 왕(재위 BC 361~338): 상앙을 등용하여 국정을 개혁하고, 부국강병의 기틀을 만듦. 주왕(周王)으로부터 처음으로 봉작(封爵)을 받고, 유력한 제후로서의 지위 확립. 후에 시황제가 천하를 통일하는 기초를 쌓은 인물. 중국역사에서 몇 안 되는 선정을 베푼 왕임.

와 일정규모의 세금을 거두었으니 영락없는 사회주의의 모습이다.

미국의 남북전쟁 1862년 7월경, 전세는 북부가 불리했다. 그러나 링컨은 양면 전략을 사용했다. 국내적으로는 노예해방을 하기 위한 정치적 발언을 했다. "나의 최고의 목표는 이 연방을 유지시키는 것이지 노예제도의 존폐가 아닙니다." "만약 노예들을 해방시키지 않고, 이 연방을 유지할 수 있다면 그리할 것이고, 만약 노예를 해방시킴으로써 연방을 유지할 수 있다면 그리할 것이고, 노예들의 일부를 해방시키고, 일부를 노예로 둠으로써 연방을 유지할 수 있다면 역시 그러할 것입니다." 국외적으로는 영국과 프랑스가 이미 노예거래를 '불법'이라고 규정한 사실에 주목하였다. 즉, '노예해방선언'을 통하여 노예해방이 전쟁의 목적임을 밝힌다면, 영국과 프랑스는 명분상 노예제도를 유지하고 있는 미국의 남부를 지지할 수 없게 되기 때문이기도 했다. 링컨의 고도의 정치술이었다. 그러나 내용을 자세히 보면 노예해방이 주목적이 아니라는 것을 밝히면서도 노예해방을 부목적으로 삼겠다는 것을 분명히 함으로써 한쪽으로 치우치지 않는 전략을 세운 것이다.

중국에서 모택동과 시진 핑은 상앙(商鞅)의 변법을 지지하고 롤모델로 삼고 있다. 거대한 중국을 이끄는 힘은 공산당 법에 의한 무자비한 통치라고 해도 과언이 아니다. 이것은 중앙집권체제를 강화시킨다. 즉 공산당의 힘을 강화시키는 구심점 역할을 하는 것이다. 이것으로 거대한 중국은 움직이는 것이다. 상왕의 개혁 정책 내용은 '십오제(什伍制)'[22], '억상정책'[23], '노예제폐지', '군공수작제'[24], '신고제 확립'[25] 등이 있었다. 상앙의 변법은 부국강병을 위함이었고, 실제로 진나라는 부국이 되고, 백여 년 뒤에 진시황에 의하여 천하를 통일한다. 시진 핑은 아마도 이것을

---

22 5가구 또는 10가구를 한 단위로 묶어서 상호 감시하는 체제로 만듦. 한집에서 죄를 지으면 나머지 네 집도 연좌제를 적용해서 처벌했다. 이 제도는 훗날 명, 청, 조선, 일본, 조선총독부, 북한(5호 담당제)에서 활용되었다.

23 강력한 중농주의자. 상업을 농업보다 낮게 취급. 상업하다가 실패한 사람은 그 처자를 노비로 삼았다.

24 누구라도 전쟁터에서 공을 세우면 작위를 내렸고, 군공이 없으면 귀족이라도 천대했다.

25 타인의 죄를 신고한 자에게는 상을 주고, 알고도 신고하지 않은 자는 적에게 투항한 것과 같은 죄로 처벌했다.

꿈꾸고 있을지도 모른다. 소수의 재벌과 권력자들이 지배하는 민주주의와 자본주의 나라 미국과 철저하게 사회주의 공산당 법이 지배하는 나라 중국. 이 둘 중, 누가 최후의 승자로 될까? 역사는 기원전까지 거슬러 올라가면서 주도권 경쟁의 불을 당기고 있다. 당시에 법에 의한 통치를 주장한 상앙은 귀족과 백성들의 불만을 사서 효공이 죽자마자, 정적이었던 효공의 아들에 의해서 도망가다가 체포되어 머리와 사지가 찢기는 죽음을 당한다. 이것을 '거열형(車裂刑)'[26]이라고 한다. 조선시대에 수양대군이 왕위찬탈인 '계유정난'을 일으켰고, 단종의 복위를 주도한 성삼문, 박팽년 등 사육신은 '거열형'을 당했다. 반면에 같은 집현전학사로 난을 도모했던 김질은 거사 직전에 수양대군에게 밀고한 공로로 승승장구하다가 좌의정까지 올랐고, 그의 동생 김작은 성종의 후궁 명빈 김씨의 아버지였다. 김질 가문은 명문가가 되었고, 사육신의 가문은 죽임을 당하거나 노비가 되었고 '만고(萬古)'[27]의 역적이 되었다. 충효에 기반을 둔 유교사회였던 조선에서 '충신불사이군(忠臣不事二君)'[28]을 주장하며 죽음을 마다하지 않았던 사육신의 '기개(氣槪)'[29]가 세월을 거슬러 만감을 불러일으킨다. 그들이 죽은 지 500년이 훨씬 지났건만, 아직도 그들의 향기가 주위를 감돈다. 여기서 다시 묻는다. 공자의 유교냐? 노자의 도가냐? 사육신이 만약 도가였다면, 역모 죄에 해당하는 일을 과연 했을까? 세월은 흘렀지만, 그들의 충성어린 죽음 앞에 머리가 숙여진다.

---

26 다섯 수레에 사람의 머리와 사지를 묶고 다섯 필의 말이 그것을 끌어당기게 해서 사람을 찢어 죽이는 형벌. 이것을 오마분시(五馬分屍) 또는 오우분시(五牛分屍)라고도 한다.

27 아주 오랜 세월 동안.

28 충신은 두 명의 임금을 섬기지 않는다.

29 씩씩한 기상과 굳은 절개.

3-12 마키아벨리의 '군주론'

마키아벨리 '군주론'에 보면 군주는 사랑의 대상이 되기보다는 공포의 대상이 되라는 말이 있다. 공포보다는 덕을 가진 군주가 현실에 부합한다고 생각했는데, 많은 사람들과 일을 하고, 함께 지내다보면 관용과 관대함만이 만병통치는 아닌 것 같다. 조직의 리더라면 부하가 그를 평가할 때 마음 좋은 사람보다는 냉철하고 두려운 사람으로 볼 때, 그 조직이 성과를 더 낼 수도 있다고 생각한다. 실제로 조직사회에서는 그런 사람이 출세를 하는 경우를 많이 본다. 단, 그런 리더는 자기의 상사로부터 견제를 받는 위치에 있으면 그 상사에 의하여 먼저 퇴출되는 경우도 많다. 이 또한 처세술이다. 그래서 2인자의 역할이 힘들다고 하는 것 같다. 미국특수부대인 '델타포스'의 일원이 되기 위해서는 마지막 관문이 사막에서 살아남는 것인데, 몽롱한 상태에서 그 병사에게 질문하는 것은 마키아벨리의 군주론이라고 한다. 마키아벨리의 사상은 인간은 기본적으로 악하고 이기적이라는 생각에서 출발하는데, 이런 그의 군주론이 아직도 읽히고 있다는 것은 시사하는 바가 크다. 부하직원에게 화를 내지 말고 대신 혼을 내라. 그냥 두어도 잘하는 직원은 지켜보고, 요령으로 일하려는 직원에게는 개선할 기회를 일정기간 주고, 그래도 발전이 없으면 공포의 대상으로 될 수밖에 없다. 그래야 조직과 팀이 산다.

'마키아벨리'[30]는 15세기에 이탈리아 피렌체에서 대귀족은 아니지만 귀족가문의 아들로 태어났다. 그가 태어난 시기에 이탈리아는 동로마의 비잔티움이 오스만튀르크에 의하여 함락되고 난 뒤였다. 그 당시 이탈리아는 교황파와 황제파 등 많은 세력 사이의 알력으로 절대적인 왕정이 확립되지 못한 시기였다. 그는 어려서부터 라틴어를 배운 배경으로 비교적 젊은 나이에 장관이 된다. 그러나 혼란스러운

---

30 니콜로 마키아벨리: 1469~1527, 피렌체 공화국. 군주론. 메디치 가문으로부터 버림을 받음.

정세 속에서 체포되어 정계에서 물러나게 된다. 이것을 계기로 책을 저술하게 되는데 그때 집필된 것이 '군주론'[31]이다. 군주론에서 그는 군왕은 근엄해야 하고, 때로는 국가와 국민을 지키기 위하여 잔인해야 함을 주장한다. 그런 주장의 배경에는 이탈리아를 통일시킬 수 있는 지배자의 모습을 찾고자 함이 엿보인다. 그리스의 알렉산드로스나 로마제국의 카이사르 같은 탁월함을 추구했던 비루투스(Virtus)가 행운의 여신에 의한 지배를 받는 포르투나(Fortuna)보다 국가 통치에는 제격이라는 생각을 했다. 그러나 후에 교황청으로부터 금서로 지정받고 빛을 보지 못한다. 그러나 그가 죽기 전에 저술한 '더 라이프 오브 카스트루초 카스트라칸'이란 그의 저서를 읽어보면 카스트루초(1281~1328)는 포도원에 버려진 아기였다. 이 아기를 포도원 신부가 양자로 삼고 키웠다. 하도 용맹스러워서 당시 용병대장이 그를 양자로 삼고 대신 그의 아들 파골로를 부탁한다는 유언을 남기고 죽었다. 그는 밀라노, 루카 등의 황제파에 속하여 나폴리, 피렌체 등의 교황파와 싸워서 매번 승리를 한다. 영주가 되기 위하여 그는 꾀를 짜서 시민들에게는 주변 도시를 함락하면서 용맹성으로 지지를 받고, 귀족들에게는 귀족의 구미에 맞는 기지를 발휘하여 결국 영주가된다. 또한 그는 황제파이면서도 교황파의 로마 원로원에서 일하기도 한다. 이처럼 그는 포르투나에 의존하기 보다는 비루투스를 발휘하여 잔인할 때는 과감하게 일처리를 도모하여 권력을 쟁취한다. 이런 그의 모습은 마키아벨리가 생각한 이상적인 군주 상이었다. 카스트루초에게는 여우의 지혜와 상황에 대처하는 잔인함을 동시에 지니고 있었기 때문이다. 그러나 그는 하찮은 감기에 걸려서 결국 죽음을 맞이하게 되는데 그의 양자인 파골로에게 유언을 남긴다. "나는 용기를 가지고 포르투나를 제압하려했다. 나는 맨손으로 루카를 차지했고, 피사와 피스토이아도 정복했고, 네게 나라를 물려줄 만큼 비루투스의 삶을 살았다고 자부한다. 그러나 너

---

31 1513~1532. 군주는 미덕만이 상책이 아니라 때로는 배신도 해야 하고, 잔인해져야 나라를 지키고 번영시킬 수 있다고 함. 군주는 운명과 상황이 달라지면 그에 맞게 적절히 달라지는 임기응변이 필요하다고 주장함. 그의 저서는 교황청으로부터 금서로 지정받고, 종교개혁주의자들로부터도 비판을 받는다. 18세기가 되면서 서서히 그의 사상이 민주주의적이라고 루소 등이 따르게된다.

는 네가 가지고 있는 영혼의 힘과 너의 나라를 잘 파악하는 것이 중요하다. 만약 네가 전쟁을 치루기에 적합한 인물이 아니라면 너는 평화의 방법으로 나라를 다스려라." 이 말은 마키아벨리가 스스로 '군주론'의 내용을 수정하는 중요한 말이다. 즉, 인간은 유한한 존재이고, 결국에는 포르투나(행운)에 따를 수밖에 없는 나약한 존재이므로 늘 자기 자신을 성찰(省察)할 것을 양자 파골로를 통하여 간접적으로 메시지를 주는 것이다. 결국, 마키아벨리는 아리스토텔레스가 말한 올바른 행위를 통하여 자신을 기쁘게 하는 사람이 다른 사람들에게도 유익을 줄 수 있다는 가르침을 늦게나마 깨우친 것으로 보인다.

3-13 '노르에피네프린'과 집중력

칙센트 미하이교수는 적절한 대응을 요구하는 일련의 명확한 목표가 앞에 있을 때, 몰입할 가능성이 크다고 한다. 가령, 체스, 테니스, 포커 같은 게임을 할 때 몰입하기 쉬운 이유는 목표와 규칙이 명확히 설정되어 있기 때문이라 한다. 몰입활동 시에 또 하나의 특징은 피드백 효과가 빨리 나타난다고 한다. 가령, 체스를 두면서 말 하나를 움직일 때마다 형세가 유리해졌는지 불리해졌는지를 바로 안다고 한다. 그는 목표가 명확하고, 활동결과가 바로 나타나며, 주어진 과제와 자신이 그것을 해결할 수 있는 실력이 균형을 이루면 사람은 체계적으로 집중할 수 있다고 한다. '몰입'은 뇌활동이 수반되고, 정신력을 과도하게 요구하므로 몰입상태에 빠진 사람은 완전히 몰두한다. 잡념이나 불필요한 감정이 끼어들 여지는 티끌만큼도 없다. 자의식은 사라지지만 자신감은 평소보다 커진다고 한다. 이때, 한 시간이 1분처럼 금방 흘러간다. 자신이 몸과 마음을 어느 한 주제에 집중할 때, 사람은 일 자체에서 가치를 발견한다고 한다. 그야말로 세계의 대상과 자아가 하나로 되는 '물아일체'의 상태가 되는 것이다. 이것은 거의 '무의식'의 상태이고, '암묵적 지식'이 싹틀 수 있는 환경을 제공하는 것이다. 이런 상태는 명상처럼 고요한 마음으로부터 비롯된다. '물아일체' 상태는 거의 도인의 수준이다. 내가 뭔가를 한다기보다는 우주의 기운이 도움을 주는 것이다. 그 에너지를 받아 초월적인 체험도 가능할 것이다. 불교에서는 '깨달음'이란 원인이나 조건이 없는 상태, 즉 무위법(無爲法)으로 일체의 상(相)이 적멸(寂滅)하는 경지이고, 체험은 유위법(有爲法)이기 때문에 해탈이나 열반에 들 수 없다고 한다. 즉, 탐진치(貪瞋癡, 욕심과 분노와 어리석음)가 없는 상태가 되어야 진정한 해탈의 경지로 본다. 그러나 몰입 없이 깨달음은 있을 수 없다고 생각한다.

칼융(Carl Jung)은 사람들은 '페르소나(persona)'라는 가면을 쓰고 사회생활을 하고 있고, 그 결과 숨겨진 억압과 분노는 그림자의 형태로 인간 내면에 '무의식'으로 존재하다가 '자아'가 이겨내지 못하면 밖으로 표출된다고 했다. 페르소나는 칼융이 그의 분석심리학 관점에서 내놓은 개념으로서 사회에서 요구하는 도덕과 질서, 의무를 따르면서 자신의 본성을 감추거나 다스리기 위한 것이라고 한다. 그는 자아와 내면의 진정한 자기를 통합시키면 진정한 깨달음을 얻고 행복한 삶을 누린다고 했다. 즉, 마음의 평온을 얻는 치료의 수단으로 무의식의 세계를 이용할 뿐, 암묵적 지식을 찾아서 형식적 지식으로 만드는 일은 제시하지 못하고 있다. 마이클 폴라니는 말이나 글로 표현하지 못하는 지식이 암묵적 지식이고, 이런 지식은 90% 이상을 차지한다고 했다. 가령, 의식하고는 있어도 표현할 수 없는 경우가 있고, 전의식이나 무의식 상태로 인간의 뇌나 몸에 기억되는 암묵적 지식도 분명히 있을 것이다. 따라서 인간의 뇌는 무궁무진한 능력을 발휘할 수 있다. 제4차산업혁명은 암묵적 지식을 어떻게 형식지화할 것인지 전쟁이 될 것이다. 그 예로 스마트 팩토리와 스마트 팜이 있다.

프로이트와 칼융은 의사들이었고, '무의식'의 세계에 관심이 많았다. 나이는 프로이트가 19살 많았다. 프로이트는 무의식의 세계는 의식세계의 억눌린 감정이 꿈이란 것을 통하여 나타나며 인간의 타오르는 에너지는 성욕이라고 주장한 반면, 칼융은 개인 및 집단 무의식 속에서 자신을 찾는 과정을 의식화하는 것이며, 창의적 에너지에 의하여 발현된다고 보았다. 즉, 프로이트는 꿈의 해석을 통하여 정신질환자의 과거를 들여다보고 환자를 치료한 반면, 융은 일반인들의 숨겨진 잠재적 진실을 찾아 진정한 자아를 찾는 것으로 무의식의 세계를 활용했다.

2014년 개봉한 영화 '루시(Lucy)'는 아주 먼 미래에 가능한 얘기다. 즉, 가능성이 있는 인간 뇌의 활용 이야기다. 영화의 내용 중에 약물을 루시의 배 속에 숨겨서 밀반출을 시도하는 악당들이 있었고, 그 조직의 보스가 최민식(미스터 장 역할)이었다. 루시 역을 맡은 사람은 스칼렛 요한슨이었고, 심리학박사로 등장한 노만 교수는 모건 프리만이 맡았다. 감독은 뤽 베송. 이름만 들어도 할리우드 최고의 감독과 배우들이었다. 영화에서 루시는 그녀의 뱃속에 있던 약물이 터져서 그녀의 몸에 흡수되고, 그 약물은 루시의 뇌를 극도로 활성화시킨다. 마치 초능력을 갖춘 사람처럼 사물과 전자파, 공기 중의 물질까지 다루는 가공할 능력을 갖춘다. 인간은 뇌를 평생 10%밖에 사용하지 못하고 죽으나 만약 루시처럼 100%를 활용한다면 무슨 일이 벌어질까? 뇌의 모든 시냅스가 연결되어서 무한한 에너지를 방출할 것이다. 실사례로 어린아이에게 강의를 듣게 하고, 그 내용을 잊지 않도록 하기 위해서 충격요법을 썼다. 강의를 마친 후, 그 어린아이를 물속에 고의로 빠뜨렸다. 아이는 물속에서 허우적댔고, 이내 구조됐다. 왜 이런 충격 요법을 쓴 것일까? 사람이 충격을 받으면 뇌의 둘레계통에 있는 '편도체'에서 '노르에피네프린(Norepinephrine)'이란 신경전달 물질을 분출하는데 이것이 옆에 있는 해마를 자극하여 장기기억을 시키도록 요구한다. 노르에피네프린은 주의력을 증가시키고, 집중력에 영향을 미친다. 이 호르몬의 수치가 낮을 경우, 주의력 결핍, 과잉행동, 우울증과 저혈압의 증상을 보인다. 만약 미래에 노르에피네프린보다도 더 강력한 호르몬을 만들 수 있다면 인위적으로 뇌를 활성화시켜서 루시처럼 만들 수도 있다. 초능력자를 만드는 것이다. 의학이 더 발달되면 불가능 일도 아닐 것이다.

현재의 뇌과학에서는 뇌의 일부밖에 해석을 못하고 있다. 뇌과학과 약물 의학이 발전되는 미래에 가능한 얘기다. 태초에 창조주가 생명을 만들고, 그들을 계속 번식하도록 했다. 그러나 모든 생물체는 세포가 살 수 있는 유한한 기간을 허락받고, 다시 우주의 일부로 돌아간다. 그 생명들 중에서 지능이 가장 높은 인간만이 상상력과 창의력을 개발시켜서 현재의 문명을 일으켰다. 뇌의 에너지를 활용하고 우주만물과 소통하는 지적인 활동을 하는 것은 인간이다. 그 중에서도, 극히 소수의 선택된 인간은 창조주가 생명을 만들 때, 우주를 구성하는 또 다른 영(靈)과의 침묵의 대화를 하고, 그들의 도움으로 우주 만물과 함께하는 영적 접촉을 통하여 수많은 지식을 생성하고, 우주의 만물과 그 결과를 공유했고 지금도 하고 있다. 인간은 육체라는 껍데기에 불과한 페르소나 가면을 쓰고 원래의 자기 자신 대신 현실과 타협한 패배자인 자아로 번뇌하다가 우주의 일부가 되지 못하고 윤회하거나 지옥에 빠진다. 이것은 우주 만물 속으로 돌아가는 자기 자신을 인지(認知)하지 못하는 무지(無知)의 벌(罰)인 것이다. 욕망과 거짓과 위선이 우주만물을 볼 수 있는 영적인 눈을 멀게 하는 것이다.

제2장

무의식의 이해

제1절 무의식의 개념

1-1 프로이트와 칼융의 만남

무의식을 얘기하기에 앞서서 우선 '자아(自我)'[1]란 무엇인지부터 생각해보자. 프로이트는 전체 자기를 나타내는 데 사용했다. 여러 생각 중, 의식에 의해 수용되는 것들이 자아를 구성하고, 수용되지 못하고 떠도는 생각들을 무의식으로 분류했다. 그러나 1923년에 프로이트는 자아를 재정의한다. 자아 안에는 의식적인 내용도 있지만, 자아의 많은 작용은 무의식적으로 이루어진다고 한다. 자아는 자기(self)란 개념에서 많이 발전된 양상이다. 자기라면 자기 스스로 통제해야 하는데 무의식을 통

---

1 자아의 의미는 다양하다. 사고, 감정, 의지 등의 여러 작용의 주관자로서 이 여러 작용에 수반하고, 또한 이를 통일하는 주체[두산백과], 후설에게서의 자아란 원칙적으로 의식의 작용들의 동일한 수행자이다[현상학사전]. 자아개념과 동의로 볼 수 있는 것은 자아, 자신, 자아지식, 자아정체, 현상적 자아 등이 있고 명확한 개념 설정이 어렵다[문학비평용어사전]. 인간이 자신의 동일성 또는 연속성을 의식할 때 그러한 의식을 하는 주체[교육학용어사전]. 자아와 그의 자기의식은 근대철학의 가장 근본적인 개념이다[헤겔사전]. 인식에 있어서의 주관, 실천에 있어서 전체를 통일하고 지속적으로 한 개체로 존속하며 자연이나 타인과 구별되는 개개인의 존재를 가리키는 말이다[철학사전]. 자신의 동일성 또는 연속성을 의식하는 주체[교육심리학용어사전]. 프로이트의 이론에서 퍼스낼리티의 세 가지 요소 중의 하나[사회학사전]. 자기 자신. 불교에서 자아는 참된 나는 무엇에도 오염되지 않은 본래의 자기로서 현실의 나와 구별되며 불성을 갖추고 있기 때문에 자아를 완성하는 것이 곧 성불을 의미한다[원불교대사전].

제할 수는 없지 않은가! 가령, 꿈은 대표적인 무의식의 사례인데 꿈을 통제할 수 있는가? 다른 예로 '최면술'도 있다. 최면에 걸리면 거의 무의식의 상태로 된다. 또한 운전하다 보면 자기도 모르게 아무 생각 없이 목표방향과 동떨어진 자주 달리던 방향으로 달리게 된다. 이 상태를 의식적인 상태라고 할 수는 없을 것이다. 프로이트가 말한 일종의 전의식(前意識) 상태 정도가 될 것 같다.

사람은 '기억'에 의존해서 삶을 영위하는데 기억이라는 것도 '전의식'이나 '무의식'의 상태이지 '의식' 상태로 볼 수는 없다. 물론, 우리가 일상생활에서 남과 대화하면서 또는 학습할 때, 잠시 기억하는 해마의 작용은 논외로 하자. 여기서는 장기기억으로 생각하자. 그 수많은 기억이 의식 상태가 아니면 얼마나 많은 상황의 경험들이 뇌 속에서 활용되지 못하고 잠들어 있다는 말인가! 자신은 상상도 못한 기억뿐만 아니라 자신이 상상하는 온갖 상황들, 꿈속에서 본 상황들, 이런 것들은 기억 속에 새로운 기억을 증폭시켜 나간다. 물론 뇌 속에서는 필요 없는 기억은 지어 나가는 기능도 분명히 있지만, 그래도 '잠재의식(潛在意識)'[2] 속에는 살아있다. 프로이트는 초기에는 잠재의식을 활용하다가 '꿈의 해석'[3] 집필부터는 잠재의식을 무의식 속으로 포함시켰다. 어느 날, 갑자기 풀리지 않던 숙제가 풀렸다면 뇌 속에 잠재해 있던 수많은 지식의 기억이나 경험한 기억들이 연합하여 문제를 푼 것으로 이해해야 한다. 뇌는 일종의 신경 네트워크 세상이기 때문에 자신도 이해할 수 없는 결과들이 벌어질 때가 있다. 이것은 기적이 아니라 자신이 그동안 경험하고 이룩한 기억의 합작품으로 보아야 한다.

프로이트의 아버지는 40세에 재혼을 하는데 새로운 아내의 나이는 20세였다. 당시에 프로이트는 차남이었고, 장남은 21세였다. 프로이트 아버지는 장남을 영국에 이민 보냈다. 그러나 프로이트와 새로운 젊은 어머니 사이의 불륜을 의심했다. 일종의 오이디푸스 콤플렉스였다. 이런 상황에서 프로이트는 '성적충동'이나 '성적

---

2   의식이 접근할 수 없는 정신의 영역, 또는 우리들에게 자각되지 않은 채 활동하고 있는 정신세계 [두산백과].

3   1900년 저자: 프로이트, 무의식의 왕도인 꿈의 분석과 이론 방법을 설명하고, 무의식이라는 미지 분야를 탐구하는 새로운 과학으로서의 정신분석의 탄생을 세상에 알린 책.

본능'을 무의식적으로 경험했을 수도 있었을 것이다. 이러한 그의 환경이 정신분석학의 토대가 되었다고 주장하는 학자들도 있다. 소위 '리비도(Libido)'의 탄생은 그렇게 시작되었다고 보는 것이다. 프로이트는 성적충동이나 성적본능인 '리비도'는 사춘기 때 갑자기 나타나는 것이 아니라 태어날 때부터 서서히 발달한다는 '유아성욕론'을 주장했다. 프로이트에 따르면 4세~6세 어린 사내아이는 엄마에게서 성적 욕망을 가지게 되고, 아버지에 대해서 적개심을 가지는 오이디푸스 콤플렉스를 가진다고 했다. 프로이트는 무의식의 상태에는 성적 욕망, 폭력적 충동(타나토스(Thanatos): 성적욕구를 만족시키지 못했을 때, 나타나는 폭력성을 의미함), 이기적 욕구, 수치심 등을 느끼고, 전의식의 상태에서는 저장된 지식(기억)으로 보유하고, 의식적인 상태에서 기억을 끄집어내서 사고, 지각, 경험 등을 한다고 했다.

스위스 취리히 의과대학 교수였던 칼융은 그의 나이 32세 때 당시 51세가 된 프로이트를 만나기 위해 오스트리아 빈으로 갔다. 그 둘은 13시간 동안 토론을 했다. 그 결과, '무의식'에는 서로 동의했고, 히스테리, 강박증, 신경증이 성적 에너지와 관련이 있다는 점도 동의했다. 그러나 유아성욕론이나 오이디푸스 콤플렉스는 동의하지 않았다. 칼융은 얼마 후, 프로이트가 창설한 정신분석학회에서 탈퇴하고, 분석심리학회를 창설했다. 칼융에 따르면, 젊은 시절에는 '페르소나(Persona, 가면극의 가면)'라는 가면을 쓰고 자신의 '무의식'을 감추지만, 중년이 되면 자기실현을 위한 기회를 찾고자 이전에 보지 못했던 자기의 '무의식'을 들여다보기 위해 애쓴다고 한다. 마음의 문을 열고, 자신의 무의식과 대면하는 행위는 페르소나 속에 있는 자신을 들여다보며 심리적으로 자신의 '양성성(아니마(anima): 남성이 지니는 무의식적인 여성적 요소, 아니무스(animus): 여성이 지니는 무의식적인 남성적 요소)'을 인정한다. 자기는 무한한 가능성과 잠재성을 가진 존재로 의식적으로 알 수 있다. 이러한 개별화 과정을 생을 마감하는 순간까지 지속한다고 한다.

칼융은 〈표 1-1〉과 같이 무의식을 개인과 집단으로 구분했다. 개인은 후천적으로 경험을 통하여 얻는 무의식이며, 집단은 선천적으로 유전을 통하여 얻는다고 한다. 가령, 뱀을 보면 대부분 사람은 돌로 쳐 죽인다고 한다. 그 이유는 선천적으로

〈표 1-1〉 프로이트와 칼융의 사상 비교

분 류	프로이트(정신분석학, Psychoanalysis)	칼융(분석심리학, Analytic Psychology)
정신	의식, 전의식, 무의식	의식, 개인무의식, 집단무의식
무의식	억압된 의식, 꿈으로 위장	가능성, 꿈으로 들어남
분석대상	정신질환자(과거지향적)	보통사람(미래지향적)
리비도	성적에너지	창의적 에너지

뱀은 나쁜 동물로 인식되어 있고, 사람을 해친다는 사실이 각인되어 있기 때문이다. 이것은 한 개인에게만 해당하는 것이 아니라 집단에 보편적으로 적용된다. 그래서 '집단 무의식'이라는 것이다.

　이런 집단 무의식은 나쁜 경우보다는 창조적인 힘을 가진 경우가 더 많다고 한다. 반면에 '개인 무의식'은 후천적으로 개인이 감추고 싶은 경험이나 열등감 등을 의식의 표면에 드러내는 것을 회피한다고 한다. 그런 이유로 긍정적인 경험보다는 부정적인 경험을 개인 무의식 속에 저장하는 경우가 많다고 한다. 프로이트는 무의식을 개인과 집단으로 구분하지는 않았지만, 대체로 정신적인 억압을 당했을 때, 무의식 속에 저장된다고 했다. 즉, 의식화하기 어렵다는 의미다. 그러나 칼융은 개인 무의식의 경우는 외부 자극 따라 '의식화'도 가능하다고 했다. 그러나 자크라캉은 무의식을 의식화하기는 어렵다고 프로이트와 같은 주장을 했다. 칼융은 '집단 무의식'은 창조적인 힘을 가지고 있어서 위대한 예술작품이나 문학작품을 창작할 수 있는 잠재적인 에너지를 가지고 있다고 보았다. 쇼펜하우어는 인간의 의지는 곧 욕망이고, 이것은 창조적인 에너지를 생산하는 근원으로 보았다. 물론, 무의식적으로 발생하는 것이다.

　훗날, 니체도 인간은 욕망으로 인해 개인도 발전하고 사회도 발전한다고 했다. 그 이유는 인간의 욕망은 본성이기 때문이라고 했다. 그러나 니체 자신은 늘 외톨이처럼 지냈고, 고통으로 세월을 보냈다. 그가 주장한 것처럼 본성대로 살았으나 이런 현상이 나타났다면, 누가 그를 정상으로 취급하겠나! 니체는 권력에 대한 의지(힘에의 의지)를 주장한 것이지 '성적 의지'를 주장하지는 않았다. 일부 학자들은 니체가 평범하지 못하고 이해할 수 없는 삶을 산 것은 두 개의 의지를 함께 받아들이지 못하고, 힘에의 의지만을 생각한 결과가 아닌지 의심하는 사람들도 있다.

1-2 마음 치유란 무엇인가?

'디팩 초프라'[4]는 고대인도의 전통 치유 과학인 '아유르베다'와 현대의학을 접목하여 '심신상관의학(mind-body medicine)'이라는 분야를 창안했고, '대체의학'의 선두 주자로 자리매김하고 있다. 그는 '완전한 명상'을 통하여 삶에 내재한 '의식의 원리'를 깨닫고 이를 받아들일 때, 자신의 삶을 갉아먹는 부정적인 생각이나 이유 없는 불안에 시달리는 고통에서 벗어나 깨어있는 삶으로 이끌어줄 변화가 비로소 시작된다고 한다. 이것은 전통적인 종교나 영적인 의미에서의 명상이 아닌, 완전한 몰입감을 위한 명상의 원칙을 제시한다. 완전한 명상은 자신의 삶에 '의식의 원리'를 적용하겠다는 목표를 갖고, 의식이 어떻게 작용하는지를 탐구해 간다. 가령, 요가의 경우도 무의식 상태가 아닌 의식적인 상태에서 마음의 이완작용이 진행된다고 한다. '깨어남'이 정상적인 삶의 일부가 되는 방법을 위해 '완전한 명상'은 자연스러우며 쉬어야만 하며, 자발적이어야 하며, 각 개인의 궁극적인 욕망과 일치해야 한다고 주장한다. 이것이 실현되면 '분열된 자아'가 끝날 수 있다고 한다. 분열된 자아에 대해 '의식'만이 단절을 완전히 치유할 수 있다고 한다. 완전한 의식은 우리와 분리되지 않으며 우리의 근원이자 진정한 자아라고 말한다. 의식이 완전하다는 것을 진정으로 이해하게 되면 무한한 힘의 비밀인 몸과 마음이 완전히 하나 됨을 알게 된다고 한다. 그는 우리가 무의식적으로 행동할 때 잠들어 있고, 의식적으로 행동할 때 깨어있게 된다고 말한다. 깨어있는 삶은 잠들어 있는 순간에 혼란스

---

4 Deepak Chopra, 인도태생. 하버드대학 의학박사. 전 세계 35개국에서 2천만 부 이상 팔린 초대형 베스트셀러 작가. '초프라 행복센터'에서 마음수련법 전파 중임.

러울 수 있는 모든 것을 분명하게 한다고 한다.

프랑스의 심리학자 '피에르 자네'[5]는 정신이 건강할 때는 의식의 통합력이 강해서 모든 정신현상이 동일한 인격 안에서 통합되나, 그렇지 않으면 정신과정이 분리되어 잠재의식이 생긴다고 한다. 즉, 자아의 지배력이 약화되면 잠재의식이 생긴다는 것인데 초프라의 주장처럼 마음치유를 통해 '완전한 의식'을 찾는다면 이런 잠재의식을 해소할 수 있을 것이다. '피에르 자네'는 트라우마를 겪으면 대뇌의 전두엽 기능이 꺼지기 때문에 명쾌한 사고나 미래를 계획하고 행동하는 것을 방해한다고 한다. 여기서 자아의 에너지를 회복해야 현재로 돌아오고 미래로 나갈 수 있기 때문에 트라우마는 반드시 과거로 남겨두거나 잊어야 한다고 한다. 초프라의 주장처럼, 마음치유를 통해 '완전한 의식'을 찾는다면 이런 트라우마도 해결될 수 있을 것이다.

'피에르 자네'는 프로이트보다도 먼저 '무의식'을 발견한 사람이었다. 그는 환자의 인격분열을 목격했다. '인격분열'이란 한 사람에게서 두 명이상의 전혀 다른 성격이 나타나는 현상이라 한다. 현대의학용어로 '해리성 정체감 장애'[6]라 한다. 실례로, 환자 루시에게는 3명의 루시가 있었다고 한다. 최면술을 통해서 어릴 적에 커튼 뒤에서 두 명이 서있는 것을 보았고, 계속해서 그녀는 두려움을 느꼈다고 했다. 그는 이것이 잠재의식으로 굳어졌고, '무의식'이 계속 꿈을 꾸는 것으로 이해했다. 초프라는 '의식'의 중요성을 주장한다. 그는 의사로서 의학계에서 잘 받아들이려고 하지 않는 '무의식'에 대해서 주장한다면, 현 의학계에서 받아들여지지 않는다는 것을 인지하고 있을 것이다. '대체의학'도 치료 방법으로 인정된 명상만을 허락한다. '무의식'은 검증할 수 없으므로 현 의학계에서는 의학 치료의 범주에서 제외하고 있다.

---

5 Pierre Janet: 1859~1947, 콜레주 드 프랑스 심리학 교수. 정신과 의사. 프로이트보다도 일찍 1889년 무의식의 개념을 세웠으며, 히스테리에 대해서 상세한 연구를 하여 의식의 협소화 때문에 발생하고 정신쇠약을 유발한다고 했다.

6 본인의 의식이 인정할 수 없는 인격적 부분을 무의식중에 분리(해리) 시켜두었다가 폭발하여 나오는 것으로 이해된다.

뉴욕의대 교수인 '존 사노 박사'[7]는 그런데도 '마음 치유'에 강한 열의를 가지고 있다. 그는 현 의학계에서 치료할 수 없는 '등 부위의 통증'을 치료하기 위해서는 몸이 아닌 마음을 치유해야 한다고 주장한다. 즉, 기질적 원인이 없는 통증은 사람의 관심을 몸으로 쏠리게 하도록 뇌가 만들어낸 통증이라는 것이다. 마치 좌뇌가 거짓말하듯이 억압된 무의식에 관심을 두지 못하도록 뇌가 통증을 유발한다는 것이다. 이때 억압된 무의식을 인정하면 증세가 호전된다는 것이다. 다시 말해서, 환자는 분노를 느끼고 있으나 이것을 의식화할 수는 없으니 무의식 속에 가두어 둔다고 한다. 프로이트의 이론을 존 사노박사가 받아들이는 것이다. 뇌는 환자가 알아채지 못하도록 의도적으로 관심을 몸 쪽으로 이끈다고 한다. 가령, 자율신경계를 조절하여 목, 등, 어깨 등으로 흐르는 혈류 양을 의도적으로 줄이게 해서 산소량 부족으로 통증을 유발하도록 하는 것이다. 환자는 병원을 찾아가도 물리적으로는 이상이 없다는 의사의 소견을 듣고는 낙담한다고 한다. 존 사노박사는 이것의 치료법으로 무의식 속의 분노를 환자 스스로가 인정하고, 뇌에게 명령을 하라는 것이다. 나는 나의 분노를 알고 있으니 통증을 유발하지 말라고 반복적으로 명령하면 뇌는 그것을 기억하고 통증을 유발하지 않는다고 한다. 이러한 명령을 여러 번 시도를 해야 한다고 한다.

존 사노박사는 '지식'만으로도 치료가 된다고 주장한다. 즉, '지식'이 뇌의 결정자에게 더는 통증을 유발할 필요가 없다. 난 당신이 왜 통증을 유발하는지 알고 있다고 이야기해줌으로써 해결할 수 있다고 한다. 사노 박사는 당신의 뇌가 통증을 유발했지만, 당신의 뇌를 이용하여 통증을 치유할 수 있다고 했다. 그의 치료 전략은 '교육'과 '학습'이었다. 가령, 무의식 치료를 통하여 통증 유발 원인이 아버지라는 것을 알 수 있었다고 한다. 환자는 어릴 때 아버지와의 관계에서 오는 분노와 슬픔 그리고 유년기에 있었던 일들, 당시에 아버지로부터 원하는 만큼 칭찬을 받지 못했다. 이러한 과거 경험을 무의식 치료를 받으면서 그것을 알았고, 그 후로는 통

---

7 러스크 재활의학연구소 소속 의사. 심신의학의 개척자. 저서: 통증혁명.

증이 멈추었다고 한다. 다른 사례로, 환자 중에 입이 아프다고 찾아온 환자가 있었다고 한다. 치과에서는 아무 이상이 없다고 돌아가라고 했으나, 환자는 혹시 해서 산부인과를 찾아갔다고 한다. 거기서도 이상이 없다고 했다. 그 환자는 정신분석을 받아보기로 하고, 최면을 시도해 보니 예전에 자신의 친언니가 '이 뽑기' 중에 사망한 사실을 알았다. 최면 치료를 통하여 치통의 원인이 발견되었고, 그 사실을 인지한 환자는 고통으로부터 회복되었다고 한다.

미국 의학계에서는 존 사노박사의 '긴장성 근육통 증후군(TMS)'[8]을 인정하지 않았다. 그의 논문도 인정하지 않고, 주류 의학계에서 이단아처럼 구별되었고, 정통 의학에서 배제되었다. 만약, TMS를 인정하면, 그동안 디스크 탈출, 파열, 골절, 무릎 인대 파열, 어깨 인대 파열 등의 진단을 내린 의사들을 곤경에 빠트리게 할 것이 기정사실이기 때문이었다. 존 사노박사는 정직한 의사였고, 환자들은 그를 찾았다. 존 사노박사는 말한다. 자신이 치료한 수만 명의 환자 중에 87%는 완치되고, 11%는 일상생활에 지장이 없을 정도로 증상이 호전되었으며, 나머지 2%는 심각한 내면의 상처를 갖고 있어서 상담과 정신분석을 완강히 거부했다고 한다. 즉, 100% 치료에 성공했다는 뜻이다.

하버드의대교수인 허버트 벤슨박사는 이완반응(the Relaxation Response)을 주장했다. 인간은 스트레스에 대항하는 역량을 선천적으로 타고났다고 한다. 스스로 이완시켜서 스트레스의 해로움에서 대항할 수 있게 만들어졌다는 것이다. 가령, 여성의 '우울 수치'를 보면 이 여성이 임신할지 못할지를 알 수 있다고 한다. 우울 수치가 높은 여성들에게 심신이완 기술을 가르쳐주면 '임신 확률'이 올라간다고 한다. 스트레스를 받고, 긴장하고, 건강하게 먹지 않는 상태는 몸에 영향을 준다는 것이다. 하버드의대 영상의학과의 엘비라 랭교수는 마취 대신 최면으로 환자를 이완시켜서 수술한다. 최면 방법은 "편히 쉬면서, 긍정적인 곳에 있어라, 당신은 바닷가에 있고, 시간을 보내면서 즐겨라, 햇빛을 즐기고, 모래를 즐기고, 차가운 음

---

8 Tension Myositis Syndrome, 무의식 속의 분노, 짜증, 혐오 등 스트레스가 우리에게 보내는 신호로 해석. 이것은 마음치료 등으로 해결을 해야지 현대의학으로 해결될 성질의 것이 아님.

료수를 즐겨라, 아주 상쾌하지요. 거기 있으세요. 평온한 마비와 마취가 당신의 몸 전체를 가슴에서 발가락까지 어루만지는 것을 보고 느끼세요. 이제 화려한 색상의 보라색을 보세요. 그 색깔에 빨려 들어가세요." 그 환자는 수술 내내 심장박동수와 혈압이 아주 좋았다. 환자는 10분 정도 흐른 것 같은데 1시간이 흘렀다고 했다. 그 환자는 바로 회복실로 이동했다. 마취 없이 수술을 진행하면 회복이 빠르다. 서울 대학교병원의 의견에 따르면, 인간은 참을 수 없이 불안하면, 스스로 몰입경 혹은 최면 상태를 찾으려 하는 특성이 있다고 한다. 주의를 기울이거나 정신을 집중하게 되면 자연스럽게 최면상태 혹은 몰입경에 이르게 되는데 명상, 기도, 참선 등을 통한 몰입 상태가 최면 상태와 거의 흡사하다고 한다. 대부분 최면을 무의식의 상태로 알고 있는데 '의식' 속에서 최면이 걸린다고 한다. 누군가가 최면을 통해서 다른 사람을 자신의 마음대로 강제로 조종할 수는 없다고 한다. 단지, 몸을 이완시켜서 불안이나 공포 등의 치료에 최면을 사용하는 것이라 한다.

1-3 공자의 유교와 노자의 도가

공자는 '자아'에 가치를 두기보다는 '보편성'에 가치를 두었다. 사람은 타고난 따뜻한 마음인 인(仁)을 중시하면서 효(孝)와 예(禮)로써 승화시켜야 국가의 질서가 확립된다는 것이다. 이것을 주자는 '극기복례(克己復禮)'라고 설명한다. 즉, 자기를 극복해서 예로 승화시킨다는 뜻이다. 그러나 노자는 이러한 공자의 사상에 반기를 든다. 그것은 우리를 지배하는 가치관이나 이념의 '기준(基準)'을 만들어서 인간을 '속박'한다는 것이다. 즉, 억지로 만들어진 개념적 구조이자, 한쪽이 배제되는 억압의 상태이며, 자발성과 자율성을 짓밟는 사상이라고 했다. 공자의 학이시습지 불역열호(學而時習之 不亦說乎)란 배우고 때맞추어 그것을 익히면 또한 즐겁지 아니한가! 라는 뜻으로, 여기서 학습(學習)을 떼어내면, 학창 시절에 지겹도록 들었던 말이 된다. 모방해서 반복 훈련한다는 뜻이다. 가령, 시경 300편의 시를 외워도 작은 정치적 사건을 해결할 수 없으면 무엇에 써먹겠냐?라고 했다. 배울 학(學)이 구조의 틀에 갇히면 창조적이 안 된다는 것이고, 배운 것을 자기 것으로 체화시켜야 응용할 수 있다는 뜻이다.

앞서 언급한 것과 같이, 노자는 도덕경에서 '도가도비상도(道可道非常道)'라고 했다. 도가 말해질 수 있다면 진정한 도가 아니라는 것이다. 즉, 도는 말로 하는 것이 아니라 행동을 하라는 것이다. 즉, 자기를 늘 경계에 서게 해서, 한쪽에 치우치지 않게 하라는 것이다. 다시 말해서 '개방성'과 '자율성'을 감당하는 힘을 가져야 한다는 것이다. 그는 '위학일익(爲學日益)' 즉, 배운다는 것은 날마다 무엇을 보태는 일이고, '위도일손(爲道日損)' 즉, 도를 행한다는 것은 날마다 조금씩 덜어낸다는 것이다. 이 말의 의미는 자신의 가치 체계를 줄이고 약화해서 무한한 '개방성' 속에 놔두라는 것이다.

공자는 군자회덕(君子懷德) 소인회토(小人懷土) 군자회형(君子懷刑) 소인회혜(小人懷惠) 즉, 군자는 덕을 품고, 소인은 땅을 품는다. 군자는 법을 생각하지만, 소인은 혜택 받을 것만 생각한다는 의미다. 철기시대로 접어들면서 소득이 증가한 새로운 계층이 상류사회로 진입을 시도한다. 당시에 주(周)나라는 덕(德)을 숭상했는데 인간의 가치였던 '덕'이 혈연을 근거로 군자들이 장악하자, 반기를 든 것은 새로운 계층들이었다. 군자들은 위축되기 시작했고, '여불위'[9]와 같은 상인들이 득세한다. 공자는 군자화이부동(君子和而不同), 소인동이불화(小人同而不和)라 했다. 즉, 군자는 조화를 추구하지 똑같이 하려고 하지 않고, 소인은 똑같이 하려고 하지 조화를 추구하지 않는다는 뜻이다. 즉, 군자는 마음이 화평하나 소견이 각기 달라서 부화뇌동(附和雷同)하지 않고, 소인은 좋아(기호, 嗜好)하는 바가 같다. 그러므로 각자가 이익을 다투기 때문에 화합(和合)하지 못한다.

---

9 중국 진(秦)나라 때, 무역상. 자초(훗날 장양왕)를 안국군(훗날 효문왕)의 태자로 책봉하게 만든 인물. 자초의 아들인 정(政)은 훗날 시황제가 된다. 일설에는 무희와 여불위 사이에서 임신을 한 채로 여불위가 무희를 자초에게 보냈으니 정이 그 사이에서 태어난 것으로 보기도 한다. 여불위는 결국 자살한다.

우리나라 도학(道學)의 태두는 '조광조(趙光祖)'[10]이다. 율곡 이이는 조광조는 학문저술보다는 도학의 실천적 측면에서 순정성(醇正性)을 발휘해 치명수지(致命遂志, 목숨을 바쳐 뜻을 이룸)한데 큰 의미를 두었다. 도학에서 학문저술의 수교적(垂敎的) 측면을 발휘한 사람은 '이황'이다. 조광조는 중종반정 이후 득세를 한 사람이다. 그의 이상 정치는 도학정치(道學政治)였다. '도학정치'란 공자와 맹자가 정립한 정치이며, 그 원류는 이상 시대로 알려진 '요순시대(堯舜時代)'의 정치 바로 그것이었다. 요순시대에는 자식이 왕위를 물려받는 것 대신, 신하가 왕위를 물려받았다. 중국 하나라 때부터 장손으로 왕위를 계승하는 전통이 생기게 된다. 조광조는 과거제도가 주로 기예(技藝)만 평가한다고 생각하고, 그 대안으로 덕성(德性)에 바탕을 둔, 관인 선발제도인 현량과(賢良科)를 시행했다. 동시에 성리학적 사회윤리 정착을 위해 '소학'이나 '향약'을 보급했다. 그러나 조광조를 영수로 하는 '사림세력(士林勢力)'은 대부분이 젊은이로서 현실을 무시하고, 이상을 실현하기에 급급했다. 수단이 과격하고 급진적이었으며 반대파를 무시하는 실수를 연발했다. 그는 중대 작업에 착수하는데 그것이 '위훈 삭제 운동'이었다. 중종반정의 공신 중에서 공신 작호가 부당하게 부여된 자 76명에 대하여 그 공훈을 삭제할 것을 주장했다. 이것은 훈구(勳舊) 권력 세력을 제거하기 위함이었으나 그들은 역으로 '주초위왕(走肖爲王)'이란 글씨를 꿀로 나뭇잎에 세기고, 벌레가 파먹게 함으로써 자연적으로 나뭇잎에 새겨지게 만들었다. '주초위왕'의 뜻은 조(趙) 씨가 왕이 되려 한다는 것으로 대역죄로 몰아갔다. 이것이 기묘사화(己卯士禍)다. '위훈삭제운동'이 시작되고 사흘 만에 '기묘사화'가 발생되고, 조광조 이하 70여 명을 모두 사약으로 죽인 것이 불과 한 달 만이니 얼마나 훈구세력들이 철저하게 자신들을 방어했는지 알 수 있는 대목이다. 그때, 조광조의 나이가 향년 37세였다. 훗날, 이이는 조광조의 출세가 너무 일러서 경세치용(經世致用)의 학문이 아직 이루어지지 않았고, 겉치레만 앞세우는 사람들이 많았음을 문제시했다. 위에서 언급한 '도학정치'를 앞세운 것도 왕의 마음을 거

---

10 1482~1519. 중종반정 후, 조정에 출사. 유교적 이상 정치를 구현하려는 개혁을 시도했다. 그러나 훈구파에 의한 '기묘사화'로 물거품이 되고 처형된다.

슬리게 했을 것이다. 그 사상은 요순시대로 돌아가자! 즉, 신하가 왕이 되는 세상이었으니 말이다.

　도학(道學)이란 유학(儒學)의 한 분파로 중국의 송대(宋代)에 발달한 정주학(程朱學) 또는 주자학(朱子學)의 별칭이다. 유학은 그 시대와 학파에 따라 각기 다른 특성을 가지고 발달한다. 이를테면, 공자와 맹자 그리고 순자를 중심으로 한 것을 원초유학(原初儒學)이라 한다. 공자는 인(仁)과 예(禮)를, 맹자는 인(仁)과 의(義)를, 순자는 예(禮)를 강조했다. 유학은 원래 현실적인 학문으로 윤리·도덕·정치·교육 등 실제적인 생활면에 응용됐다. 그러나 이러한 현실 중심적 특성이 도가나 불교로부터 세속성을 벗어나지 못하는 '교설(敎說)'[11]로 비판받게 된다. 즉, 철학 이념이 유교에는 없다는 것이었다. 주희는 당대의 여러 학자의 사상을 집대성해서 철학적으로 유교를 발전시키는데 이것이 성리학(性理學)이다. 성리학은 이(理)와 기(氣)의 개념을 구사하면서 우주의 생성과 구조, 인간의 심성, 사회에서 인간의 자세 등에 관하여 깊이 사색한다. 이것은 당(唐)대 불교의 영향을 받은 것이다. 주희에 따르면, 이(理)는 만물의 생성을 관장하는 근본인(根本因)으로 객관화시켰다. 즉, 이(理)는 인간에게는 본연의 성(性)으로서 갖춰져 있으나, 인간은 기(氣)를 통하여 구체적인 실재가 되기 때문에 인간은 개별인들이 지닌 혼탁한 기질(氣)을 수양을 통하여 극복해야만 본연의 성(性)인 이(理)를 이룰 수 있다고 한다. 즉, 수양을 통해서 혼탁한 기(氣)를 없애야 한다는 것으로 이것은 마치 이(理)는 불심(佛心)이고, 기(氣)는 마음의 욕심(慾心)으로 비쳐서 언뜻 보면 불교와 같은 것처럼 보인다. 이와 같은 세간의 비판에, 불교의 약점은 인간의 주체적·내면적 세계를 강조하느라 인간의 인륜적 사회관계와 국가현실의 문제에 대처하고 경륜하는 것을 소홀히 했다는 점을 비판한다. 또한 '주희(朱熹)'[12]는 불교를 평가하면서, 경(敬)에 치중해서 '안'을 보게 하는 노력은 있으나, 의(義)로써 '밖'을 반듯하게 하는 실질은 없다고 했다. 즉, '안'과 '밖'은 본시 뗄 수 없는 것인데 '밖'이 없으니 '안'도 인정할 수 없다는 논리를 펼친다.

11　가르치며 설명함.
12　1130~1200, 중국 송나라 유학자. 주자(朱子), 성리학을 집대성함.

또한 유교 외의 다른 사상을 통하여 권모술수와 온갖 '사설(邪說)'[13]과 '기예(技藝)'[14]가 '혹세무민(惑世誣民)'[15]하고 '인의지도(仁義之道)'[16]를 막아서 군주에게 진리의 방향을 잃게 하고, 백성들에게 '지치(至治)'[17]의 혜택을 받지 못하게 한 점을 비판한다.

도(道)가 출현했다는 것은 신(神)으로부터 독립선언이다. 철학의 시대가 되었다는 것도 마찬가지다. 공자는 "인간이 인간인 것은 인간 자체에 있다"라고 했다. 즉, 인간의 존재 이유를 신의 명령이 아닌 인간 자체로 해석한 것이다. 그는 인간의 본질을 인(仁)을 기반으로 했다. 그러므로 도(道)를 인간의 '내면성'으로부터 구했다. 그러나 노자는 '도'의 근거를 '자연'에서 찾았다. 즉, '자연의 질서'를 '인간의 질서'로 만드는 것이 노자의 꿈이었다. 공자와 노자는 둘 다 천명(天命)보다는 도(道)를 주장했다. 노자는 유무상생(有無相生)을 주장했다. 유(有)는 눈에 보이는 영역이고, 무(無)는 시작점을 알기 어려운 보이지 않는 영역이다. 즉, 언제나 무(無)를 가지고는 세계의 오묘한 영역을 나타내려 하고, 언제나 유(有)를 가지고는 구체적으로 나타내려 한다. 유(有)와 무(無)의 긴장과 공존이 세상을 만들고 있다고 한다. 그러나 그는 인간의 본질이나 본성을 긍정하지 않았다. 앞서, 성리학(性理學)에서는 이(理)란 우주 만물의 '근원'으로 선(善)한 것이고, 기(氣)란 만물을 구성하는 '재료'이며 선(善)과 악(惡)이 혼재한다고 했다. 이황은 '사단(四端)'이란 이(理)로 본질이고, '칠정(七情)'은 기(氣)로 감정이므로 분명히 다르다고 했다. '사단'은 맹자의 주장으로 오직 인간만이 가질 수 있고, 인간의 본성이라고 했다.

---

13 그릇되고 간사한 말.
14 기술과 예술을 아울러 이르는 말.
15 없는 사실을 가지고 정신을 혼란스럽게 하여 어지럽힌다는 뜻. 사이비 종교 교주, 그릇된 주장을 하는 학자와 정치가를 이르는 말.
16 인(仁)은 공자가 가장 중시한 덕목이고, 맹자는 여기에 의(義)를 더해 인의지도를 주장.
17 매우 잘 다스려진 정치.

1-4   서양철학과 동양철학의 만남

　'서양철학'은 사유(思惟)의 구조물이고, 관념과 진리의 불변을 주장한다면 '동양철학'은 경험과 현상 그리고 변화를 중시한다. 동양철학은 경험에서 출발하므로 논리학이 발달하지 못한 이유이기도 하다. 반면, 서양철학은 사유에서 출발하기 때문에 '관념론(觀念論)'이 발달할 수밖에 없는 구조다. 즉, 서양에는 신(神)을 중시하는 관념과 '신'은 늘 불생불멸(不生不滅)한다는 '파르메니데스'[18]의 사상을 근대 이전까지 주장했고, 동양은 인의예지(仁義禮智)와 같은 인간의 도덕성을 중시하는 경험과 태극(太極)이라는 음양(陰陽)의 조화로 변화를 추구했다. 즉, 공자와 맹자의 유교(儒敎)는 인간에게 있는 도덕적 자각 능력을 근본으로 하는 사상이고, 노자의 도교(道敎)는 '현실 세계'를 그대로 '천상의 세계'로 연장하는 구조를 보인다. 위의 파르메니데스는 존재하는 것은 아무것도 변화하지 않는다고 주장했다. 반면에 '헤라클레이토스'[19]는 모든 것이 변한다고 주장했다. 버트런드 러셀은 그의 저서인 '서양철학사'에서 만일 기억을 지식의 원천으로 받아들인다면, 과거는 지금 정신에 나타나야 하므로 어떤 점에서 여전히 '과거의 그'가 존재해야 한다고 생각할 수도 있으나 '과거의 그' 자체가 중요한 것이 아니라, 지금 감각이나 기억이나 사유에 떠오르는 것일 수밖에 없음을 들어서 파르메니데스의 논증에 오류가 있음을 지적한다. 즉, 존재하는 것은 죽을 수밖에 없으므로 그 존재가 남긴 사상이나 말은 영원히 존재할 수 있지만 존재하는 것이 불변한다는 것을 받아들이기는 힘들다고 해석된다. 러셀은 '실체의 불멸성'으로 해석해야 한다고 주장한다. 즉, '일자(一者)'[20]의 영원성으로 보고 있다.

---

18 Parmenides(BC 515년경~445년경), 이탈리아 태생의 고대 그리스 철학자. 엘레아학파.
19 Heracleitos(BC 540년경~480년경), 에페소스 귀족 출신. 신비주의자. 만물은 유전한다고 주장. 전쟁은 만물에 공통된 것이며, 투쟁이 정의라고 함. [출처] 러셀 서양철학사.
20 절대자의 이름이며, 궁극적으로 그에게 돌아간다. 로마의 철학자였던 플로티노스의 용어임.

'모더니즘(modernism)'은 교회의 권위 또는 봉건성을 비판하며, 과학이나 합리성을 중시하고 널리 근대화를 지향하는 넓은 의미와 기계문명과 도회적 감각을 중시하는 현대풍을 추구하는 좁은 의미의 해석이 있다. 또한, 이성적 사유와 본질 및 '실체관'[21]을 근본으로 생각하는 사상 경향으로 20세기 서구 문학·예술상의 한 경향이고, '포스트모더니즘(postmodernism)'은 개성, 자율성, 다양성을 중시하면서 본질과 본성을 부정했다. 가령, '모더니즘'으로는 현상학의 본질이나 실존주의의 실존 등을 중시했다면, '포스트모더니즘'은 '질 들뢰즈'[22]의 '차이와 반복'에서 설명하고 있는 본질(뿌리를 의미)보다는 개별 사물의 특성(줄기를 의미)을 강조하고, 리좀(Rhyzome, 줄기가 뿌리처럼 땅속으로 파고들어 두 사물의 구분이 사실상 모호해진 상태)은 뿌리에서 뻗어 오른 나무보다 상호 연계(네트워크)를 더 중시하는 경향을 의미한다. 다시 말하면 나무는 뿌리라는 본질이 있지만, 리좀은 뿌리와 줄기가 얽혀있어서 본질이 없는 상태이다. 즉, '모더니즘'이 공자의 사상과 유사하다면, '포스트모더니즘'은 노자의 사상과 유사하다. 노자의 유무상생(有無相生)은 유와 무 사이의 경계(境界)에 서는 것으로, 만약 불안을 회피하고자 분명한 한쪽을 선택하는 순간, 그 세계에 갇히게 된다. 모호함과 두려움이 있는 경계에 서서 양쪽을 모두 품을 때, 그것을 '통찰(洞察)'[23]이라고 한다. 가령, 명(明)이란 한자는 해(日)와 달(月)을 동시에 포착하는 능력을 의미한다. 고귀함은 비천함을 뿌리로 하고, 높음은 낮음을 기초로 한다. 즉, 서로가 상대성을 지니기에 서로 존재하는 것이고, 서로의 가치를 인정해야 한다는 것이다. 노자의 '다언삭궁(多言數窮) 불여수중(不如守中)'이란 "말이 많으면 자주 궁해지니 가운데 지킴만 못하다."라는 뜻이다. '광이불요(光而不耀)'는 빛나되 눈부시지 않다는 것이고, '화광동진(和光同塵)'은 빛을 부드럽게 하여 속

---

21 서양 근대철학의 주류는 본질을 근간으로 하는 실체관이고, 이 실체관의 확산은 데카르트의 정신과 육체의 이원론에서 비롯된다.

22 Gilles Deleuze(1925~1995), 프랑스의 철학자. 서구의 철학 전통인 경험론과 관념론이라는 사고의 기초형태를 비판적으로 해명하면서 1968년 '차이와 반복'에서 이 문제를 극복하기 위한 시도를 함.

23 자기를 둘러싼 내적·외적 전체 구조를 새로운 시점에서 파악하는 일. 즉, 주위의 상황을 새로운 관점에서 종합적으로 고쳐보는 것.

세의 티끌들과 함께한다는 뜻이다. 즉, 옥처럼 고귀해지려고 하지 말고, 돌처럼 소박하라는 의미다. 그래야 적을 만들지 않고, 세상을 품을 수 있다는 일종의 세상을 얻는 지혜의 '군주론'이다.

중국 명대(明代) 중기의 유학자인 왕양명(왕수인)은 지행합일(知行合一)을 주장했다. 이 명제는 지식(知)과 행위(行)가 분열된 현실이기 때문에 알면 반드시 행하고 지행(知行)을 합일시켜야 한다는 실천 강조로 해석하기 쉬우나 그의 본래 뜻은 '심즉리(心卽理)'[24]다. 이 말의 뜻은 마음(心)이 곧 지식(理) 이다. 즉, 이(理) 또는 양지(良知)는 처음부터 마음속에 존재하는 것으로 외계(外界)로부터 지식의 획득은 필요하지 않고, 행위는 양지를 실현하게 하는 존재로만 보는 것이다. 즉, 사람이 참다운 양지를 얻기 위해서는 사람의 마음을 어둡게 하는 물욕(物欲)을 물리쳐야 함을 의미한다. 그는 지식(知)을 진지(眞知)라고도 불렀다. 지(知)가 진지(眞知)가 되지 못하고, 지행(知行)이 분열되는 것은 사욕(私慾)이 작용하기 때문이라고 했다. 지행합일의 필요조건은 '사욕'의 배제라 했다. 즉, 지행합일(知行合一)이 잘되지 못하는 것은 마음속에 있는 이(理)의 발현을 욕심이라는 기(氣)가 방해를 하는 것으로 해석된다.

이황은 마음이 근본이라는 양명학의 가르침을 비판하고, 이(理)가 인간의 근본이 된다는 점을 강조하면서 기(氣)와 차별화했다. 다시 말해서, 이황은 마음을 기(氣)로 해석해서 성(性)과 심(心)의 차이를 분명하게 했다. 즉, 성(性)이란 인간의 성품으로 인간의 본성(本性)으로 보았고, 이것은 이(理)와 같다는 성즉리(性卽理) 즉, '양명학'[25]의 심즉리(心卽理)와 구분한 것이다. 중용에서도 천명지위성(天命之謂性)이라 하여 하늘의 뜻이 곧, 인간의 본성인 '살고자 하는 마음(性)'과 같으므로, 하늘의 한마음과 인간의 본성이 맞닿으니 온 우주 만물은 '하나'라는 것을 이룰 수 있다고 했다. 이것이 유교의 교리인 '천인합일설(天人合一說)'이다. 그러나 개인의 다른

---

24 "마음이 곧 이치"를 주장하는 양명학의 중요한 명제. 육구연과 왕수인이 완성한 사상. 성리학에서는 성즉리(性卽理)라 하면서, 마음과 성을 분리했는데, 양명학은 마음(心) 자체가 이(理)에 합치된다고 주장했다. 이황은 양명학을 불교와 동일선상에 놓고 비판하였다. 주희는 격물치지를 주장했으니 양명학과 대척점에 있었다.

25 양명학을 심학(心學)이라 하고, 주자학을 이학(理學)이라 한다.

속성으로 인간들이 성(性)을 잃으면, 천하의 '지성(至誠)'[26]으로 이것을 다시 찾아야 한다고 했다. 맹자는 천명의 성을 잃어버린 사람은 마땅히 해야 할 과제로서 학문을 설정하고, 학문의 길은 잃어버린 마음을 다시 구하는 것이라고 설명하였다. 주자학과 양명학 모두 유교인데, 그들의 사상의 차이점은 대학(大學)의 해석에 있었다. 대학의 8조목은 격물(格物)·치지(致知)·성의(誠意)·정심(正心)·수신(修身)·제가(齊家)·치국(治國)·평천하(平天下)인데, 주자는 격(格)을 '이른다'라는 뜻으로 해석했고, 왕양명은 '물리친다'로 해석했다. 즉, 전자는 사물의 이치(理致)를 끝까지 파고 들어가면 앎에 이른다(致知)는 뜻이고, 후자는 사람의 참다운 '양지(良知)'[27]를 얻기 위해서는 마음을 어둡게 하는 물욕(物欲)을 물리쳐야 한다는 뜻이다. 즉, 전자는 사람의 지식이란 외부의 사물의 이치를 터득함으로써 쌓이는 것이라면, 후자는 이미 인간의 마음속에 지식은 쌓여있으나 욕심 때문에 그것을 행하지를 못할 뿐이라는 해석이다. 즉, 전자가 경험을 기반으로 한다면, 후자는 이성을 기반으로 추구한다고 해석해도 무방할 것 같다.

노자는 지인자지자지자명(知人者智自知者明)이라 했다. 이 말은 "남을 아는 사람은 슬기롭고, 자기 자신을 아는 것은 밝다고 할 것"이라는 뜻이다. 즉, 타인을 아는 자는 지혜롭다고 할 뿐이지만, 자신을 아는 자이어야 명철하다고 할 수 있다는 의미이다. 그리스의 현인 탈레스가 말한 "너 자신을 알라"가 생각난다. 소크라테스가 가장 좋아했던 말이다. 공자는 '내가' 보다 '우리가', '개별성'보다 '집단성'을 더 강조했다. 그래서 인간의 본질을 인(仁)으로 보고, 예(禮)로써 보편화하려 했으며, 집단의 '동일성'(사회의 규칙이나 규범을 준수함)을 강조하고, 그것을 무시하거나 부정하는 사람을 배척했다. 그러나 노자는 바람직한 것을 모두 똑같이 수행하는 틀에 박힌 사회보다는 각자가 바라는 것을 하는 사람들이 모인 조직이 더 강하다고 주장했다. 즉, 공자의 사상이 개인이 바라는 것을 버리고, 집단이 바람직하게 생각하

---

26 맹자는 성(性)을 다시 구하는 학문의 길로 진심(盡心)·지성(至誠)·지천(知天)의 세 단계로 세분했다.
27 타고난 지능이나 지식. 이것을 양명학에서는 인간의 본질로 본다.

는 것을 취하는 것이라면, 노자는 그 반대의 개념을 주장했다. 노자의 사상은 '개별화'와 '자율화'를 주장하는 '포스트모더니즘' 사상을 보는 것 같다. 노자의 사상은 유무상생(有無相生)의 관계를 중시하는 도(道)이며, 그 도는 텅 비어 있다고 했다. 즉, 본질이 없다는 것이다. 도충이용지(道沖而用之) 혹불영(或不盈) 연혜(淵兮) 사만물지종(似萬物之宗)은 도덕경에 있는 말로, 도(道)는 텅 비어있으나, 그 작용(作用)함에 있어서는 괴이(怪異)하게도 넘치지 않는다. 깊고도 깊도다! 마치 만물(萬物)의 근원(根源)인 것 같구나. 즉, '도'라고 하는 것은 마치 텅 비어있는 것과 같지만, 아무리 채우려고 하여도 채워지지 않을 만큼 깊고도 넓으니 이것이야말로 만물이 나오게 된 근원이며 절대세계(絕對世界)라는 것이다. 노자는 사람이 배우기만 하면, 날마다 보태지기만 하고, 도를 쌓으면 날마다 덜어진다고 한다. 이 말은 덜어내고 또 덜어내면 무위(無爲)의 지경이 되어 자기의 주인이 돼서 신념과 이념이 없이 자연스럽게 세계와 관계한다고 한다. 즉, 무위(無爲)하면, 무불위(無不爲) 한다고 한다. 즉, 자연스러움이 결국 모든 일을 가능하게 한다는 것이다. 천하를 차지하려면 항상 무위적으로 일 처리를 하라는 것이다. 이렇게 '개방성'과 '자율성'을 가져야 다양한 주체들이 마음껏 활동하기 때문이라고 한다. 천지자연(天地自然)이 장구(長久)할 수 있는 까닭은 그 자신을 살리려고 하지 않기 때문이다. 그러므로 장생(張生)한다는 것이다. 성인들은 이러한 자연의 이치를 본받아 자신을 내세우지 않는다. 그러나 오히려 범인들보다 앞서게 된다. 즉, 자신을 도외시하지만, 오히려 자신이 보존된다는 것이다.

1-5 칼융의 사상과 프로이트 비판

칼융은 인간 영혼의 비밀을 알고자 하는 자는 담대하게 세상 속으로 뛰어들어 갖은 고초를 겪는 편이 나을 것이라 한다. 가령, 무시무시한 수용소와 정신병원,

황량하고 외진 선술집과 매음굴(돈을 받고 몸을 파는 곳), 도박장, 증권거래소, 사회주의자들의 모임, 기묘한 종교 분파의 부흥회 등을 경험하면서 사랑과 증오를 비롯한 온갖 종류의 고통을 직접 경험하는 것은 좋은 체험이라고 하면서 조그만 교과서에서보다 훨씬 풍부한 지식을 안고 돌아올 것이라 했다. 그렇게 무장한 의사는 환자들의 진정한 의사가 될 수 있다고 한다. 그 이유는 인간의 '영혼'을 이해하기 때문이라 한다. 가령, 도스토옙스키가 시베리아 감옥의 난폭한 죄수들과 함께하면서 그들의 심리상태를 분석하여 훗날 불후의 명작을 집필할 수 있었던 사실도 '체험'이 있었기에 가능했다고 보인다. 예수나 석가모니 같은 성인들도 몸소 세상에 뛰어들어 중생들과 함께 모진 고난을 함께 했기에 그들을 이해하고 역사의 성인으로 남을 수 있었을 것이다.

칼융은 프로이트의 심리학이 마음의 더 깊은 영역, 영혼의 오지인 '무의식 영역'을 대상으로 했다는 점을 높이 평가한다. 그러나 1900년, 꿈에 대한 최초의 심리학적 설명을 의사협회에서 제시했을 때, 조롱거리가 되었다. 프라이부르크 대학의 호혜(Alfred Hoche) 교수는 정신분석 운동을 의사들의 정신적 일탈행위로 묘사했다. 혹독한 비판이었다. 정신분석의 중요 치료 분야는 '신경증'이다. 그중에서도 '히스테리'다. 히스테리 증후군은 해부학적으로 설명할 수 없는 사례로 가득하다. 히스테리 질환으로 듣는 능력을 완전히 잃어버린 여인의 사례로써 그녀는 청력을 상실한 후에도 자주 노래를 부르곤 했는데, 한번은 의사가 노래 부르는 그녀의 옆의 피아노에 몰래 앉아 피아노를 연주하며 음조를 높이자, 자신이 무슨 일을 하고 있는지 알지도 못한 채, 그 변한 음조에 맞춰 노래를 부르기 시작했다. 즉, 듣지 못하면서도 듣는 것이다. 이건 무의식적인 반응일 것이다. 히스테리 증세의 기원을 정신적 외상(그 효과가 무의식 속에서 계속 보존되는)에서 찾는 '트라우마 이론'으로까지 발전되었다. 이것을 발견한 사람은 프로이트였다. 그는 히스테리 증상들이 난데없이 하늘에서 떨어진 것이 아니라, 과거의 심리적 경험에 의한 것이라는 점을 입증했다고 칼융은 말한다. 칼융은 의식 영역이 표면적 욕구에 장악당하는 동안, 진정한 성애적 관계는 어둠 속에 남아있었다는 점에는 의심의 여지가 없다고 했다. 신경증

환자에게 정반대되는 두 종류의 성적 경향이 존재하며, 적어도 하나는 '무의식적'
이라고 했다. 병의 원인이 되는 무의식적 갈등이 존재할 가능성을 인정하면서도 그
갈등이 '성애적 갈등'이란 사실에는 환자가 분명히 저항할 것이라고 칼융은 추측한
다. 다소 신경증적인 성향이 있는 환자라면 성(性)에 대해서 암시만 해도 분노를 터
트릴 것이라 한다. 그 이유는 '성애적'이나 '성적'이란 단어를 표면화하지 말도록 학
교에서 교육을 받았음이라 한다. 이런 사회적 요구가 신경증적 갈등을 더 초래했다
는 것이다.

칼융은 대다수 문명인은 임박한 위험에서 벗어난 상태고, 매일 남아도는 에너
지의 유혹을 받는다고 한다. 에너지를 축적하는 과정의 예로는 엄청난 에너지를 해
소하게 해주는 임신과 출산의 거부, 노동 분업에 따른 단조로움과 일에 대한 흥미
의 고갈, 전쟁·강도·전염병으로부터 자유, 이런 것들이 배출구를 요구하는 여분
의 에너지를 우리 안에 쌓아 놓는다고 한다. 이런 에너지를 위험천만한 스포츠로
해결, 술에 과도하게 의존, 맹목적인 돈벌이, 병적인 과잉 노동으로 소진(消盡)한다
고 한다. 이러한 수단을 통하여 광기(狂氣)로 이어질 수 있는 위험한 에너지의 축적
(蓄積)을 회피하고자 했다. 성(性)을 문제시하는 이유는 바로 이런 넘치는 에너지의
분출 위험 때문이다. 사회에 만연하는 성폭력 사건들이 단적인 예이다. 칼융은 프
로이트가 주장한 리비도(Libido, 성적본능, 성충동)가 '성욕'이라고 주장하지는 않지
만, 발생 원인을 알 수 없는 '성욕'이 내재하여 '무의식' 속에 잔류한다는 것을 인정
한다. 즉, 현대의 도덕이 성애적 갈등을 이겨낼 정도로 견고하지 못하다는 것이고,
이것이 '신경증'을 유발한다고 프로이트와 같은 주장을 한다. 그는 신경증은 '내적
자아'의 분열을 특징으로 한다고 한다. 기존 도덕적 이상을 고수하는 의식 분야에
서 무의식이 비도덕적 이상을 추구하다가 거부당할 때 발발한다고 프로이트와 같
은 주장을 한다. 그때 보통 때의 자기 모습보다도 더 도덕적으로 되고 싶어 한다고
한다. 반대로 방탕하게 살면서 내면 깊은 곳에는 품격 있는 영혼을 품고 있는 사람
들도 있다고 한다.

무의식의 방법을 치료에 활용한 것은 '최면'이 최초이고, 단어연상법, 자유 연상

에 의한 꿈의 해석 등이 뒤를 잇고 있다. 칼융은 꿈이란 무의식적 자아가 의식에게 감추려는 비밀들을 드러내 주며, 그 작업을 완벽하게 수행한다고 한다. 가령, 우리가 기억하는 꿈의 내용이 알맹이를 감싼 껍질에 지나지 않는다고 한다. 꿈꾼 사람에게 꿈의 세부 사항을 말하도록 하면 그의 자유 연상 내용이 특정 방향으로 나아가 어떤 특정 주제 주위를 맴돌게 된다는 사실이 밝혀진다고 한다. 그 주제들과 꿈의 표면적 내용 사이에는 긴밀하고 미묘한 상징적 연관성이 존재한다고 한다. 즉, 고통스럽고 받아들일 수 없는 정신의 내용물이 그런 식으로 은폐되거나 분리되어 있다는 것이다. 이것을 프로이트나 자크라캉은 '은유'나 '압축', '치환', '환유'라고 했다. 프로이트는 "꿈의 해석은 무의식에 이르는 왕도"라 했다. 그것은 개인적 비밀의 심층으로 안내해준다. 심리치료자와 내방자에게 더없이 귀중한 도구다. 칼융에 따르면 '정신분석'은 그것을 치료 기술로 간주하는 한, 주로 수많은 꿈에 대한 분석 작업이 이루어진다고 한다. 그러나 자신에 대해서 특정 태도를 고수해온 사람들이 정신분석을 때때로 고문처럼 느낀다고 한다. 그래서 정신분석을 회피하는 사람도 있고, 무의식 속의 고통, 그 자체에서 희열을 느끼는 사람도 있다고 한다. 칼융은 성적갈등(性的葛藤)에 대해서 프로이트와 상당 부분이 같다. 많은 수의 환자들은 자신에게 성적인 갈등은 존재하지 않는다고 자랑까지 한다고 한다. 또한 자기는 성에 아무 관심도 없다고 주장한다. 이런 사람들은 히스테리성 변덕, 주변 사람과 자신을 고통스럽게 하는 속임수, 신경성 위장 염증, 신체 통증, 이유 없는 짜증 등 이런 것들이 자신의 행로를 방해하고 있으며, 이 모든 문제는 그들 내면에 '성적갈등'이 있다는 증상이라는 것이다. 칼융은 프로이트의 무의식 속의 '성적억압(性的抑壓)'이 '신경증'을 유발한다는 것에 대해서 이의를 제기한다. 가령, 프로이트의 논리라면 비도덕적인 방탕한 사람들은 무의식적 성적억압이 없으니, 신경증에 걸려서는 안 된다. 그러나 일상의 경험은 전혀 그렇지 않다는 것이다. 그런 사람 역시 다른 사람들만큼이나 신경증적일 수 있다는 것이다. 즉, 다른 이유로도 신경증을 유발할 요인은 많은데도 프로이트는 너무 성욕 관점에 치우친다는 비판이다. 칼융과 아들러가 프로이트와 갈라선 이유는 바로 이런 점 때문이기도 했다. 그러나 칼융은 프로이트의 성(性) 이론에 대해서 "비록 일방적이긴 해도, 특정 지점까지는 완전히 옳다고 할 수 있다. 따라서 성 이론을 거부하는 자체는 그것을 보편적인 것으로 받아들이는 것만큼이나 부당하다."라고 했다.

1-6 서양철학과 동양철학의 도덕성 비판

도덕적 관점에 대해서 니체는 선악의 이분법 자체를 부정한다. 그는 사람의 도덕적 가치 평가를 부정하면서 그것은 하나의 해석 방식에 불과하다고 주장한다. 즉, 특정한 방식으로 도덕의 가치를 해석하는 사람은 그 사람의 특정한 정신적 수준을 말해준다고 비판한다. 그는 기존의 도덕적 절대주의, 이성주의 윤리학, 자연성에 대한 금욕주의, 도덕적 문제 제기 방식의 문제점 등을 언급하면서 비도덕주의가 도덕적 자연주의라고 주장하기도 한다. 즉, 사람이 가지고 있는 정신과 육체 그리고 자기 극복을 추구하는 의지(쇼펜하우어는 이것을 '욕망'이라고 했다)가 상호 유기적으로 연결되어서 상승적인 삶을 이끈다고 주장한다. 칼융에 따르면, 도덕성은 결코 밖에서 타인이 심은 것이 아니라, 인간은 애초부터 그 자신 내면에 '도덕법칙' 자체가 아닌 '도덕성의 정수(精髓)'를 품고 있었다는 것이다. 그러므로 자기 자신의 천성(天性)에 따라 살라는 것보다 더 도덕적인 관점은 없다고 주장한다. 니체가 도덕이란 관점에 대해 칸트를 비난한 것은, 결국 인간은 스스로 도덕적인데, 도덕법칙을 만들어서 인간을 틀 속에 가두려 했다는 점이다. 즉, 칸트가 주장한 보편적 도덕법칙이란 존재할 수 없다는 것이다. 가령, 일제 강점기에, 안중근 의사와 같은 분이 특정 일본인을 '민족의 원수'라는 이름으로 암살한 사건은 과연 도덕적인지를 묻고 있다. 즉, 도덕이란 상대적이지, 보편적일 수가 없다는 것이다. 니체는 자기를 극복하고자 하는 '의지'는 자연스러운 것이며, 인간의 상승을 이끄는 에너지이며, 이런 상승 프로세스로부터 생기는 자연스러운 이기심과 욕심을 비도덕적이라고 말한다면 그것은 그 사람의 해석일 뿐, 결국 삶의 방향은 본인이 결정해야 하는 운명이라고 한다. 그가 보는 이런 프로세스의 좋은 점은 힘의 느낌이 드는 힘에의 의지, 그 힘 자체를 인간 내부로부터 증대시키는 긍정적 에너지이고, 나쁜 점은 인간의 나약함에서 유래하는 것들, 가령, 종교에 빠진다든지, 건강을 해치는 유혹에 빠지는 행위 등이라고 한다. 이런 나약한 행위들은 인간을 절망 속으로 빠지게 하고, 종교에 종속되게 한다고 한다. 니체가 생각하는 '행복'이란 힘이 증가하는 느낌과 그것을 방해하는 내부저항이 극복되었다는 느낌이라는 것이다. 칸트의 '도덕법칙'에 따랐으나 행복하지 않을 수도 있다는 것이다. 이점은 칸트도 인정한 부분이다. 칸트는 덕에 의존해서 선을 베풀었으나 본인이 행복하지 않으면 최고선이 아니고 자신이 추구하는 도덕법칙에 해당하지 않는다고 했다. 니체는 내면의 힘을 키우고 자연스럽게 자기가 하고 싶은 것을 하면, 개인이든 국가 등 강해지므로 '자율'에 맡기라는 것이다. 이러한 그의 사상은 노자의 거피취차(去彼取此) 사상과 거의 똑같다. 저것을 버리고 이것을 취하라는 뜻인데, 다시 말하면 멀리에 있는 실체도 없는 이상을 쫓지 말고, 가까이에 있는 자기의 이상을 실현하라는 것이다. 개성과 자율을 중시한 '포스트모더니즘'의 사상과도 같다. 노자는 2,500년을 앞서 살았던 탁월한 철학사상가였다는 것이 증명된다. 노장(노자와 장자) 철학 하면 대부분 사람은 누더기나 하나 걸치고 소를 타고 자연을 벗으로 삼아 유유자적(悠悠自適)한 삶을 사는 신선 같은 사람들이라고 생각하는 사람들이 있는 것 같은데 절대로 아니다. 그들의 사상은 '군주론'이다. 초기 중국 한(漢)나라를 지탱한 사상이 노장사상이었다. 백성들에게 '자율권'을 주어서 무위(無爲)로 세상을 다스리는 '무위정치(無爲政治)'를 한 것이다. 이 정치철학을 이어받은 사람은 삼국시대 위나라 조조다. 유비와 손권은 도가(道家)의 사상을 받아들이지 않고, 유가(儒家)의 사상을 받아들였다. 그러나 조조는 도가의 사람들을 받아들여서 농사도 짓게 하고, 세금도 받고, 전쟁에 참여시켜서 나라의 기반을 세우는 데 활용한다. 훗날 학자들은 조조와 유방을 세상을 보이는 대로 본 사람들이라고 평가한다. 반면에 유비와 항우는 보고 싶은 대로 본 사람들이라고 한다. 세상을 보이는 대로 살라는 것이 무위(無爲)다. 노자와 니체 그리고 포스트모더니즘의 태도이다. 그 반대는 유위(有爲)로 산 사람들이다. 즉, 원인과 결과에 의존하는 것이다. 불교에서 말하는 '인과법'이나 인연도 '유위'다. 공자가 인(仁)으로 터 잡아, 예(禮)를 국가 질서의 모델로 삼겠다는 것도 '유위'다. 이것은 본질과 본성에 따르는 모더니즘과 같다. 위에서 언급한 것처럼 칸트는 의도된 행복이나 동정이 도덕의 원칙은 아니라고 했다. 즉, 어떤 정치인이 자기의 정치적 이상 실현 때문에 동정을 베풀고 행복했다면, 그것은 보편적 선(善)이 아니므로 도덕의 원칙이 아니라고 했다. 누구나 인정하는 '진정한 선' 그것이 도덕법칙이라고 했다. 즉, "네 의지의 준칙이 항상 동시에 보편적 법칙 수립의 원리로서 타당할 수 있도록, 그렇게 행위를 하라"고 칸트는 말했다. 그는 인간을 언제나 '목적'으로 대하고 결코, 한갓 '수단'으로 이용하지 않도록 행위를 하라고 했다. 칸트는 도덕 주체자의 조건으로 '선한 의지'의 소유자(니체는 선한 의지 여부를 따지지 않고 '욕망'을 추구함), 선(善)을 자율적으로 추구하는 존재, 자신의 행위 준칙을 보편적 '도덕법칙'과 일치시키려는 의지의 소유자, 자기 입법과 자기 복종, 의무의 주체, 자기가 설정한 '양심의 법정'에서 자유의지의 주체가 되는 사람만이 도덕법칙을 수행하는 사람으로 간주했다. 전형적인 유위(有爲)의 방법이다. 니체는 도덕적 사실이란 절대로 존재하지도 않는다고 주장한다. 만약 대통령이 국익을 위하여 거짓을 수반한 통치를 했다고 해서, 그에게 자기 부정만을 일삼는 비도덕적인 사람이라고 돌멩이를 던질 수는 없다는 것이다. 대통령 같은 지도자의 자리는 친근한 이웃집 아저씨 모습보다는 무서운 이빨을 가진 사자의 모습이 더 낫다고 한비자와 마키아벨리는 '군주론'에서 주장했다. 니체는 힘찬 영혼에서 솟아오르는 건전하고 건강한 '이기심'을 복(福)된 것이라고 '차라투스트라는 이렇게 말했다.'에서 주장한다. 여기서 그 이기심이 어떤 가치를 가지는지를 결정하는 수단은 삶의 방향이 상승선으로 향하느냐, 하강선으로 가느냐에 따라서 결정된다고 했다. 가령, 어떤 사람의 삶이 자기 지배력이 부재(不在)하고, 병리적 상태이며, 수동성과 복종으로 경멸할만하고, 자유롭지 못한 자고, 스스로에 대해 확신이 없는 자, 이러한 사람들은 '노예도덕'을 지닌 사람들로서 그들의 시선은 강한 자의 덕(德)에 증오를 품는다고 한다. 이런 성향의 사람들은 결코 주인이 될 수 없는 사람들이라고 했다. 니체는 "나는 사람들에게 그들의 존재가 지닌 의미를 터득시키고자 한다. 그들은 '위버멘쉬(초인)'이요, 사람이라는 먹구름을 뚫고 내리치는 번갯불이다. 위버멘쉬는 이 대지의 뜻이다. 모든 신은 죽었다. 이제 우리는 위버멘쉬가 등장하기를 바란다."라고 세상 사람들을 설득했다. 일반적으로 니체를 잘 모르는 사람들은 그를 허무주의자 내지는 실성한 철학자로 잘못 알고 있다.

1-7 중용, 불교, 천도교-인간은 모두 한마음이다

사람은 '아포리아(Aporia) 상태' 즉, 전혀 해결 방도가 없는 난관의 상태를 의미하는데 이런 상태에서는 거의 자살을 생각한다. 그러나 스피노자의 '코나투스(Conatus)'를 모든 유한한 양태들의 '본질'을 의미한다고 했으며 그것의 의미는 살고자 하는 의지 즉, '자기보존'의 추구를 본능적이고 절대적인 것으로 보았다. 이것은 앞서 중용(中庸)의 성(性)과 의미가 같다. 성(性)은 인간의 본성이며 하늘의 뜻이라 했다. 원래의 '코나투스'는 아리스토텔레스와 스토아학파에 의해 개념이 발전되었고, 노력, 충동, 성향, 경향 등의 의미를 가진 용어였으나 데카르트, 라이프니츠, 스피노자 등이 삶에 대한 본능적 의지나 운동이나 관성에 대한 개념으로 활용했다. 사람은 코나투스마저 잃으면 아포리아 상태에 빠져서 자살한다고 한다. 대부분의 자살한 사람들을 보면 주로 우울증을 수반한다. 중용(中庸)에 보면, "천명지위성(天命之謂性), 솔성지위도(率性之謂道), 수도지위교(修道之謂敎)." 즉, 하늘이 명하는 것을 성(性)이라 하고, 성(性)을 따르는 것을 도(道)라 하며, 도(道)를 닦는 행위를 교(敎)라 한다. 여기서 성(性)이란 지하수처럼 무한히 흘러나오는 마음, 즉, 하늘마음(天心, 한마음)이다. 모든 개인은 정(情)을 가지고 있다. 즉, 양심이라는 본성을 지니고 있다는 것이다. 그러나 기억이 쌓이면서 개인들은 그것을 '자아'로 착각하고 '자신'으로 여긴다. 여기서부터 개인들은 자신에게 이득이 되는 계산을 하게 된다. 다시 말해서 '욕심'이 '양심'의 자리를 메우면서 악이 선을 대체하는 현상으로 바뀐다. 하늘은 분명히 성(性)을 따르라고 했다. 이것은 옳은 선한 양심이다. 사람이나 동물이나 모두 공통으로 가지고 있는 선한 마음이고, 이 마음들은 모두 하늘의 성(性)과 만나고, 결국 이 우주는 '한마음'이 되는 것이다. 모두가 한마음이 되면 서로 다툴 일도 없다. 욕심이 들어찰 이유가 없다. 문제의 근원은 잘못된 자아(自我)의 인식이다. 불교에서도 '자아'는 없다고 주장한다. 자아가 없으니 욕심낼 이유가 없다. 그러니 '방하착(放下著)' 하라는 것이다. 즉, 모든 욕심을 버리고, 다 내려놓으라는 것이다. 이것을 해야 마음의 '평상심'을 유지해서 해탈하고 열반으로 든다는 것이다. 위광편조십방중(威光徧照十方中), 월인천강일체동(月印千江一切同)이란 부처님의 위엄 있는 빛은 온 세상에 빠진 곳 없이 두루두루 비추나니, 이는 마치 달빛이 온갖 강물에 빛나는 광경과 완전히 똑같다는 뜻이다. '월인천강지곡(月印千江之曲)'은 세종 31년(1449년)에 석가모니의 공덕을 찬양하여 지은 노래를 실은 책으로, '월인석보'에 따르면 500여 수의 노래로 추정되나 오늘날은 상권만 전한다. '월인천강(月印千江)'만을 떼서 보면, 하나의 달이 천 개의 강에 달도장을 찍어 놓는다. 즉, 하늘마음과 사람 마음의 관계로, 하늘에 있는 하나의 달로 모든 사람의 마음을 하나의 달과 마찬가지로 '한마음'을 만든다는 의미로도 쓰인다. 중용이나 불교나 '인내천(人乃天, 사람이 곧 하늘이라는 천도교 사상)' 사상이나 모두 마음의 '욕심'을 버리라는 공통점이 있다. 중용에서는 성(性)을 따르는 것이 도(道)라 했는데, 이 말은 하늘의 뜻인 '한마음'을 따라야 하고, 이것은 잠시도 벗어날 수 없음을 암시한다. 만약 벗어날 수 있다면 더는 도(道)가 아니다. 노자가 말한 도가도비상도(道可道非常道)는 도를 도라 할 수 있으면 더는 도가 아니다. 노자가 말한 도(道)가 중용에서 말한 '한마음'을 따르는 것인지는 확실하지 않다. 노자는 틀이 없는 무위(無爲)를 주장했기 때문이다. 중용의 사상은 하늘의 명(天命, 성(性)을 의미함)과 사람의 정(情)이 합치하면, 그 넓은 하늘(우주)과 인간 마음이 연결되어서 인간이 곧 하늘이 되는 것이다. 천도교의 인내천(人乃天) 사상과 같다. 그러나 욕심으로 가득한 사람들의 눈에는 세상이 '지옥'이다. 욕심을 버리고 본심으로 사는 세상이 진정한 하늘과 땅이 제자리에 있는 천국이다. 중용에서 말하는 천하를 다스리는 아홉 가지 원칙은 지도자의 수양, 정치이념을 확립, 가족 간의 화합, 고위공직자를 우대, 일반직 공무원을 내 몸처럼 아끼는 것, 서민을 아들처럼 여기는 것, 기술자를 우대하는 것, 소외된 자를 어루만지는 것, 이웃 나라들과 외교를 돈독하게 하는 것을 말한다.

중용(中庸)은 원래 예기(禮記)에 속해있었으나 주희가 사서(四書: 논어, 맹자, 대학, 중용)에 포함했다. '사서'는 공자 사후(死後)에 생겼다. 그러나 삼경(三經: 시경, 서경, 역경(주역))은 공자 생시에도 있었다. 중용의 뜻은 지나치게 모자라지 않고, 한쪽으로 치우치지 않는 현명한 행동의 도(道)를 말한다. 노자의 '유무상생', 한쪽으로 치우치지 말고 '경계'에 서라는 사상과 유사하다. 공자는 "하늘에 순종하는 자는 살고, 하늘을 거역하는 자는 망한다."라고 했다. 노자는 정치에 대해서 언급하면서 최고의 정치는 백성이 누가 통치하는지도 모르는 태평성대(太平聖代), 그다음은 백성을 친하게 여기고 기리는 정치, 최악에 버금가는 정치는 백성을 두렵게 하는 공포정치, 최악은 백성이 경멸하는 정치라 했다. 맹자는 학문(學問)하는 목적에 대해서 언급했다. "인(仁)은 사람의 마음이다. 의(義)는 사람의 길이다. 그 길을 버리고 따라가지 않고 마음을 놓아버리고 찾을 줄을 모르니 슬프다. 사람들은 닭이나 개를 놓아버리게 되면 그것들을 찾을 줄을 알면서 마음을 드러내 놓아버리면 찾을 줄을 모른다. 학문하는 길은 다른 것이 없다. 자기가 드러내 놓은 마음을 찾는 것일 따름이다." 즉, 양심(본심)의 회복을 추구하는 것이 학문하는 것이고, 행복의 길이란 뜻이다.

주역(周易)에 있는 '원형이정(元亨利貞)'이란 하늘이 갖추고 있는 4가지 덕(德) 또는 만물의 근본원리를 말한다. 원(元)이란 만물의 시작을 의미하고, 형(亨)이란 만물의 형통을 의미하며, 이(利)란 만물의 결실을 의미하고, 정(貞)이란 만물의 완성을 의미한다. 곡식의 예를 들면, 처음에 씨앗을 뿌리고, 비료와 물을 적시에 주어서 잘 자라게 하고, 가을이 되면 곡식이 다 자라고 수확(收穫)을 하고, 초겨울이 되면 추수(秋收)한 것을 창고에 쌓아둔다는 의미로 해석할 수 있다. 특히, 겨울에 거센 추위를 이겨내지 못하면 죽을 수밖에 없는 운명도 자연의 질서다. 자연의 질서는 겨울에 완성을 이루고 봄을 맞는 것이다. 이것이 '원형이정(元亨利貞)'의 원리다. 가령, 춘-하-추-동, 소년-청년-장년-노년, 아침-점심-저녁-밤, 인-의-예-지 등으로 풀어볼 수 있다. 즉, '음양오행설'이다. 이것은 모두 하늘이 만물을 살리기 위해 돌리는 수레바퀴 같은 우주의 운행 원리이다.

주역에 삼현일장(三顯一藏)이란 표현이 있다. 셋은 드러내고 하나는 감춘다는 뜻이다. 사계절 중, 겨울은 아무 의미가 없는 것처럼 보이지만 실제로는 안 그렇다. 만약 겨울이 없다면 일 년 내내 수확을 해야 하고, 인력도 쉴 틈이 없고, 곡식이나 식물도 더 자랄 공간이 부족하다. 자연의 질서는 현명하게도 겨울이란 계절을 두어서 부실하게 자란 곡식이나 나무 식물은 그다음 해에 부활하지 못하고, 겨울에 죽게 만든다는 것이다. 튼실한 것만 살아남는 적자생존(適者生存)의 원리가 적용되는 것이다. 사람은 하루 중, 사 분의 일에 해당하는 시간은 잠을 자야하고, 음식도 위장의 사 분의 일에 해당하는 부분은 비워둔다. 돼지도 이 정도는 비워둔다고 한다. 기업에서도 계획(Plan)─실행(Do)─평가(See)─개선(Act), 축약해서 'PDSA사이클'이라고 한다. 마지막 부분의 '개선'이 없으면 유사한 불량이 계속 발생하거나, 제품의 업그레이드가 되지 못한다. 그래서 개선 작업이 필요한 것이다.

1-8 셸링이 무의식의 발견자? 프로이트는 성충동만?

무의식(無意識)은 자신이 의식하지 못하는 두뇌의 활동이며, 사고 과정이나 동기 따위 없이 자동으로 발생하거나 작동할 수 있는 심리적·정신적 작용이다. 칼융은 '프리드리히 셸링'[28]이 무의식의 발견자라고 한다. 서울대학교 철학사상연구소

---

28 Friedrich Schelling(1775~1854), 독일 자연철학자. 관념론. 예나대학교 교수, 베를린대학교 교수.

에 따르면, 스피노자는 자연을 '능산적 자연'[29]과 '소산적 자연'[30]으로 구분함으로써 자연의 역동적 자기운동을 자연의 본질로 삼았는데, 셸링은 이를 수용하여 자연은 그 자신의 잠재력을 통해 정신의 단계에 이른다고 주장한다. 셸링은 예술작품에서 자연적인 것(또는 무의식적인 것)과 정신적인 것(또는 의식적인 것)이 통일되어 있으므로 '예술'이 자연영역과 정신영역 사이를 매개한다고 생각했다. 그리고 '지적 직관'은 순전히 정신적이지만, '예술적 직관'은 정신적인 것을 감성화하면서 다시 정신화하는 활동이기 때문에 '예술적 직관'에서 '절대자'에 대한 완전한 '인식'이 이루어진다고 주장했다. 이 사상은 칸트의 '관념론'을 뛰어넘어서 절대자도 '인식'이 가능한 것으로 만들었다. 또한, 헤겔은 절대자가 '변증법'적인 자기 전개 과정을 통해 자신을 인식하고 표현한다고 생각했지만, 절대자의 '무매개적·직접적인' 자기 인식과 표현이라는 셸링의 '동일성 철학'[31]은 수용하기 어려웠다. 헤겔은 인간 정신을 절대자를 향해 '변증법'이라는 정반합의 길을 갈 수밖에 없다고 생각했다. 결국 둘 간의 우정은 깨졌고, 당대 최고의 철학자 지위를 헤겔에게 양도할 수밖에 없었다.

'무의식'에 관해, 오스트리아의 신경학자이자 정신분석학의 창시자인 '프로이트'에 의해 대중화되었다는 것은 아무도 부인할 수 없다. 인지과학 연구자들은 사람이 의식적 사고를 통해서 얻는 정보보다 더 많은 정보를 의식적 자각 바깥에서 자동적, 비의도적으로 획득할 수 있음을 밝혀냈으며, 이러한 것의 주요한 예로 자동적 사고의 무의식적 작용이 언급된다. 암묵적 지식을 강조한 마이클 폴라니는 "사람은 자신이 말할 수 있는 것보다 더 많이 알고 있다고 했다." 단지, 말이나 글

---

29 생산하는 자연, 자연의 근원적인 힘과 활력 즉, 생명력을 의미함.

30 생산된 자연, 그 생명력의 결과로 산출된 것을 의미함.

31 셸링은 스피노자의 철학인 "절대자인 신은 곧 자연"이라고 하면서, 정신적인 것과 물질적인 것은 더는 구별되는 실체가 아니라, 단지 절대자의 다른 속성들이라고 하면서 스피노자의 일원론 체계를 받아들인다. 즉, 정신적인 것과 물질적인 것은 더는 이질적인 것이 아니며, 오히려 무차별적으로 동일하다는 것이다. 다만, 세상 만물에 차이가 있는 것은 그 조직화의 발전 정도가 다르기 때문이라고 한다. 헤겔은 그의 저서인 '정신현상학'에서 자연 속의 모든 것이 무차별적으로 동일하다면 어떻게 자연 세계가 서로 다른 형태와 정신을 가지는지 설명해 주지 못한다고 했다. 이러한 헤겔의 비판에 대해서 셸링은 스피노자의 '능산적자연'을 가리킨 것이라고 한다. 즉, 약동하는 자연의 근원적인 생명력이란 차원에서 같은 것이라고 반박했다. [출처] 나무위키.

로 자세히 표현하지 못할 뿐이라 했다. 이것은 의식적 또는 무의식적 상태 모두에 해당하는 것이다. 가령, 자동차를 감각있게 운전하는 기능은 의식적이라기보다는 몸으로 체득(體得)된 무의식적 기능에 가깝다.

프로이트는 유대인이란 이유로 나치로부터 빈에서 추방되고 런던에서 지내다 사망했다. 그는 깊숙한 내면에 숨어있는 '무의식'이 우리 행동과 정서를 규정한다고 단언했다. 정신분석학은 철학, 심리학, 문화이론, 사회이론으로 크고 넓은 체계를 갖춘 세계관을 포괄한다. 그가 말하는 '무의식'이란 의식에 영향을 미치기는 하나, 꿈이나 다른 정신분석의 방법을 통하지 않고는 의식화할 수 없는 억압된 의식을 의미한다고 한다. 가령, 말실수, 행동 실수, 꿈, 강박행위 이런 행위들은 무의식적으로 발생한다는 것이다. 다른 예로 자기가 싫어하는 사람의 이름이 기억나지 않는 상태는 불쾌한 경험을 생각하고 싶지 않다는 무의식이 그와 관련된 이름이나 직업 등을 잊어버리게 하는 실수로 나타나는데, 이런 경우는 의도적인 망각으로써 고의로 잊어버리는 경우라고 한다. 남들이 볼 때는 단순한 실수나 기억력이 나쁜 것으로 볼 수도 있지만, 실상은 내면에 전혀 다른 뜻을 내포하고 있다는 것이다. 또 다른 사례로 어떤 사람이 책을 읽을 때, 특정 단어를 계속해서 잘못 읽는 경우가 있다. 그 이유는 과거에 불쾌한 기억을 가진 단어였기에 실수를 유발했다고 분석한다.

꿈은 생리학적으로 잠을 연장하거나 꿈을 꾸는 동안 대뇌피질의 연합영역 간의 연결과 장기기억을 유도한다고 한다. 꿈은 무의식이 왜곡되어 나타나기도 하고, 소망을 충족시키는 수단이 되기도 한다. 프로이트는 행위의 당사자가 자신의 행동 동기를 전혀 알지 못하는 무의식은 인간의 성충동과 밀접한 관련을 맺고 있다고 생각한다. 가령, '리비도(Libido)'란 성충동을 일으키는 에너지를 말한다. 이러한 에너지를 다른 용도로 사용해서 발전된 영역의 예가 학문이나 문화의 융성(隆盛)이라고 한다. 수도승이나 신부가 자신의 육체적 욕망을 억제하면서 종교 활동에 몰입하는 행위가 성충동을 다른 것에 활용한 예이다. '성충동'은 꼭 이성에게만 향하는 감정은 아니며, 동성이나 자기 자신, 동물 심지어 무생물에 향하기도 한다. 소크라테스가 사랑했던 젊은 꽃미남이 있었다. '알키비아데스'였다. 아테네에서 알아주는 미남에 부유했고, 학문도 익혔으니 소크라테스가 반할 만도 하다. 소크라테스는 세상이 알아주는 추남이었는데, 둘 사이가 연인으로 발전된 이유는 무엇이었을지 궁금하다. 당시에 아테네는 '동성애'를 인정했다. 플라톤의 초기 대화편 '향연'에서 이 둘의 연애담이 잘 기록되어 있다. 예상과는 달리, 아름다운 청년 알키비아데스가 소크라테스를 유혹한다. 잠자리도 함께했다고 한다. 알키비아데스는 시라쿠사(Syracusa)의 전쟁에서 아테네가 패하자, 적진인 스파르타 측으로 가서 조국인 아테네의 상황을 밀고한다. 그리고 거기서 스파르타 왕이 전장에 나간 사이에 왕비를 건드려서 그녀와의 사이에 아들을 낳지만, 훗날 발각되어 페르시아로 도망가서 비극적인 죽음을 맞는 실존 인물이다. '시라쿠사'는 이탈리아 시칠리아섬에 있는 도시로 당시에 그리스의 식민지였다. 키케로는 시라쿠사를 일컬어 "가장 위대하고 세계에서 가장 아름다운 그리스 도시"라고 표현했다. '아르키메데스'가 시라쿠사 출신이었다.

1-9 안티고네에 대한 헤겔과 자크라캉의 관점

프로이트의 정신분석학을 이해하려면 오이디푸스 콤플렉스(Oedipus Complex)를 알아야 한다. 이 용어는 프로이트가 창시했다. 그리스 신화에 등장하는 오이디푸스는 테베 나라의 라이오스 왕과 이오카스테 왕비의 아들로 태어났다. 오이디푸스는 아버지에 의해서 어린 시절 추방을 당했다. 그가 성장하고, 어느 날 거리에서 노인을 만났으나 그가 아버지인 줄 모르고 살인을 저지르고, 테베의 스핑크스가 문제로 제시한 수수께끼를 푼다. 스핑크스는 물에 스스로 빠져서 죽고, 그것을 계기로 테베의 여왕과 결혼해서 자녀를 낳고 살다가 훗날 자신의 비밀을 알게 된다. 오이디푸스는 자신의 두 눈을 찔러서 시각장애인을 만들고 광야를 배회하게 되는데, 오이디푸스가 테베를 떠날 때, 테베의 시민들은 자신들이 사랑했던 왕의 모습을 보지 않기 위해 눈물을 흘리며 고개를 돌렸다고 한다. 이오카스테는 자결한다.

프로이트는 이 신화를 터 잡아, 오이디푸스 콤플렉스를 창안한다. 남근기(3~5세) 사내아이가 자신의 엄마로부터 이성의 사랑을 느끼나, 아버지에 의한 거세를 두려워하여 곧 아버지를 따른다. 그러나 이것이 무의식으로 삶 전체를 통하여 '억압'으로 나타난다는 것이다. 이 억압이 최초로 나타나는 현상이 이성을 향한 성충동이다. 프로이트는 아들이 아버지를 적대시하고, 어머니를 좋아하는 본능의 표현을 '오이디푸스 콤플렉스'라 하며, 4~5세 사이에 끝난다고 한다. 오이디푸스가 광야를 배회할 때, 그의 옆에는 그의 딸인 안티고네(Antigone)가 시각장애인이 된 아버지를 부축한다. 소포클레스의 비극인 '안티고네'라는 작품에 대해서 자크라캉은 주인공 안티고네가 자신의 '순수욕망'에 충실하다며 정신분석 윤리를 구현한 인물로 제시한다.

오이디푸스와 이오카스테 사이에 2명의 왕자와 2명의 공주가 있었는데, 첫째 공주가 안티고네였다. 오이디푸스가 신탁에 따라 최후를 맞이할 운명의 땅인 아티카의 콜로누스까지 안티고네가 동행한다. 그곳에서 예언대로 아버지가 죽자, 안티고네는 두 오라버니의 왕위 다툼을 말리기 위해 다시 테베로 돌아온다. 동생인 에테오클레스에 의해 쫓겨난 형 폴리네이케스는 아르고스의 군대를 이끌고 다시 테베를 공격했다. 전쟁은 결국 두 형제가 결투를 벌여 서로를 죽인 뒤 끝이 났다. 에테오클레스의 어린 아들 라오다마스를 대신하여 테베의 섭정에 오른 형제들의 외숙부 크레온은 에테오클레스에게는 성대한 장례식을 치러주었지만, 폴리네이케스는 외국의 군대를 이끌고 조국을 공격한 반역자로 규정하여 매장을 불허했다. 안티고네는 죽은 가족의 매장은 신들이 부과한 신성한 의무라고 여겨 크레온의 명령을 어기고 폴리네이케스의 시체에 모래를 뿌려 장례의식을 행하였다. 크레온은 크게 분노하여 병사들을 보내 안티고네를 잡아 오게 한 뒤, 사형선고를 내린다. 이 사건에 대해서 자크라캉은 안티고네를 남성억압과 여성저항의 이분법에서 벗어나 주체의 '순수욕망'을 끝까지 추구할 때 도달하는 존재로 설명했다. 윤리적으로 정당한 사람은 크레온이 아니라 안티고네라고 했다. 크레온은 보편적인 법과 공동체의 이익을 주장하기 때문에 '공공선(公共善)'을 대표하는 반면, 안티고네는 특이한 욕망과 개인의 정서를 의미하기 때문에 '개별미(個別美)'를 구현한다고 해석한다.

크레온은 자신이 주장하는 공공법을 모두의 법(the good of all)으로 오인했고, 한계를 넘어서는 법으로 오인했다. 이것은 '판단의 오류'라는 죄를 범한 것으로 자크라캉은 보았다. 안티고네는 자신의 맹목적이면서도 꺾일 줄 모르는 욕망을 인정하고, 죽음까지 이어지는 욕망의 무한성을 보여주었다. 이것은 죽음을 두려워하지 않는 다른 쾌락을 향해 나간 것으로 이 쾌락은 현실적인 쾌락원칙을 넘어서는 '주이상스(Jouissance)'라고 자크라캉은 주장한다. 즉, 주이상스가 만들어내는 쾌락원칙의 너머에 존재하는 '대상 a'를 찾아서 무의식적으로 빨려들어 간 것을 의미한다고 판단된다.

'주이상스(Jouissance)'라는 것은 자크라캉의 용어로 이해하기 쉽지 않은 개념이다. 자크라캉은 '쾌락원칙'과 '현실원칙'의 자리인 '상징계'의 너머에 '주이상스'가 존재한다고 생각했다. '쾌락원칙'은 프로이트가 창안한 개념인데 두 가지의 역할을 맡는다고 한다. 하나는 만족스러운 경험을 기억해 가능한 한 반복하게 만들도록 하는 것과 초월적인 쾌락을 억압하는 역할이다. 여기서 자크라캉은 전자의 역할을 강조한다. '현실원칙'은 사회적 합의와 윤리 도덕으로서 그러한 쾌락을 금지하는 원칙이다. 상징계에서는 두 가지 원칙이 교차한다. 주이상스에 의한 쾌락원칙을 현실원칙의 이름으로 억압하는 기능을 한다. 그러나 상징계는 불안정하여 주이상스를 억압하는데 적합하지 않다고 한다. 주이상스는 지나친 쾌락이나 초월적인 쾌락, 과도한 리비도의 흐름을 상징계에서 위반하도록 즉, 현실원칙을 위반하도록 압력을 가한다. 현실에서 환자 주체가 느끼는 '주이상스'는 쾌락이 아니라 고통이다. 자크라캉에 따르면 고통의 원인은 무의식에 있다고 한다. 무의식은 주이상스로부터 만족을 경험하는 반면에 의식은 고통을 경험한다. 그러나 무의식은 만족을 경험하기 때문에 반복강박을 일으켜 주이상스를 반복하도록 만든다고 한다. 이것이 라캉이 주장하는 주이상스의 작동원리이자, 모든 심리적 증상의 원리다.

자크라캉은 알 수 없는 무의식에 만족을 주는 것을 '대상 a'라 했다. 즉, 대상 a

는 주이상스로서 환자는 무의식적으로 대상 a를 찾으려고 노력하나, 이것은 주이 상스가 만든 환상으로 대상 a는 오로지 주이상스를 위해서 존재한다. 환자가 대 상 a를 찾으려고 노력할수록 고통은 더욱 심해진다는 것이다. 결국, 대상 a라는 '기 표'[32]를 찾아서 환자는 헤매지만, 대상 a에 대한 기의를 찾지 못해서 계속 상징계에 서는 '기표'만을 찍어낸다고 한다. 이것이 '기표의 연쇄'다. 대상 a라는 것은 '욕망' 을 만들어내는 무언가로 라캉은 설명한다. 자크라캉은 안티고네의 오빠를 향한 '순 수욕망'을 무의식 속에서 발현한 주이상스로 이해한다. 자크라캉은 크레온이 땅의 법칙과 신의 명령을 혼동하고 있는 것이라면, 그것은 자신이 정한 '국가법'을 '신의 법령'과도 같은 초월적 위치로 올리고 싶은 개인의 욕망 때문이라고 했다. 그리고 안티고네의 숭고한 아름다움은 자신의 욕망을 극한까지 주저함 없이 밀고 나갔을 때, 마주치는 '죽음 충동'에서 오는 '윤리성'으로 해석한다. 반면에, 헤겔의 관점은 다르다. 안티고네의 행위가 혈연에 대한 충성과 같은 윤리적인 성향과 관련이 되어 있다고 말한다. 크레온은 폴리스(국가)의 권위가 그 어느 것보다도 우선시 되어야 한다고 강조한다. 당시에 폴리스에 대한 충성은 전체 그리스 문화·사회의 윤리적 인 바탕을 이루는 절대적 원리였다. 폴리스 자체가 시민들의 질서와 안전을 도모하 고, 보호해주는 진정한 신(神)이었으며, 따라서 시민들은 폴리스라는 신을 지키기 위해 목숨을 바치는 것을 의무로 생각했다. 그러므로 왕의 결정에 도전한 안티고네 의 행위는 의도적인 범죄로 보았다. 안티고네 스스로가 신성한 범행이라고 일컫는 것은 스스로 국가법이 있다는 것을 인식하고, 이를 인정하고 있음을 증명한다고 하 면서 크레온 왕의 손을 들어준다.

---

32 소쉬르의 기호 이론에서, 귀로 들을 수 있는 소리로써 의미를 전달하는 외적 형식을 이르는 말. 말 하는 소리와 그 소리로 표시되는 의미(이것을 기의라고 함)로 성립된다고 할 때, 소리를 의미하는 것이 기표이다. 가령, 바나나라는 소리는 기표가 되고, 바나나라는 실물은 기의가 되는 것이다.

1-10 최면은 의식 상태인가? 무의식 상태인가?

프로이트는 인간의 인격을 세 단계로 구분한다. 첫째로, 이드(Id)는 쾌락의 원리에 지배되는 '무의식'의 영역으로 성욕과 같은 원시적 욕구와 어린아이의 본능적 욕구를 말한다. 둘째로, 자아(Ego)는 현실을 고려하는 '현실원칙'에 지배된다. 가령, 어린아이는 외부의 현실에 적응하여 자신의 욕구를 포기한다. 마지막으로, 초자아(Super Ego)는 '이드'를 제압하는 좀 더 높은 자아, 가령, 도덕성과 양심에 저항하는 비도덕성을 제약하는 기능을 한다.

자크라캉은 '이드'를 '상상계'로 설명하고, '자아'와 '초자아'를 '상징계'로 설명하면서 '욕망'은 상징계 속의 무의식 속에서 발현되는 것으로 설명한다. 자크라캉은 철저한 프로이트주의자였다. 그는 현란한 말재주로 무의식의 세계를 더 체계화시키려고 노력했다. 그러다 보니 그의 개념을 이해하는데 대단히 어려움을 느끼는 사람들이 많다. 그러나 '무의식'을 이해하려면 프로이트와 자크라캉의 사상과 개념을 이해하는 것이 필요하다.

프로이트는 인간이 성장하는 동안 어떤 발달단계를 원만하게 거치지 못했을 때, 여러 가지 형태의 불안이 생긴다고 한다. 가령, 억압에 따른 히스테리가 대표적 증세라고 한다. 그런 히스테리의 종류로는 신체 감각이 장애를 받거나, 발작이나 망각증세를 보인다고 한다. 그는 신경증 증상은 우연히 발생하는 것보다는 관련되는 어떤 과거의 사건이 존재한다고 주장한다. 그것은 무의식적으로 발생하므로 환자 자신은 전혀 그 사실을 알 수 없다고 한다. 그 발생의 원인으로는 기억하기 싫은 불쾌한 체험을 환자가 회피하고자 하는 심리에서 비롯된다고 한다. 이러한 병리 현상을 치유하기 위해서는 환자가 느꼈던 그 불쾌했던 기억을 말이나 행동으로 발산해야만 카타르시스가 된다고 한다. '카타르시스'란 무의식 속에 억압되어 있던 '망각'이 의식 세계로 올라오면서 내재해있던 심리적 거리낌이 깨끗하게 씻겨 내려가는 과정이라고 한다. 가령, 아리스토텔레스는 비극적 연극을 보고 눈물을 흘릴 때, 쾌감을 느끼는 것은 마음속에 잠재한 울적한 마음과 슬픔을 배설하여 마음속을 후련하게 하기 때문이라 한다.

프로이트에 의하면 의식의 바로 밑에는 전의식(前意識)이 있어서 보통 때는 인식되지 않지만, 쉽게 끄집어낼 수 있는 기억이 존재한다고 한다. 즉, 의식에 의해 인식되지 않는 부분으로서 의식의 기저(基底)를 이루는 영역으로 이해된다. 그는 무의식의 존재를 최면(催眠)으로 알아냈다. 그는 한 번이라도 최면 현상을 목격한 사람이라면 잠재의식(또는 무의식)의 존재를 의심할 수 없다고 하면서, 최면이야말로 잠재의식(潛在意識)이 존재한다는 것을 명백히 보여주는 방법이라고 한다. 그러나 나중에는 최면을 신경증 치료에 사용하지 않고, 자유연상법(free association)을 개발해 무의식 속의 질병을 치료하는 업적을 남겼다. 현대의학에서 최면은 무의식의 상태가 아니라 의식된 상태라고 말한다. 즉, 마음의 상태를 느슨하게 만들어서 근육을 이완시켜서 통증을 줄여주는 역할을 하므로 수술에도 이용한다고 한다. 그는 무의식의 영역은 제한적이지 않고, 성욕, 죄의식, 억압된 감정 그리고 죽음의 충동으로 얽혀있고, 주로 성적 에너지인 리비도로 가득 차 있는 억압된 성욕의 본거지 같은 영역이라고 했다. 그러나 후기 프로이트는 무의식의 영역은 끝내 수수께끼로 남을 수밖에 없다고 주장했다. 그 오묘한 영역에 대해서 프로이트조차도 답을 내리지 못한 것이다.

1-11 구조주의 관점-칼융, 프롬, 마르크스

칼융은 집단 무의식의 예로 환자가 그린 '만다라(mandala)'를 꼽는다. '만다라'는 불교미술로서 한 · 중 · 일 세 나라에서 조금씩 형태와 의미가 다르다. 특히, 티베트 불교에서는 물감이 아니라 색색의 모래로 만다라를 만드는데 색 모레로 만든 만다라를 의식과 기도가 끝나고 마지막에 모두 쓸어 모아 강에 흘려버린다고 한다. 그 이유는 세상의 아름다움은 덧없으며 집착할 의미가 없음을 상기시키기 위함이라 한다. 또한 남은 모래를 삿된 무리(이교도나 악령)가 악용하지 못하도록 함도 있다고 한다.

칼융은 그가 창안한 분석심리학에서 만다라 기법을 사용하는데 불교의 만다라와는 전혀 다른 개념이다. 동양 종교와 연금술 또는 중세 그리스도의 예수, 십자가 그림 등에는 공통으로 하나의 중심을 둘러싸고 있는 순환적인 원형이나 정사각형의 형태가 발견되는데 칼융은 이러한 그림들이 무의식의 의식화 과정을 통해 형성된 통합적인 인격을 상징한다고 보고, 이를 '만다라'라고 불렀다. 이는 현대 심리치료에도 계승되어 미술치료, 놀이, 수행, 안정 등을 위해 다방면으로 사용되고 있다. 20세기 최면학의 대가인 '밀턴 에릭슨(Milton Erikson)'[33]에 따르면, 모든 개인은 무의식 속에 자신이 아는 지식보다 훨씬 많은 능력과 자원을 보유하고 있는데 불행하게도 이것을 알지 못해, 행복하고 만족스러운 삶을 살지 못한다고 했다. 무의식은 의식과 유리되어 독자적으로 활동하는 동시에 대단히 창조적인 능력을 갖추고 있다고 주장했다. 즉, 무의식은 의식보다도 훨씬 지혜롭다고 하면서, 의식의 가장 밑바닥에 가장 순수한 의식이 존재한다고 주장한다. 여기서 '순수의식'은 후설의 현상학 측면의 '순수의식'과는 다른 '의식'이다.

'에리히 프롬(Erich Fromm)'[34]에 따르면, 꿈은 우리에게 어떤 문제가 생길 때, 균형을 잡으려고 노력할 뿐만 아니라 미래에 대해서 끊임없이 예견해 주기도 한다고 했다. 꿈이 보여주는 예지(豫知)는 자신의 능력을 훨씬 벗어나는 것이라 자신이 아닌 어떤 지혜로운 원천으로부터 온다는 느낌을 받는다고 한다. 꿈은 은유나 간접

---

33 Milton Erickson(1901~1980): 의료 최면과 가족치료를 전문으로 하는 미국의 정신과 의사이자 심리학자. 심리치료에 보편적인 이론을 만들기보다, 개인의 특성에 기반을 두고 치료 목적의 의사소통을 해야 한다고 강조함.

34 1900~1980, 미국 신프로이트학파의 정신분석학자. 미국 뉴욕대학교 정신과학 교수, 미국 컬럼비아대학교 교수 등 역임. 사회경제적 조건과 이데올로기 사이에 사회적 성격이라는 개념을 설정하고, 이 3자의 역학관계에 따라 사회나 문화 변동을 분석하는 방법론을 제기함.

적인 상징을 통해 무의식 깊은 곳에 존재하는 지혜를 전달하는 중요한 통로라고 했다. 그러나 꿈에는 수많은 상징과 은유가 등장하기 때문에 그것들을 읽어낼 수 있는 전문적인 훈련을 받지 않으면 해석할 수 없는 경우가 많다고 하면서 이일을 제대로 못 하는 이유는 우리가 꿈의 언어를 잊어버렸기 때문이라고 한다. 이것을 잊어버린 언어(The Forgotten Language)라고 한다. 꿈의 분석이나 해석을 통하여 내적인 성장을 이뤄낼 수 있다고 주장한다. 꿈이란 엄청난 인류 지혜의 보고(寶庫)를 지니고 있는데 그것을 해석할 수 있는 언어를 잊어버려 자신의 발전에 활용하지 못하고 있다고 한다. 그는 독일계 유대인이었지만 '시온주의'에 반대했다.

시온주의(Zionism)란 이스라엘 민족들이 유럽 각지에 흩어져 살면서 냉대와 박해를 당하자 이스라엘 국가를 팔레스타인의 땅에 건설하자는 극렬 민족주의를 말한다. 결국, 1948년 이스라엘은 뜻을 이룬다. 시온주의를 반대한 유대인들은 비윤리적 비현실주의에서 그 이유를 찾았다. 프롬은 "인간의 심리학적 구조가 자신의 육체적 구조(리비도)에 의해 만들어진 반사작용이 아니라, 한 인간의 삶의 방식이나 활동의 산물이며 이러한 삶의 관습이 사회 속에 있는 인간의 성격을 결정짓는 것"이라고 주장하였다. 이 개념이 바로 프로이트의 리비도 이론(성적본능)을 대체하는, 프롬의 '사회적 성격' 이론이다. 즉 성적 욕구인 '동물적 본능'이 인간 심리의 내면(무의식)에 있다는 것이 프로이트의 주장이라면, 프롬의 주장은 동물적 본능보다 더 강한 '사회적 본능'이 인간 심리의 내면에 있다는 것을 말한다.

에리히 프롬은 인간은 자기에게 주어진 '자유(自由)'에 관해서 부담을 갖는 존재라고 생각했다. 다시 말해서 중세의 성직자ㆍ기사ㆍ농민의 계급 사회의 구조에서 루터와 칼뱅의 종교개혁 후에, 자유를 얻은 시민들은 더 열심히 일하고, 종교를 더욱 신봉하는 문화에 적응하는 과정에서 심한 갈등을 겪는다. 비록 진정한 자유는 아니지만, 안정적으로 빵이 공급되던 신분사회에서 자신이 의식주를 해결해야 하는 '자본주의'로 사회가 변화되면서 발생하는 심적 갈등에 빠진 것이다. 이것이 '자유로부터의 도피'를 일으켰다고 에리히 프롬은 주장한다. 그는 히틀러가 등장하게 된 배경을 이러한 이유에서 찾는다. 시민은 자신들이 모든 삶을 해결하는 것을 두려워했고, 강한 지도자가 나타나서 해결해 주기를 갈망하는 상태에서 독재자가 등장했다는 것이다. 이것은 일종의 사회 구조주의에 무의식적으로 빠지는 현상이라고 해석된다. 무의식 속의 성적욕구라는 '동물적 본능'보다 더 강한 '사회적 본능'이 인간 심리의 내면에 있다고 에리히 프롬은 프로이트와 다른 견해를 밝혔는데, 앞서 언급한 한 인간의 삶의 방식이나 활동의 산물, 삶의 관습이 사회 속에 사는 인간의 성격을 결정짓는 것"이라는 그의 주장은 '구조주의(構造主義, Structuralism)'의 영향을 받은 것처럼 보인다.

'우치다 타츠루(Uchida Tatsuru)'에[35] 따르면 "우리는 늘 어떤 시대, 어떤 지역, 어떤 사회집단에 속해있으며 그 조건이 우리의 견해나 느끼고 생각하는 방식을 기본적으로 결정한다. 따라서 우리는 생각만큼 자유롭거나 주체적으로 사는 것이 아니다. 오히려 대부분은, 자기가 속한 사회집단이 수용한 것을 선택적으로 보거나, 느끼거나, 생각하기 마련이다"라고 한다. 다시 말해서 그 집단의 문화나 사색 속에 동화(同化)된다는 의미다. 이것이 구조주의의 개념이다. 하이데거의 말처럼 인간은 세상에 던져진 존재이므로 그 세상이 만들어 놓은 문화나 질서에 부응하면서 실존(實存)이라는 본질로 살아가는 '현존재'라고 했다. 이 또한 구조주의이다. 공자가 주장한 예(禮)로 승화된 사회도 결국 구조주의다. 우리가 현대를 살고 있지만, 타인들이 만들어 놓은 질서에 파묻혀 살고 있다. 그 질서를 파괴하면 범법자가 되는 구조주의 세상에 살고 있다. 이런 구조주의를 고려하면, 우리의 힘과 에너지는 프로이트가 말한 성적욕구인 '리비도'가 아니라 에리히 프롬이 말한 삶의 관습(慣習)이 인간 무의식에 자리하여 우리의 창조적인 에너지 원천(源泉)이 되는 것은 아닌지 조심스럽게 프로이트를 의심하게 된다.

구조주의는 1900년과 1930년 사이에 소쉬르의 '언어 구조학'에서 처음으로 발전된 분석양식이다. 1960년대 후반에 특히 프랑스에서 사회과학과 인문과학에 영향을 주었다. 인류학자인 레비스트로스, 문화분석가였던 롤랑바르트, 자크라캉, 미

---

35 1950년 도쿄출생. 고베여학원대학 문학부 종합문화학과 교수. 저서: 교양인을 위한 구조주의 강의(푸코, 바르트, 레비스트로스, 라캉 쉽게 읽기).

셀푸코, 자크데리다에게 영향을 끼친다. 당시에 프랑스의 젊은이들이 사회의 구조주의에 반대하여 자유를 달라고 외친 이유도 이와 무관하지는 않다. 소쉬르가 언어는 구조화되었다고 하는 것처럼 구조주의자들은 사회현상이 구조화되었다는 신념을 공유한다. 소쉬르는 언어가 기초의 체계라고 주장한다. 각 기호는 기표(signifier, 단어의 소리)와 기의(signified, 단어가 지적하는 의미)라는 두 요소로 분석될 수 있다고 한다. 가령, 사과라고 부르는 것은 기표고, 먹는 사과라는 과일 자체가 기의가 되는 것이다. 즉, 기표가 생기고 기의는 그 후에 적용되는 것이다. 자크데리다는 그의 '차연(差延)'이란 사상에서 기표는 차이가 있어야 활용될 수 있는데 그 차이는 쉽게 찾아지는 성질이 아니라 했다. 또한 소쉬르는 언어 일반의 성질에 관하여 깊이 연구하면서 '랑그(langue, 언어)'와 '파롤(parol, 말)'이 존재해야 일상 속에서 대화를 할 수 있는데 우리가 말을 하고 서로 소통할 수 있는 이유는 '랑그'라는 규칙이 있기 때문이라고 했고, 이것이 언어의 '구조주의'이며 사회적 문화적으로 이 규칙이 응용되고 있다고 한다.

마르크스는 사람의 운명을 결정짓는 것은 그 사람의 계급이라고 했다. 사회의 구조 속에서 어디에 속해있느냐에 따라서 그의 사고방식이 다르고, 생활하는 모습, 인간관, 세계관이 모두 다르다고 했다. 그는 인간의 개별성은 그 사람이 누구인가? 가 아니라 어떤 일을 직업으로 하고 있는가? 가 결정한다고 한다. 즉, '존재' 그 자체보다는 '행동'의 중요성을 말하는 관점으로 헤겔이 말한 인간은 노동함으로써 그 속에서 자신의 가치를 발견하여 자신이 누구인지를 인식한다고 말한 것과 맥락이 같다. 즉, 헤겔의 사상을 마르크스가 배운 것이다. 이러한 행동 중심주의 사상이 구조주의의 가장 근본이 되는 개념이고, 구조주의자들이 공유하고 있는 생각이라고 우치다 타츠루는 주장한다.

그러나 프로이트는 마르크스와는 달리 인간의 가장 안쪽에 있는 무의식의 영역에 주목했다. 인간이 직접적으로 알 수 없는 마음의 활동이 인간의 생각과 행동을 지배한다고 생각했다. 이것이 '무의식'이라고 주장했다. 가령, 자기 자신이 싫어하거나 혐오하는 기억을 '자아'라는 '문지기'가 무의식의 영역으로 보낸다고 한다. 또한 사회 도덕적으로 문제가 있는 성욕 같은 비도덕적인 관념도 무의식으로 보낸다고 했다. 프로이트는 이것을 '억압'이라고 했다. '의식'은 이러한 무의식의 작동 메커니즘을 모르기 때문에 정신질환이나 신경증에 걸린다고 본 것이다. 프로이트는 "인간 주체는 자기가 무언가를 의식화하고 싶어 하지 않는다는 사실을 스스로 의식화할 수 없다"라고 했고, 마르크스는 자기가 누구인가를 사회 관계망 속의 타인을 통하여 후에 알게 된다고 주장했다. 결국, 이 둘의 공통점은 자기 스스로 '의식'을 통하여 알게 되는 구조가 아니라는 것이다. 즉, 자신도 모르게 사회의 '구조주의'라는 틀 속에 박혀서 인간의 주체는 움직인다는 것을 의미한다.

1-12 공리주의는 노예의 상태인가?

'존 로크'[36]는 "인간들이 공동체를 구성하고 하나의 정부에 복종할 때, 그들이 서로 인정한 가장 중요하고 근본적인 목적은 자기들의 사유재산을 보전하는 것이었다. 왜냐하면 자연 상태에서는 사유재산의 확보를 위해 너무나도 많이 소유한 것을 잃어야 하기 때문이다."라고 했다. 만약, 인간이 야생의 자연 상태에 놓이게 되면, 각각은 '자기보존'이라는 이기적인 동기에 의해서 행동할 것이다. 공리주의자들은 이것을 당연히 인간이 지닌 본래의 권리라고 생각했다. 이러한 권리를 '자연권'이라고 했다. 만약 모든 인간에게 '자연권'이 허락되면, 자기가 원하는 것을 타인으로부터 빼앗아도 좋다는 말이므로 인간들은 끝없는 배틀로얄(battle, royale 전원이 전원을 적으로 삼는 전쟁)의 상태로 빠지게 된다.

---

36 John Locke(1632~1704): 영국 태생. 외과 의사. 권력의 정당한 행사는 인간 세계의 재화와 이익을 보호하는 것에만, 국한되어야 하고, 신과 인간 사이의 문제에 관여해서는 안 된다고 주장했다. 종교적 관용에 대해서 로크는 무신론자에게는 보장되지 않는다고 했다. 로크에게 무신론자는 다른 인간 동료에게 위험을 가져다주는 사악한 운명의 뿌리로 여겼다. [출처] 서울대학교 철학사상 연구소.

'홉스'[37]는 이 상황을 "만인의 만인에 대한 투쟁"이라고 했다. 그는 이 무질서를 벗어나기 위해 국가가 계약을 바탕으로 성립됐다는 '국가계약설'을 폈다. 이것은 취소할 수 없다고 해서 '절대주의적 군주제'의 기초가 되게 했다. 공리주의자들은 자연권 행사의 전면적인 승인은 결국 자연권의 행사를 불가능하게 만든다는 모순을 낳게 된다고 하면서, 사람들은 일단 자연적인 욕구를 단념하고, 사회계약에 기초해서 창설된 국가에 자연권 일부를 위임하는 편이 결과적으로 사리사욕의 달성을 위해 확실한 방법이라는 판단을 하게 된다.

니체에 따르면 "'대중사회'란 구성원들이 '무리'를 이루어 오로지 이웃 사람과 똑같이 행동하는 것을 가장 우선하여 배려하는 것이 바탕이 되는 사회"라 했다. 즉, 비판이나 회의 없이 전원이 눈사태를 피해 달려가듯 같은 방향으로 가게 되는 심리를 대중사회의 특징이라는 것이다. 니체는 이러한 비주체적인 군중을 '짐승의 무리'라고 했다. 그곳에서, 짐승의 무리가 지닌 도덕관념은 '평등'이다. 따라서 사람들은 마음을 통일해서 모든 특권과 우선권에 완강하게 저항하고, 동고동락하고, 같은 종교를 신봉하고, 함께 느끼고 고민하는 무리라 했다. 이것은 대단히 공리적이다. 그러나 이러한 사상은 로크나 홉스가 생각했던 공리주의와는 차이가 있다. 그들은 이기적인 시민들이 자연권 일부를 국가에 위임한 것은 그들이 어떤 행동을 해야 가장 큰 이익을 얻을까? 라는 물음에 대한 최적의 판단을 내릴 수 있는 지성을 가지고 있었고, 이런 전략을 사회 구성원들이 알아차리지 못한다면 공리주의 도덕은 성립할 수 없다고 니체의 주장과 달리했다. 앞서 언급한 공자가 말한 군자란 화이부동(和而不同)하고, 소인은 동이불화(同而不和)가 생각난다. 니체가 말한 '짐승의 무리'는 소인의 뜻과 가깝지 않을지? '부화뇌동(附和雷同)'[38]했으나 상황이 정리되면, 소인의 근성이 발휘되어 조화되지 못하고, 자기 보따리를 찾을 것 같다. 그러나 로크나 홉스가 말한 공리주의는 서로 간의 뜻이 다르더라도 군자처럼 우선 대

---

37 Thomas Hobbes(1588~1679): 영국. 철학자. 정치학자. 유물론. 영국 유물론의 창시자인 베이컨의 유물론 철학을 계승, 체계화시켰다.

38 우렛소리에 맞춰 함께한다는 뜻으로, 자신의 뚜렷한 생각 없이 경솔하게 남의 의견에 따라 움직이는 태도.

(大)를 위하여 소(小)를 희생하는 조화(調和)를 취할 것 같다.

'짐승의 무리'는 타인과 같으면 선(善), 다르면 악(惡)이 된다. 그것이 이들이 지닌 도덕의 유일한 기준이다. 이러한 짐승의 무리는 우리 시대의 현대인과 존재 양태가 비슷하다. "현대인은 모두가 같게 되는 현상 자체에서 행복과 쾌락을 찾아내려고 한다"라고 우치다 타츠루는 주장한다. 니체는 이웃 사람을 모방하고, 집단 전체가 한없이 '균질화'되어가는 사태에 희열을 느끼는 인간들을 노예(Slave)라고 불렀다. 니체는 대중사회에서 벗어나는 유일한 방책으로 노예의 대칭에 있는 '귀족'을 세상을 구할 영웅으로 묘사한다. '귀족'의 행동은 공리주의적인 시민처럼 숙고한 끝에 이루어지는 행위도 아니고, 노예처럼 외부에 대한 굴복도 아니라는 것이다. 자연발생적으로 자기 내부에서 치밀어 오르는 '충동'에 자기의 몸을 완전히 맡기는 사람이 귀족이란 것이다. 니체는 "나는 너희에게 초인을 가르친다. 인간은 초극(超克)되어야만 할 그 무엇이다. 너희는 인간을 초극하기 위하여 무엇을 하였는가? 이제까지 모든 존재는 자기를 능가하는 무엇인가를 창조해왔다. 너희는 그 위대한 조수의 썰물이 되길 원하며 인간을 초극하기보다 오히려 짐승으로 되돌아가고자 하는가?"

1-13 구조주의 관점-레비스트로스, 소쉬르, 소크라테스

'소쉬르'[39]는 어떤 사물의 성질이나 의미, 기능은 그 사물이 포함한 관계망 또는 시스템 속에서 어떤 위치를 차지하고 있는가에 따라 차후에 결정된다는 것으로, 사물 자체에 생득적이거나 본질적인 어떤 성질이나 의미가 내재하여 있지는 않다는 것이다. 즉, 어떤 '관념'이 먼저 존재하고 거기에 '이름'을 붙이는 것이 아니라, 이

---

39 1857년~1913년, 스위스 언어학자. 제네바대학교 교수. 그의 구조 언어학은 언어학을 초월한 구조주의의 초석이 되었다.

름이 붙으면서 어떤 관념이 우리의 사고 속에 존재하게 된 것이다. 즉, 어떤 사물에 쓰이지 않는 새로운 '기표'를 붙여주고, 그것이 '기의'를 가지면서 그 사물에 이름이 생기는 것이다. 즉, '기표'가 먼저 생기고 '기의'가 생기는 것이다. 그러므로 사물은 그 사회의 구조 속에 종속될 수밖에 없는 운명이다. 사람도 마찬가지다. 갓난아이가 태어나면서 이름을 갖고 태어나는 생명체가 아니라 태어난 후에 부모가 이름을 지어주고 그것을 불러줌으로써 자신의 이름이 생기는 것이다. 역시, 구조주의 속에 살 수밖에 없는 운명이다. 사람은 그 사회에 맞는 교육을 받고 성장하기 때문에 틀 속에 갇힐 수밖에 없고, 사고와 행동도 그 사회의 질서와 문화에 지배를 당하게 된다. 이것이 구조주의의 맹점(盲點)이자 필연(必然)이다. 내가 말을 하고 있을 때, 말을 하는 것은 엄밀히 말하면 내가 아니라는 것이다. 즉, '타인의 언어'라는 것이다.

자크라캉은 상징계는 언어를 익히면서 진입하며, 언어의 지배를 받는 구조로 되어있다고 한다. 다분히 소쉬르 언어학의 영향을 받은 것이다. 가령, 누군가에게 확신을 두고 말을 술술 한다면, 내가 누군가에게 들은 문장이나 말을 되풀이하는 것이라고 한다. 그러므로 자세한 내용은 모른다는 것이다. 마치 앵무새가 사람이 한 말의 모든 뜻을 이해하고, 지껄이는 것이 아니듯이 말이다.

소크라테스가 아테네 법정에 선 것은 아테네인들로부터 고소를 당했기 때문이다. 죄명은 신을 믿지 않고, 젊은이들을 타락의 길로 인도하기 때문이라고 했다. 소크라테스는 법정에서 비굴하지 않고, 자신의 소신이 있는 말을 했다. 자신은 젊은이든 늙은이든 만나면, '영혼'이 훌륭하게 되도록 마음 써야 하고, 그보다 먼저 신체나 재물에 마음을 써서는 안 된다고 말했다고 했다. 이런 행동은 아폴로 신의 신탁에 따라 이루어졌다고 천연덕스럽게 주장했다. 그 근거를 '다이몬(Daimon)'에서 찾았다. 다이몬이란 내면의 소리를 말한다. 이러한 내면의 소리는 소크라테스에게 귀담아듣지 않을 수 없는 경고로 들려왔다고 했다. 무지(無知)를 알고 있는 인간인 소크라테스는 인간은 불의(不義)를 행해서는 안 된다는 것이 어째서 무조건 확실한지를 증명할 수 없었다. 또한 소크라테스는 증명할 필요성도 느끼지 않았다. 어떤 이론적 확실성보다도 더 깊이 뿌리를 내리고 있는 '확실성'으로 간주했다. 이것을 '마음의 확실성'이라고 한다. 훗날 칸트는 그의 '도덕법칙'에서 보편적인 도덕을 소크라테스의 '마음의 확실성'에서 찾았는지도 모르겠다. 그것은 파괴될 수 없는 마음의 바탕 속에 자리 잡는 정의로운 행동에 대한 절대의무이며, 이것은 소크라테스의 위대한 발견이라고 니체는 주장했다. 소크라테스는 독배를 마시면서도 이 의무에 충실하였고, 그 의무를 위해 자신의 운명을 회피하지 않았다. 그는 죽음이라는 것은 새로운 시작이지 끝이 아니라고 보았다.

'구조주의'라는 사상은 서구세계에서 오랫동안 자리를 잡아 온 '자아'라든지 데카르트의 코기토(cogito), 의식 등과 같이 나를 중심으로 두고 있는 사상에서 타인의 사상과 문화에 지배를 받는 사상으로써 러시아 '프라하학파'[40]에 의해 지지를 받았다. 언어학자인 소쉬르의 구조주의가 사회와 문화를 지배하는 사상으로 될 줄, 소쉬르 자신도 예상하지 못했을 것이다. 자아 중심주의 사상에서는 '경험'이란 내가 외부에 나가서 이런저런 정보를 수집하는 것이며, '표현'이란 나 자신의 내부에 담겨있는 생각을 이런저런 매개체를 경유해서 표출하는 것이라 주장하고 싶겠지만, '구조주의'에서는 자신이 아닌 사회의 질서와 구조 속에서 타인의 사상과 말을 그저 자신이 전달하는 것이라는 충격적인 관념이다. 소크라테스는 주장하기를 신성한 도덕적인 삶을 일반인들에게 전파하고 실행하는 행위는 아폴로 신의 신탁 때문이고, 자신은 그 뜻을 전달하는 전달자라고 법정에서 진술했다. 그러면서 '다이몬'이라는 내면의 경고를 들었고, 마음의 '확실성'에 근거해서 신탁을 받들었다고 했다. 이 말은 자신의 내면의 소리를 전달했다는 것이고, 자기도 내면의 신성한 명령에 따라 독배를 신의 이름으로 마신다고 했다. 이것을 구조주의자들이 말하는 '타인의 언어'라고도 볼 수 있는데 과연 소크라테스의 마음을 '구조주의'로 볼 수 있는지 판단하기 어렵다. 왜냐하면 세상에는 소크라테스와 같지는 않더라도 신의 명령에 따

---

40 1926년 프라하 언어학회가 결성되었다. 이 학회는 스스로 구조주의라는 명칭을 부여했다. 프라하학파는 소쉬르의 관점을 택하면서도 '구조 음운론'에 초점을 둔다. 음의 기술적 대립을 파악하여 모든 언어의 대립을 파악하고자 했다.

른다는 자신의 믿음과 확신으로 사는 사람들이 적지 않고, 불교와 같은 다른 믿음으로 즉, 불성(佛性)으로 사는 사람들도 적지 않기 때문이다. 그들도 분명히 세상에 던져진 존재요, 그 특정 사회의 질서에 순종하면서 살고 있기 때문이다.

'레비스트로스'[41]는 역사를 갖지 않은 수많은 민족 집단을 보았다. 신석기 시대와 거의 흡사한 생활하는 부족이었다. 그들 사회에는 문화나 역사랄 상황이나 참여 활동이 거의 없었다. 앞으로 수천 년도 그렇게 살 것이다. 그렇다고 그들에게 인간으로서의 존엄이나 이성이 없다고 볼 수도 없을 것이다. 레비스트로스는 문명인들이 그들을 깔보도록 허용해서는 안 된다고 주장한다. 그 이유는 그들도 자신의 원시적 삶에 의미를 부여하며 전체가 생활한다고 판단한다. 마치 문명인이 어느 지역에 자신들도 모르게 던져진 채 살아가고 있듯이, 그들도 그들이 처한 상황에 맞게 살아갈 뿐 문명인들과 다른 인류가 아니라는 것이다. 이것이 구조주의 숙명이다. 레비스트로스는 의식할 수 있는 표면이 아닌 의식이 접근하지 못하는 심층에서 진실을 찾으려 했다. 이것은 일종의 '무의식' 영역이다. 무의식적으로 생성된 '구조'로 이해할 수도 있을 것이다. 레비스트로스는 이것을 '보편적 무의식'이라고 하는데 이런 점에서 그의 구조주의 개념은 칼융의 '집단 무의식'과 매우 유사하다.

레비스트로스의 '구조'가 보편적 인류의 인간성 전체, 즉 인간사고의 구조 일반에 관한 연구인 반면, 프로이트의 무의식은 선택된 개인에 관한 신경증의 연구라는 점에서 근본적으로 다르다. 반면에 칼융의 집단 무의식은 인간이 가지고 있는 보편적 무의식이란 관점에서 레비스트로스의 보편적 무의식과 유사하다.

레비스트로스의 '구조인류학'을 이해하기 위해서는 '음운론(phonology)'을 이해해야 한다. 그것은 언어로서 내뱉어진 음성은 어떤 '랑그' 속에서 어떻게 다른 언어의 소리와 식별되는가? 그 언어 소리의 차별화가 지닌 메커니즘이 무엇인가를 연

---

41 1908~2009, 프랑스의 인류학자이자 민족학자로, 구조주의 인류학의 창시자. 콜레주 드 프랑스 사회 인류학 교수. 야만의 정신은 문명화된 정신과 같은 구조를 지니며, 인간의 특성은 모든 곳에서 같다고 주장함. 그의 구조적 인류학의 기반이 되는 사상은 인간의 두뇌는 체계적으로 조직되는 과정을 지니고 있고, 이를 두고 구조적이라 하며 정보들이 단위를 이루어 구성되고 또 재구성되어 인간이 사는 세상을 설명하는 모델로 본다. [출처] 상담학 사전.

구하는 것이다. 소쉬르는 '음운'을 '랑그'로 '음성'을 '파롤'로 생각했다. '음성학'이 말소리의 물리적인 발성과 인지를 연구하는 데에 비해 '음운론'은 주어진 언어 내에서 또는 범언어적으로 소리가 어떻게 기능하는가를 기술한다. 즉, 박수와 수박을 예로 들면, /ㅂ/의 경우에 어떤 환경에 놓여 있는가에 따라 다른 소리가 될 수 있다. '박수'의 첫소리 /ㅂ/은 무성음 [p]로 발음되지만 '수박'의 두 번째 음절의 첫소리 /ㅂ/은 유성음 [b]로 발음된다. 이들은 음성적으로는 다른 소리이며 이러한 차이는 음성학의 연구 대상이 된다. 반면에, '음운'이란 추상적인 소리이고, 관념적인 소리로서 '의미'를 구별해주는 기능이 있다. 가령, '가곡'이란 말의 의미를 다른 사람들과 어려움 없이 소통할 수 있는 수단은 자음과 모음으로 구성된 '음운' 때문이다. 즉, 사람마다 발음하는 소리가 모두 다름에도 '가곡'이라고 발음해도 소통이 가능한 것은 머릿속으로 '가곡'이라고 생각하고 다른 사람과 대화하는 것이기 때문이다. 이처럼 머릿속으로 떠올린 소리가 '음운'이고, 입으로 실제로 발음한 것이 '음성'이다. 그러므로 '음운'이 없다면 대화는 불가능하다.

가령, 우리가 영어로 미국인들과 대화를 할 수 있는 것은 정확한 발음을 우리가 내기 때문이 아니라, 단어를 사용하면서 미국인과 같은 관념을 가지고 있기 때문이다. 영어를 잘하는 사람은 발음이 썩 좋다기보다는 미국인들이 사용하는 단어를 많이 알고 있고 대화에 필요한 문장 구성을 할 수 있기 때문이다. 그러므로 미국인이 말하는 것을 잘 듣기 위해서는 미국인들이 많이 사용하는 단어를 많이 알고 있어야 한다. 영어 회화를 잘 못 하는 사람들의 특징은 미국인들이 잘 사용하지 않는 단어를 사용하다 보니 그들이 이해를 못 하는 것이다. 무조건 발음이 형편없어서 대화가 안 되는 것이 아니다. 만약, 발음이 문제라면 미국인끼리도 대화가 어려워야 한다. 인간은 모두 발음이 같지 않기 때문이다. 그래서 '음성'보다는 '음운'이 중요하다는 것이다. 가령, 영어의 'pen'의 복수인 'pens'와 'pence'의 짝은 /penz/와 /pens/처럼 그 음운론적인 차이가 끝소리 z와 s에 있지만, 런던 근교의 발음에서는 두 어형의 끝소리가 s로 실현된다. 그런데도 이 경우에도 pens와 pence의 차이는 소리로 구별되어 인식되는데, 그 차이를 만들어내는 것은 n의 길이다. pens의 n은 길고,

pence의 n은 짧게 발음된다. 즉, n의 장단이 두 어형의 구별에 공헌하는 것이다. 우리말에도 먹는 '배'와 타는 '배'와 사람 '배' 그리고 곱절을 나타내는 두 '배'가 있다. 발음은 어떻게 차이가 날까? 두 '배' 할 때 '배'만 길고, 나머지 모두는 짧다. '음운론'은 음소만 연구하는 것이 아니라 음절구조, 악센트, 억양, 리듬 등을 연구한다.

'구조인류학'에서 사회과학의 영역에 혁명적인 변화를 가져온 '트루베츠코이'[42]의 '음운론'을 이해할 필요가 있다. 그가 발견한 음소(음운)의 목록은 열두 종류의 음향적·발성적인 물음을 제기하면 세계의 모든 언어를 포함할 수 있다고 한다. 가령, '모음인지 자음인지', '비음인지 비음이 아닌지', '끊기는지 연속성이 있는지' 등 '이항 대립'의 관계를 분석의 기초로 삼고 체계의 개념을 도입함으로써 일반 법칙을 발견하는 것을 목적으로 한다. 그가 언어학에서 찾고자 했던 연구 방향은 인간 언어활동의 심층에 존재하는 또는 가정되는 '보편적 질서'였다.

레비스트로스는 이러한 '보편적 질서'를 문화의 영역에서 발견하려고 했다. 그러한 보편적 질서가 존재한다면 인간 사유의 보편적인 구조를 알 수도 있을 거란 희망에서였다. 즉, 이항 대립의 조합을 되풀이해서 대단히 많은 다른 상태를 표현할 수 있다는 이 '음운론 발상법'을 인류사회의 모든 제도에 적용할 수 있지 않을까를 생각했다는 점이 놀라운 점이다. 또한 트루베츠코이가 이 음운론의 일반특성으로 정리한 내용 중에, 의식적인 언어학적 현상에 관한 연구로부터 그것의 무의식적인 하부구조에 관한 연구로 이행한다는 점에 주목한다. 그에 따르면, 정신의 무의식적인 활동은 내용에 형식을 부과하는 것과 다름없다. 바로 이러한 형식부여라는 무의식적인 활동의 특성 속에서 '음운론'과 '인류학'의 방법들이 서로 닮을 가능성이 있다는 것이다. 즉, 레비스트로스의 구조주의는 문화를 구성하는 무의식적 구성원리인 상징적 질서를 발견하려는 시도였다. 그는 사회 구조를 인간이 만든 것이 아니라 사회 구조가 인간을 만들었다고 한다. 즉, 인간은 태어날 때부터 인간인 것이 아니라, 어떤 사회적 규범을 수용하면서 인간이 된다는 것이다. 이것은 '푸코'[43]

---

42 1890~1938, 러시아의 언어학자. 프라하 언어학파 창립자의 한 사람. 저서: 음운론의 원리.
43 1926~1984, 프랑스 철학자. 사회운동가. 코레즈 드 프랑스 교수 등 역임. 사회와 개인의 관계를

의 '탈 인간주의'와도 맥락이 같다. 이 점에서 '구조주의'가 기존의 '실존주의'를 무너뜨리는 논거가 되었다. 사르트르가 레비스트로스에게 당한 것이다.

레비스트로스는 인간이 타자와 공생하기 위해서는 인간사회는 같은 상태로 계속 있어서는 안 되고, 우리가 원하는 것이 있다면, 먼저 타자에게 주어야 한다는 두 가지 원칙을 제안했다. 언어가 사고(思考)를 결정한다는 견해를 '언어결정론'[44]이라고 한다. 즉, 어떤 단어를 알고 있고, 그 단어의 뜻을 제대로 알고 있어야 그것이 그대로 사고로 나타난다는 것이다. 언어는 태초부터 시작된 인간의 심리, 사회, 문화 등 수많은 영역과 교류하는 시간을 거쳐 탄생한 결과물이다. 그러므로 언어는 그 사회의 발전상을 간접적으로 보여주는 지표라고도 생각된다. 인류의 역사는 서양 중심의 역사로 우리는 알고 있고, 서양 이외의 지역은 문화, 사회적으로 낙후된 문화를 가지고 있다는 선입견이 있다.

그러나 '벤저민 리 워프'[45]에 따르면 아메리카 원주민의 호피어, 쇼니어, 아카트어, 마야 아즈텍어 등의 언어를 파헤쳐보면 유럽 언어의 사고, 문법 체계보다도 더 섬세한 면을 발견할 수 있다고 한다.

루이 알튀세르는 인간이 역사의 주체나 역사발전의 주동자가 아니라고 주장한 마르크스적 구조주의자였다. 이전에 헤겔도 역사는 개인의 능력으로 발전하는 것이 아니라 정해진 운명론에 따른다고 했다. 이것이 절대주의요, 세계주의라 했다. 즉, 신(神)이 정해놓은 세계 질서에 따라서 움직인다고 했다. 라이프니츠도 그의 예정조화설(豫定調和說)에서 세상의 질서는 이미 신에 의해서 전체의 조화가 정해져 있는 것이므로 개인의 노력으로 생긴 역사가 아니라고 했다.

권력과 힘이 작용하는 구조로 파악함.

44 linguistic determinism 언어가 인지와 사고를 결정한다는 이론적 관점. 미국의 Whorf가 Sapir의 영향을 받아 초기에 취한 입장으로 인간은 언어의 처분에 따라 행동할 수밖에 없다는 견해. 즉, 서로 다른 언어를 사용하는 사람은 사고나 이 세상을 감지하는 방식이 서로 다르다고 함. [출처] 교육심리학 용어사전.

45 Benjamin Lee Whorf(1897~1941): 미국. 언어학. 화학전공 MIT 졸업. 예일대학교 교수였던 에드워드 사피어 밑에서 호피어와 아즈텍어를 연구함.

'알튀세르'[46]에 따르면, 모든 이데올로기의 주체로서 구체적인 개인을 구성한다. '이데올로기'는 개인을 주체들로 변형시킨 것이다. '주체'는 이데올로기적 국가기구가 유포하는 이데올로기에 의해 형성된다. 특히, 언어와 대중매체는 주체의 형성에 가장 중요한 역할을 담당한다. 이데올로기를 통해 인간은 자신이 생각하고 행위를 하는 방식을 사회현실과 자연스러운 관계 속에서 내면화함으로써 사회의 지배가치나 행위 양식에 무의식적으로 편입된다는 것이다. 즉, 세상을 보는 눈도, 자기 자신에 대해 생각하는 것도 이데올로기가 상정한 구조 속에 빨려 들어간다고 한다.

다시 말해서, 이데올로기는 개인의 주관성과는 무관하게 철저히 무의식적이란 것이며, 특정 개인들에 의해 체험되는 방식이 아니라고 한다. 이데올로기의 본질적 성격을 이해할 수 있는 것은 그 구조를 통해서 가능하고, 주체란 자율적이고 자기충족적이기는커녕 오히려 이데올로기에 의해 구성되는 위치에 있다고 한다. 주로 사회주의자나 공산주의자가 개인을 포섭할 때 쓰는 수법이 '이데올로기'에 의한 '주체 확립'이다. 이것은 집단을 대상으로 규정짓기 때문에 개인의 개별적인 주체란 있을 수 없다. 사회 구조주의의 정수(精髓)를 이곳에서 찾아볼 수 있을 것이다.

1-14 언어의 구조주의-촘스키, 스키너

'촘스키'는 1928년생으로 유대인이다. 그는 북한을 찬양한 좌파적 인물로도 잘 알려져 있고, 미 국방성으로부터 감시를 받으면서도 연구력을 인정받아 연구비를 받았던 별난 인물이다. 미 국방성에서 그의 연구에 관심을 보인 내용은 그의 '내재주의 이론' 때문이었다. 그에 따르면 인간은 어디서 들어 본 적도 없고, 누가 가르

---

46 Louis Althusser(1918~1990): 프랑스 구조주의 철학자. 마르크스 사상에 구조주의적 해석을 제시함.

처준 적도 없는 언어나 문장을 이해하는 능력을 갖추고 있다고 한다. 이것은 인간
이 태어날 때 '언어습득장치'를 가지고 태어나기 때문이라고 한다. 이 장치 속에는
모든 언어에 적용되는 '보편문법'이 내장되어 있다고 한다. 가령, 한국어를 듣고 자
란 아이는 보편문법을 통하여 한국어 문법을 터득한다고 한다.

반면에 '스키너'[47]는 아기는 언어 배우는 능력을 타고나는 기질이 있는 것이 아
니라 경험을 통하여 학습하고 익히게 된다고 한다. 이것을 '언어의 행동주의'라고
한다. 즉, 인간의 심리를 자극과 반응에 따른 행동 관찰에 기반을 두고 분석하는 행
동주의로서, 심리학 분야에서 언어습관이나 패턴 등을 분석하여 외부로 드러난 언
어 현상을 분석한다고 한다. '촘스키'[48]는 이를 비판했다.

촘스키에 따르면, 인간에게는 언어능력(linguistic competence)과 언어수행
(linguistic performance)이 있다고 한다. 언어 능력은 인간의 무의식 세계 속에 들어있
는 언어를 생성하는 능력이라 하고, 언어수행은 언어 능력에 근거하여 생활 속에
서 언어를 쓰는 현상이라고 한다. 언어 능력에는 통사부(문장에 '구조'를 제공하는 영
역), 음운부(문장에 '소리'를 제공하는 영역) 그리고 의미부(문장에 '의미'를 제공하는 영
역)가 있다고 한다. 그는 인간이 대상을 인식하기 이전부터 이미 형식과 범주가 있
었던 것처럼(칸트의 '인식론'을 의미함) 인간이 언어를 배우기 이전부터 이미 '보편문
법'을 지니고 있었다고 주장한다. 이러한 보편형식으로 인해 세계의 모든 언어는
서로 간 번역이 가능하다는 것이다. 미 국방성이 주목한 부분도 이 점이다. 촘스키
의 주장이 맞는다면 암호체계도 보편성을 지닐 가능성을 본 것이다. 촘스키의 '내
재주의 이론'은 칸트의 관념론인 '인식론'과 너무도 유사하다. 칸트도 인간의 뇌는
선험적으로 시간과 공간을 12범주로 나누고, 그 범주에 포함되는 것만을 인식할 수
있다고 했다. 촘스키의 이론에 따르면, 인간은 태생적으로 '보편문법'을 가지고 태

---

47 Frederick Skinner(1904~1990), 미국의 행동주의 심리학자. 인간은 자기 행동을 스스로 창출하는
    존재가 아니라 환경적 상황에서 행동 목록을 습득해 온 유기체이며, 개인의 행동은 자신이 속해
    있는 객관적 세계에서 겪은 과거의 경험 또는 현재의 경험으로 결정된다는 것이다. [출처] 상담학
    사전.
48 Noam Chomsky 1928년생. 미국. 언어학자. 매사추세츠공과대학교 교수.

어났기 때문에 국가 간 언어장벽은 없어야만 한다. 그러나 언어장벽은 분명히 존재한다. 차라리 스키너의 '행동주의'가 더 현실적이 아닌지 조심스럽게 생각해본다. 왜냐하면 언어습득을 하려면 그 사회에 동화(同化)되어서 그들의 문화와 습성을 함께 하면서 '경험'으로 배우는 것이지 내재한 것 같지는 않기 때문이다. 가령, 우리가 영어를 배울 때, 아무리 문법을 많이 익혀도 그들의 단어 발음과 뜻을 못 알아들으면 문장 자체가 귀에 들어오지 않기 때문이다.

촘스키가 '보편문법'을 찾으려 했듯이 레비스트로스는 인간사회의 '보편적 질서'를 문화의 영역에서 발견하려고 했다. 그는 구조주의적 관점에서 인간 사유의 보편적인 구조를 밝혀내려고 했다. 그에 따르면 인간은 자신이 태어나기도 전에 성립된 '질서'가 있었고, 자신은 무의식적으로 그 질서를 강요받았다고 했다. 가령, 문화적 질서나 상징은 무의식적 질서의 대표적인 예라고 한다. 이처럼 구조주의에서의 주체는 자율적인 실체가 아니라 구조의 산물로 간주한다. 앞서 언급한 바와 같이 이 부분에서 실존주의는 구조주의에 패하고 만다.

프랑스의 68혁명의 기저에는 '구조주의'를 타파해서 '자유'를 외치는 히피 문화가 발생한다. 이 운동이 세계적으로 퍼져서 우리도 훗날 민주주의를 외치는 배경이 된다. 당시에 프랑스는 '샤를 드골'[49]이 제5공화국을 세운 지 10년이 되던 시기로, 젊은이들과 노동자들은 "10년으로 이제 충분하다"라는 구호를 앞세우며 시위를 벌였다. 그들은 드골로 대표되는 권위주의와 가부장적 질서를 끌어내리는 것을 목표로 삼고, 그들의 자유를 주장했다. 구조주의는 인간 자체를 완전무결한 자율적 주체로 인식하는 사상이 아니라 인간의 행동과 사유를 제약하는 틀, 즉, 인간의 한계를 인식하는 것이다. 노자가 왜 무위자연(無爲自然)을 주장했는지 같은 맥락에서 해석할 수 있다. 노자의 사상이 곧 인간에게 속박 없는 순수한 자유를 달라는 주장과 같기 때문이다.

프랑스의 '68혁명'은 기존 학부모 세대들이 이룩한 경제 성장과 드골로 상징되

---

49 1890~1970, 프랑스 대통령, 프랑스 총리.

는 의회를 압도하는 카리스마로부터 파생된 경직된 국가의 질서를 타파하고, 순수한 시민의 자유를 쟁취하기 위한 운동으로 젊은이들은 베트남 파병도 반대했다. 당시, 사회의 권위적인 구조주의를 타파하기 위한 운동이었다는 점에서, 구조주의 사상이 졸지에 그들 저항운동의 동반자가 된 것이다. 레비스트로스는 마르크스의 "의식은 자신을 속인다."라는 교훈을 간직했다. 좌뇌의 거짓말에서도 확인된 것이다. 그는 구조적 분석을 수행하는 이유는 인간사회의 다양성 너머에 있는 근본적이고 공통적인 특성을 찾고자 했기 때문이라고 한다. 즉, 구조주의란 의식되지는 않지만 여러 집단에 공통으로 작동하는 원리를 발견하는 학문이라고 했다. 그는 '체계'와 '구조'의 차이점에 대해서 '체계'는 요소들과 요소들이 결합한 총체라면 '구조'는 특정 요소들과 여러 집단의 관계들 사이에서 유사점이 드러나야 한다고 한다. 즉, 한 집합의 요소적 특징을 다른 집단에 이행해갈 수 있도록 준비가 되어있어야 한다는 것이다. 그는 각 국가에 존재하는 '신화(神話)'에도 이런 '구조'의 공통된 특징이 있다고 주장한다.

1-15 정신분석학과 자아심리학-라캉, 하트만

자크라캉은 '유아기'에 거울을 보면서 자기의 조각난 이미지를 합성하고, 그것을 '자아'로 간주하면서 산다고 한다. 그러나 심리학에서는 유아가 성장하고 뇌가 발달하면서 자신의 내부에 '자아'가 형성되어 외부에서 자기 이미지를 인지한다고 한다.

반면에 라캉의 주장은 내부에서 자아가 형성되는 구조가 아니라 외부에서 비친 자기를 '자아'로 파악한다는 것이다. 라캉은 이것을 '소외(疏外)'[50]라고 부른다.

---

50 상상계의 거울단계에서 거울에 비친 모습이 자기 모습이라고 생각하면서 거짓된 모습에 환상을 가진다. 그러나 파편화된 자기 육체와 거울은 단절된 상태이므로 자기로부터 소외되지만, 이것을

그 이유는 인간은 외부 이미지에 자기를 의탁하고 그것을 자기라고 믿어버리기 때문이라고 한다. 라캉은 무의식이 의식의 영역에 오를 때, 언어학적인 법칙이 있다고 한다. 야콥슨이나 소쉬르의 언어학에 기초하여 인간의 무의식을 파악하며, 이런 무의식이 언어처럼 짜여있다고 보았다. 즉, '구조 언어학'[51]에 기초하여 무의식을 분석했다는 것이다.

야콥슨은 러시아 사람이었으나, 제1차세계대전 후에 체코로 와서 체코의 언어학자 마테지우스와 함께 '프라하의 구조주의'를 이끈다. 구조 언어학, 문화의 영역들에서의 구조주의, 문화기호론을 위한 터전을 구축한다. 이것은 러시아 형식주의와 체코 언어학, 체코 미학, 게슈탈트심리학, 현상학 등과의 만남에서 탄생한 질적으로 새로운 언어과학, 언어사상이었다. 특히, '구조주의'와 '현상학'의 만남은 이색적이다. 구조주의가 이미 확립된 세상의 질서를 기반으로 하고 있다면, 현상학은 사물의 본질을 찾는 학문이기에 그 접점을 찾기가 쉽지 않았을 것 같다는 생각이다. 왜냐하면, 구조주의는 사회현상이 되었든, 문화현상이 되었든, 이미 정해진 사회질서와 문화질서로서 개인적이라기보다는 집단적 성격을 갖는 데 반해, 현상학은 개인이 사물을 응시하는 것에 따라서 주관적 차이가 날 수 있는 개인적인 성격이기 때문이다.

1935년에 프라하에 체재 중이던 후설은 '프라하학파'를 위해 '언어의 현상학'이란 주제의 강연을 했다. 후설이 남긴 원고가 엄청난 양이고, 아직도 연구 중이라고 하니 후설의 현상학을 쉽사리 무엇이라 단정하기는 어려운 것이 사실이다. 후설은 현상학이란 본질을 토대로 철학, 인문학, 사회과학 등을 세우려고 했던 야심가였다. 라캉은 '언어활동'이 무의식이 존재할 수 있는 조건이므로 언어를 사용하지 못하는 동물에게는 무의식이 없다고 한다. 이상한 것은 동물도 분명히 꿈을 꾸기 때

자아로 인식한다. 후에 '파편화된 자아'와 '거울에 비친 자아' 사이에서 혼란을 빚으면서 폭력성으로 변하게 되는 동기가 된다.

51 언어의 사회적 혹은 전달적 기능을 강조하면서 언어학에서도 구조주의는 여러 사실을 체계 내에서의 그들의 상호관계 혹은 기능에 의해서 고찰해야 한다는 인식을 싹트게 하였다. [출처] 한국민족문화대백과.

문에 무의식이 없다는 것은 이해할 수 없다. 라캉은 인간의 무의식은 '상징계' 세계와 함께 만들어진다고 한다. 그에 따르면, 사회적 지위에 따라서 '억압'의 형태가 다르게 나타난다고 한다. 이것은 사회적 담론(談論)이 만든 욕망의 억압이라고 한다. 가령, 뉴스 진행자가 TV 화면에서 보이는 모습은 자기 실체가 아닌, 사회가 구성해 놓은 '상징기호'에 불과하다는 것이다. 인간은 외부적으로 부여된 상징기호를 자기와 동일시하면서 살아간다. 이것도 일종의 구조주의이다.

'자아 심리학(ego psychology)'은 원초적인 무의식의 충동을 '자아'가 통제(統制)할 수 있다는 견해로 오스트리아 정신과 의사이자 정신분석학자인 '하인즈 하트만'[52]에 의해서 주장되었다. 그도 프로이트와 같은 유대인이었다. 그는 프로이트 아래서 연구를 수행했으나 프로이트와 의견이 다른 부분이 많았다. 무의식의 갈등과 억압된 욕구에 초점을 맞추는 프로이트와 달리, 하인즈는 갈등이나 정신병리학적 측면보다는 정상적인 발달과 적응에 관심을 두었다. 자아의 역할을 강조했으며, 자아의 잠재력과 이를 발휘할 수 있는 환경 간의 상호작용을 통해 발달이 이루어진다고 보았다. 라캉은 그의 이론을 비판했다. 라캉에게 '자아'란 문화적 상징기호에 불과했다. 하인즈는 '자아'란 현실을 지배해야만 하는 통일성을 지닌 하나의 실체로 보았다. '자아심리학'에서 치료의 목적은 질환으로 약해진 환자의 '자아'를 건강한 분석가처럼 '자아'를 '동일화'시키는 것이었다. 그래서 분석가는 바람직한 이상형의 인간이기를 요구했다. 이에 라캉은 '신경증'은 오히려 자아가 너무 강해서 일어난다고 했다. 그러므로 분석가는 자아를 지우는 역할을 해주어야 한다고 생각했다. 하인즈는 1945년에 프로이트의 딸인 안나 프로이트와 함께 '아동 심리분석연구'를 창간했다.

라캉에 따르면, 사회 속에서 살아가는 인간이라고 하는 존재는 언어처럼 상징기호로 자기를 주체화하는 존재이며, 이 존재가 사는 문화적 영역이 바로 '상징계'라고 한다. 즉, 언어 및 언어구조를 모방하여 짜진 상징적 문화를 말한다. 이 말은

---

52 Heinz Hartmann(1894~1970): 오스트리아 정신과 의사이자 정신분석학자로, 자아 심리학 이론을 발전시킴.

현실 세계에서 벌어지는 일을 모두 보여주는 영역이 아니고, 상징이란 가식(假飾)으로 보여주는 허구적 세계라는 것이다. 가령, 유아가 언어를 습득하고 난 후, 언제나 '언어'라는 상징체계를 거쳐서 자기를 표현해야 하는 운명을 말하며, 자아의 원초적 반응은 상징체계에 의해 억압당한다고 한다. 이것은 무의식의 영역으로 상징과 함께 구성된다고 해서 무의식은 언어처럼 짜여있다고 주장했다.

라캉 후기에 가면 무의식의 영역을 틈새(간극)라는 개념으로 보완한다. '실재계'란 언어적 상징의 바깥에 잔재하면서 상상계와 상징계를 매개한다고 한다. '주이상스(쾌락)'의 존재는 실재계에서 '대상 a'로 존재한다고 한다. 유아기에 상상계를 통하여 거울을 보면서 '자아'를 인식하고, 그 후, 언어를 습득하면서 상징계로 진입하고, 성인이 된 후에는 이 세 영역을 모두 가진다고 한다. 라캉은 프로이트가 '꿈의 해석'에서 제시한 압축·치환의 두 메커니즘이 무의식의 영역에서 꿈이라는 수단을 통하여 발현되는 것을 참작하여 무의식에서 드러내고자 하는 것들이 여러 복잡한 것들로 응축되어서 복잡한 언어로 나타나는데 이것을 은유·압축이라 했다. 또한 부분을 전체로 치환하거나 결과를 원인으로 상징해서 나타내는 행위를 환유·치환이라 했다. 가령, 남녀 간의 성적인 관계가 '피'로 나타나는 것을 '무의식의 환유'라고 한다. 그는 무의식은 '타자의 담론'이라고 했다. 즉, 타자가 사용 중인 언어의 질서가, 은유와 환유의 작동 방식에 따라서 무의식적으로 형성된다고 한다. 그러므로 언어적 기호로 나타내지 못하는 비언어적 요소들은 무의식이 될 수 없을 뿐만 아니라 언어라는 외부의 상징이 나의 무의식을 만들기 때문에 '무의식'은 언어처럼 짜여있다고 표현한다. '무의식'이 무엇인지를 찾는 학문이 '정신분석학'인데 라캉은 근원을 '욕망'으로 본다. 욕망이란 채워지면 없어지나, 대부분의 욕망은 '결여(缺如)'로 존재하여 끊임없이 내면을 이동한다고 한다. 욕망이란 가지고 싶은 것, 잡으면 쾌락이 따르는 것이므로 '주이상스'로 표현한다. 그것의 실체는 '대상 a'인데 그것은 눈에 보이지도 않고, 잡을 수도 없다고 한다. 그것은 실재계와 상징계를 오고 간다고 한다. 그것을 일종의 '기표'라고 한다면, 무의식 속에서 그것을 찾기 위한 '기표의 연쇄'만 있을 뿐, '기의'와 맞닿지 못하는 운명이라서 끝없이 미끄러진다고 한다.

1-16 이마고와 시니피앙(기표)-칼융, 자크라캉

'이마고(imago)'란 칼융이 창안한 라틴어이다. 개인이 타인을 파악할 때, 참조하는 모델이 되는 이미지로 부친의 이마고, 모친의 이마고, 형제의 이마고 등 무의식적으로 패턴화된 이미지를 가리킨다. 즉, 이미지를 어떻게 주체적으로 규정하는지와 감정개입, 시각적 재현 등이 중요하다. 이마고는 개인적으로 순수하게 경험되었다기보다는 누구나가 가진 보편적 원형(prototype)이다. 가령, 누구나 어린 시절에 보호자에 대해서 긍정적 또는 부정적인 이미지를 보게 되는데 이것이 '이마고'이고, 성인이 되어 자신의 배우자를 선택하는 동기에 영향을 미친다고 한다. 이때 긍정적인 것뿐만 아니라 부정적인 것도 영향을 받는 것은 이러한 과정이 무의식적으로 일어나기 때문이라고 한다. 따라서 어린 시절에 경험한 상처가 치유되지 않으면 성인이 되어 어릴 때, 형성된 부정적인 이마고와 비슷한 배우자를 선택할 가능성이 크다고 한다.

칼융은 이마고의 긍정적 효과를 강조했지만, 라캉은 부정적인 효과에 더 무게 중심을 둔다. 가령, '파편화된 몸'을 자신의 이마고로 인식한 유아는 거울을 통하여 완전무결한 이미지를 보고, 현실에서는 혼자 이동조차 불가능한 간극을 체험하면서, 시각적 이미지에 대해 생애 최초의 소외를 느끼고 공격성으로 된다고 한다. 거울 앞의 유아는 자기를 안아주는 어른을 '절대적 타자'로 인지한다. 생후 6개월의 유아에게 어머니 같은 어른은 자기의 생사를 결정하는 힘을 가진 절대적 타자임이 분명하다. 절대적 타자가 말하는 언어의 보증(거울에 비친 아이에게 '저게 너야')으로 비로소 아이는 자기 이미지를 확인하게 된다. 그 결과, 유아는 상상적 세계에서 빠져나와 법의 세계로 들어가게 된다. 라캉은 그러한 세계를 '상징계'라고 부른다. 이 경우 상징이란 '언어'로 표시된다.

그러한 의미에서 상징계는 '언어의 세계'라고 할 수 있다. 라캉은 절대적 타자를 '대타자'라고 부른다. 거울 앞의 아이를 안고 있는 부모는 이러한 상황에서 '대타자'로서의 주체이다. 다른 의미의 대타자는 '언어'라는 대타자이다. 언어를 외부로부터 받아들이기 때문이다. 정신분석에서는 '주체'라는 개념이 매우 중요하다.

심리학에서는 심리학적 주체(개인)를 치료한다. 만약 주체가 없다면 정신분석은 누구를 치료하는 것인가? 라캉은 고민에 빠질 수밖에 없었다. 정작 본인은 구조주의자인데 구조주의는 결국 진정한 자율적인 '주체'는 없고, 외부의 힘(질서)에 굴복하는 주체들이므로 대부분의 구조주의자는 '주체'를 포기해야만 했다. 그러나 라캉만큼은 '주체'를 붙잡을 수밖에 없었다.

레비스트로스는 이런 라캉의 태도를 비판했다. 라캉에 따르면, 인간은 의식과 무의식을 함께 지니고 있는데 의식에게 특권을 주지는 않았다. 그렇다고 무의식에 주체를 줄 수는 없었다. 무의식은 분열된 채로 의식과 함께 존재하는 구조로 설정했다. 그러나 '파편화된 몸'이라는 실체와 거울 속의 모습이라는 완전체 사이에서 방황하는 '부조화'와 언어는 '타인의 언어'라는 구조주의의 모순 속에서 논리적 결여라는 부정적 개념이 존재하는 것은 사실이기에 개인의 욕망과 결여를 해결(무의식의 영역이므로 실제로 해결하기는 어려움)하거나, 개인의 신경증의 원인을 해결하는 정신분석으로 축소할 수밖에 없었다.

구조주의는 사회와 문화를 담는 거대한 '타자의 담론'이기 때문이기도 했다. 라캉은 '주체'란 전체적인 통일성을 갖춘 실체가 아니라 '분열'된 것으로 생각했다. '주체의 전복(顚覆)'이란 세계의 중심이던 주체가 자기의 활동무대를 잃어버리는 '전락(轉落)'[53]을 말한다. 즉, 인간 중심이며 현실을 지배하는 실체라는 환상이 깨지고, 오히려 스스로 모순을 안고 어떤 실체도 갖지 않은 분열된 것. 즉, 언어활동에 의한 하나의 결과라고 하는 무(無)의 장소에 빠져버리게 된 것이다. 라캉에 따르면

---

53 나쁜 상태나 타락한 상태로 빠짐.

언어의 세계에 들어갈 때, 인간에게는 구조적으로 하나의 '시니피앙(기표)'이 결여된다고 한다. '주체'란 이러한 '결여'로 본다. 즉, 자기 존재를 나타내는 시니피앙을 갖고 있지 않으며, 자기가 누구인지를 알지 못한다는 것이다.

프로이트가 말하는 '반복'이라는 것은 주체가 만족 체험을 완전하게 '재현'하려는 것으로 그러한 '재현'은 불가능하며 항상 무언가 결여된 것이 발생하고, 그것이 다시 반복을 되풀이하게 되는 원동력이 된다고 했다. 이런 상황에서 주체는 상실된 존재로 태어난다는 것이다. 즉, 프로이트는 주체를 뭔가를 상실한 실체로 상정하는 반면, 라캉은 주체를 실체가 없이 분열된 것, 기표가 없는 것으로 생각한다. 라캉의 사상이 어려운 것은 바로 이 지점이다. 프로이트는 '실체'를 인정하고 자기 이상을 좇아서 반복적으로 찾으려 해도, 찾지 못하고, 그것이 무의식의 한구석에 남아서 한 개인의 '욕망'으로 변질하여 결국 '신경증'을 유발하게 되고, 그것을 '꿈의 해석'을 통하여 치료하고자 하는 것이라면, 라캉은 실체 자체를 모호한 것으로써 단정한다. 실체 자체가 없는데 결여가 발생한다고 한다. 그럼 이것은 누구의 결여인가? 라캉은 이것을 '대타자의 결여'라고 한다. 즉, 주체는 대타자의 욕망으로 자기 욕망을 경험한다고 한다. 이것이 그의 유명한 "인간의 욕망은 대타자의 욕망이다."라는 명제를 만든다. 그래서 주체는 대타자를 만족시킬 수 있는 대상을 찾게 되는데, 상상적 '팔루스(Phallus · 남근 이미지)'가 어머니 욕망의 대상이라고 생각했다. 이러한 '거울단계'의 혼란스러운 욕망은 환상에 의해 규칙화된다. 주체는 대타자의 욕망을 자신의 욕망으로 착각하고 자신을 지배한다고 생각한다. 이때 환상은 '아버지의 이름' 기능을 지니며, 이 법에 따라 어머니의 욕망이 지배된다고 생각한다. 아이가 자라면서 대타자가 직접 의식에 나타나는 일은 없어지고 '무의식'이 구성된다고 한다.

1-17　타나토스와 노예 변증법-프로이트, 헤겔

　　'무카이 마사아키'[54]에 따르면, 프로이트는 트라우마성 신경증 즉, 전쟁 등으로 심적 스트레스를 입은 사람이 그것에게서 벗어나지 못하고 언제나 고뇌에 가득 찬 그 환자에게 쾌락 원리로써 그것을 불식시키려 시도했으나 환자는 치료가 부정적으로 되면서 증상의 괴로움에도 불구하고, 분석가의 해석을 받아들이지 않고, 치료의 방향과 역행해 나아가며 분석을 중단하려고까지 했다. 이러한 현상을 통하여 프로이트는 쾌락 원리의 깊숙한 곳에 더 근본적인 원리가 존재하는 것이 아닌가 생각하고, 그것을 '죽음 충동'이란 이름으로 불렀다. 그는 인간의 심적 메커니즘을 '죽음'을 나타내는 '타나토스'와 '생'을 나타내는 '에로스' 사이의 상반된 두 충동에서 일어나는 투쟁이라고 가정하고, 주체적 메커니즘을 생각했다.

　　반면에 라캉은 '죽음 충동'에 대해서 '거울단계'와 관련된 것으로 생각하며, 절단된 신체의 이미지에서 발생하는 공격성으로 해석했다. 즉, 자아의 본질은 언제나 "나인가, 타자인가" 사이에서 전체적인 신체 이미지를 둘러싼 투쟁이며, 인간관계의 근저는 이러한 공격성에 의해 구성된다고 한다. 그러나 '상징계'로 이동하면서 그곳의 자아와 타자는 나르시시즘적 관계에 있으며 '쾌락 원리'에 의해서 지배된다고 한다. 그러나 이내 '생'을 관장하는 이미지와 나르시시즘을 지우고 '주체'를 진정한 '욕망'의 세계로 이끈다고 한다. 여기서 라캉은 자아를 주체로 여기는지 또는 타자를 주체로 여기는지 혼란스럽다. 앞서 라캉은 주체의 욕망은 대타자의 욕망이라고 했으니 여기서는 주체를 자아로 인정한다는 것이 된다. 앞서 레비스트로스 말대로 라캉은 주체를 잊어야 했으나 결국 버리지 못했기에 실체도 없는 주체를 상징계로 끌고 오면서 욕망은 주체의 욕망이 아니라 대타자의 욕망이라는 이상한 구조를

54　1948년 일본 출생. 파리8대학 정신분석학과에서 DEA 수료. 프랑스에서 정신분석가로 활동.

만든다.

라캉은 '죽음 충동'이란 상징이 가진 이미지를 흔적 없이 지우는 힘을 가리킨다고 한다. 그러나 죽음 충동을 현실계(실재계)와 연계하면서 '쾌락 원리'란 심적 메커니즘에서 항상 에너지를 일정하게 유지하려는 메커니즘으로, 에너지가 증대하면 그것을 처음 수준으로 되돌리려는 움직임을 말한다고 한다. 프로이트의 사상을 그대로 채용하면서 죽음 충동은 충동으로 끝나는 것으로 매듭을 짓는다. 무카이 마사아키에 따르면, '충동'이란 흥분의 일종으로 여겨지는데, 생리적 흥분의 경우, 생리의 욕구가 충족되면 가라앉는 일시적인 데 비해, 충동은 '항상성'으로 작용하는 압력으로써 제로 수준으로 돌아가지 않는다고 한다. 충동의 목적은 충동의 충족이다. 요구에 부응함으로써 어머니의 욕망을 만족시키는 것으로, 오이디푸스적 모자 관계가 생긴다고 한다. 즉, 요구의 만족으로 아이는 어머니의 팔루스 위치에 놓이고, 어머니와 아이 사이에는 일체화된 완전한 대타자의 이미지가 떠오른다고 한다. 충동의 목적에는 이와 같은 근친상간의 의미가 포함되어 있으므로 프로이트는 충동의 목적을 성적인 개념으로 생각했다고 한다. 충동의 만족은 근친상간적 욕망의 만족을 가져오고 아이를 '전 오이디푸스기(preoedipal phase)'로 고착시키는 결과를 가져온다. 그러므로 충동의 만족은 '거절'되어야 한다고 한다.

레비스트로스는 그의 저서인 '구조인류학'에서 친족의 기본단위의 본원적이고 환원 불가능한 성격은 실은 세계의 어느 곳에서든 예외 없이 지켜지고 있는 근친상간 금지의 직접적 결과라고 했다. 즉, 친족 구조는 단적으로 근친상간을 금지하기 위해 존재하는 것이라고 한다. 이것은 인류가 무의식적으로 근친상간을 금지하고 있으며, 이것을 해소하기 위해 타인과의 결혼 풍습이 생긴 것으로 해석된다. 거기서 새로운 친족관계가 형성되면서 인류의 오랜 역사는 진행된 것이다. 프로이트가 "충동은 충동으로서 모두 죽음 충동이다"라고 말한 것은 구체적 충동의 대상 깊은 곳에 무(無)의 장(場)에 도달하려는 '죽음 충동'이 있음을 의미한다고 한다. 충동의 진정한 대상은 무(無)인데 '무'는 어떤 형태도 지니지 않으므로 파악할 수 없다고 한다.

'전 오이디푸스기'란 오이디푸스 콤플렉스가 형성되기 이전의 단계를 말하는데 이 용어는 1931년 프로이트에 의해 처음 사용되었다. 이 용어는 어머니와 아이의 관계처럼 이자 관계로 설명되곤 했지만, 라캉은 둘 사이를 매개하는 '팔루스'와의 삼자관계라고 했다. 이 삼자관계는 아이가 어머니 안에서 '결여'를 지각한 결과로 만들어진다고 한다. 즉, 어머니가 팔루스를 욕망한다는 것을 깨닫게 된다. 아이는 어머니가 욕망하는 상상적 대상인 '팔루스'가 되려 하지만 실패할 수밖에 없다. 아버지가 이 관계에 끼어들면서 유혹의 게임에서 구제된다. 아버지는 상징적 법에 토대를 두고 있는 상징적 팔루스를 가지고 있다고 여겨지므로 아이는 '오이디푸스 콤플렉스 단계'로 넘어간다고 한다.

정신분석학에서는 '욕망'의 개념이 대단히 중요하다. 헤겔은 '인정 욕망'을 주장했다. 주인과 노예의 욕망이 그 예이다. 노예는 주인으로부터 인정받으려는 욕망이 있고, 주인 또한 노예로부터 주인임을 인정받으려는 욕망이 있다. 두 욕망이 충돌하여 갈등을 일으킨다. 둘 중 하나가 죽거나 둘 중 하나가 양보해야 갈등은 끝난다. 노예는 자신의 '생사여탈권'[55]이 주인의 손에 있다는 것을 알고 승리를 주인에게 양보한다. 주인은 노예로부터 승리를 얻었으나 하찮은 노예로부터 인정받은 승리이기 때문에 만족하지 못한다. 반면에 노예는 주인을 위하여 온갖 곡식을 생산하고 음식을 만들어서 주인이 먹을 수 있도록 헌신함으로써 만족을 얻는다. 노예는 곡식을 더 많이 생산하고, 주인의 재산이 풍족해지도록 노력한다. 그러나 주인은 노동을 안 하므로, 노예가 없으면 아무것도 못 하는 인간이 된다. 결국, 주인은 노예의 노예가 되고 만다. 이것이 헤겔의 변증법이며 최종 승리자는 변증법을 통하여 노예가 된다. 이러한 헤겔의 노예 변증법을 마르크스는 유물론적 변증법에 응용한다.

---

55 생사여탈권(生死與奪權): 사람의 목숨을 죽이고 살릴 수 있는 권리. 한자의 의미를 따진다면 생살(生殺)여탈권이 맞다. 그러나 발음의 불편함으로 생사여탈권으로 사용하는 것이므로 문제가 없다.

1-18 무의식의 욕망-프로이트, 라캉

'무의식'이라는 것은 '기억'이 만들어낸 흔적이다. 아이가 태어나서 여러 경험을 하면서 많은 기억을 하게 된다. 어떤 사람은 유아 시절, 천장에 매단 끈이 달린 장난감을 아기 침대에서 바라보았던 것을 기억하는 사람도 있다고 한다. 필자도 시장 같은 사람이 많이 모인 곳에서 유모차를 타고 과자를 먹던 기억이 있다. 기억의 흔적은 일단 각인되면 쉽게 사라지지 않는다. 단지, 그것을 기억하지 못할 뿐이지 흔적으로 남아있다. 이것은 '억압'의 해소를 통해 억압된 기억과 연결되어 있던 기억이 되돌아온 사례다.

무의식 속에 억압된 채 남아있는 흔적이란 '트라우마'이며, 트라우마는 의식적 체계에서는 인지되지 못하므로 무의식 속에 계속 머문다. 트라우마는 정신적 트라우마와 육체적 트라우마가 있다. 가령, 권투선수가 복부가 약해서 복부를 맞고 KO패를 당한 기억이 있다면, 그 선수는 복부에 신경을 많이 쓸 수밖에 없다. 이것은 육체적 트라우마이며, 무의식적 반응이다. 정신적 트라우마도 무의식의 증세인데 트라우마가 '의식화'되기 위해서는 주체의 방해에서 벗어나야 하는데, 이것의 도움을 주는 것이 대타자이다. 따라서 정신분석이란 '대타자'에 의해 인정받기 위한 길을 만드는 것이라고 한다. 여기서 '대타자'란 환자에게는 담당 의사가 될 수도 있을 것이다. 정신질환을 앓고 있는 환자는 담당 의사를 아버지로 여긴다고 한다. 상징계에서 '아버지의 이름'은 '권위'의 상징이다. 라캉은 무의식 속에 존재하는 시니피앙(기표)은 아직 언어적 존재로 현실화하지 않은 것이라고 한다. 이것이 현실화하기 위해서는 의식 밖으로 나와서 시니피에(기의)를 만나야 하는데 '주체(자아)'가 무의식이라는 '욕망'이 의식 세계로 나오려는 시도를 방해한다고 한다. '욕망'은 언어화하려는 욕망이기 때문에 욕망은 '상징계'의 소관이라고 한다.

라캉은 앞서 프로이트와는 달리 '자아'란 실체가 없고 분열된 존재라고 했는데,

어떻게 욕망이 의식 세계로 나오는 것을 방해할 수 있는지 의문이 남는다. 이것은 프로이트의 자아 이론을 그대로 채용한 것은 아닌지, 채용하려면 자아의 실체를 인정했어야지 왜 라캉은 인정하지 않는지 좀 더 연구가 필요하다. 또한 라캉은 욕망에 대해서 원래 헤겔의 인정받으려는 욕망으로 해석하려고 했으나, 프로이트가 말한 욕망과 연결된 '충동'은 결코 완전히 충족될 수 없는 것으로 항상 일정한 긴장 상태를 유지한다는 것으로 방향을 잡는다. 프로이트는 '욕망'이란 잃어버린 대상을 다시 찾아내려고 하는 움직임인데, 이 대상을 완전히 잃어버렸기 때문에, 그것을 찾아내는 행위는 불가능한 것으로 여겼다. 결국, 라캉은 시니피앙으로 이론화한다. 다시 말해서, '욕망'이란 '기표'만 찍어낼 뿐 상징계 안에서 영원히 '기의'를 만날 수 없는 것으로 여기고 '기표의 연쇄' 주장을 한다. 이 이론의 배경에는 앞서 언급한 프로이트의 충동 항상성(恒常性)이 있었다.

1-19 자석 치료로 사기꾼으로 몰린 프란츠 메스머

프로이트는 젊은 시절 뱀장어의 생식기로부터 정소와 난소를 찾아 실험하던 유물론적 자연과학자였다. 이런 계몽주의적 과학자가 어떻게 정신분석학을 창안하게 되었는지 궁금하다. 그는 "내 속에는 내가 모르는 내가 있다"로 고민한다. 첫 번째 나는 육체적·심리적 총합으로 간주하는 외형상의 실체이다. 두 번째 나는 의식적 자아, 즉, 프로이트의 표현으로 '에고(ego)'이다. 마지막 나는 '의식'과 분리된 알 수 없는 부분에 '실체'로 존재하는 '무의식'이다. 그는 인간을 이해하려면 의식보다는 정신의 무의식을 알아야 한다고 했다. 그는 표면적인 의식의 심층을 파헤쳐 자신이 인식하지 못하는 것을 인식시켜주는 방법으로 정신분석학을 제시한다. 정신분석학의 요체는 인간의 행동, 꿈, 실언, 실수 등 각종 정신질환을 분석함으로써 정신의 심층에 있는 무의식을 읽어내어 온전한 인간으로 거듭나게 하는 것이라 한다.

프로이트는 파리 유학 중에 우연히 '최면술'을 접하게 되는데 '장 마르탱 샤르코'[56]로부터 최면으로 히스테리 증상을 없애거나 만들 수 있다는 것을 배운다. 즉, '히스테리'란 환자의 심리상태에서 비롯된 질병이므로 심리에 영향을 미치는 최면 기법으로 치료될 수 있음을 알게 된다. 그는 귀국 후에 최면술로 신경증 환자를 치료하다가 환자의 질병 원인을 무의식에서 의식으로 떠오르게 하는 '자유연상법'[57]으로 환자를 치료한다. 물론 꿈의 해석도 활용한다. 라캉은 프로이트를 향해 사막으로 유대인을 데려간 '모세'로 비유하면서 결국, 그 땅은 유대인들에게 도움이 되지 않았다고 프로이트의 치료 방법을 비판하기도 했다. 프로이트는 한때 모세는 이집트인이었다고 주장했다가 유대인으로부터 반발을 사기도 했다.

최면의 현대적 기원은 오스트리아 의사 프란츠 메스머(Franz A. Mesmer)로 거슬러 올라간다. 그는 자석의 힘으로 병을 치료했다고 생각했으나 자석 없이도 같은 효과가 있다는 것을 후에 알게 된다. 그것을 생명체 자기(磁氣) 요법이라 한다. 1784년에 루이 16세는 왕립과학원에 자기 요법의 유해성을 조사하라고 했다. 그 위원회의 명단을 보면, 기요틴을 발명한 기요틴, 피뢰침을 만든 벤저민 프랭클린, 천문학자 장 바이, 화학자 라부아지에, 식물학자 앙투안 드 쥐시외 등이 있었다. 훗날, 이중 장 바이와 라부아지에는 동료인 기요틴이 만든 목을 자르는 기계 밑에 목을 들이밀게 되리라는 역사적 사실을 꿈에도 몰랐다. 이중, 팀장에는 당시 프랑스 주재 미국대사였던 벤저민 프랭클린이 지명되었다. '장 바이'는 국민회의 의장으로서 프랑스대혁명을 맞았다. 1789년에 파리 시장으로 취임했으나, 왕정 폐지 운동에 강력하게 대처하고, 계엄령을 발포했다. 1793년에 체포되어 마리 앙투아네트의 재판에 증인으로 출정하여 그녀를 변호했으나, 대중을 탄압한 죄로 혁명재판소에

---

56 1825~1893, 프랑스의 신경병 학자. 히스테리를 관념에 따른 심인성(心因性)에 의한다고 하여 최면술로 치료함. [출처] 두산백과.

57 내담자에게 마음속에 떠오르는 생각, 감정, 기억 들을 아무런 수정도 가하지 않고 이야기하도록 하는 정신분석의 한 기법. 칼융은 환자가 단어연상검사를 할 때, 나타나는 억압에 주목함으로써 자유 연상에 대해 프로이트의 억압개념을 바탕으로 설명했다. 자유 연상을 통해 꿈에 대해 기억하고, 가정하고, 통찰함으로써 자신이 인식하지 못했던 꿈의 메시지를 발견할 수 있다. [출처] 상담학 사전.

고발되어 기요틴의 희생자가 되었다. '라부아지에'는 파리대혁명에 참여했음에도, 징세 청부업자로 얻은 악명 때문에 결국 1794년에 기요틴의 희생자가 된다. 그의 죽음에 수학자 조제프 루이 라그랑주는 "그의 머리를 베어버리기에는 일순간으로 족하지만, 똑같은 머리를 다시 만들려면 100년도 더 걸릴 것"이라고 애통해했다.

프란츠 메스머는 최면술을 뜻하는 '메스머리즘'이란 용어로 유명해진 의사였는데, 실제로 그가 주장한 것은 최면술이 아니라 동물 자기설(磁氣說)이었다. 즉, 모든 생명체의 체내에는 달의 인력으로 밀물과 썰물이 존재하듯이 자력의 영향을 받는 유체가 있으며, 그 유체의 흐름에 이상이 생기면 병이 발생한다는 가설을 기반으로 했다. 즉, 우주의 별들로부터 내려오는 자기(磁氣)가 사람의 몸을 통과하면 어떤 종류의 병이든 낫게 된다는 것이었다. 실제로 환자에게 철 성분의 약을 먹이고, 자석을 몸 구석구석에 부착하는 방식으로 행한 1774년 실험에서 환자의 히스테리 증상이 몇 시간 동안 현저히 완화되는 등 효과를 거두었다. 그의 치료는 주사나 수술 없이 고통도 없고 심리적 부담도 적었으나 당시 의료계는 그를 사기꾼으로 간주했다. 그러나 효험을 봤다는 환자가 줄을 이었다. 그는 1778년에 프랑스 파리로 이주했고, 엄청난 부와 적잖은 제자들을 얻었다. 그의 병원에는 귀족들로 북적이게 되었고, 왕비였던 마리 앙투아네트의 지지까지 등에 업으며 파리 시민들을 열광시켰다. 그러나 조사 결과, 그의 치료 방법은 허황한 의술로 판명됐고, 사기꾼이 된 그는 강제 출국을 당하고 영국과 이탈리아 등지를 떠돌았다. 그러나 후세 인류는 검증과정에서 귀중한 지혜를 얻었다. 효과는 전혀 없는 약이라도 환자가 기대와 희망을 걸고 있다면 약간의 효과를 보일 수 있다는 것이다. 그러므로 약의 효과를 검증할 때는 진짜 약과 구분할 수 없는 가짜 약을 함께 사용하여 효과를 비교해야 한다는 것이다. 실제로 이 검증을 통과하지 못해서 폐기된 약들이 많다고 한다. 이러한 과정을 통하여 현대의학은 쉼 없이 발전해가고 있다.

1-20   인간의 욕동은 무엇인가? 에로스, 타나토스, 이성

프로이트는 계몽주의자들과는 다른 이성의 신봉자였다. 그들은 문명이란 인간 이성의 산물이라고 주장하지만, 두 번의 세계대전을 치른 현대인들은 이성이 만든 문명에 대해서 회의적으로 바뀌고 있다. 인간이 잔인해질 수 있는 근본 원인을 찾고 있다. 프로이트 그 원인을 '리비도(libido)'를 억압하는 것으로 보고 있다.

'리비도'란 인간의 욕동(欲動) 중에서 결합, 성장, 번식, 성적 만족 등을 주된 목표로 삼는 에너지이다. 2014년에 개봉한 일본 영화 '욕동'이란 드라마가 있었다. 주인공 '유리'는 마음의 병으로 삶의 의욕을 잃은 남편 '치히로'와의 관계를 회복하고자 시누이 부부가 사는 발리로 향한다. 그러나 아름다운 자연의 풍경 속에서도 치히로의 마음은 좀처럼 치유되지 않고, 그러던 와중에 유리는 낯선 남자에게 열망을 느끼고 농도 짙은 남녀의 성애와 욕망에 빠진다. 이 장면은 프로이트가 볼 때 에로스인지, 타나토스인지. 구분하기가 쉽지 않을 것 같다. 순수한 남녀 간의 사랑이라면 '에로스'로 볼 수도 있으나 불륜이기에 '타나토스'로 볼 수도 있다. 프로이트에 따르면, 하루에도 수십 차례 손을 씻는 행위와 같은 반복적인 강박행위는 억압된 리비도가 현실적인 타협점을 찾아 무의식적인 증상으로 발전했을 가능성이 크다고 한다. 즉, 성욕을 없애기 위해 강박 관념에서 손을 씻은 것이다. 이것은 사회가 요구하는 통제된 개인의 행동양식일 수도 있다.

프로이트는 성기의 결합만을 목적으로 삼는 전통적인 인간의 성욕과 그의 리비도 개념을 동일시하는 견해에 반발한다. 즉, 전통적인 성 개념을 통해, 모든 심리적 · 문화적 현상을 설명하려는 범성욕론(凡性慾論)이 아니라는 것이다. 억압된 리비도는 개인의 신경증으로 나타나지만, 승화된 리비도는 다양한 문화적 창조물로 표현된다고 보았다. 즉, 성적 에너지는 예술, 과학, 학문과 같은 다양한 문화적 창조 활동의 추동력이 된다는 것이다. 프로이트는 '문명'은 구성원의 상호이익을 위해 만들어졌다는 '공리주의' 즉, 계몽주의적 사회계약론을 받아들인다. 또한 공동체 유지를 위하여 구성원 간의 관계를 규율하는 법률체계가 문명의 중요한 요소라는 점도 인정한다. 즉, 개인의 리비도는 문명의 '형성'과 '유지'를 위하여 어떤 방식으로든 제한되어야 한다고 주장한다. 리비도의 즉각적인 충족이라는 쾌락원칙은 그 충족이 사회가 용인하는 방식을 따라야 한다는 현실원칙과 타협해야 한다고 주장한다.

프로이트는 '문명'이라는 가장 큰 공동체를 형성하는 힘은 '이성'이 아니라 '에로스'라고 주장했다. 에로스의 종류는 다양하나, 그중에서도 리비도가 성적 충족에 소진되는 것을 적극적으로 막고, 그 에너지를 공동체 형성을 위한 원동력으로 전용되어야 한다고 한다. 그러나 계몽주의자들의 기대와는 달리 이성의 기능은 무의식적 차원으로 인해 인간의 자기 이해라는 관점에서 불완전하며, 욕동의 거대한 힘 앞에서도 무기력하다고 프로이트는 주장한다. 이런 이유로 문명에 가장 적대적이며 길들기 힘든 욕망이 남아있는데 그것은 타나토스(Thanatos)라고 명명된 '죽음의 욕동 또는 파괴의 욕동'이다. 제1차세계대전에서 살육을 자행하는 것을 목격한 프로이트는 인간 이성의 한계를 절감했다. 그 당시 자신과 타인, 그리고 존재하는 것들을 파괴하는 것을 목적으로 삼는 '죽음 충동'이라는 도무지 이해하기 힘든 공격성에 고민한다. 환자 중에도 치료를 거부하고, 반복해서 신경증 증상으로 되돌아가려는 끈질긴 경향을 경험한다. 즉, 환자와 의사(치료자)의 노력을 순식간에 무력화(無力化)시키는 이 강력한 힘을 접하면서 그는 당혹감에 빠졌다. 왜 인간들은 삶(生)이 아닌 무(無)의 상태로 사라지길 원하는 걸까? 그는 이 힘을 '죽음의 욕동'이라 명명하고, '열반 원칙'이라고 주장한다. 가령, 불교의 사상을 접목해서 해탈을 통하여 윤회의 사슬을 끊고 열반에 이르는 욕망처럼 '죽음 욕동'을 해석한 것이다. 이것이 아닌 다음에야 죽음을 선택할 리가 없기 때문이었을 것이다.

프로이트는 동양철학에도 관심이 있었던 것 같다. 프로이트는 삶의 욕동(libido, eros)과 죽음의 욕동(thanatos)이 빚어내는 숙명적인 충돌을 고민했다. 문명 창조의 에너지를 소진할 수 있는 구성원들의 무차별적인 성적 만족 추구는 경계해야 한다고 했다. 모든 문명은 인간의 '무의식'에 깊게 자리한 파괴적인 '죽음의 욕동'을 어떤 방식으로든 통제해야만 한다고 주장한다. 그는 기독교의 '십계명'에 대해서는 신의 권위를 빌려서 사회질서의 유지를 목적으로 한다는 점에서 현대 문명이 인간 욕동의 힘을 간과하고, 그것을 과도하게 억압하는 것에 반대한다. 이러한 지나친 억압은 종국에 '억압된 것의 회귀'라는 현상을 나타낸다고 주장했다. 결국, 이러한 '문명 속의 불만'에 주의를 기울이고 이 문제를 시급하게 해결해야 한다고 생각했다. 프로이트는 사람들이 당연하다고 생각하는 진실조차도 의심했다. 즉, 문명, 이성, 신과 같은 개념도 그 자체로 당연하다고 생각하지 않았다. 그 개념에 숨어있는 '균열'을 찾아야 진실로 여겼던 관념들이 본 모습을 보이면서 세계관이 바뀐다고 생각했고, 이것을 받아들여야 다른 현실을 만들어낼 수 있다고 생각했다. 이 모든 과정은 이성(理性)에 기초해야 한다는 점을 분명히 했다.

1-21　종교에 빠지는 이유는 무엇일까?

프로이트는 이성을 신봉하면서도 이성으로 인간 무의식의 본질을 통제할 수 없다는 점을 깨달았다. 가령, 종교에 귀의(歸依)하는 사람들은 무슨 목적으로 종교에 빠지는가? 현실이 싫어서일까? 삶에 대한 자신이 없어서일까? 프로이트는 후자에 더 무게 중심을 둔다. 그 근거로 유아의 '무력감'과 그로 인한 아버지에 대한 '갈망'에서 종교적 욕구가 파생되었다는 것이다. 즉, '운명'이라는 우월한 힘에 대한 '불안' 때문에 영구히 유지됐다는 것이다. 아동기를 거치면서 아버지의 보호보다 더 강력한 욕구를 찾을 수 없었다고 말한다. 혹자는 종교를 통하여 대양적(大洋的) 느낌(우주와 하나로 되는 느낌)을 받았다고 하는데 프로이트는 자아가 외부 세계로부터 발생하는 위협으로 느껴지는 '위험'을 부인하기 위하여 또는 종교로부터 위안을 얻으려는 시도라고 생각한다.

프로이트는 종교를 '집단적 망상'이라고 했다. 그 이유는 잘못된 관점을 가진 종교인들은 '현실'을 모든 고통이 비롯되는 원천이자, 더불어 살 수 없는 곳으로 파악하고, 행복을 원한다면, 그러한 세계와 연결고리를 끊어야 한다고 생각한다는 것이다. 일종의 '은둔자'가 되어서 세계로부터 등을 돌리고 어떠한 관계 형성도 거부한다. 이런 사람들은 자포자기의 심정으로 광인(狂人)처럼 떠돌지만, 자신의 망상을 실현하게 하는 것을 도와줄 사람을 찾지 못한다. 이런 사람들이 많아지면서 현실을 그릇되게 재형성함으로써 행복을 추구하고, 고통으로부터 보호받으려고 시도한다고 한다. 이런 사람들을 위하여 사이비 종교가 생기고, 맹목적으로 종교라는 이름으로 그들끼리 뭉친다고 한다. 프로이트는 이것을 '집단적 망상'이라고 한 것이다. 그에 따르면 의지가 강한 사람들은 새로운 세계를 창조해 원래의 잘못된 세계를 제거하고, 자신의 욕망에 부합하는 다른 것들로 대체한다고 한다. 즉, 종교라는 나약한 집단 속으로 편입되지 않는다는 것이다.

니체도 비슷한 견해를 가지고 있었다. 프로이트의 친구 중의 한 사람은 '요가 수행'을 통하여 세계에서 분리되어 육체적 기능에 초점을 맞추고, 특별한 호흡법에 따라서 실제로 자신에게 새로운 감각들과 체감을 불러일으킬 수 있다고 확신했다고 한다. 그 친구는 이것을 아주 오래전에 묻혔던 마음의 원초적인 상태로의 퇴행으로 간주하면서 신비주의적 지혜의 생리적 기초를 발견했다고 했다. 이에 프로이트는 실러의 '잠수부'라는 시를 인용하여 의식의 심층 차원에 도달하려는 신비주의적 수행에 수반되는 위험성을 지적한다.

'실러(Schiller)'[58]의 '잠수부'라는 시는 망령난 임금님이 일부러 바다 속에 황금 술잔을 던지며 이것을 찾아오는 자에게는 그 술잔을 상으로 주겠다고 하면서 용감한 자를 찾는다고 외쳤다. 이에 한 젊은이가 나섰다. 스스로 바다 속으로 뛰어들더니 구사일생으로 술잔을 찾아온다. 그는 심연에서 기적적으로 생환하는 과정을 실감나게 임금님에게 들려주자, 그 임금님은 다시 한 번 황금 술잔을 던지면서 만약, 이

---

58 1759~1805, 독일의 시인 극작가. 독일의 국민 시인으로서 괴테와 더불어 독일 고전주의 문학의 양대 거성으로 추앙. 군도라는 작품은 초기 작품인데, 사회비판과 자유에 대한 동경을 담고 있다.

번에도 생환하면 임금의 기사로 삼고 자기 공주와 결혼시키겠다고 약속했다. 고대로부터 남성은 여성을 내건 모험에 약하다. 그는 다시금 잠수했으나 생환 소식은 들리지 않고, 공주에게 찾아온 손님은 무심한 파도 소리뿐이었다. 슈베르트는 이 시에 곡을 붙였는데 연주시간이 무려 24분에 이르고 단일가곡 중 최장의 곡이었다고 한다.

1-22 리비도의 경제-프로이트, 헤르만 헤세

'리비도의 경제'가 있다. 인간은 행복을 달성하는 투쟁에서나 불행을 피하는 데 있어, 중독성 물질이 갖는 효과는 대단히 커서 개인은 물론 전체 집단은 경제적으로나 정신적 만족에서 확실한 수단으로 약물 복용이나 약물 투입을 생각하고, 그것에 확고한 위상을 부여했다. '문명 속의 불만'을 번역한 '성해영'에 따르면 프로이트는 실제로 1880년대 초기에 코카인의 약리적 효과에 매료되었고, 코카인에 대한 학술논문을 발표하기도 했다고 한다. 그러나 그의 친구가 후일 모르핀과 코카인 중독으로 사망하자 그의 관심은 끝났다고 한다. 프로이트 역시 1890년대 중반까지 소량의 코카인을 사용했다고 한다. 이러한 약물 복용을 통해 쾌락의 즉각적인 산출뿐만 아니라 외부 세계로부터의 의존을 줄인다고 한다. 이 근심의 해소제가 현실의 압력에서 벗어나, 기분 좋은 쾌락의 상태를 유지해주고, 자신 속의 확실한 고통의 피난처를 제공해준다고 한다. 그러나 중독성 물질의 유해성은 그것을 복용함으로써 인간의 운명을 개선하는 데 사용할 수 있는 많은 양의 유용한 에너지를 쓸모없게 만든다고 한다.

프로이트에 따르면, '행복'은 개인 리비도의 경제학적 문제라고 한다. 즉, 모든 사람에게 적용되는 황금률은 없으며, 모든 사람은 각자 그가 구원받는 개별적인 방식을 찾아야만 한다고 했다. '프레데릭 2세'[59]는 "나의 나라에서는 모든 사람이 자신의 방식으로 구원받을 수 있다"라고 했다. 프로이트는 이 구절을 인용했다고 한다. 각기 다른 여러 요인이 그의 선택에 영향을 미칠 것이라고 하면서, 그 요인들은 그가 외부 세계로부터 참된 만족을 얼마나 많이 얻게 되며, 그가 외부 세계로부터 얼마나 독립적인가, 종국에는 자신의 소망에 부합하도록 세계를 바꿀 힘을 그 자신이 얼마나 소유하고 있다고 느끼는가의 문제라고 했다. 프러시아의 왕 프레데릭 2세가 베를린에 있는 감옥을 방문했을 때 일이다. 죄수들은 모두 죄가 없다고 주장했으나, 오직 한 사람만이 죄가 있다고하면서 죗값을 치르겠다고 하자, 왕은 교도관에게 이렇게 말했다. "저 죄수를 당장 풀어줘라. 저 죄수가 이 감옥에 있는 죄 없는 사람들은 물들이지 못하도록 말일세."

'헤르만 헤세'[60]의 '수레바퀴 아래서'라는 작품에서 주인공 '한스'는 주변의 어른들에게 내면의 황금을 맡기는 데 실패한다. '김나지움'[61]에 다닐 것을 희망했으나 주(州) 시험에 합격하여, 신학교에 입학한 뒤, 수도원에 들어가고, 목사가 되거나 대학교수가 되는 것을 학교 교장과 선생님 그리고 마을 사람과 아버지는 희망했다. 결국, 주 시험에 2등으로 합격한다. 그러나 신학교에서 외로움의 시간을 보내다가 '하일너'라는 친구를 만나게 된다. 하일너는 선생님들을 조롱하고, 그들의 가르침을 우습게 알고, 수업도 등한시하고, 제멋대로 시를 쓰면서 전통과 관습을 비웃는다. 이런 하일너에 대해서 한스는 두려워하면서도 그의 예술적 감수성에 매료된다. 모두가 하일너를 따돌릴 때, 오로지 한스만이 그의 천재적 재능을 알아본다. 천하의 모범생 한스와 골칫덩이 문제아 하일너의 만남에 선생님들은 기겁한다. 한스가 내향적인 천재였다면, 하일너는 외향적인 천재였다. 학교의 급우들은 이 둘을 따돌렸다. 한스에게는 하일너만이 유일한 안식처였다. 한스는 한 가지 일밖에 집중하지 못하는 단점을 가지고 있었다. 친구를 사귀면 학교 공부를 등한시하는 아이다. 욕망의 균형감각을 찾지 못한다. 그래서 모든 열정을 친구 하일너에게 쏟아

---

59 1712~1786, 독일 프러시아왕. 프러시아를 프로이센이라고도 한다.
60 Hermann Hesse(1877~1962): 독일계 스위스인. 소설가이자 시인. 1946년 노벨문학상 수상.
61 Gymnasium: 독일의 중등교육기관. 16세기에 고전적 교양을 목적으로 하는 학교. 19세기까지 9년제를 원칙으로 하고, 수료 때에는 아비투어(Abitur)라는 국가시험을 통하여 대학에 진학.

내 버리는 것도 미성숙의 증거였다. 그러나 계산하지 않고 순간순간 용솟음쳐 흐르는 '리비도'를 아낌없이 쏟아버리는 것은 순수한 젊음의 증거이기도 했다. 하일너에게 내면의 황금을 모두 맡겨버린 채, 하일너가 이끄는 대로 방탕한 생활에 몸을 맡겨버린 것이 어리숙한 한스가 저지른 최악의 실수였다. 하일너와 함께하면서 학업성적이 나빠지자 한스는 신경쇠약에 빠진다. 교장 선생님은 한스에게 성적이 나쁘면 수레바퀴에 깔려서 죽는다고 훈계한다. 훗날, 한스는 요양 차 학교를 그만두고, 기계공이 되지만 옛 고향 친구들로부터 비아냥거림을 받는다. 결국, 한스는 자살하게 된다. 아무튼, 갖은 비행을 일삼던 하일너가 급기야 퇴학당하자, 한스는 곧 무너져 내린다. 절박한 심정으로 하일너의 편지를 기다리지만 끝내 하일너는 한스를 찾지 않는다. 한스는 우정이 산산조각이 나버리자 어디서도 의지처를 찾지 못한다. 한스는 하일너와의 만남이 지금까지 놓쳤던 모든 것을 보상해주는 보물로 여겼다.

소설 속의 주인공 한스는 헤르만 헤세의 젊은 시절 자신의 모습이다. 헤세도 청소년기에 자살을 시도했고 정신병원에도 입원했다. 그때의 심정을 한스의 고독과 슬픔 속에 녹여내려 했다. 헤세는 수도원 생활을 7개월만에 그만둔다. 오로지 시를 쓰기 위한 일념으로 세상을 살았다. 소설 속에서 선생님으로부터 형편없는 학생으로 낙인찍힌 헤르만 하일너를 시적 감수성을 지닌 재능 있는 학생으로 치부하며 훗날 세상을 놀라게 할 일을 할 것이라고 말하는 것도 장래의 헤세 자신을 예견한 구절로 보인다. 본 소설은 헤세가 29세 때인 1906년에 발간됐다.

위의 사례에서 리비도(욕망)와 이해관계(interest)를 살펴보자. 한스는 자신의 욕망을 하일너에게 맡겼다. 마치 자신을 대변해줄 것 같은 믿음에서였다. 하일너는 어차피 외로운 처지에서 순진한 친구라도 있으면 손해 볼 것이 없었다. 서로 간의 이해관계는 시작부터 어긋난 것이다. 한스는 이해관계를 따질 만큼 성숙하질 못했고, 너무도 순진하게 자신의 모든 것을 맡겼다. 이해관계의 측면에서 한스는 얻은 것보다는 잃은 것이 너무 많다. 반면에 하일너는 말 잘 듣는 순박한 친구를 얻었으니 손해 보는 장사는 아니었다. 한스는 하일너를 대함에 있어서 자신의 에너지를 모두 쏟아 부었다. 그러나 하일너는 한스에게 관심도 없었고, 에너지를 허비하지도 않았다. 친구로 사귄 관계지만 결과는 너무도 엄청난 차이가 있다. 이것을 경제로 바꿔서 생각하면 한스는 너무도 밑지는 장사를 한 것이다. 개인 리비도의 경제를 실현하지 못했다. 즉, 적당한 리비도(욕망의 에너지)의 분산을 한스는 하지 못했다. 결국, 정신쇠약에 걸려서 죽었다(자살인지 타살인지 소설 속에서는 명확하지 않다).

1-23 문명화과정과 공산주의-프로이트

프로이트에 따르면 여성들은 애초에 일보다 사랑을 선택함으로써 문명의 기초를 놓았지만, 그들은 '문명화과정'(욕동 충족과 맺는 관계에서도 계속된 변화를 가져온다)과 갈등하게 되고, 가족과 성적인 삶을 지지하면서, 문명을 지연시키고 제약하는 힘을 발휘한다. 반면에 '문명화과정'은 점차 남성들의 일이 되며, '욕망의 승화'라는 힘든 일을 강제당한다. 이 일은 여성들에게 호응 되는 일이 아니므로 반발하게 되고, 남성은 갈등하게 된다고 한다. 앞서 살펴본 일본 영화 '욕동'에서 아내인 '유리'가 남편인 '치히로'의 '마초(macho)'[62]답지 못한 모습에 실망하고, 그 자릴 대신하는 다른 남성에게 끌린 것은 이러한 여성 심리상태의 발현이란 점에서, 인간의 불륜이 도덕적 윤리적으로는 사회의 손가락질을 받는 것이 마땅하나, 심리적인 측면에서는 동정의 여지가 있는 것으로 보인다. 많은 영화에서 불륜을 소재로 작품을 만드는 이유도 이러한 여성의 심리상태를 읽고, 나름 예술로 승화시킨다고 보인다. 그러므로 남성은 가정을 지키기 위해 항상 긴장할 수밖에 없고, 자신의 '리비도'를 적절한 방식으로 배분함으로써 주어진 임무를 달성해야 하는 리비도의 경제선택의 정점에 선다고 한다. 그는 문명이 요구하는 목적을 달성하기 위해, 여성 및

---

62 스페인어로 남자답다는 뜻.

성적인 삶으로부터 매우 큰 거리를 둔다고 한다. 가령, 타인들과의 업무 때문에 남편과 아버지의 임무를 소홀히 하게 된다. 그러므로 여성은 문명의 요구로 인해 자신이 뒷전으로 물러앉는다는 점을 알게 되므로 적대적인 태도를 보이게 된다고 한다. 이러한 성생활의 좌절은 '신경증'으로 이어지고 신경증 환자들은 '대리만족'을 찾아 나선다. 그러나 그러한 만족은 일시적이고 주변 환경이나 사회적 관계에서 어려움을 일으킴으로써 새로운 고통의 원인을 발생시킨다고 한다. 즉, 문명 발달의 어려움을 '리비도의 관성', 즉 이전의 위치를 새로운 것에 내주지 않으려는 경향성에서 기인하는 것으로 판단하고 있다.

프로이트는 공산주의자들의 주장을 심리적으로 이해할 수 없다고 한다. 그들이 주장하는 것은 인간의 욕심은 결국 '사유재산제도'를 허락하면서 시작되고, 개인 재산의 소유는 개인에게 힘을 부여하고, 이웃을 학대하는 도구로 활용된다는 것이다. 사유재산이 사라지면, 재화의 '공동 소유'를 통해 모두에게 향유되고, 인간 사이의 '적의'와 '증오'는 사라질 것이라고 했다. 즉, 아무도 타인을 자기의 적으로 볼 이유가 없고, 모든 사람이 필요한 노동을 기쁜 마음으로 수행하니 '지상 낙원'이라는 것이다. 그럴싸한 말들이고, 틀린 말은 없어 보인다. 그러나 프로이트는 인간은 심리학적으로 '공격 성향'을 이미 가지고 있으므로 이것을 포기하기란 쉽지 않은 일이라고 한다. 즉, '소유물'이 '공격성'을 만든 것이 아니라는 얘기다. 공격성은 이미 소유물이 극히 부족했던 원시시대부터 무제한에 가깝게 세력을 떨쳤고, 유아는 이미 애정 관계에서 '공격 욕동'이 생겨서 다른 유아를 공격한다는 것을 그 예로 들었다. 즉, 남에게 지기 싫고, 재물을 더 갖고자 하는 것은 인간의 오랜 본성이라는 것이다. 이것을 허물면서 공산주의 사회를 건설하기도 어려운 일이지만, 설령 이루어지더라도 그들의 장래가 밝은지는 예단할 수 없다고 했다. 가령, 이미 사회주의를 경험한 소련이나 북한의 사례를 보더라도 독재자가 나타나서 인민들을 착취하고, 경제를 엉망으로 만들어서 실제로 굶어 죽는 상태로 만들었으니, 이걸 과연 '유토피아'라고 할 수 있는지 현대인들이 공산주의자들에게 되묻고 있다.

1-24 파괴 욕동-사디즘, 마조히즘

프로이트는 '욕동 이론'에 애를 먹고 있었는데 실러의 "굶주림과 사랑이 세상을 움직인다."라는 말에서 단서를 찾았다고 한다. '굶주림'은 개체를 보존하는 여러 '욕동'을 표현하는 것으로 간주하는 데 반해, '사랑'은 대상을 추구한다. 완전히 굶주리는 것보다 불완전하게 굶주리는 것이 훨씬 더 힘들다고 한다. 아주 적은 음식이라도 뇌는 음식을 받을 준비를 하고 있기 때문이다. 하지만 완전하게 음식을 공급하지 않으면 이 시스템이 작동하지 않고, 먹고 싶은 생각이 줄어든다고 한다. 즉, 거식증에 걸린다는 것이다. '사랑'의 주된 기능은 종(種)의 보존이다. 초기에 프로이트는 '자아 욕동'과 '대상 욕동'을 대립시켰다. 즉, '대상 욕동'에만 리비도 개념을 도입해서 사랑의 리비도적 욕동과 자아 욕동을 구분했다고 한다. 그러나 '나르시시즘' 개념이 도입되면서 '자아' 그 자체에 '리비도'가 투입되고 있고, 실제로 자아가 리비도의 고향이며, 이 자기애적 리비도는 대상을 향하면 '대상리비도'가 되기도 하고, 그 방향을 바꾸면 자기애적 리비도로 또다시 변화된다고 한다. 즉, '리비도'가 이성을 향한 에로스적 리비도만이 아니라 자기애적 리비도도 존재한다는 것이다. 칼융이 주장했던 "리비도가 성욕뿐만 아니라 욕동 에너지 전체와 일치해야 한다"라는 견해를 프로이트가 받아들인 것이다. 프로이트는 생명체를 보존하고 그것을 더 큰 단위로 결합하는 욕동과 더불어 그 힘에 맞서 이 개체들을 붕괴시켜 태초의 비유기체 상태로 되돌리려는 힘이 존재한다고 주장했다. 즉, '에로스'와 더불어 '죽음의 욕동'이 존재하며, 이 둘의 상호작용과 반작용이 삶의 현상을 설명할 수 있다고 했다. 후자의 욕동은 그 일부가 '외부 세계'를 향하고, 이후에 공격과 파괴를 자행하는 '욕동'으로 나타난다는 것이다. 즉, '죽음 욕동'은 유기체가 그 자신이 아닌 여타 생물과 무생물을 파괴한다는 점에서 '에로스'를 위해 봉사한다고 한다. 반대로 외부를 향한 공격성이 제한되면, 자기 파괴의 정도를 증가시키게 한다는 것이다. 가령, 오랫동안 '성적 욕동'의 한 부분으로 인식되어 온 '사디즘 (sadism)'[63]에서 특히, 사랑의 갈망과 파괴의 욕동이 강력하게 결합하여 일종의 혼합물을 접하게 된다고 한다. 반면에 '마조히즘(masochism)'은 내부 지향적인 파괴성과 성(sexuality)의 결합물인데, 이 둘은 에로티시즘과 뒤섞여있는 '파괴 욕동'의 현현으로 간주했는데 프로이트는 이 '파괴 욕동'을 받아들이는 데 많은 시간이 필요했다고 한다. 그는 '사디즘'의 사례에서 '죽음 본능의 본성(파괴적 욕동, 타나토스)'과 함께 '에로스'의 관계를 가장 명확하게 파악했다고 한다. 즉, 죽음의 본능이 맹목적인 파괴적 본능에 사로잡혀 성적인 목적 없는 상태에서도 자기애적 즐거움이 수반되는 것을 통하여 자아는 욕구 충족을 획득한다고 한다.

1-25 전쟁을 막을 수 있을까? 아인슈타인, 프로이트

1932년에 '아인슈타인'[64]은 '국제연맹'으로부터 한 가지를 의뢰받는다. "인간에게 최고로 중요하다고 생각되는 문제를 정하고, 가장 의견교환 하고 싶은 상대와 편지를 주고받았으면 한다."라는 내용이었다. 이에 아인슈타인이 선택한 주제는 '전쟁'이었고, "인간은 왜 전쟁해야만 할까?"에 대해서 질문했다. 그는 대화의 상대로 인간 마음의 어둠까지 알게 된 당시 76세의 프로이트가 전쟁을 어떻게 파악하고 있으며, 전쟁을 회피할 수 있는 방도는 없을지를 궁금해 했다.

프로이트는 인간의 본능은 두 가지가 있는데 하나는 플라톤의 '향연'[65]에 나오는

---

63 성적 대상에게 고통을 줌으로써 성적인 쾌감을 얻는 이상 성행위. 가학증 또는 학대음란증이라고도 한다. 마조히즘은 반대로 자신이 고통을 받음으로써 성적 쾌감을 얻는 것이다.

64 Albert Einstein(1879~1955): 독일 태생의 이론 물리학자. 베른 특허국에서 5년간 근무.

65 플라톤의 작품 중에서 문학적 구성과 내용에서 가장 뛰어난 작품 중의 하나로 손꼽히며, 사랑(에로스)을 다양한 시각, 수준에서 다채롭게 주제를 다룬다. 내용 대부분은 참석자들 가운데 소크라테스를 포함한 7명이 행하는 에로스의 찬양 연설로 이루어진다. [출처] 서울대학교 철학사상연구소.

'에로스의 이야기'에 견주어 '에로스적 본능' 또는 '성적본능'과 파괴하고 살해하려는 본능인 '공격본능' 또는 '파괴본능'을 설명한다. 가령, 자기 몸과 생명을 보전하고 싶은 본능은 에로스적이나, 공격적인 행동을 할 수 없다면 자신을 유지할 수 없음을 상기시킨다.

당나라 2대 황제인 태종의 후궁이었던 측천무후(본명: 무조(武照))는 태종이 죽자, 절(감업사)로 들어가 중이 되었으나, 태종의 황태자였던 이치(李治)와 각별한 관계를 맺고 있었다. 이치가 고종으로 등극하자 무조를 황궁으로 부른다. 당시 황후는 '소 숙비'를 견제하고자 무조를 불러드려서, 소 숙비를 견제하면서 고종의 환심을 사려 했다. 무조는 황후를 공손히 모시면서 특유의 친화력과 정치력으로 황궁 내부에 자신에게 우호적인 사람들을 많이 만들어갔다. 그녀는 간계(奸計)를 부려서 황후와 소 숙비를 밀어내고, 황후 자리를 차지했다. 그녀가 황궁에 다시 들어오고 4년 만의 일이었다. 그녀의 잔혹성은 시작됐고, 황후와 소 숙비에게 곤장 100대를 치고, 손발을 잘라서 항아리 속에 넣어 죽였다. 그녀는 자신이 낳은 황태자와 왕자를 죽였다. 또한 자신이 낳은 딸을 죽이고, 황후를 범인으로 몰았다. 결국, 황후가 죽게 되는 계기를 무조가 계략으로 만든 것이었다. 이것도 모자라 고종이 죽고, 자신이 낳은 4대 황제 중종과 5대 황제 예종을 폐위시키고, 스스로 황제의 자리에 올랐다. 당시 당나라는 여성은 황제가 될 수 없었기에, 나라 이름을 대주(大周)로 바꾸고 수도도 장안에서 낙양으로 옮겼다. 공자시대 주나라와 구별하여 무주(武周)라고 일컫기도 한다. 중국에서 여황제는 '측천무후'가 유일하다. 여황제로 등극하여 15년간이나 통치했다. 고종이 병약할 때, 정권을 누린 것을 고려하면 20여 년을 권좌에 있었던 여황제였던 셈이다.

프로이트가 앞서 말한 "자기 몸과 생명을 보전하고 싶은 본능은 에로스적이나, 공격적인 행동을 할 수 없다면 자신을 유지할 수 없다."에 가장 걸맞은 사례가 측천무후 사례일 것이다. 만약 그녀가 고종의 환심만 사려 했다면, 황후나 소 숙비로부터 먼저 죽임을 당했을 것이다. 그러나 공격적인 행동을 먼저 했기에 목숨을 부지하고 권력을 차지할 수 있었을 것이라는 생각이 든다. 조선의 예로 문종 승하 후,

단종을 지키려 했던 김종서가 만약 먼저 수양대군을 공격했다면, 역사는 달라졌을 것이다. 김종서가 암중모색(暗中摸索)하고 있을 때, 수양대군이 먼저 공격했기에 정권은 수양대군이 차지할 수 있었다. 결국, 살아남는 자가 권력을 차지한다는 본보기들이다.

프로이트는 전쟁할 것인지 결정은 동기가 한둘이 아닐 것이라고 주장한다. 그는 괴팅겐대학 교수였던 '리히텐베르크'[66]의 말을 인용한다. "인간이 무언가를 실행하는 '동기'가 되는 것은 바람의 방향과 마찬가지로 32종류로 분류할 수 있다." 즉, 인간의 행동을 유발하는 복잡한 동기에 대한 분류 방법을 제안한 것이다. 프로이트는 인간이 전쟁에 휘몰린다고 하는 사실은 다양한 수준의 수많은 동기로부터 찬성을 얻었기에 가능하다고 하면서 그 안에 공격이나 파괴의 욕망이 속해있다는 것을 부인하지 않았다. 그러면서 이상을 추구하는 동기는 잔혹한 욕망을 채우기 위한 구실에 지나지 않는다고 의심한다. 가령, 히틀러가 전쟁을 생각한 이유는 많을 것인데 그중에, 제1차세계대전 중에 독일이 프랑스에 항복하고 열차 안에서 항복 조인문서에 사인한 것을 인생의 최대의 수치로 생각하고 산 히틀러는 복수의 칼날을 갈고 있었을 것이다. 실제로 제2차세계대전 중에 프랑스를 점령하고 똑같은 열차를 가져오게 해서 열차 안에서 '항복 조인문서'에 사인하게 했다. 또 한 가지 이유는 제1차세계대전 패전에 따른 전쟁 배상금을 물어야 하는데, 마르크화가 폭락하자, 독일 경제가 흔들리는 상황을 보고, 독일이 살길은 전쟁밖에 없다고 생각했을 개연성이 많다. 히틀러 혼자 전쟁을 결심하지는 않았을 것이고, 여러 지지자가 한목소리를 내었을 것이다. 1921~1923년 독일 마르크화는 3.9마르크면 살 수 있던 빵 한 덩이가 17억 마르크를 주어야 살 수 있었다. 장작을 살 수 없어서 장작 대신 마르크화를 태워서 불을 지피던 시절이었다. 심지어 돈이 가득 든 바구니를 깜박 잊고 공원에 두었다가 돌아가 보니 돈은 그대로 있고 바구니만 없어졌다고 한다.

프로이트는 의도된 이상이나 이념의 배경에는 '파괴본능'이 '무의식'의 수준으로

---

66 Georg Christoph Lichtenberg(1742~1799): 괴팅겐 대학교 물리학 교수. 아포리즘과 풍자 등의 문학적 저술로 알려진 다재다능한 계몽주의자.

존재하여 이념적인 동기를 '선동'한다고 생각했다. 에로스적 본능이 '삶에의 본능'을 나타내는 것이라면 파괴본능은 '죽음의 본능'이라고 했다. 즉, '죽음의 본능'이 밖의 '대상'을 향하면 '파괴본능'이 된다고 했다. 생명체는 이질적인 것을 밖으로 배제하고, 파괴하는 것으로 자신을 지켜나가지만, 파괴본능 일부는 생명체에 내재화된다. 즉, 공격성이 외부로 향한다면 내면의 공격이 완화되고, 생명체에 좋은 영향을 미친다고 한다. 다시 말해서 전쟁은 생물학적으로는 정당화가 된다는 것이다. 그는 인간에게서 공격적인 성질을 없애는 것은 불가능하다고 주장했다. 러셀에 따르면, 헤라클레이토스는 "전쟁은 만물의 아버지요 만물의 제왕으로 어떤 존재는 신이 되게 하고, 어떤 존재는 인간이 되게 하며, 어떤 자는 노예가 되게 하고, 어떤 자는 자유민이 되게 한다." 반면에, 호메로스는 "소망컨대, 신들과 인간들 사이에 벌어진 투쟁이여 사라질진저!"라고 말했다. 헤라클레이토스는 "전쟁은 만물에 공통된 것이고, 투쟁이 정의이며, 만물은 투쟁을 통하여 생성되고 소멸한다." 또한 "이 세계는 만물에 대해서 똑같으며, 신이든 인간이든 누구도 창조하지 않았다. 하지만 세계는 일찍이 불이었으며, 지금도 불이고, 앞으로도 언제나 살아 움직이는 불로서의 법칙에 따라 꺼지기를 반복한다"라고 주장하면서 영원히 계속되는 '변화'를 믿었다. 그는 불이 변형되어 최초로 나타난 존재가 바다이며, 바다의 절반은 땅이고, 나머지 절반은 회오리바람이라 했다. 베르그송은 모든 생명의 자유로운 창조적 '진화'를 주장했고, 각 계급은 불평등이 자연적인 상태로 전쟁은 자연법칙으로 불가피하다고 주장했다.

프로이트도 전쟁에 대해서 질문을 한다. "우리는 왜 전쟁에 강한 분노를 느끼는 것일까요?" 그는 마음과 몸이 반대하지 않을 수 없을 것이라고 자신의 견해를 밝힌다. 즉, 우리 평화주의자들은 몸과 마음의 깊은 곳에 전쟁의 분노를 기억하고 있기 때문이라 한다. 문화 또는 문명이 발전되면서 두 가지 현저한 현상이 발생한다. 첫째는 '지성'을 강하게 했다. 즉, 힘이 증가한 지성은 본능을 제어하기 시작했다고 한다. 둘째로 '공격본능'을 안으로 향하게 했다는 점이다. 그러므로 '문화'가 발전할수록 전쟁에 '분노'를 느끼고, 전쟁을 참을 수 없다고 한다. 즉, '전쟁의 거절'은 평화주의자의 몸과 마음의 격렬한 모습으로 나타날 것이며, 이러한 의식의 본연의 모습이 전쟁의 잔혹함 그 자체에 못지않은 정도로 전쟁에 혐오감을 낳은 원인이 될 것이라고 한다. 결론적으로 '문화'의 발전을 촉진하면, 전쟁의 종언을 향해 앞으로 나아갈 수 있다고 프로이트는 주장한다.

제2절　무의식을 포함하는 다양한 지식 체계

2-1 **지식의 흐름[기업 관점]**

　지식(knowledge)은 공공재(public goods)로 오랜 세월 지속해 왔다. 그러나 현대는 지식이 없이는 어느 기업도 경쟁력을 가질 수 없고, 혁신에 의한 새로운 제품의 출현이나 연구개발도 어렵게 되었다. 이런 조류를 타고 지식은 재산적 가치로 자산화되고 있다. Samuelson(1955)은 지식은 공공선의 개념으로 사용되고, 반면에 토지, 노동 그리고 자본은 사적재(private goods)로 여겨졌으나 점차로 기업에서 지식을 노동 스킬(labor skills) 또는 지적자본(intellectual capital)으로 여기면서 사유화의 개념으로 흐르고 있다고 한다.

　Spender(1996)는 유용한 노동(useful labor)은 항상 스킬을 가지며, 자본(capital)은 항상 많은 정보를 갖는다는 것은 당연하다고 주장하면서 만약 이러한 스킬이나 정보가 사업을 영위하면서 명백히 위급한 상황을 성공적으로 대처하게 한다면, 더 이상 사적·공적 재산을 구분할 필요도 없이 기업의 중요한 자산으로 된다고 한다. 또한 그는 시장(market)에 대한 지식, 사건(events)에 대한 지식 그리고 기술적 지식은 항상 사업에 있어서 중요하고, 기업들이 정보를 모으고(information-gathering), 정보를 가공할 수 있는 능력(processing abilities)을 갖는다는 것은 중요한 전략적 경쟁(strategic competition)의 수단이라고 주장한다. 또한 공공재로서의 지식이 사유화가 되는 것은 지식을 재산적 가치로 인정하는 특허법(patent law)이 존재하기 때문이라 한다. 특허법은 기술적 사상을 권리로 보호하는 것으로 layton은 고안할 수 있는 능력(ability to design) 부분이 특허의 권리범위가 되는 것이라고 한다. 이 부분은 기술적 아이디어를 산업상 이용 가능하도록 실현시킬 수 있는 기술적 사상이 되며, 핵심기술 부분이 되는 것이다. 이와 관련하여 Spender(1996)는 지식이 어떻게 경쟁적 이점(competitive advantage)을 이끌 수 있는지 설명할 수 있어야 하고, 기업이 매우 중요한 지식을 가지고 있다는 것을 충분히 기업 내부와 외부에 알려주어야 한다고 한다. 여기서 중요한 것은 특허는 형식적 지식의 한계를 벗어나지 못하므로 말이나 글로 설명할 수 없는 암묵적 지식은 기업에 내재화를 시킬 수 있는 시스템이 필요하다.

Learned(1965)는 기업들은 혁신과 조직적 학습(organizational learning)의 중요성을 알고 있으며, 이것과 함께 전략적 지식경영(strategic management of the knowledge)을 수행하고 있다고 한다. 이러한 흐름에 있어서 중요한 것은 암묵적인 상명하복식의 경영자 특권이 변화되고 있다는 것이다(porter, 1979, 1980). 경영자 특권이 생긴 배경에는, 기업에 자본을 투자한 주주들 처지에서는 당장 기업의 실적에 반영되는 눈에 보이는 자산(tangible assets)이 중요할 수밖에 없고, 이런 상황을 반영하여 지식과 같은 당장 실적에 반영되지 않는 것은 뒷순위로 밀리고, 먼저 그 기업을 대표하는 경영자의 뜻에 따를 수밖에 없었다고 보인다. 그러나 기업 지식의 중요성과 함께 점차로 개인의 가치를 중시하는 문화로 바뀌고 있다. 특허와 같은 핵심 자산은 결국 개인의 지식에서 나오기 때문이다.

Weber(1968)는 다른 관점에서 관료(bureaucracy)는 권력(power)을 모태로 하기보다는 지식(knowledge)을 모태로 하는 조직이라고 주장한다. 이러한 관료사회의 이론은 모든 필요한 지식이 전략적인 의도로 창출되고, 조직적인 고안(design)을 수반하기 때문에 조직의 경영자(the top of the organization)에게도 활용할 수 있으므로 권위가 있다고 한다. 관료사회의 지식경영을 기업의 최고경영자가 활용한다는 것의 의미는 관료사회도 전문지식이 없이는 더 이상 정책을 입안할 수 없음을 의미하고, 마찬가지로 기업의 최고경영자도 주먹구구식의 경영을 하는 것이 아니라, 관료사회와 유사하게 조직적으로 기업의 전략을 기획하는 참모들의 도움에 의한 지식경영에 근거해서 기업을 성장·발전시키므로 기업의 중추신경 역할을 하는 참모의 역량에 주안점을 둔 것으로 보인다.

이에 반하여 Spender(1996)는 참모들이 기업의 핵심두뇌이긴 하지만 만약 직위가 낮은 직원(lower-level employees)이 참모진(senior management)에 의한 전략으로는 해결할 수 없었던 문제들(uncertainties)을 대신 해결하면 최고경영진으로부터 신뢰(power)를 얻을 수 있다고 한다. 비슷한 시기에 Cohen and Sproull(1996)의 연구는 기업 내에서 조직적인 학습(learning)과 직원들의 적극적인 참여는 더욱더 기업을 민주적인 방향으로 흐르게 한다고 하면서 직원들의 자발적인 학습과 지식습득으로 인해 조직은 더 활력을 얻고 발전한다고 주장한다. 이것은 노자나 니체 그리고 포스트모더니즘이 주장하는 자율성과 개별성에 기반을 두어야 강한 개인으로 성장하고 강한 기업 그리고 강한 국가가 된다는 것과 상통하는 것이다.

2-2 기업 지식의 종류

가. 묘사지식과 처방지식

Vincenti(1984)는 지식을 묘사지식(descriptive knowledge)과 처방지식(prescriptive knowledge)으로 나눈다. '묘사지식'이란 사물의 있는 그대로의 사실을 묘사하므로 엔지니어나 디자이너가 의도적으로 변경할 수 없는 특징이 있다. 가령, 진실(truth)이나 사실(fact)과 같은 지식이므로 정확성(correctness)에 의하여 판단된다. '처방지식'은 어떻게 하면 사물들이 목적하는 바를 달성하는가에 초점을 두고 있어서 엔지니어나 디자이너가 임의로 효율적인 결과를 위하여 변경을 가할 수 있다. 가령, 절차(procedure)나 동작(operation)과 같은 절차적 지식이므로 효율성(effectiveness)에 의하여 판단된다. Vincenti의 '묘사지식'은 비록 그 지식이 디자인 단계에서 실행 상의 목적(a practical purpose)으로 제공되더라도, 그 지식은 사실의 묘사(statements of fact)이다. 가령, 어떤 형태의 리벳이 어떤 지름을 가지면 어떤 두께의 면(sheets)에 적당하다고 예시해 준다는 것이다. 이와 같은 지식은 많은 실험을 통하여 표준처럼 인용되는 지식이기 때문에 엔지니어가 임의로 변경을 가할 수 없는 성질이 있다. 그러므로 회사마다 이런 지식은 똑같이 표준으로 공유된다. 반면에 '처방지식'은 서로 다른 형태의 리벳을 위하여 면 두께를 그 형태에 맞는 일정한 값으로 한정한다는 것이다. 다시 말해서 좀 더 구체적으로 리벳의 종류 및 리벳의 지름에 따라서 얼마의 두께를 갖는 면을 피해야 좀 더 효율적으로 결합할 수 있다고 제시한다는 것이다. 그러나 이러한 지식은 다양한 경우의 수가 있어서, 생산 엔지니어의 판단에 의존하여 회사마다 다를 수 있다는 것이다. 실무에서는 위에서 언급한 생산 엔지니어가 설정한 사용 제한을 그 회사의 디자이너는 그대로 따를 수밖에 없다. 그러나 생산 엔지니어는 판단의 변화(changing judgment) 또는 경험이 증가(increasing experience)함에 따라서 자신들이 설정해 놓은 사용 제한에 변경을 가할 수 있다.

Vincenti(1984)는 묘사지식이나 처방지식은 둘 다 명시적인 기술적 지식(explicit technological knowledge)으로 볼 수 있다고 한다. 그러나 엔지니어링 판단이나 근로자의 스킬은 암묵적(implicit)이며, 단어로 표현할 수 없고(wordless), 그림으로도 표현할 수 없는(pictureless) 지식이 있다는 것을 고려해야만 한다고 한다. 이러한 지식을 암묵적 지식(tacit knowledge)이라고 한다. 위에서 언급한 처방지식(prescriptive)은 실행 상에 있어서 절차(procedures)와 관련된다는 점에서 암묵적 지식에 가깝다고 하면서 절차적 지식(procedural knowledge)이라 한다.

나. 형식지(explicit knowledge)와 암묵지(tacit knowledge)

Miller(1998)는 지식을 형식적(explicit)과 암묵적(tacit)으로 넓게 분류했다. 형식지

(explicit knowledge)는 사실(facts), 규칙(rules), 관계(relationship) 그리고 정책(policies)으로 구성된다고 하면서 이런 것들은 서류(paper), 전자형태(electronic form) 그리고 토론이 필요 없는 공유(shared without need for discussion)의 형태로 코드화(codified)가 가능하다고 한다. Grant(1996)에 따르면 형식지는 소통(communication)으로 나타난다고 하면서 소통의 쉬움(ease)은 형식지의 기본적 특성이라고 했다. 그러나 형식지의 단점으로 경제학자들은 지식이 공개되는 것을 거론한다. 즉, 지식이 공개되면 공공재(public goods)의 성격이 되기 때문에 대가 없이 사용할 수 있다는 점이다. 반면에 암묵지(tacit knowledge or intuition)는 개인적인 스킬(personal skill) 같은 것을 의미하며, 이러한 지식의 전달은 대면 접촉(face-to-face contact)과 수습(apprenticeship)을 통하여 가능하다고 하면서 암묵지는 응용(application)으로 나타난다고 한다. 그는 암묵지를 직관(intuition)으로 설명한다. '직관'은 사물이나 사태를 지각하거나 직감하는 것이므로 '본질'은 암묵적 지식이 옳다는 생각이다. 만약, 암묵적 지식이 코드화(codified)가 되지 못하고, 단지 응용을 통하여 관찰된다거나, 실행(practice)을 통하여 확보된다면 정보체계에서 전달이 늦고, 비용(costly)이 들어가고, 불확실(uncertain)하다는 점(Kogut and Zander, 1992, Teece, 1981)을 지적한다.

앞서 언급한 것 처럼 Teece(1998)는 지식의 코드화와 비용 사이의 효용에 대해서 경험의 코드화가 더 많이 진행될수록 전달 시, 더 많은 경제적 이점을 볼 수 있다고 주장한다. 이 경우 잘 코드화된 예로 프린팅(printing), 무선통신(radio), 전신(telegraph) 그리고 데이터네트워크(data networks)를 들고 있다. Jaeschke(1994)에 따르면 암묵적 지식은 형식적 지식 형태로 기록을 허용해야 지식의 내용을 분석할 수 있고, 분해할 수도 있다고 한다. 한 예로 진단 테스트를 증거 기반(evidence-based)으로 해석하면서, 직관적 판단(intuitive judgement) 보다는 이전의 개연성(prior probabilities)이나 두 개의 모델을 통계기법을 통하여 비교하는 방법(likelihood ratios)을 사용한다고 한다. Wyatt(2001)는 현대의 많은 의학적 진보는 암묵적 지식을 형식적 지식으로 전환하는 작업을 통하여 환자나 대중이 그러한 형식적 지식을 효율적으로 공유하면서 발전되었다고 주장한다. 그는 Hansen(1999)의 논문을 중요한 것으로 평가한다. Hansen(1999)은 두 종류의 지식경영전략(knowledge-management strategies)을 발표하는데 그 전략은 문서화(codification)와 개인화(personalization)이다. 전자는 지식이 무엇인지 확실히 알 수 있도록 배려해야 하고, 여러 모인 지식을 쉽게 찾을 수 있도록 색인화(indexing)도 해야 하고, 다른 부서의 전문가들도 그 지식을 쉽게 활용할 수 있도록 형식지화(available explicit knowledge)를 실현해야 일상의 문제에서 그 지식을 해결 수단으로 활용할 수 있다. 반면에, 후자는 단 하나의 문제(one-off problems)를 해결하기 위하여 개인의 암묵적 지식을 창의적인 문제해결 수단으로 사용하면서, 동시에 다른 전문가들과 효율적으로 소통을 병행해야만 하는 것으로 설명한다.

Hedlund and Nonaka(1993)는 지식은 제품이나 서비스 내에 체화된 스킬과 전문성뿐만 아니라 인지적 지각(cognitive perceptions)으로부터도 형성된다고 한다. 가령, 암묵적 지식은 직관적이며 비언어적 지식이나, 형식적 지식은 언어적으로 분명히 표현할 수 있다고 하면서 컴퓨터 프로그램 등이 이에 해당한다고 한다. Lee(2012)는 순수한(purely) 암묵적 지식은 형식화(codification)할 수 없다고 한다. 그러나 많은 암묵적인 지식은 기술적으로 형식화할 수 있으나(technically codifiable), 암묵적인 상태로 놓여있다고(remain uncodified) 주장한다. 〈표 2-1〉에 형식지와 암묵지에 대한 연구자들의 견해를 정리한다.

〈표 2-1〉 형식지와 암묵지의 특징

구분	형식지와 암묵지의 특징	연구자
형식지 (**explicit** **knowledge**)	형식지는 사실, 규칙, 관계, 정책으로 구성되고 서류 또는 전자형태로 코드화가 가능함	Miller (1998)
	형식지는 소통에 의하여 나타나며, 소통의 쉬움은 형식지의 기본적인 특성임	Grant (1996)
	지식의 코드화와 비용 사이의 효용에 대해서 경험의 코드화가 더 많이 진행될수록 전달시 더 많은 경제적 이점을 볼 수 있다함. 그 예로는 프린팅, 무선통신, 전신, 데이터네트워크 등이 있음	Teece (1998)

	암묵적인 지식은 형식적인 지식형태로 기록해야 지식의 내용을 분석할 수 있고, 분해할 수도 있다고 함	Jaeschke (1994)
	현대의 많은 의학적 정보는 암묵적인 지식을 형식적 지식으로 공유하면서 발전했다 함	Wyatt (2001)
	문서화(codification)는 색인화를 통한 형식지화가 되어야 일상의 문제에서 해결 수단으로 사용됨	Hansen (1999)
암묵지 (tacit knowledge)	암묵지는 개인적인 스킬 같은 것을 의미하며, 지식의 전달은 대면 접촉과 견습을 통하여 가능함	Grant (1996)
	암묵지는 응용에 의하여 나타나며, 만약 암묵적 지식이 코드화되지 못하고 응용 또는 실행을 통하여 확보된다면 정보체계에서 전달이 늦어지고, 비용이 들어가고, 불확실하다고 함	Grant(1996) Kogut & Zander (1992) Teece(1981)
	하나의 문제를 해결하기 위하여 개인의 암묵적 지식을 창의적인 문제해결 수단으로 사용하면서 동시에 다른 전문가들과 효율적으로 소통을 병행함	Hansen (1999)
	지식은 제품이나 서비스에 체화된 스킬과 전문성뿐만 아니라 인지적 지각으로부터 형성되고, 암묵적인 지식은 직관적, 비언어적이라함	Hedlund & Nonaka (1993)
	순수한 암묵적 지식은 형식화할 수 없으나 많은 암묵적인 지식들은 기술적으로 형식화가 가능함	Lee (2012)

2-3 기업 지식(knowledge in a firm)의 태동

가. 기업 지식의 형성

기업이란 조직 속에서 지식 창출의 시작은 개인이다. Polanyi(1966)는 인간의 지식에 대해서 언급하면서 "우리가 말할 수 있는 것보다 우리는 더 많이 알고 있다(we can know more than we can tell)"는 것은 우리가 말로 표현하기 어려운 암묵적 지식(tacit knowing)이 인간의 뇌 속에 많이 잠재해 있다는 뜻이다. 또한 그는 암묵적 지식에 대해서 규칙을 찾는 것(search rules)과 스스로 발견하는 교수법(heuristics)을 활용하여 문제가 무엇인지 확실히 하는 것이 필요하며, 그 문제의 요소들은 그 문제의 해결책을 구성한다고 한다. Kogut and Zander(1992)는 상술한 Polanyi의 견해에 대해서 문제를 해결하는 행위는 어떻게 현상(phenomena)이 기능하는지에 대한 이해를 통한 감각(a sense)에 의존한다고 한다. 즉, 문제해결에 대한 그들의 공식적인 표현은 이런 절차적 지식(procedural knowledge)을 전적으로 이해하는 것은 어렵다고 하면서 대신 자료(the data)나 정보(information or clues)가 그 문제의 해결을 이끌 수도 있다고 한다. 또한 그들은 작은 조직 내에서 노하우나 정보를 조직 구성원들에게 가르치기 위해서는 빈번한 상호작용(interaction)이 필요하다고 하면서 이러한 소통은 독특한 언어(a unique language)나 부호(code)의 개발을 통하여 가능하다고 한다. 이것은 대단히 중요한 의미를 내포한다. 절차적 지식 또는 노하우 같은 암묵적인 지식은 소통이 어렵기 때문에 기업 내에서 사용하기 위해서는 반드시 자료나 부호라는 형식적인 지식으로 변형해야 함을 제시한다고 볼 수 있다. 그러나 암묵적인 지식은 표현하기가 어렵기 때문에 누가 그 지식을 소유하고 있는지를 아는 것조차도 조직의 지식으로 본다고 주장하면서, 기업은 개인과 조직 내의 그룹들이 보유하고 있는 인적 지식을 전달하고 공유하도록 해야 한다고 한다. 이런 지식은 누가 무엇을 아는지(who knows what)에 대한 정보(information)와 어떻게 연구팀을 조직할 것인가(how to organize a research team)에 대한 노하우(know-how)로 구성된다고 하면서, 기업은 지식을 조직 내에 내재시키는 조직적인 원리를 반드시 이해해야 하며, 조직 내의 구성원들이 협조할 수 있도록 해야 한다고 주장한다. 또한 기업은 어떻게 새로운 지식을 창출할지에 대해서 더욱더 역동적인 견해를 가져야 한다고 하면서, 기업에서는 현재 조직 구성원들이 가지고 있는 능력을 재결합(recombining)할 수 있는 새로운 스킬을 배워야 한다고 한다.

Nelson and Winter(1982)는 기업은 지식의 몸체(a body of knowledge)라고 한다. 조직적인 표준(organizational routines)은 조직의 유전적 물질(genetic material)이며, 엄격한 규칙 내에서는 형식지로 역할을 하며, 조직의 문화 내에서는 암묵지로 구성된다고 한다. 이러한 형식지와 암묵지 사이의 상호작용은 진화를 유발하며, 개인들의 우선선택은 경제적인 현실(economic reality)을 고려하여 그들의 사용 빈도가 결정되고, 궁극적으로 조직적인 표준으로 체화된다고 한다. 그리고 조직적인 표준이 되면 개인의 선택은 제한받고, 조직의 통제를 받는다고 한다. 이것은 지식의 창출과 응용에 있어서, 기업 조직은 개인보다 더 큰 영향력을 발휘한다는 것이며, 기업 자체는 더 나은 표준을 확보함으로써 스스로 배운다는 것이다. 그러므로 기업은 조직 구성원을 집단훈련 또는 집단교육을 함으로써 집단의 역량을 상승시켜서 새로운 지식 창출을 통한 새로운 기업표준을 선순환 방식으로 재창출한다는 논리로 보인다. 또한 지식 생성의 주체는 조직이라는 것을 분명히 하고 있다. 지식 창출의 시작은 개인이라는 Polanyi의 주장과 다소 다르다. Grant(1996)는 Polanyi와 비슷한 견해를 보인다. 지식의 창출(knowledge creation)은 개인의 활동(individual activity)이고, 기업의 주된 역할은 존재하는 지식의 응용(application)이라고 한다. 그 응용은 제품의 생산과 서비스에 적용된다고 한다. 또한 지식의 생산(knowledge production)이란 새로운 지식을 창출하는 것(the creation of new knowledge), 존재하는 지식을 확보하는 것(the acquisition of existing knowledge), 지식을 보전하는 것(storage of knowledge)이라 하면서, 개인은 특별한 어느 한 분야의 전문가가 되는 것이 바람직하다고 한다. Teece(1998)는 Grant와 비슷한 견해를 보인다. 기업의 지식자산(knowledge assets)은 개인의 경험과 전문성(expertise)을 토대로 형성된다고 한다. 이와 함께 기업은 지식이 경쟁력을 더 갖도록 물질적(physical), 사회적(social), 자원할당(resource allocation) 등을 제공한다고 하면서, 기업의 경쟁력은 시장 지위(market position)가 아니라 보유하고 있는 지식자산을 제삼자가 복제하기 어렵게 하는 것(difficult to replicate knowledge asset)이라고 한다. 또한 기업은 기업가 정신과 전략적인 요소들을 잘 융화시키는 역동적인 능력(dynamic capabilities)이 특히 중요하다고 한다. Nonaka and Takeuchi(1995)는 조직적 지식창출(organizational knowledge creation)의 이론을 형식지와 암묵지의 상호작용(interaction)을 통하여 개발했다. 그들은 Polanyi 주장처럼 모든 지식의 기원은 개인의 직관(intuition)이라고 한다. 그들의 이론은 이미 기업의 직원들에게 암묵적으로 알려진 지식의 형태를 형식지로 변형(transformation)하거나 소통(communication)함으로써 조직의 지식을 재창출한다고 주장한다.

〈표 2-2〉에서는 기업 지식의 창출 과정에 대해서 앞서 여러 학자의 견해를 통합 정리한다. 특히, 기업의 지식 창출의 근본이 개인으로부터 시작되는지 또는 기업이 지식의 몸체가 되고, 개인은 단지 기업 지식의 표준 속으로 녹아드는지를 요약한다.

위에서 여러 학자가 조직의 지식 창출의 시작점이 무엇인지를 알기 위하여 연구를 거듭했으나 결론은 개인으로 보는 것이 타당할 것 같다. 기업은 단지 개인들이 창의력을 발휘할 수 있도록 교육하거나 훈련을 잘 시켜서 그들이 창출한 결과를 응용하거나 제품이나 서비스에 활용하여 기업의 표준으로 만드는 역할로 귀결된다.

〈표 2-2〉 기업지식 창출의 과정 및 지식의 원천

지식의 원천	지식 창출의 과정	연구자
	지식 창출의 시작은 개인이다. 우리는 우리가 말할 수 있는 것보다 더 많이 알고 있다 (암묵적 지식의 중요성)	Polanyi (1966)
개인	• 조직 내에서 노하우나 정보를 조직 구성원들에게 가르치기 위해서는 독특한 언어나 부호의 개발이 필요 (암묵적 지식의 형식지화가 필요함) • 기업은 개인과 조직 내의 그룹들이 보유하고 있는 지식을 전달하고 공유하도록 해야 하며, 이런 지식은 누가 무엇을 아는지(정보), 어떻게 연구팀을 조직할 것인지(노하우)로 구성됨 • 기업은 어떻게 새로운 지식을 창출할지에 대한 역동적 견해와 현재의 능력을 재결합할 수 있는 새로운 스킬을 배워야 함	Kogut & Zander (1992)
	지식의 창출은 개인의 활동이고, 기업의 주된 역할은 존재하는 지식의 응용이다. 그 응용은 제품의 생산과 서비스에 적용. 지식의 창출은 ① 새로운 지식을 창출, ② 존재하는 지식을 확보, ③ 지식을 잘 유지하는 것	Grant (1996)

	기업의 지식자산은 개인의 경험과 전문성을 토대로 형성. 기업의 경쟁력은 보유하고 있는 지식자산을 제3자가 복제하기 어렵도록 만드는 것임	Teece (1998)
	지식의 기원은 개인의 직관이라고 하면서 기업 직원의 암묵적 지식을 변형하거나 소통을 통하여 조직적 지식을 창출한다고 함	Nonaka & Takeuchi (1995)
조직	• 기업은 지식의 몸체 • 조직적인 표준은 조직의 유전적 물질이며, 관료적 규칙 내에서 형식지와 조직의 문화 내에서의 암묵지로 구성됨 • 조직의 표준으로 체화되면, 개인은 조직의 통제를 받음 • 조직구성원의 집단 훈련과 교육으로 집단 역량을 향상시킴	Nelson & Winter (1982)

나. 기업 지식의 통합

개인의 경험과 지식이 없이는 조직의 지식이란 무의미하다. 조직은 개인으로 구성되고, 그 조직들이 모여서 사회를 만든다. 그리고 그 사회들의 집합체는 국가가 될 수 있다. 그러므로 상호 유기적인 관계를 떠나서 조직과 개인은 존재할 수 없다. 이것이 문화이다. 국가라는 상징 테두리 내에 서로 다른 문화를 형성하여 집단이나 조직이 형성되고 발전되어 가는 것이다. 이러한 조직 발전의 기반에는 개인의 역량이 기본적으로 필요하고, 그 개인들을 어떻게 교육하고, 훈련할지가 중요한 핵심 요소가 된다.

Lam(2000)은 기업의 지식기반(knowledge base)은 암묵적 지식(tacit knowledge)이라고 하면서 이러한 지식은 사회적으로 체화된다고 한다. 이것을 가능하게 하는 것은 기업 내의 협력 메커니즘(coordination mechanism)과 조직적인 표준(organizational routines) 그리고 사회적 기구(societal institutions)에 의하여 강하게 영향을 받는다고 주장한다. Lam은 이러한 세 가지 요소의 상호작용 틀을 다음과 같이 설명한다. 첫째로, 지식과 조직적인 학습에 대한 이론들은 Polanyi(1962, 1966), Nelson and Winter(1982), Spender(1996) 그리고 Nonaka(1994) 등이 연구했는데 이들의 연구는 지식의 특성(nature of knowledge)과 조직적인 학습(organizational learning)을 다원적인 인식론(pluralistic epistemological)의 견지로부터 이해하려고 한다. 상기 연구자들은 암묵적 지식과 형식적 지식과의 차이점과 이 둘의 상호작용이 새로운 지식 창출에 효율적이었는지를 연구 목표로 삼았으며, 그들의 연구 결과로서 인간 지식의 기원은 암묵적 지식이란 것과 이러한 암묵적 지식을 습득하기 위하여 사회적으로 필요한 상호작용을 통하여 학습한다고 한다. 둘째로, 기업은 지식의 몸체라는 인식에서 조직 내에서 상호 간의 협조, 소통 그리고 학습한다고 했다(Penrose(1959), Nelson and Winter(1982)). 셋째로, 사회적 접근(societal approach)으로서 국가혁신시스템에 입각한 산업사회에서 외부 사회기구(external societal institutions)와 내부 조직(internal organizational structures) 간의 상호작용을 어떻게 하는지가 중요하다고 주장한다.

Lam(2000)은 [그림 2-1]에서 기업 지식의 통합 메커니즘을 설명하면서 세 가지 요소의 상호작용 틀을 시스템적 개념적인 틀로 통합시키는 시도를 한다. 그 요

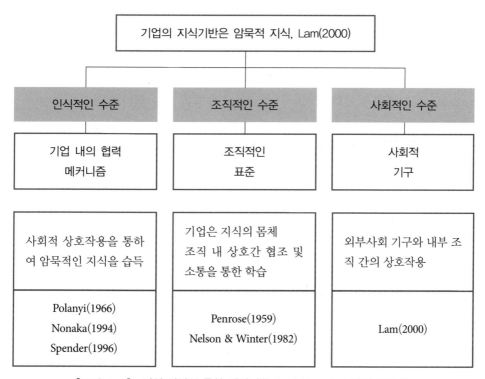

[그림 2-1] 기업 지식의 통합 메커니즘-Lam(2000)의 관점 재구성

소들은 인식적인 수준(cognitive level), 조직적 수준(organizational level), 사회적 수준 (societal level)으로 나누어서 설명한다. [**인식적인 수준**]은 암묵적인 인간지식을 개인학습과 집단학습 사이의 역동적인 관계를 활용하여 사회적으로 체화시키는 개념이다. 인간 지식의 많은 부분을 차지하고 있는 암묵적인 지식(스킬, 기교(technique), 노하우 그리고 표준(routines))은 코드화(codified)된 형태로 소통되거나 쉽고 명확하게 전달될 수 없는 특징을 갖는다. 이런 유의 지식은 경험기반(experience-based)이며 사회적 네트워크를 통하여 전달되고 특별한 환경(in a particular context)에서 실행을 통하여 나타난다. [**조직적 수준**]은 어떻게 기업의 조직화 원리가 사회적 협력의 구조(social structure of coordination)를 형성시키는지를 보여준다. 협력의 구조는 조직 내에서 서로 다른 형태의 지식을 통합시키고, 결집시키는(mobilize) 조직의 능력으로 결정된다. [**사회적 수준**]은 사회적 기구들(societal institutions)이 어떻게 조직적인 표준들(organizational routines)과 협조 규칙들(coordination rules)을 형성시키는지를 말한다. 다시 말해서 조직 구성원들의 교육과 훈련을 시킬 수 있는 시스템에 초점을 맞춘다. 즉, 어떤 교육과 훈련을 시키느냐에 따라서 지식이라는 사회적 헌법(social constitution)을 구성하여 구성원들의 자질(basis of qualification)과 일의 지위 (work status) 그리고 직업의 선택(job boundaries)이 달라질 수 있다고 한다.

다. 기업 지식의 개념적 형상화 및 분류

Lam(2000)은 기업에서의 조직적인 지식을 인식론적(epistemological)과 존재론적 (ontological)으로 나누어서 분석하였다. 전자는 지식의 표현(expression of knowledge) 에 중점을 둔 것으로 Polanyi가 주장한 형식지와 암묵지로 나누어서 분석하는 것이고, 후자는 지식의 존재 장소(locus of knowledge)에 중점을 두어서 개인(individual)과 집단(collective)으로 나누어서 분석한다. 인식론적(epistemological)으로 형식지(explicit knowledge)는 공식화(formulated)할 수 있고, 추상화(abstracted)할 수 있으며 주제가 무엇인지와 상관없이(independently of the knowing subjects) 시공을 초월하여 전달되는 특징이 있다고 한다. 반면에 암묵지(tacit knowledge)는 직관적(intuitive)이고 명확히 전달할 수 없고, 실행경험(practical experience)을 통하여 획득되어지는 동작스킬(operational skills)이나 노하우가 여기에 해당되어 행동지향(action-oriented) 형태로 구분되고, 개인적인 특징 때문에 공식화하거나 소통이 어려운 특징을 가지고 있다고 한다. 그러므로 이런 류의 지식은 밀접한 상호작용이 요구되어지고 대화자 사이에서 공유된 이해(shared understanding)와 신뢰(trust)가 요구된다고 한다. 따라서 형식지와 암묵지는 개념상으로는 구분이 가능할 것으로 보이지만 실행 상으로는 분리하거나 개별화하기가 쉽지 않다고 한다. Nonaka and Takeuchi(1995)는 새로운 지식은 형식지와 암묵지의 역동적인 상호작용과 결합을 통하여 생성된다고 하면서 둘 간의 관계가 상호보완적이라고 했다. Nelson and Winter(1982)는 기업의 진화이론(evolutionary theory of the firm)을 통하여 기업은 형식지와 암묵지의 특정한 내용(special context)을 외부의 경제적인 현실을 고려하여 선택하도록 할 수 있다고 했으나, 궁극적으로 조직의 표준(organizational routines)으로 편입시킨다고 했다. 결국, 조직의 학습능력(learning capability)과 혁신능력(innovative capability)은 얼마나 암묵적 지식을 효율적으로 활용하고, 형식지와 상호작용을 할 수 있도록 배양할 수 있느냐에 의존한다고 한다.

Lam(2000)은 존재론적(ontological)으로 기업 내의 지식은 개인(individual) 수준으로 존재할 수도 있고, 조직의 구성원들 사이에 공유(shared among members)되어질 수도 있다고 한다. [**개인적 지식**(individual knowledge)]이란 조직 내의 지식 중에서 개인의 뇌(in the brains) 또는 개인에게 체화된 스킬(bodily skills)을 말한다. 그러므로 필연적으로 특정화(specialized)되고 특별한 영역(domain-specific)을 갖는다. 가령, 개인이 지닌 지식이므로 개인이 이직하면 함께 이동하기 때문에 조직 내에서 지식의 보유나 축적에 잠재적인 문제를 초래할 수도 있다고 한다. [**집단적 지식**(collective knowledge)]이란 조직 내의 구성원 사이에 공유되고 널리 퍼져있는 지식을 말한다. 이런 류의 지식은 규칙, 절차, 표준(routines), 공유된 표준(shared norms) 등으로 체화되는 조직의 축적된 지식이라고 한다. 이런 지식은 문제해결(problem-solving)의 방향을 인도하고, 구성원 사이에서 상호작용의 형태를 보인다고 한다. Glynn(1996)

에 따르면 이런 종류의 지식은 개인적 지식으로부터 집단적 지식으로 이동하는 메
커니즘을 갖는다고 한다.

Lam(2000)은 〈표 2-3〉과 같이 세로축으로 형식지와 암묵지(explicit-tacit) 그
리고 가로축으로 개인적과 집단적(individual-collective)을 사사분면을 활용하여
네 개의 범주로 지식의 그룹을 형성했다. Lam은 주로 Collins(1993)의 이론을 접
목하여 통합을 시도했으나 필자는 Spender(1996)의 이론을 추가로 접목하여 Lam
의 통합 논리를 보완하고자 했다. 첫 번째, [**이사분면**]에 개념형성 지식(embrained

〈표 2-3〉 기업 지식의 개념적 형상화 및 통합(Lam이론 재구성)

구분		존재론적(ontological) 지식	
		개인(individual)	집단(collective)
인식론적(epistemological) 지식	형식지 (explicit knowledge)	□ **개념형성 지식(embrained knowledge)** −Collins(1993) • 개인들의 개념적 스킬과 인지능력에 의존 □ **의식적 지식**(conscious knowledge)− Spender(1996) • 개인적 지식을 의식적으로 제3자에게 표현 → 대리권 문제(agency problem)	□ **코드기반 지식**(encoded knowledge)− Lam(2000) • 신호와 기호를 수단으로 지식이 전달 → 문서화 가능 예) 청사진, 사용법, 규칙, 절차 □ **기호형태 지식**(symbol type knowledge)− Collins(1993) • 플로피 디스크의 정보 □ **객관화된 지식**(objectified knowledge)− Spender(1996) • 사회메커니즘의 효율적 사용에 의존
	암묵지 (tacit knowledge)	□ **행동기반 지식(embodied knowledge)** −Collins(1993) • 개인들의 실행에 중점을 두는 행동지향 지식 □ **자동적 지식**(automatic knowledge)− Spender(1996) • 기업내의 능력 있는 개인들은 암묵적 지식을 보유 • **무의식적 지식**	□ **암묵기반 지식**(embedded knowledge)− Lam(2000) • 루틴과 공유된 표준과 같은 암묵적 지식 □ **문화공유 지식**(encultured knowledge)− Collins(1993) • turing test □ **조직문화 지식**(collective knowledge)− Spender(1996) • 지식생산 프로세스에 초점 • 가장 안정적인 조직 지식

knowledge)이란 개인적-형식적(individual-explicit) 지식을 묶은 것을 말하는데, 이
것은 개인들의 개념적 스킬(conceptual skills)과 인지능력(cognitive abilities)에 의존
하는 지식을 말하고, 공식적, 추상적, 이론적인 지식이라고 한다. 가령, 자연법
칙처럼 과학적 지식을 다룬다. 개념형성 지식(embrained knowledge)이란 용어는
Collins(1993)가 사용한 용어이다.

Spender(1996)는 거의 Lam과 동일한 메커니즘으로 사사분면을 사용한 분석방
법을 사용했다. 그는 개념형성 지식(embrained knowledge)을 의식적 지식(conscious
knowledge)으로 표현한다. 이것은 개인이 가지고 있는 지식을 의식적으로 제삼자에
게 표현해야 하는 지식이므로 대리권 문제(agency problem)가 발생할 가능성이 있다
고 한다. 다시 말해서 과연 기업에 소속된 유능한 엔지니어가 기업의 이익을 위하
여 자신이 보유한 스킬이나 노하우를 공개할 것인지이다. 이런 경우에 직원의 협상
력(bargaining power)이 향상될 가능성이 있고, 직원의 카리스마를 조직은 어떻게 통
제할 수 있을지에 대한 문제가 발생한다고 한다.

Abidi(2005)도 유사한 문제를 지적한다. 전문가들이 그들의 지식을 기업 내 구성
원들과 공유하도록 유도하기 위한 동기로서 인센티브가 아마도 필요할 것이라고
제안하면서 사전에 지적소유권(intellectual ownership)은 기업에 속한다는 것을 주입
할 필요가 있다고 한다. 왜냐하면 전문가들은 그들의 암묵적 지식(tacit knowledge)이
노출되면 그들의 지적 경쟁력(intellectual competitive edge)을 잃을 것을 우려하기 때
문에 내면으로 감추려고(reservations) 하는 속성이 있기 때문이라고 한다.

두 번째, [**삼사분면**]에 행동 기반 지식(embodied knowledge)이란 개인적-암묵적
(individual-tacit) 지식을 묶은 것을 말하는데, 이것은 개인들의 실행(practical)에 중
점을 두는 행동 지향(action oriented)의 지식으로서 육체적(bodily) 경험과 실행 경험
(practical experience)이 토대를 이룬다고 한다. 행동 기반 지식(embodied knowledge)
이란 Collins(1993)가 사용한 용어이다. Spender(1996)는 행동기반 지식(embodied
knowledge)을 자동적 지식(automatic knowledge)으로 표현한다. 이것은 기업 내의 능
력 있는 사람들은 주로 암묵적 지식을 가지고 있는데 이것을 기업이 인정해주는 방

향으로 가는 것을 의미하며, 이 경우 상술한 대리권 문제(agency problem)는 발생하지 않는다고 한다. 그렇지만 기업은 그 능력 있는 사람을 계속 고용해야 하는 부담을 느끼기 때문에 더욱더 심리학적인 문제를 지닌다고 한다. 가령, 그 개인이 그 기업을 떠나게 되면, 그의 지식도 함께 이동해야 하기(moving with the person) 때문이라고 한다.

세 번째, [**일사분면**]에 코드 기반 지식(encoded knowledge)이란 집단적-형식적(collective-explicit) 지식을 묶은 것을 말하는데, 이것은 때때로 정보(information)로도 언급된다고 한다. 이것은 신호와 기호(signs and symbols)를 수단으로 지식이 전달되고, 이 지식은 문서화가 가능한 것으로서 청사진(blueprint), 사용법(recipes), 규칙(written rules) 그리고 절차(procedures) 등에 이 지식을 활용한다고 한다. 이 지식은 개인의 지식과 경험을 코드화(encoded)시켜서, 조직 내에서 제어하는 집단지식의 형태를 가진다고 한다. Collins(1993)는 이와 같은 지식을 기호형태 지식(symbol-type knowledge)이라고 했으며, 플로피디스크의 정보를 누출 없이 전달할 수 있게 하는 지식(without loss on floppy disks and so forth)이라고 설명하고 있다. 가령, 컴퓨터에 입력되는 디지털 정보 같은 것들은 "1"과 "0"과 같은 숫자이기 때문에 그 정보 자체는 해석하기도 어렵고, 한정하기도 어렵다. 그러나 이런 정보들은 활자화되면 누구나 알 수 있는 출력물이 된다. Spender(1996)는 이와 같은 지식을 객관화된 지식(objectified knowledge)이라고 한다. 이것은 사회 메커니즘의 효율적 사용에 의존할 수 있다고 하면서, 공공재 성격의 지식을 특허나 등록 디자인과 같은 법적 보호 수단을 통하여 효율적으로 사유화할 수 있다고 한다.

마지막 네 번째, [**사사분면**]의 암묵 기반 지식(embedded knowledge)이란 집단적-암묵적(collective-tacit) 지식을 묶은 것을 말하는데, 이것은 조직 내에 존재하는 개인의 암묵적 지식을 표준(routines)과 공유된 표준(shared norms)으로 집단 지식화한 것으로 정의한다. Collins(1993)는 이와 같은 지식을 문화공유 지식(encultured knowledge)이라고 했으며, 영국의 앨런 튜링의 "turing test"를 예로 들면서 슈퍼컴퓨터는 사회의 일부 계층과의 튜링테스트를 통하여 컴퓨터 자체의 지능을 인정받기 때문에 그 특정한 사회 속에서 참여자 간의 상호작용을 통하여 그 사회의 일원이 된다고 한다. 즉, 이러한 상태를 문화공유 지식(encultured knowledge)을 소유한 것이라고 설명한다(Under this protocol, passing the test signifies social intelligence or the possession of encultured knowledge). Spender(1996)는 이와 같은 지식을 조직문화 지식(collective knowledge)이라고 한다. 이것은 지식재산의 소유권에 관심을 두기보다는 지식의 생산 프로세스에 초점을 맞춘다고 한다(Teece, 1987). 이것은 그룹이나 작은 규모의 조직이 외부로 누설함이 없이 암묵적으로 지식을 생산하기 때문에 가장 안전하고, 전략적으로 조직적 지식을 얻을 수 있다고 한다(the most secure and strategically significant kind of organizational knowledge).

〈표 2-3〉에서는 상술한 기업 지식을 형상화하는 여러 종류의 지식을 통합하는 작업을 했다. 전체적인 틀은 Lam의 이론을 활용했고, 각 사사분면에 해당하는 용어는 여러 학자의 이론을 찾아서 통합시키는 작업을 했다. Lam은 주로 Collins의 이론을 참고했다. Spender의 이론은 전반적으로 Lam의 이론과 비슷했기 때문에 기업 지식을 개념적으로 형상화하고, 통합하는데 많은 기여를 했다. 위에서 분석한 바와 같이 Lam, Collins, Spender 3명의 학자는 기업에서 존재하는 지식을 인식론적(epistemological)과 존재론적(ontological)으로 나누어서 효율적으로 개념화했다고 보인다. 특히, 형식적 지식과 암묵적 지식만을 연구한 것이 아니라, 그 지식이 개인에 속해있는지 또는 집단에 속해있는지에 따라서 지식을 분류함으로써, 기업에서 존재할 수 있는 여러 지식의 태양을 연구했다는 점에서 학술적으로 중요한 의미가 있다고 생각한다. 기업에 존재하는 여러 형태의 지식을 연구하는 목적은, 기업은 어떤 체제로 지식을 창출하고, 보유하는지 인식할 수 있어야, 기업의 새로운 지식 창출이나 기업 외부로부터의 지식 흡수를 촉진하고 대응하기 위함이다. 또한 기업의 수익과 기업의 연구역량을 높이고, 실질적으로 기업의 매출 신장에 이바지할 수 있는 가장 효율적인 방법은 결국 기업 개개인의 역량이라는 점에서 기업 지식을 이해하는 것은 중요하다. 그리하여 기존에 어떤 방법으로 산업계에서 지식경영을 했는지 실제 사례를 [2-4] 기업 지식의 응용에서 살펴본다.

2-4　기업 지식의 응용

가. 문서화 전략과 개인화 전략

Hansen(1999)은 지식경영(knowledge management)이란 새로운 것이 아니라 수백 년 전부터 우리 선조들이 자신의 사업을 자손들에게 물려주면서 가업으로 발전했고, 장인(master craftsmen)은 자신의 기능을 수습공에 전수함으로써 암묵적 지식을 계속 이을 수 있었다고 한다. 그런데도 현대의 경영에서 최고경영자들이 지식경영이란 용어를 사용한 것은 1990년대부터라고 한다. 그는 지식경영을 가장 활발히 하는 사업은 자문기업이라고 생각하고 그들 기업을 대상으로 연구를 진행했다. 그는 크게 두 가지의 부류로 그 기업들의 전략을 분류한다.

첫 번째로 문서화 전략(codification strategy)이다. 이것은 기업의 지식을 컴퓨터에 집중시키는 전략이다. 즉, 그들의 지식을 주의 깊게 코드화하여 데이터베이스에 저장시킨다. 그 저장된 자료는 그 기업 내의 구성원이라면 누구든지 쉽게 정보에 접근해서 필요한 정보를 찾을 수 있도록 도움을 준다. 두 번째로 개인화 전략(personalization strategy)이다. 이것은 기업 내 지식이 공개되지 않고 개인에게 묶여 있어서 개인별 접촉을 통해서만 소통할 수 있는 체제로서 컴퓨터 정보는 단지 누가 무엇을 자문 내지는 연구했다는 정도로서 관련분야 전문가를 찾아주는 역할만 한다.

나. 기업의 지식전략 운영

Hansen(1999)의 연구에 의하면 Andersen Consulting과 Ernst & young 컨설팅 회사는 문서화 전략(codification strategy)을 따른다. 그 회사들은 컨설턴트들이 자문한 내용을 코드화해서 그 지식은 재사용하도록 시스템을 개발했다. 코드화 과정에서 고객에게 민감한 부분(client-sensitive)은 제거한 후에 지식의 키워드를 사용하여 지식의 내용을 찾을 수 있도록 하는 지식 활용 도구(knowledge objects)를 개발했다. 가령, 인터뷰 가이드, 일의 계획(work schedules), 벤치마크 자료(benchmark data), 시장분류(market segmentation)를 데이터베이스에 저장시켜놓고 누구든지 재활용할 수 있도록 했다. 이 시스템의 장점은 회사 내 컨설턴트들이 문제해결의 단서를 찾기위하여 시간을 허비하는 것을 줄일 수 있고, 어떤 문제를 해결한 전문가를 직접 찾아가서 소통해야 하는 시간을 줄일 수 있었다. 이러한 시간 절약 전략은 고객의 자문 비용을 줄여주는 역할도 했다. 이러한 효과를 발휘하는 배경에는 회사 내 전문가들이 헌신적으로 컨설팅 내용 및 결과를 정확히 그리고 신속히 컴퓨터 내로 입력하는 것이 주효했다. 반면에, Bain & Company와 Boston Consulting Group 그리고 McKinsey & Company와 같은 컨설팅 회사들은 개인화 전략(personalization strategy)을 따른다. 그 회사들은 상술한 지식 활용 도구(knowledge objects)보다는 회사 내 전문가들 간의 대화를 중요시한다. 그 이유는 전문가들 간의 면전 대화(one-on-one conversation)를 통하여 문제해결에 접근할 때(by going back and forth on problems) 깊은 통찰력을 얻기 때문이라고 한다. 그 전문가들은 정기적으로 미팅하거나 개인적인 전화 통화 또는 전자 우편 또는 화상회의의 수단을 써 정보를 얻거나 필요시 세계 각국에 퍼져있는 지사를 방문하여 정보를 얻다 보니 동료 컨설턴트들과의 네트워크가 한층 강화되면서 실제 문제해결 장본인들과의 심층 대화를 통하여 많은 창조적인 정보를 개발한다고 한다. Hansen(1999)은 문서화 전략(codification strategy)과 개인화 전략(personalization strategy)을 잘 활용하여 성공한 회사들을 분석해 보면 두 개의 전략에 모두 초점을 두기보다는 어느 하나에 초점을 두고 다른 것은 보완하여 사용하는 것(supporting role)이 가장 좋은 전략이라고 한다.

다. 기업의 지식전략 운영 사례(Hansen(1999) 연구 재구성)

(1) Memorial Sloan-Kettering Cancer Center Case

뉴욕에 있는 Memorial Sloan-Kettering Cancer Center에 대해서 분석한다. 이

병원의 설립은 1894년이다. 이 병원은 사업가였던 Sloan과 Kettering이 엄청난 액수를 기부하면서 일취월장한다. 그 자금으로 연구소를 설립하여 유능한 인재를 모은다. 젊은 의사들은 물론 나이 든 경력이 많은 의사를 그의 팀원들과 함께 채용한다. 이 병원의 특징은 사내 소통(communication)을 활성화해서 병원 내의 의사를 포함하는 전문가들의 지식(knowledge)을 사례별로 축적해 놓는다. 가령, 전문가들의 임상 경험을 PC 내 소통 그룹에 정리하도록 한다. 그러면 다른 의사들이 어떤 증상에 대해서 서로 논의할 수도 있고, 새로 들어온 의사들은 경험 많은 의사들이 이미 진단해 논 임상 기록을 활용할 수 있다. 이것을 암묵적 지식의 형식지화라고 한다. 엄밀한 의미의 암묵적 지식은 말이나 글로 표현할 수 없으므로 임상 기록을 남길 수가 없어야 하나, 의사가 보유하고 있는 임상 노하우도 암묵적 지식으로 표현하고자 한다. 다시 말해서 의사가 노하우로 본인만이 임상 결과를 알고 있다면 인위적 암묵적 지식으로 간주할 수 있으나 다른 사람들도 그 결과를 공유하도록 문서로 만들었다면 형식적 지식으로 표현하고자 한다. 이 병원에서는 이런 임상 노하우를 병원 내 전문가들만 사용하는 것이 아니라 병원의 컨설턴트들이 전화로 잠재적인 외부 고객인 환자들의 증상을 듣고 병원에 축적된 정보에 근거하여 환자들에게 조언을 해줄 수 있다. 그러면 환자는 한 통화로 이 병원, 저 병원을 찾는 노력과 비용을 줄일 수 있다. 그럴 뿐만 아니라 보험회사에서도 고객을 유치할 때 이 병원의 컨설팅을 받는다. 그러나 이것은 무료는 아니고 유료다. 그렇다고 해도 비용이 저렴하고, 이 병원의 암 치료에 대한 명성이 높아서 이용할 수밖에 없다고 한다. 이것은 좋은 사업모델이 될 수 있다.

이 병원은 또 다른 사업모델을 가지고 있는데 병원 내에 특급 호텔을 들여놓았다는 것이다. 이 병원의 상층에는 실제로 호텔이 있다. 전 세계의 부호들이 이 병원을 이용하도록 독려하기 위함이다. 하루에 입원비만 300만 원이 넘으니 일반인들은 꿈도 꿀 수 없다. 비록 비싼 입원비이지만 들어갈 공간이 모자라서 입원을 못 하는 실정이라고 한다. 이 병원에 입원해서 퇴원하려면 최소 1억에서 3억은 보통으로 들어간다고 한다. 미국의 의료비가 비싼 탓도 있지만 유독 이 병원은 비싸다. 그

대신 최고의 의료진과 시설이 있으니 돈을 아까워했다는 사람은 거의 없다고 한다. 그만큼 환자 관리에 철저하고 프로정신이 있다는 것이다. 또 흥미로운 것은 MPEG LA라는 특허괴물 회사가 이 병원의 특허와 다른 병원들의 특허를 매입하여 전 세계를 여행하면서 특허사용 계약을 하고 있다. 놀라운 일이다. 결국, 이 병원의 수익 모델을 보면 일반병원의 수익 모델에 추가로 전화 컨설팅을 통한 수익, 호텔식 입원비를 통한 수익 그리고 특허를 양도하거나 실시료를 얻는 수익 등 우리가 쉽게 생각할 수 없는 수익 모델로 돈을 벌고 있다는 것이다.

Hansen(1999)은 상술한 병원 사례에 대해서 문서화 전략(codification strategy)을 활용하기 위하여 소프트웨어 개발 및 활용에 엄청난 자금을 들였지만, 코드화된 지식을 재사용(reusing)함으로써 많은 수익을 창출한 경우라 했다. 앞서 Teece(1998)는 지식의 코드화와 비용 사이의 효용에 관해서 연구하면서 경험의 코드화가 더 많이 진행될수록 전달 시, 더 많은 경제적 이점을 볼 수 있다고 한 내용과 맥락을 같이 한다. Hansen이 본 사례를 중요하다고 보는 것은 재사용 전략을 잘 개발된 개인화 모델(highly developed personalization model)을 함께 사용했다는 점이라 한다. 가령, 대부분의 진료 경우는 이미 많이 치료된 고객지향의 치료와 충고(customized treatment and advice)이고, 그 외 다양한 환자의 증세에 맞추어서 다양한 전문가들의 컨설팅이 진행된다. 여러 분야의 전문가들은 같은 공간 내에서 전문가 간의 소통과 대면 미팅을 일주일에 한 번은 실시한다. 그들이 경험한 임상 내용을 공유하고 토론하는 회합의 장이다. 그들은 그러한 활동을 통하여 최고의 전문성을 보유하고 있어서 그 병원의 직원들에게는 최고의 대우를 해주고 있다.

(2) Dell Case

Dell은 1984년 텍사스 대학 재학 중에 마이클 델이 설립하고 대학을 중퇴한다. 스티브 잡스, 빌 게이츠, 마크 저커버그, 일론 머스크도 대학 중퇴를 했기에 이들 사이에는 비슷한 기업인 DNA가 있는 것 같다. Dell은 전화와 팩스를 이용한 판매 방법으로 매출을 신장시킨다. 그러나 1994년에 적자 위기를 맞는다. Dell은 그 이유를 분석해 보았다. 부품 입고, 생산, 출고, 마케팅&판매, 서비스는 하버드 대학의 마이클 포터가 제시한 value chain인데 이 중에서 공급망 관리(supply chain management)인 SCM에 문제가 있다는 것이었다. 일반적으로 SCM의 비용은 판매가의 62~79%[1]로 보고 있으니 물류의 통제와 관리가 얼마나 기업 수익에 중요한 위치를 차지하는지 알 수 있는 대목이다. 그는 창고와 중간 판매업자를 없애면 수익을 올릴 수 있다고 생각하고, 궁리하다가 인터넷을 생각하게 된다. 인터넷을 통하여 고객으로부터 주문받고, 인터넷으로 공장에 생산을 요청하면 48시간 이내에 고객에게 배달까지 할 수 있으니 정말 중간 상인과 창고가 필요 없게 되었다. 거기에 고객의 요구에 따라서 맞춤형 PC를 조립하니 고객은 싼값에 자신의 취향에 맞는 PC를 사들이게 되어서 일거양득의 효과를 보는 셈이었다. 이러한 Dell의 천재성은 바로 매출에 반영되고, 당시에 전 세계 PC 매출 1위를 차지하게 된다. Dell은 1억7천만 불의 억만장자가 되었다. 그의 나이 30대였다.

Hansen(1999)은 Dell 사례를 재사용 모델(reuse model)의 성공 전략으로 본다. 델은 전자저장소(electronic repository) 구축에 많은 투자를 한다. 그 시스템에서 고객이 직접 컴퓨터 사양(configurations)을 결정하도록 하여 고객이 선택한 부품만으로 PC를 조립하도록 한다. 필요한 부품은 PC 상에서 즉시 확인되면서, 고객이 원하는 제품을 빨리 그리고 저렴한 가격에 출고하게 했다. 본 사례에서 무엇보다도 중요한 것은 조립할 수 있는 환경설정 항목이 무려 40,000개나 되었다는 사실이다. 당시에 경쟁사는 100개의 환경설정 항목이 있었다. 그리고 각 환경설정은 평균 275번 재사용되었다고 하니 그만큼 델은 원가를 낮출 수 있었다.

(3) Hewlett Packard Case

Hansen(1999)에 따르면, Hewlett Packard는 1990년대에 상술한 두 사례 기업의 전략과는 다른 개인화 전략(personalization strategy)을 사용했다고 한다. 당시에 그

---

1 Pearson Education, Inc. Publishing as Prentice Hall, 2011; Automobile(67%), Food(60%), Lumber(61%), Paper(55%), Petroleum(79%), Transportation(62%), All industry(52%).

회사의 엔지니어들은 회사 소유의 비행기를 타고 다른 지역 및 나라의 사업부를 방문하여 새로운 제품 개발 아이디어를 공유했다. 당시에 120,000명의 직원이 있었던 거대한 기업에서 개인화 전략을 사용한다는 것은 무리한 것처럼 보였다. 당시에 HP는 윈도 기반 전자식 오실로스코프를 매우 성공적으로 개발했고, 중역들은 다른 사업부에서도 이 신제품을 이해하고 응용하기를 기대했다. 그래서 획득된 노하우를 코드화하려고 계획까지 수립했으나 그 지식은 너무도 기술 내용이 풍부하고 섬세하여 코드화하는 것에 한계를 느끼고 대신 엔지니어들이 각 사업부를 방문하여 미팅을 통하여 제품 기술을 이해시키는 방법을 사용했다. 그러나 이 회사는 대면 소통 비용으로 연간 백만 불을 소모했다.

Hansen은 상술한 사례들을 통하여 각 기업의 경영자들은 공통된 패턴(common pattern)을 보인다고 하면서 주문 조립식(assemble-to-order) 제품 또는 서비스에 사용되는 전략은 코드화(codification) 내지는 지식의 재사용(reuse of knowledge)을 활용했고, 지극히 고객 지향적인 제안(highly customized service offerings) 또는 제품 혁신 전략(product innovation strategy)에는 전문가 간의 지식 공유 방법(person-to-person knowledge sharing)을 사용하여 대처했다고 한다. 상기 사례들을 통하여 기업들은 암묵적인 지식을 형식지화하기를 위하여 노력한다는 것과 암묵적인 지식을 더욱 효율적으로 활용하여 기업의 체질을 강화하려고 한다는 것을 알 수 있다.

2-5 | 기업 내에서 지식의 활용

가. 지식의 특성

(1) 이동성(transferability)

지식의 자원 기반 견해(resource-based view)에 근거하여, 기업의 지속적인 경쟁

력의 가치 보유를 인정받을 수 있는 중요한 결정 요인은 그 기업의 자원(resources)
과 능력(capacity)의 이동성이다(Barney, 1986). 지식의 이동성은 기업들 간뿐만 아니
라 그 기업 내에서도 중요한 의미가 있다. Grant(1996)는 암묵적 지식과 형식적 지
식의 중요한 차이점은 이동성과 지식 전달 체계에 있다고 한다.

(2) 집성 능력(capacity for aggregation)

Grant(1996)는 전달되는 지식의 효율성은 지식의 집성(aggregation)을 위한 잠재
력에 달려있다고 한다. Cohen and Levinthal(1990)은 지식의 전달은 그 지식을 받
는 사람의 흡수능력(absorptive capacity)에 좌우된다고 한다. Grant(1996)는 지식의 흡
수는 지식을 받는 사람이 보유하고 있는 지식에 새로운 지식을 부가(to add)할 수
있는 능력에 좌우된다고 하면서 이것을 위해서는 서로 다른 지식 요소의 가산성
(additivity)을 요구한다고 한다.

(3) 재산적 가치(appropriability)

Teece(1987)는 '재산적 가치'를 가치 있는 자원을 창출한 그 자원의 소유자가 그
가치만큼의 보답을 받을 수 있는 권리라고 정의한다. Grant(1996)는 재산적 가치를
인정받아야 하는 자원(resource)은 지식(knowledge)이라고 하면서 암묵적 지식(tacit
knowledge)은 직접 전달할 수 없으므로 즉시 재산적 가치를 산정하기 어렵다고 한
다. 반면에 형식적 지식(explicit knowledge)은 재산적 가치를 산정하면서 두 가지 중
요한 문제점이 있다고 한다. 첫 번째로 형식적인 지식은 공개가 되는 지식이므로
누구나 경쟁 없이(nonrivalrous) 그것을 획득해서 재판매(resell)를 할 수도 있다고 한
다(Arrow, 1984). 두 번째로 지식을 마케팅하는 단순한 행위는 자칫, 잠재적 지식구
매자가 대가 없이 활용할 수 있도록 만들 수도 있다는 것이다(Arrow, 1971). 그러므
로 법적으로 보호를 받을 수 있는 특허법(patents)이나 저작권법(copyrights)을 활용하
여 보호해야 하는 필요성을 주장한다.

나. 지식의 통합

Grant(1996)는 공식적이며 형식적인 지식과 비공식적이며 암묵적인 지식을 기업 내에서 통합(integration)하는 방법을 네 가지 메커니즘으로 설명하고 있다.

(1) 규칙(rules)과 지시·명령(directives)

이 방법은 다소 비인격적인(impersonal) 수단으로 협력(coordination)을 강제하기 위한 접근방법으로 볼 수 있다. '규칙'이란 개인 사이의 상호작용(interaction)을 규제할 수 있는 표준(standards)으로서 간주한다. 그러므로 조직 내에서 규칙은 조직 구성원 간의 예의나 공손함, 그리고 사회적 표준(social norms)을 확립함으로써 조직 구성원 간의 상호작용에 효율적이다. 또한 규칙과 같은 메커니즘이 효율적인 다른 이유는 직접적인 개인 간의 소통을 최소화(to minimize communication)함으로써 상호협조를 끌어낼 수 있다는 점이다(Galbraith, 1973). 규칙과 지시·명령은 조직 내에서 암묵적 지식을 쉽게 형식적 지식으로 변경(tacit knowledge can be converted into explicit knowledge)할 수 있는 수단을 제공한다. 개인의 지식을 조직의 표준틀로 변경할 수 있는 하나의 방법은 암묵적인 지식을 가지고 있는 개인에게 일련의 생산 절차(a set of procedures) 또는 품질관리(quality control)를 위한 규칙을 만들도록 책임을 부여하면 그의 암묵적인 지식이 자연스럽게 생산과정(product process)으로 통합될 수 있다고 한다.

(2) 순서화(sequencing)

개인이 소유하고 있는 전문적 지식을 개인적 소통을 최소화하면서 통합시키는데 가장 단순한 수단은 시간 형태(time-patterned)의 일련 작업(sequence)으로 생산 활동(production activities)에 전문지식이 포함되도록 하면 계속 협조(continuous coordination) 관계가 유지된다고 한다. 가령, 전문가의 투입은 독립적으로 분리된 시간 부분에 할당된다. 또한 많은 부품으로 구성되는 제품일수록 계속된 공정

(continuous processes)에 의하여 생산되는 자동화 상품(commodity)보다도 더 순서화를 활성화한다.

(3) 표준화(routines)

Winter(1986)의 조직적인 표준(organizational routines)이란 비교적 복잡한 형태(complex pattern)의 행위를 비교적 자동적인 방식(automatic fashion)으로 비교적 적은 수의 시작신호로 작동시키는 것으로 정의한다. 표준의 흥미로운 특징은 중요한 대면 대화 없이 또는 규칙이나 지시 없이도 개인 사이의 복잡한 태양(complex patterns)을 지탱해줄 수 있는 능력인 단순한 일련 과정(simple sequences)이라 할 수 있을 것이다. 가령, 즉석식품(fast food) 음식점의 운영(Leidner, 1993)을 예로 들 수 있다.

(4) 집단 문제해결 및 결정(group problem solving & decision making)

위에 언급한 통합의 수단들은 비용이 많이 들어가는 소통 방법을 지양하는 방법으로 효율화를 추구하는 방법들이었다. 그러나 Hutchins(1991)는 위기 시에는 표준모드(routine-mode)에서 집단 문제해결 방식(group problem-solving mode)으로 바뀔 수 있다고 주장한다. 가령, 암묵적 지식으로 소통하는 것은 비용이 많이 들어가는 결정 과정이지만, 문제해결을 위하여 부득이 그룹 결정 방법을 택할 수 있다고 한다. 그러므로 조직의 효율성을 제고시키기 위해서는 규칙이나 표준 등을 사용하여 경제적으로 소통(communication)하거나 지식을 전달(knowledge transfer)할 수 있고, 반면에, 비교적 평범하지 않은(unusual) 문제나 복잡한(complex) 문제 또는 중요한 과업(important tasks)에 대해서는 집단 문제해결을 통한 결정 방법을 사용할 수 있다.

2-6 정보(information)와 노하우(know-how)

Kogut and Zander(1992)는 조직적 지식은 정보와 노하우 기반으로 나누어진다고 한다. 정보는 서술적 지식(declarative knowledge)이고, 노하우는 절차적 지식(procedural knowledge)이라고 한다. 앞서 Vincenti(1984)는 지식을 묘사지식(descriptive knowledge)과 처방지식(prescriptive knowledge)으로 나뉜다고 했다. 정보(information)는 원래의 정보를 변경 없이(without loss of integrity) 그대로 전달하는 특징이 있다고 한다. 그래서 정보는 사실(facts)과 자명한 전제(axiomatic propositions) 그리고 부호(symbols)를 포함한다고 한다. 또한 정보는 공중에 전파되는 목적이 있으므로 필요한 훈련(requisite training)을 최소화하도록 이해하기 쉽게 배포되는 특징이 있다. 그러나 종종 정보가 기업 내 소유의 개념(proprietary)이 되는 경우가 있다. 가령, 기업은 정보를 두 가지 종류로 분리하는데, 회계자료(accounting data) 같은 것은 외부 용도로 사용되는 것이고, 보고 자료는 경영 판단(to aid managerial decisions)을 위한 참고자료로 활용하기 위함이다. 노하우(know-how)는 자주 사용되지만, 용어를 정의하기가 쉽지 않다. Von Hippel(1988)은 노하우란 축적된 실행 스킬(practical skill) 또는 어떤 것을 무리 없이(smoothly) 효율적으로 할 수 있도록 허락하는 전문성(expertise)이라고 정의한다. Kogut and Zander(1992)는 노하우에 대해서 복합적인 단어로서 어떤 것을 어떻게 하는지 아는 것(knowing how to do something)으로 묘사한다.

Kogut and Zander(1992)는 표준(routine)이란 그 자체로 통찰력을 가지지만 지식의 특징으로는 불완전성을 가진다고 한다. 그 이유는 'routine'이란 용어 자체가 너무 넓은 범위를 포함하고 있기 때문이다. 그러므로 'routine'은 정보 또는 노하우로 규정하기가 어렵다. 한 예로 청사진(blueprint)은 노하우보다는 정보로 더 많이 묘사된다. 다른 예로서 요리법(recipe)은 어떻게 하는지(how to do something) 절차를 보여주는 것이기 때문에 노하우로 더 많이 묘사된다. 표준(routines)의 경우에 대해서 Teece(1998)는 지식자산(knowledge assets)은 일반적으로 복제하기가 어렵다고 하면서 많은 조직적 표준들(many organizational routines)은 암묵적인 성격(tacit in nature)을 띠므로 모방은 쉽지 않다고 한다. 왜냐하면 표준이 홀로 독립적으로 존재하는 경우는 거의 없기 때문이다. 그러므로 경쟁자가 표준 일부만을 모방하면 성능향상(enhance performance)에 거의 영향을 줄 수 없다고 한다. 〈표 2-4〉에서는 앞서 여러 학자가 분석한 정보와 노하우의 특징을 살펴보고, 정보와 노하우를 다른 지식과 대체할 수 있는 것은 무엇인지 그리고 정보와 노하우가 표준(routine)과의 관련성이 있는지에 대해서 통합적으로 정리한다.

〈표 2-4〉 정보와 노하우의 비교

구분	정보(information)	노하우(know-how)
	• 조직적 지식은 정보와 노하우 기반으로 나누어진다 – Kogut and Zander(1992)	
특징	• 서술적 지식(declarative knowledge) → 원래의 정보를 변경없이 그대로 전달하는 특징 → 사실(fact), 자명한 전제, 부호를 포함 → 공중에 전파되는 목적을 가짐–Kogut & Zander(1992)	• 절차적 지식(procedural knowledge) → 어떤 것을 어떻게 하는지 아는 것으로 묘사–Kogut and Zander(1992) → 축적된 실행스킬 또는 어떤 것을 무리없이 할 수 있도록 하는 전문성–Von Hippel(1988)
다른 지식과의 대응	• 묘사지식(descriptive knowledge) → 사물의 있는 그대로의 사실을 묘사 → 진실(truth)이나 사실(fact) 같은 지식 → 정확성(correctness)에 의하여 판단–Vincenti(1984)	• 처방지식(prescriptive knowledge) → 어떻게 하면 사물들이 목적하는 바를 달성 하는가에 초점 → 절차(procedure)나 동작(operation)과 같은 절차적 지식임 → 효율성(effectiveness)에 의하여 판단–Vincenti(1984)
표준(routine)과의 관련성	• 표준(routine)은 그 자체로 통찰력을 가지지만 지식의 특징으로는 불완전성을 가진다 – Kogut& Zander(1992) • 조직적인 표준들은 암묵적인 성격을 띠므로 모방이 쉽지 않다–Teece(1998)	

2-7 지식 자산(knowledge asset)

가. 지식 창출(knowledge creation)

기업에서는 새로운 지식을 창출하는 것만 중요한 것이 아니라, 외부로부터 기술이전을 받거나 외부로부터 기술을 모방하는 때도 있다. 이러한 류의 지식도 기업의 매출에 이바지할 수 있다. 그러나 이 경우 특허침해로 인한 손해배상 소송을 당할 수도 있다는 것을 염두에 두고 있어야 한다. 그러므로 안정적으로 기업의 매출에 기여하고, 기업의 경쟁력을 유지하기 위해서는 새로운 지식을 창출하는 것이 중요하다고 할 수 있다. 지식 창출을 논하기 전에 기술이전과 모방과의 관계에 대해서 분석한다. Winter(1987)는 기술이전(technology transfer)과 모방(imitation)은 같은 가위의 날들(blades of the same scissor)이라고 했다. 이것은 기술이전이 되면 모방은 필연적으로 따라옴을 의미한다. Kogut and Zander(1992)에 따르면 기술이전은 반드시 복제(replication)를 수반해야 함을 주장한다. 가령, 기술의 복제가 이루어졌다는 것은 이미 코드화(codification)되거나 단순화(simplification)되었다는 의미이기 때문에 제삼자에 의한 기술의 모방(imitation)이 따른다는 것이다. 즉, 기업으로서는 매출의 증대를 꾀하기 위해서 복제가 꼭 필요하므로 모방은 피할 수 없는 걸림돌이 된다는 것이다.

기업에서 지식의 전달(transfer)과 창출(creation)은 어떤 이동 경로로 발생하고, 그 과정에서 어떤 문제를 초래하는지에 대해서 분석한다. Kogut and Zander(1992)는 사회적 지식(social knowledge)은 조직(organizations)에 의하여 전달되고, 새로운 지식도 조직에 의하여 전달되며, 학습(learning)도 조직에 의하여 창출된다고 주장한다. 앞서 Nelson & Winter(1982)의 "기업은 지식의 몸체"라는 것과 맥락이 같다. 그러나 조직의 지식 창출과 학습의 이론적인 문제점으로 만약 기업의 지식이 경쟁적으로 조직원 간에 영향을 미친다든지, 조직의 학습이 현재의 능력(current capabilities)과 독립적으로 발생하지 않는다면 지식을 통합하는 데 문제를 일으킬 수 있다고 한다. 이러한 문제를 해결하기 위하여 현재의 지식(current knowledge)과 획득된 지식(acquired knowledge)을 합성(synthesize)하거나 응용(apply)하는 결합능력(combinative capability)의 중요성을 주장한다. 이것은 앞서 Grant(1996)가 주장한 "지식의 흡수는 지식을 받는 사람이 보유하고 있는 지식에 새로운 지식을 부가(to add)할 수 있는 능력에 좌우된다."라는 것과 맥락이 같다.

Kogut and Zander(1992)는 기업이 무엇을 만들고(what a firm make), 무엇을 살 것(what it buys)인지는 기업마다 각각 다른 전략을 구사할 수 있으나 이러한 것들은 기업이 새로운 지식을 생성시키는 중요한 능력이라고 한다. 그러므로 기업은 현재의 능력(current capabilities)과 미래의 가능성이 보이는 기술을 결합(combination)시킬 수 있도록 그러한 자산(assets)에 투자해야 한다. 또한 기업 지식의 성장 프로세스를 현재 시장에서 판매되는 제품 가격에 대한 정보와 노하우의 분석에 의존하여 어떻게 새로운 지식을 내부학습(internal learning)과 외부학습(external learning)을 통하여 재결합(recombined)할 수 있는지 탐구해야 한다. 내부 학습이란 재조직화(reorganizing), 사건(accidents), 실험(experiments) 등을 의미하고, 외부 학습은 획득(acquisition), 공동개발(joint ventures), 새로운 엔지니어 영입(new people)을 들 수 있다. 이러한 투자는 어떤 새로운 시도(in new ways of doing things)를 하는 방법이며, 이것은 미래에 대한 플랫폼과 불확실한 시장의 기회를 창출할 수 있을 것으로 제시한다.

Kogut and Zander(1992)는 대단히 중요한 오픈이노베이션 개념을 제시한다. 즉, 기업이 성장하려면 내부 학습과 외부 학습의 재결합을 시도해야 한다는 것이다. 이것은 특히, 기업 외부에서 성장 동력을 찾는 데 노력해야 함을 의미한다. 가령, 대학 등 공공연구기관으로부터 기술이전을 받는다든지, 공동연구 개발을 수행하거나 대학의 박사과정 및 석사과정 학생들을 채용하여 대학의 암묵적인 지식을 흡수해야 함을 의미한다고 볼 수 있다. 기업 내에서 새로운 지식을 창출하는 방법으로 Teece(1998)는 새로운 지식 창출(creation of new knowledge)과 상업화

(commercialization)는 구분이 되어야 한다고 주장한다. 즉, 지식의 창출은 자율적인 혁신(autonomous innovation)으로 이루어져야 함을 강조한다. 가령, 개인적인 규모 (the domain of the individual), 연구실(research laboratory), 자율적인 사업부(autonomous business units)로서 복잡한 조직을 요구하지 않는다고 한다. 또한 지식의 창출은 점차 더 작은 규모의 조직 단위가 적절하다고 주장한다.

반면에 새로운 기술의 상업화는 복잡한 조직 규모(the domain of complex organization)가 바람직하다고 한다. 그 이유는 새로운 상업화의 도전에는 새로운 조직의 형성이 필요하고, 역동적 역량(dynamic capabilities)을 갖춘 빈틈없는 훈련(astute exercise)과 개발(development)이 필요하기 때문이라고 한다. 역동적 역량(dynamic capabilities)이란 기회를 감지하는 능력으로서 지식자산을 재설정(reconfigure)하고, 경쟁력을 다지면서 보완재(complementary assets)를 개발하고, 경쟁적인 이득 (competitive advantage)을 계속 유지하기 위하여 기술을 확보하는 것으로 정의하고 있다. 부연하면 기존 제품의 계속된 생산(inherent replicability of the product)을 위한 지식재산권의 확보, 기업의 기본적인 경쟁력(basic competences of the firm)을 위한 가격 경쟁력과 제품 품질의 우수성, 표준 제품의 적절한 교체, 보완재의 개발 및 새로운 기술 창출을 통하여 지식자산으로부터 수익 창출하는 것을 역동적 역량이라 한다. 〈표 2-5〉에서는 앞서 분석한 기업에서 지식 창출의 과정에 대한 여러 연구자의 주장을 조직의 역할, 새로운 지식의 창출 그리고 역동적 역량으로 구분하여 통합 정리한다.

〈표 2-5〉 기업에서 지식 창출의 과정

구분	지식 창출의 과정	연구자
조직의 역할	• 사회적 지식과 새로운 지식은 조직에 의하여 전달되고, 학습도 조직에 의하여 창출됨 • 현재의 지식과 획득된 지식을 합성하거나 응용하는 결합 능력(combinative capability)이 중요하다 함 • 기업은 현재의 능력과 미래에 가능성이 보이는 기술을 결합시킬 수 있는 능력과 그러한 자산(assets)에 투자를 함	Kogut & Zander (1992)

새로운 지식의 창출	• 새로운 지식을 내부학습과 외부학습으로 재결합할 수 있는지 탐구 → 내부학습: 재조직화, 사건, 실험 → 외부학습: 획득, 공동개발, 새로운 엔지니어 영입	
	• 새로운 지식창출과 상업화는 구분 → 지식창출: 개인적인 규모, 연구실, 자율적 사업부 → 상업화: 복잡한 조직 규모, 빈틈없는 훈련, 개발이 필요함	
역동적 역량 (dynamic capabilities)	• 기회를 감지하는 능력으로서 지식자산을 재설정하고 경쟁력을 다지면서 보완재를 개발하고 경쟁적인 이득을 계속유지하기 위하여 기술을 확보하는 것 → 기업의 기본적인 경쟁력을 위한 가격 경쟁력, 제품품질의 우수성, 표준제품의 적절한 교체, 보완재의 개발 및 새로운 기술창출을 통하여 수익 창출	Teece (1998)

나. 무형자산(intangible asset)

무형자원(intangible resources)에 대해서 Hall(1993)은 특허, 상표, 저작권, 디자인권 같은 지식재산권과 영업비밀, 계약과 라이선스, 데이터베이스, 공중에게 공개되는 정보(information in the public domain), 개인과 집단의 네트워크, 직원의 노하우, 전문적인 어드바이저(professional advisers), 공급자와 유통업자(suppliers and distributors), 제품과 기업에 대한 평판, 조직문화(the culture of the organization), 도전에 응전하는 조직의 능력, 변화에 대처하는 조직의 능력 등이 있다고 한다. 특히, 평판이나 노하우가 중요한 것으로 인식은 되고 있으나 그것에 대한 가치평가가 잘 이루어지지 못하고 있는 것은 평판이나 노하우 같은 무형자원(intangible resources)들은 상품기반모델(commodity-based models)에 비해서 교환가치(exchange value)를 산정하기가 어려운 이유로 경제학자나 회계사들은 전통적인 평가(orthodox valuation)로 할당하는 것을 어려워한다고 한다.

Johnson and Kaplan(1987)은 기업의 경제적 가치는 유형자산만을 계산해서는 안 되고, 측정할 수 있는 취득원가(historic cost), 대체원가(replacement cost), 현재의 시장 가치 가격(current market value prices) 등을 고려해야 하며, 무형자산의 가치도 포함해야 한다고 하면서 혁신제품의 평판(the stock of innovation products), 유연하고 높은 성능을 내는 제품공정에 대한 지식(the knowledge of flexible and high-quality production processes), 직원의 재능(employee talent), 도덕률(morals), 고객충성도(customer loyalty), 제품인지도(product awareness), 신뢰할만한 공급자(reliable suppliers), 효율적인 유통망(efficient distribution networks) 등을 포함한다고 한다.

Hall(1993)은 사립대학 주주의 펀드 가치는 단지 그 대학이 소유하고 있는 토지와 건물의 가치에 의하여 산정된다고 하면서 전략적으로 중요한 자원들은 평판(reputation)이나 연구에 대한 열정(research momentum)이라고 주장한다. 이러한 요소들은 미래의 수익 잠재력(earning potential)을 이끌 것이라고 한다. Itami and Roehl(1987)은 기업의 전략적 자원들은 축적된 경험과 정보라고 주장한다. 기업의 무형자산(invisible assets)은 정보(information)에 근거하고 있다고 하면서 기업의 지속적인 경쟁력의 원천이라고 한다. 그 종류로는 영업비밀, 데이터베이스, 정보, 개인과 조직의 네트워크, 노하우, 브랜드 이름(brand name), 평판, 기업문화 등이 있다고 한다. 이러한 자산들의 특징은 돈만으로는 얻을 수 없다는 것(unattainable with money alone)과, 시간을 많이 필요로 한다는 것(time-consuming to develop), 다양하게 동시에 사용할 수 있다는 것(capable of multiple simultaneous uses), 동시다발적으로 수익을 낼 수 있다는 것(able to yield multiple, simultaneous benefits) 등이 있다고 하면서 기업의 무형자산(invisible assets)의 핵심은 정보의 흐름(information flow)이라고 한다. 〈표 2-6〉에 무형 자원의 종류를 상술한 학자들의 견해를 인용하여 표로 정리한다.

Hall(1993)은 무형 자원(intangible resources)을 소유할 수 있는 능력, 실행하는 능력, 사람에 의존하는 것, 사람에 독립적인 것, 법에 따라 보호받는 것, 법에 따라 보호받지 못하는 것으로 분류해서 분석한다. [그림 2-2]에서 그 내용을 재구성한다. 소유할 수 있는 능력(having capabilities)으로는 특허 등 지식재산권, 실행하는 능력(doing capabilities)으로는 기능적인 스킬(functional skills)과 문화적 능력(cultural capabilities)으로 구분할 수 있다고 한다. 기능적 스킬로서는 직원 노하우, 공급자 노

〈표 2-6〉 무형 자원의 종류

구분	무형 자원의 종류	연구자
무형 자원 (intangible resources)	• 특허, 상표, 저작권, 디자인권 • 영업비밀, 계약과 라이선스, 데이터베이스, 정보, 개인과 집단적 네트워크, 직원의 노하우, 전문적인 어드바이저, 공급자와 유통업자, 제품과 기업에 대한 평판, 조직문화, 도전에 응전하는 조직의 능력, 변화에 대처하는 조직의 능력	Hall (1993)
무형자산의 가치 (intangible assets value)	• 혁신제품의 평판, 제품공정에 대한 지식, 직원의 재능, 도덕률, 고객충성도, 제품 인지도, 신뢰할만한 공급자, 효율적인 유통망	Johnson & Kaplan (1987)
무형자산 (invisible assets)	• 영업비밀, 데이터베이스, 정보, 개인과 조직의 네트워크, 노하우, 브랜드 이름, 평판, 기업문화	Intami & Roehl (1987)

하우, 유통업자 노하우, 서비스업자 노하우(광고 대행업자) 등이 있고, 문화적 능력으로는 표준 자질의 인지(perception of quality standards), 고객 서비스 인지(perception of customer service), 관리 변화를 추구하는 능력(ability to manage change), 혁신 능력 (ability to innovate), 팀과 함께 일할 수 있는 능력(team working ability) 등이 있다고 한다. 사람에게 의존하는 (people dependent) 것은 평판, 네트워크, 노하우, 인지, 학습 등과 같은 스킬(skill)이 포함되며, 사람에 대해서 독립적인 것(people independent)은 데이터베이스, 계약과 라이선스, 영업비밀, 권리 등과 같은 자산(assets)이 포함된다고 한다. 법에 따라 보호를 받는 것(legally protectable)은 상표, 특허, 저작권, 디자인권, 계약과 라이선스, 영업비밀, 데이터베이스 등이 있고, 법으로 보호받지 못하는 것(not legally protectable)은 정보, 평판, 네트워크 등이 있다고 한다.

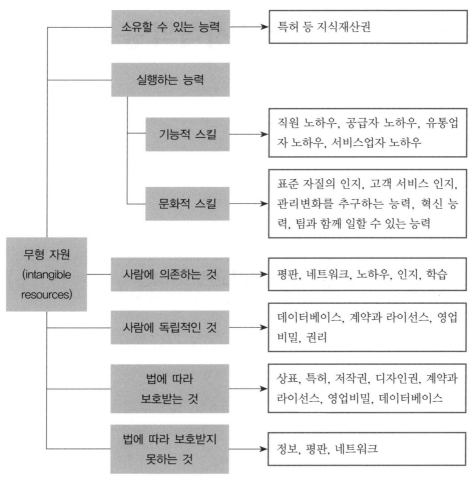

[그림 2-2] 무형 자원의 체계도-Hall(1993)

제3절 무의식적 지식의 응용

3-1 욕망과 실존주의 그리고 종교 비판

'무의식'의 범위는 상상을 초월할 정도로 넓다. '무의식'이란 용어의 처음 사용은 셸링이란 설도 있고, 라이프니츠라는 설도 있고, 프로이트라는 설도 있다. 그러나 대부분 학자는 무의식을 정신분석학에 활용한 프로이트를 꼽는다. 앞서 언급한 프로이트는 정신과 의사였는데 그의 환자들이 신경증(노이로제)으로 고통받는 것을 목격하고, 처음에는 최면술에 의존하여 환자를 치료하다가 환자의 내면에 '무의식'이란 것이 있는 것을 발견한다. 그러나 '무의식'은 '의식'으로 나타내질 못하고 '의식'에 의하여 억압당하고 있다고 한다. 그는 인간에게는 '자아'와 '원초적 자아' 그리고 '초자아'가 있는데 원초적 자아가 소위 무의식으로 발현되는 것이고, 초자아는 도덕적인 관념으로 표상된다고 한다. 즉, 문지기 역할을 하는 자아가 원초적 자아의 상태를 파악하여 비도덕적이면 '의식'으로 나타나는 것을 억압하여 무의식 속에 남아있도록 억압한다고 한다. 억압당한 무의식은 무의식 세계 속에서 '결핍'으로 남고, 이것을 해결하기 위하여 부단히 애쓴다고 한다.

앞서 언급한 것과 같이, 자크라캉은 무의식의 세계는 언어로 구성되어 있다고 했고, 언어학자인 소쉬르는 언어는 '랑그'라는 언어의 규칙과 '파롤'이라는 말로 구성된다고 했다. 즉, 우리가 말을 할 수 있는 것은 랑그라는 언어의 규칙이 있어서 가능하다는 것이다. 가령, 바둑을 둘 수 있는 것은 바둑의 규칙(랑그의 역할과 비슷함)에 따라 흰 돌과 검은 돌의 지략대결(파롤의 역할과 비슷함)이 있어서 가능하다는 것이다. 즉, 말(대화)을 규칙도 없이 할 수는 없다는 것이다. 즉, 주어와 동사, 서술어, 목적어가 구성되어야 말이 성립되고 대화를 할 수 있는 것이다.

또한 소쉬르는 우리가 사용하는 단어에는 서로 다른 차이가 있어야 선별해서 사용 가능하다고 했다. 가령, 바나나라고 했을 때, 바나나를 지목하는 '기표'라는 것이 있어야 하고, 그 기표에 해당하는 '기의'(실제 사물)가 있어야 단어로 성립한다는 것이다. 즉, 기표는 여러 가지 단어 중에서 차이가 있는 단어를 선택하고, 그것을 바나나라고 정의하면 이것은 '기표'가 되고, 실제 바나나는 '기의'가 되는 것이다. 기표는 반드시 기의를 만나야 의미를 발생시킨다. 즉, 기표에 따라서 기의는 인위적으로 선택된다는 것이다. 소쉬르는 차이가 나는 기표의 선택이 우선 중요하다고 한다. 그러나 자크 데리다는 차연(차이+지연)이라는 용어를 사용하면서 '차이'가 곧바로 선택되는 것이 아니라 '지연'을 수반하기 때문에 기표와 기의가 만난다는 것이 쉽지 않다고 주장한다. 자크라캉은 앞서 언급한 무의식의 결핍 상태를 해결하기 위하여 부단히 기표를 찍어낸다고 한다. 이것이 '기표의 연쇄'이다. 그러나 기표와 기의가 서로 만나지 못하고 계속 미끄러진다고 표현한다. 즉, 무의식이 지시하는 것이 무엇인지 알 수 없도록 한다는 것이다.

앞서 언급한 대로 프로이트는 꿈이라는 것은, 무의식 상태에서 발현되는 것이기 때문에 꿈을 해석하면 간접적으로 무의식의 상태를 알 수 있어서 치료를 할 수 있다고 했다. 가령, 그가 경험한 것과 꿈의 내용을 '자유연상' 기법으로 퍼즐을 맞추어나가면 궁극적으로 내면에 숨어있는 무의식이 내용을 의식 밖으로 꺼낼 수 있고, 환자가 이것을 인식하면 치료가 가능하다는 것이다. 실제로 프로이트는 이 방법으로 많은 환자를 치료했다고 한다. 이것이 정신분석학의 시작이다. 실제로 정신분석학 학회를 설립한 것도 프로이트다. 이 학회에는 아들러와 칼 융 그리고 자크라캉도 참여했다. 세계적 심리학의 거두들이 모두 참여한 학회였다. 프로이트는 인간의 욕망으로부터 에너지가 발생하는데, 그 욕망은 '성적욕망'이란 것이었다. 이 성적 욕망이 억압당하면, 그 에너지를 또 다른 파괴적 에너지로 사용될 수도 있다고 했다. 성적욕망을 '리비도'라 하고, 파괴적 에너지를 '타나토스'라고 한다. 즉, 리비도를 억압할수록 타나토스는 더 강해진다는 것이다. 이와 같은 넘치는 에너지를 예술 활동이나 학술적 연구 활동 또는 스포츠로 승화시켜야 한다고 프로이트는 주장했다.

'욕망'에 대해서 논한 철학자는 우선 스피노자를 꼽을 수 있다. 그는 유대계 네덜란드인이었다. 그는 인간의 본질은 욕망이라고 했다. 욕망 중에서도 감정이 아닌 이성에 의해 발생하는 욕망으로 인간은 발전한다고 했다. 이러한 그의 사상을 쇼펜하우어가 물려받는다. 그는 자기의 저서인 "의지와 표상으로서의 세계"에서 '표상'은 칸트의 관념론을 채용하나 의지는 사람이 하고자 하는 의욕으로서 욕망을 의미한다고 했다. 이러한 욕망이 있어야 내실 있는 인간으로 발전한다고 했다. 그도 스피노자처럼 인간의 본질은 욕망이라고 했다. 이러한 욕망을 추구한 또 다른 철학자는 니체다. 니체는 기존에 존재하는 형이상학적 철학을 모두 망치로 깨부숴야 한다고까지 말했다. 그런데 자크데리다는 해체만 시키자고 했다. 가령, 액자와 예술작품을 보고 있으면 액자는 겉 장식이요, 예술작품은 액자 속에 있는 것이라고 보는 것이 아니라 그 경계를 허물어 버린다. 마치 인상주의 화가의 작품처럼 예술작품을 바라보았다. 가령, 강가에 배가 떠 있고, 빛은 강물에 반사되는 그림 속에서 무엇이 본질이고, 무엇이 주변인지 모르는 '모네' 같은 작가의 그림처럼 모든 경계를 허물어야 한다고 주장했다. 그래서 그를 해체의 철학자라고 한다. 니체는 인간은 욕망이 있어야 에너지를 얻고 개인과 사회의 발전을 꾀할 수 있다고 주장했다. 이것을 '위버멘쉬(초인사상)'[1]라고 한다. 이것은 건강한 욕망이므로 이것을 키워야 신 같은 존재에게 손을 벌리는 나약한 존재들이 되지 않는다고 했다. 즉, 신은

---

1 니체 철학의 근본개념. 그리스도교적 선악 기준의 도덕관념을 초월하고, 비극적인 상황 속에서도 자기가 새로이 창조한 가치에 그 가능성의 극한까지 실현하고자하는 사람을 의미한다. 초인 또는 극복인이라고 번역한다.

죽었다고 표현했다. 그는 교회는 이러한 나약한 인간의 약점을 파고들어서 선과 악이라는 개념을 만들어 인간을 더욱 초라하게 만들고, 신을 우상화하는 저질 세계를 만들었다고 했다. 이러한 것을 탈피하지 못하면 나약한 인간으로 살 수밖에 없다고 했다.

그 외에, 교회의 타락을 비판한 사람은 프로이트, 마르크스, 포이어바흐 등이 있다. 프로이트는 교회를 집단 망상 그룹이라고 비판했고, 마르크스는 종교 자체를 인민의 아편이라고 깎아내렸다. 포이어바흐는 종교는 투사된 욕망이라고 했다. 그리고 키에르케고르도 있다. 키에르케고르는 가정부였던 친어머니 사이에서 태어났고, 일곱 자녀 중에서 다섯 명이 죽고, 친어머니와 아버지마저 일찍 죽자 절망에 빠진 생활을 했다. 그 와중에 종교를 찾았으나 교회와 더러운 돈이 유착되는 것을 보고 교회를 비판했다. 그는 '불안'을 가장 깊이 체험한 철학자라고 하이데거는 훗날에 회상했다. 그는 보편적인 진리가 중요한 것이 아니라 자기 자신의 진리가 뭔지를 알고자 했다. 즉, 실존주의 철학의 선구자라고 할 수 있다. 그의 뒤를 이어서 마르틴 하이데거, 장 폴 사르트르, 모리스 메를로퐁티 등이 계보를 잇고 있다.

하이데거는 인간을 '현존재'라고 표현했다. 대신, 동물은 '존재'라고 했다. 차이점은 인간은 자신을 드러내는 존재이고, 동물은 그렇지 못하기 때문이라 했다. 현존재의 본질은 실존 자체라고 했다. 그리고 시한부 인생을 살고 있어, '존재와 시간'이라는 그의 저서에서 시간의 중요성을 주장한다. 짧은 시간을 소중하게 활용해야 한다는 것이다. 아리스토텔레스는 "너의 본질은 네가 바로 너의 본성에 따라 있는 것이다."라고 하면서 "본질은 너의 속성들 가운데 너 자신이 아니게 되지 않고서는 잃어버릴 수 없는 속성"이라 했다. 즉 본질은 실존 자체라는 것이다.

반면에, 사르트르는 인간의 본질은 없다고 했다. '본질'이란 "인간을 인간으로 성립시키는 것"인데 인간이란 자기가 원해서 세상에 태어난 것도 아니고, 죽음도 자신이 선택할 것이 없다고 하면서 "인간은 세상에 던져졌다"라는 하이데거의 표현을 그대로 인용한다. 즉, 세상에 던져졌기 때문에 애당초 목적이 없다는 것이다. 그러므로 삶의 목적을 스스로 만들어야 하는 외로운 존재라고 했다. 즉, 자신이 선택하고 책임져야 하는 운명이라는 것이다. 만약, 선택한 결과가 좋지 않으면 사회로부터 손가락질 받는다고 했다. '마틴 루터'[2]가 위대한 것은, 이성이 아닌 순수한 믿음을 통한 하느님과의 만남을 주장했고, 교리나 전승이 아닌 오직 하느님의 말씀인 성경 안에서 구원의 길이 있다고 역설한 점이다.

아우구스티누스나 토마스 아퀴나스는 그리스도교와 가톨릭교회라는 틀을 벗어나지 못한 종교 사상을 지니고 있었다면, 루터는 개인의 순수한 믿음을 통한 하느님과의 소통을 주장했기에 더 순수성이 느껴진다. 아우구스티누스나 토마스 아퀴나스는 둘 다 세례를 받지 않으면, 천국에 갈 수 없다고 주장했다. 기독교인들이야 당연한 의무로 여기겠지만, 그렇지 않은 필자 같은 사람은 선뜻 이해하기가 힘들다. 기독교계의 두 성인에게 왜 어떤 사람은 구원받고, 나머지 사람들은 지옥에 떨어지는지 질문하면, 신이 이유 없이 선택한 결과이고, '천벌'은 신의 정의를 보여주는 것이며, '구원'은 신의 자비를 보여주는 것이라고 하면서, 천벌과 구원은 둘 다 신의 선함을 드러낸다고 한다. 요즘 기독교 신자들은 루터의 가르침을 따르고 있는지 궁금하다.

필자는 종교인은 아니지만, 무신론자도 아니다. 어려움에 부닥치면, 하느님께 기도로 도움을 청한다. 종교인들이 볼 때, 비종교인들을 허무주의자들이라고 볼 수도 있을 것이다. '허무주의(Nihilism)'[3]란 절대적인 진리나 도덕가치 같은 것은 존재하지 않는다는 것으로 니체나 쇼펜하우어의 철학을 말하곤 한다. 쇼펜하우어는 칸트와 같이 현상과 물 자체를 구분했고, 세계는 보편적으로 근거 없음과 무 원리로 부단한 '욕망'에 쫓기어 만족할 수 없는데, 이러한 생(生)을 '고통'이라 했다. 이것을 벗어나기 위해서는 예술적 관조로 세계를 망각하거나, 욕구가 끊어져야 한다고 하면서 인도의 우파니샤드에서 말하는 범아일여(梵我一如)의 경지에 이르러야 한다고 역설한다.

---

2   1929~1968, 미국 목사, 위대한 비폭력 인권운동가. 1964년 노벨평화상.
3   허무주의는 근대 회의주의에서 출발. 중세의 절대 신과 합리주의 사조가 추구하던 절대 진리가 모두 상대적이라는 사상으로 귀결되었다. 쇼펜하우어와 니체가 허무주의 구도를 주도했다.

3-2   아리스토텔레스와 토마스 아퀴나스

'목적론적 세계관'에 따르면, 신이 목적을 가지고 설정한 세계라는 것으로 우주 만물의 존재와 소멸이 신의 목적에 따른다는 세계관이다. 아리스토텔레스의 철학이기도 하다. 아리스토텔레스는 운동을 처음 일으킨 어떤 것이 분명히 있고, 이렇게 운동을 처음 일으킨 것은 운동해서는 안 되며, 영원한 실체이자 '현실태(現實態)'4이어야 한다고 한다. 즉, 욕망의 대상과 사유의 대상이 바로, 자신은 운동하지 않으면서 운동을 일으킨다고 한다. 그는 그것이 신이라고 하는데 그 이유는 "생명도 신에게 속하는데, 사유의 현실태가 생명이고, 신이 그러한 현실태이기 때문이다"라고 한다. "신의 자존(自存)하는 현실태는 가장 선(善)하고 영원한 생명이다. 그러므로 신이 살아있는 영원하고 가장 선한 존재이고, 그러한 생명과 지속이 영원히 신에게 속한다고 생각한다. 이것이 신이다."라고 러셀은 서양철학사에서 전달한다. 러셀에 따르면, 아리스토텔레스는 인간은 신을 사랑해야 하지만, 신이 인간을 사랑해야 하는 일은 불가능하다고 주장했다고 한다. 스피노자도 아리스토텔레스의 사상을 따른다. 또한 아리스토텔레스는 영혼 불멸을 가르치지 않았다고 '아베로에스'5는 주장한다. 그러나 아리스토텔레스는 지혼(知魂)이란 것을 주장하면서 인간이 가지고 있는 혼으로서 불멸한다고 했고, 실제로 이 관점을 가톨릭교회에서 그대로 수용하였고, 서구의 전통적인 영혼관으로 굳어진다. 이면에는 토마스 아퀴나스의 역할이 있었다. 러셀에 따르면, 아리스토텔레스는 생명체는 질료와 형상을

---

4 가능성으로서의 질료가 형상과 결부하여 현실성을 획득한 상태. 가령, 대리석이 있고 그것은 질료로서 조각상의 소재이면서 동시에 가능성의 상태인데 이것이 형상으로 조각이 완성된다. 여기서 형상은 질료에 있어서 실현되어야 할 목적이고, 그 목적이 달성된 상태가 현실태 또는 엔텔레케이아 또는 에네르게이아로 불린다. [출처] 철학사전.

5 1126~1198, 에스파냐의 아랍계 철학자. 의학자. 아리스토텔레스 저서에 주석. 저서: 단정(斷定)의 서, 그리스철학과 이슬람교의 조화를 꾀했다. 이성을 능동적 이성과 수동적 이성으로 나누어 후자가 죽음에 이르러 전자의 영원성에 귀일하여 불멸한다고 했다. [출처] 인명사전 .

가지는데, 신이 형상을 만들면서 영혼도 함께 주입했으므로 생명체가 죽으면 육체와 영혼이 함께 소멸한다고 했다. 즉, 식물이나 동물도 영혼을 가지고 신을 찬미하고 사랑함으로써 움직이고 행동한다고 하면서, 신을 모든 활동의 목적인(目的因)이라고 했다. 그러나 '영혼'은 '정신'보다 낮은 단계로 정신은 소수의 생명체만 지닐 수 있다고 했다. 아리스토텔레스는 인간이 죽으면 고귀한 정신은 이데아의 세계가 아닌 고귀한 정신들만 모이는 장소로 간다고 했다. 그것이 무엇인지는 그도 알 수 없다고 선을 그었다. 아베로에스의 추종자들은 아리스토텔레스에 대한 해석을 바탕으로 개인에 속하지 않고, 다른 지적 존재들 안에도 동일하게 있는 '지성'만 불멸한다고 주장했다. 이러한 그들의 주장은 가톨릭 신앙과 정면으로 배치되었다.

후에, '토마스 아퀴나스'[6]는 아리스토텔레스의 철학에 감동한다. 토마스는 '탁발수도회(도미니크 수도회)'[7]에 가려고 결심했지만, 그의 형들이 그를 성에 가두고, 그의 계획을 저지시키기 위해서 매춘부를 그에게 보냈으나 장작불로 그들을 물리쳤다고 한다. 그때도 신앙심이 남달랐다고 한다. 토마스는 아리스토텔레스 철학을 기독교 신학에 끌어들여 기독교 교리와 합치시키려고 했다. 중세철학에서 늘 문제가 되던 것은 '철학'과 '신학'의 영역을 분명히 하는 것이었다. 토마스는 신한테서 나오는 '은총의 빛'과 인간 본성에서 나오는 '이성의 빛'을 구분하려 했다. 가령, 하나님의 존재와 그의 천지창조, 세상의 모든 법칙과 사실 등은 이성의 빛으로 밝힐 수 있는 철학의 대상이나, 삼위일체설, 육화, 신자현신(神子現身), 최후의 심판 같은 초자연적 진리는 은총의 빛에 의해서만 알 수 있다고 했다. 이런 관점에서 서로 간의 대립의 관계가 아니라, 서로를 보완하는 관계로 토마스는 보았다. 그러나 끝내, 한쪽을 선택한다면, 마땅히 신학이 돼야 한다고 했다. 즉, 철학이 신학에 종속되어야

---

6 1226~1274, 스콜라 철학자 가운데 가장 위대한 인물. 가톨릭 교육 기관에서는 토마스 아퀴나스 체계를 단 하나뿐인 옳은 체계라고 가르쳐야 한다고 1879년 레오 13세가 내린 교서 이후 규칙이 었다. [출처] 러셀 서양철학사.

7 탁발(托鉢)이란 구걸을 통해 생계를 유지한다는 의미로서, 절대적 빈곤을 지키기 위해 음식마저도 구걸해서 먹었기 때문에 탁발 수도회라고 불렀다. 수도회 중 가장 큰 수도회가 1210년 무렵 프란체스코가 창설한 프란체스코 수도회와 1216년 도미니쿠스가 창설한 도미니크 수도회다. [출처] 네이버 지식백과, 아이굿뉴스-기독교연합신문(http://www.igoodnews.net)

한다는 것이다. 신학을 선택하는 중요한 이유는 모든 철학이 신을 인식하는데 그 목표를 두고 있기 때문이라고 했다.

그러나 이것은 중세까지 얘기고, 데카르트 시대 이후는 인간을 중시하는 문화로 바뀌게 된다. 계몽주의와 실증적 과학주의 그리고 실존주의가 이것을 뒷받침한다. 무엇보다도 기독교 신학에서 중요한 문제는 "신이 존재한다"라는 사실을 증명하는 것이었다. 토마스는 신의 존재를 다섯 가지 방식으로 논증했다. 첫째, 운동이다. 이 세계 안에서 무엇인가 움직이고 있다는 것은 확실하며, 우리의 감각적 경험도 이것을 뒷받침한다고 한다. 어떤 '부동(不動)의 원동자(原動者)', 즉, 제1 원동자가 존재하며, 이것을 신으로 간주한다는 것이다. 둘째, 방법은 아리스토텔레스가 말한 동력인(動力因)에서 찾았다. 이 세상의 어떤 것도 스스로 자신을 움직이게 하는 원인(原因)이 될 수는 없다고 하면서 '제1 동력인'이 있어야 하고, 그것이 신이라 했다. 셋째, 이 세상에 우연한 사물에서 필연적인 존재로 가는 과정에서 찾았다. 만일 필연적인 존재가 없다면, 이 세상에 아무것도 존재하지 않게 되는데, 필연적인 존재가 신이라는 것이다. 넷째, 모든 개별적인 존재마다 지닌 완전성을 향한 단계적 구조에서 찾았다. 가령, 진선미를 모두 갖춘 최고의 존재가 필요한데 그것이 바로 신이라는 것이다. 마지막으로, 목적론적 방법에 따른 것으로, 모든 자연 세계의 '합목적성 구조'를 관찰하는 데서 시작한다. 가령, 작은 생명체나 심지어 생명이 없는 자연적 물체(우주 전체의 움직임, 물, 공기의 작용 등)마저도, 어떤 목적을 향해 나가는 것처럼 움직이고 있음을 목격하게 되고, 그들에게 일정한 목표로 나아가게끔 조종하는 어떤 지적 존재가 있어야 하는데, 이것을 신이라고 한다. 모든 존재하는 생물·무생물을 조종하는 거대한 힘을 가진 존재는 오직 신밖에 없다는 것이다.

토마스는 신의 존재를 증명하는 다른 방식은 인정하지 않았다. 토마스는 인간을 정치적 동물 또는 사회적 존재로 여겼다. 토마스는 국가의 정치체제를 군주제, 귀족제, 민주주의제로 구분했으며, 이것이 변질하여 전제정치, 과두정치, 우민정치가 등장했다고 본다. 여기서 군주정치를 가장 바람직한 국가형태로 보았다. 토마스는 인간의 궁극적인 목적은 하나님 나라의 축복을 누리는 데 있다고 보았다.

이런 일은 이 땅의 권력자가 아니라 사제와 로마 교황이 이끄는 교회로 이뤄져야 한다고 보았다. 이러한 사상은 결국 모든 왕은 교회의 영도자인 교황에게 복종해야 함을 의미했다. 이러한 토마스의 사상은 '토미즘(Thomism)'으로서 도미니크 수도회의 철학으로 인정받았고, 1322년 토마스는 성인의 반열에 오른다. 1879년에 이 토미즘은 전체 가톨릭(기독교)교회의 공인된 철학으로 격상되고, 1931년 교황청의 지시로 모든 철학과 사변신학은 토마스의 학설에 따라서 강의 되어야만 한다는 규정이 생기게 된다.

3-3 윌리엄 오컴의 경험주의와 플라톤의 보편주의

'윌리엄 오컴'[8]은 스콜라철학자로서 '유명론'을 주장했다. 즉, 개개 사물은 모두 현상에서 목격할 수 있으므로 이런 것이 철학의 대상이 되어야 한다고 주장했다. 신이나 영혼은 실존 여부를 알 수 없으므로 신앙의 대상이지 철학의 대상은 아니라고 했다. 그러므로 철학과 신학은 분리가 되어야 마땅하다는 논리를 편다. '보편논쟁'[9]에서 '보편'이란 플라톤의 이데아의 세계처럼 단지, 말이나 기호로만 존재하는 것이라고 하면서, 여기에 이성을 추가하는 스콜라 철학을 의미가 없는 철학이라고 주장하면서 스콜라 철학을 붕괴시키는 데 일조한다. 그는 교황 재판소에 의해, 이단으로 몰려 4년간 '아비뇽'[10]에 유폐되었으나 당시 교황과 다투고 있던 바이에른의 '루트비히 황제'[11]의 도움을 받아 뮌헨으로 도주하여 거기서 많은 저작을 남긴다.

---

8 1300~1349(확실하지 않음), 영국의 신학자, 스콜라학자, 유명론의 대표자.

9 보편이란 실제로 존재하는 실재가 아니라, 다만 개별적인 것을 대표하는 언어로 일종의 음성이나 이름에 지나지 않는다는 것이다. 이러한 입장이 유명론이다.

10 프랑스 남부의 도시. 신성로마제국에 속해 있다가 1309년 아비뇽 유수 이후, 아비뇽 교황청에 속하였다. 1791년까지 교황령에 속하였으나 프랑스 혁명 이후, 혁명정부에게 점령되었으며 그 이후 프랑스령이 되었다.

11 루트비히4세(1282~1347), 신성로마제국 황제. 별칭은 바이에른인.

오컴은 이성과 신앙을 구분하여 '감각'에 부여된 개개 사물에 대한 직관적인 인식만이 확실한 인식이며, '보편'은 단순한 언어에 불과하고, 신이나 영혼은 신앙의 대상이지만 확증을 얻을 수 있는 것이 아니기 때문에 지식으로 인정할 수 없다고 했다. 이러한 그의 철학은 근세 초기 영국의 '경험론'[12]으로 계승된다. 오컴의 사상은 인간의 의식으로부터 독립하여 존재하는 객관세계를 인정하지 않고, 그것이 인간 의식에 나타나는 한에서만 존재로 인정하는 '주관적 관념론'[13]을 형성하게 된다. 이러한 그의 사상은 칸트의 관념론에도 분명히 영향을 준 것으로 보인다. 반면에 세계의 근원은 초자연적, 인간 정신 이상의 객관적이며 정신적인 것에서 찾아야 한다는 플라톤의 이데아 세계를 '객관적 관념론'[14]이라고 한다. 또한 절대정신으로 세계를 설명하는 헤겔의 철학을 '절대적 관념론'[15]이라 한다. 데카르트의 철학은 사물의 본질, 존재의 근본원리를 사유나 직관으로 탐구하는 학문인데, 이것을 형이상학(metaphysics)이라 한다. 그러나 '베이컨'[16] 같은 경험주의자들은 경험이나 체험에 의하지 않고, 사유나 직관에 의한 학문은 인정하지 않는다.

---

12 인식·지식의 근원을 오직 경험에서만 찾는 철학적 입장 및 경향. 중세에 베이컨, 오컴, 토머스 홉스를 거쳐 존 로크, 논리실증주의, 프래그머티즘, 분석철학 등은 대표적인 현대 경험론이다 [출처] 두산백과.

13 세계를 개인의 의식내용에 귀착시켜 일체의 사물은 개인의 주관적인 관념에 지나지 않는다고 생각하는 관념론. 가령, 양명학, 버클리 학설. 칸트나 피히테를 포함하기도 한다. [출처] 철학사전.

14 현실세계를 초개인적인 이데아 및 본원적인 우주정신으로 나타내려고 한다. 가령, 플라톤, 헤겔, 주자학. 그러나 버클리조차도 신을 인정할 수밖에 없었다는 점에서 객관적과 주관적 관념론은 서로 밀접한 관계를 지니고 있다. 특히, 객관적 관념론이 종교 및 신학의 철학적 표현이라는 것을 알 수 있다. [출처] 철학사전.

15 헤겔은 칸트의 비판철학을 주관적 관념론이라고 평가했다. 자기의 입장은 절대적 관념론으로 차별화했다. 피히테를 주관적, 셸링을 객관적이라 했는데 사가들은 셸링의 '동일철학'을 절대적 관념론으로 부르기도 한다. 동일철학의 예로, 스피노자는 무한의 속성을 갖는 실체의 두 속성을 정신과 물질로 해석하고, 양자가 실체(신이며 자연이다) 속에서 통일되어진다고 한다. 셸링은 자연과 정신, 비아와 자아는 절대자에게서 통일되어 있다고 본다. 헤겔은 절대이념이 자기전개를 하는 것이 곧 자연 및 정신으로 나타난다고 한다. [출처] 철학사전.

16 Francis Bacon(1561~1626), 서양철학사를 통틀어 최고위 관직에 올랐던 인물. 궁정 고위 관직인 옥새상서. 저서: 노붐 오르가눔, 이 책에서 제시한 새로운 방법과 논리란 귀납법이다. 1621년 낭비벽이 심했던 베이컨은 뇌물수수를 포함하는 20여건의 부패혐의로 의회의 탄핵을 받고 기소 당했다. 그가 남긴 재산은 7천 파운드, 빚은 2만2천 파운드였다. [출처] 인물세계사.

3-4 육화(肉化)와 영지주의(靈知主義)

위에서 언급한 육화(肉化)는 기독교에서 일반인에게 설명할 때 가장 난해한 것 중의 하나인데, 하느님이 인간이 되어서 구원을 이루었다는 그리스도교의 근본 교리로서, '안셀무스'[17]는 육화 없이 인류는 멸망을 피할 수 없다고 그 필연성을 주장했고, '포사이스'[18]는 육화를 종말적인 구제와 결부시켜서 이해했다. 반면에 '영지주의(靈知主義)'에서는 신적인 계시와 현몽에 의한 초자연적인 지식(그노시스[19])을 소유할 때, 구원받는다는 사상이다. 기원전 1세기 중엽부터 발흥하여 기원후 3세기까지 풍미하다가 4세기경에 '마니교'에 흡수되었다. 영지주의의 중심사상은 영혼은 선하고, 순수하며 신비적인 데 반해 물질(육체)은 악하고 타락한 것이라는 이원론적 사상이다. 무엇보다도, 육체를 죄악시한 결과, 예수 그리스도의 인성(人性)과 성육신(成肉身)을 부인하고, 그리스도는 단지 사람처럼 보인 것에 불과하다는 가현설(假現說)을 주장한다. 성경에서는 그들이 그리스도가 육체로 이 땅에 온 사실을 부인했다고 그 잘못을 지적한다.

---

17 Anselmus(1033~1109), 이탈리아. 철학, 종교. 스콜라 철학의 아버지. 저서: 왜 하느님은 인간이 되었는가? 보편논쟁에서 철저한 실재론을 펼쳤으며, 유명론의 대표자인 로스켈리누스와 격렬하게 대립함. 그는 "이해하기 위해서 믿어라"라는 말을 했는데 철학은 항상 신앙의 아래 위치한다고 생각. 신은 사람들의 머릿속 뿐 아니라 현실에도 존재한다고 했다. [출처] 두산백과.

18 Peter Taylor Forsyth (1848~1921) 영국의 회중파 교회 목사. 신학자. 런던 하크니 칼리지 학장. 저서: 그리스도의 인격과 지위, 그리스도의 십자가상의 속죄를 강조하고, 교회, 성례전, 교직제의 중요성을 지적해서 자유교회의 일반적 경향이었던 개인주의적 반교의적 종교성을 엄격하게 비판했다. [출처] 종교학대사전.

19 그노시스(gnosis)란 지식을 의미하는 그리스어. 신비적이고 영적인 제1원인으로서의 신을 전제하고, 이 신은 만물을 자기로부터 유출시켜가는 과정 속에서 모습을 나타낸다. 그리고 물질적 세계는 신에 대립하고 단절되어 있는 악이라고 주장. 기독교에 침투한 이러한 경향은 기독교 그노시스파를 발생시켰다. 그들은 그리스도가 그노시스를 가져와 이러한 악에 사로잡혀있는 인류를 해방·구제한다고 주장한다. 기독교 교회부터 이단시되었다. [출처] 철학사전.

3-5 신플라톤주의와 아우구스티누스

플라톤은 이데아 세계에 주목했고, 영혼 불멸의 사상은 그리스도교의 교리와 부합했다. '아우구스티누스'[20]는 플라톤 철학에 기반을 두고, 그리스도교 신학을 만들었다. 물론, 교부철학과 신플라톤주의 영향도 많이 받았다. 그는 인간의 지성과 앎은 선(善)으로 직접 연결되지 않는다고 했다. 이것은 플라톤의 선의 이데아에 영향을 받았다. 반면에, 아리스토텔레스는 모든 지식은 선(善)으로 연결된다고 했다. 그 이유는 인간은 이성적 존재이므로 아는 것을 실천으로 옮길 수 있는 능력이 있기 때문이라 했다. 아우구스티누스는 그리스·로마 문화와 그리스도교 사상을 통합한 사상가였고, 그리스도교 최고의 스승으로 여긴다. 그의 저서인 '고백록'은 성경을 제외하고 그리스도교 세계에서 가장 많이 읽힌 자서전 문학의 효시와도 같은 작품이다. 그 책은 단순한 참회록이 아니라 신에게 바치는 찬양과 기도 같은 책이다. 신과 인간의 관계에 관해 가장 생동감 있게 성찰한 책이기도 하다. 고백록은 인간 내면의 지주(支柱)가 되고 빛을 밝혀주는 '내면의 신의 사상'으로서 그 후, 서유럽 그리스도교 사상을 형성하는 힘이 되었다.

그는 한때 공부보다도 여성에 관심이 많아 18세에 미혼부가 되었다. 아들을 출생하고 나서야 수사학 공부에 매진했다. 그는 성서의 내용에 실망하여 '마니교'[21]에

---

20 354~430, 북아프리카 누미테아, 교부철학, 신플라톤학파, 그는 모든 것을 의심하는 나란 존재의 확실성에서 출발하여 회의론을 반박했다. 훗날 데카르트는 나의 확실성에서 자기 학설을 세웠던 발상과는 달리, 영원한 진리, 즉 이데아로서 영혼의 내면에 스며든 신의 빛에 의한 자기 존재의 확증을 의미하는 것이다. 교회 외에 구원은 없다는 것이 그의 신앙이었다. 구원은 오로지 신의 은총에 의해 가능하고, 이 구원의 대상이 누가 되는가는 신의 영원한 예정(예정설)에 의한 것이며, 교회가 이 은총을 매개한다고 주장. [출처] 철학사전.

21 마니교(Manichaeism), 마니는 216년 무렵, 메소포타미아 문명의 발상지인 티그리스강과 유프라테스강 중간 지점에서 태어났다. 그는 기독교와 조로아스터교를 융합한 새로운 종교, 전쟁과 살육을 부정하는 평화의 종교인 마니교를 창시한다. 마니는 조로아스터교 신봉자인 페르시아의 왕 바흐람 1세에 의해 죽음을 당한다. 마니는 "나는 아담과 노아, 아브라함과 부처, 조로아스터교와

빠지기도 했다. 그는 '암브로시오'[22] 주교와의 만남을 통해서 성경은 있는 그대로 해석뿐만 아니라, 영적인 해석도 해야 함을 배우고, 회개하고 다시 그리스도교로 돌아온다. 그러나 그에게 풀리지 않는 문제가 있었다. 마니교에서는 선(善) 자체를 전능하신 신이 창조했다면, 이 세계에 왜 악(惡)이 함께 존재하느냐는 것이다. 이것은 신이 전지전능하지 않다는 증거가 아니냐고 질문한 것이다.

아우구스티누스는 신 플라톤주의자인 '플로티노스'[23]의 논리를 따른다. 즉, 악은 실체가 아니라 '선의 결핍'이라는 것이다. 가령, 그림자는 독립적으로 존재하는 것이 아니라 빛이 결핍된 상태에서 나타나는 것으로, 악은 그림자처럼 실체인 빛이 가려질 때 일시적으로 '선의 결핍'과 '빛의 결핍'으로 나타나는 부수적인 현상이라고 설명한다. 만약, 악이 실체로서 존재한다면, 이를 창조한 신에게 책임이 돌아갈수 있는 문제에 답을 준 것이었다. 다시 말해서, 창조주는 세계를 선하게 창조했지만, 이 자연주의 본성에 결핍이 생기면서 악이라는 현상이 나타났다는 것이다. 즉, 악의 조성자는 신이 아니라 인간 자신이며, 인간 내면에 그 근원이 있다는 것이다. 그 원인은 탐욕과 자유로운 의지의 잘못된 사용이라고 했다. 앞서 살펴본 동양철학과도 맞아떨어지는 사상이다. 즉, 하느님이 모두에게 주는 사랑과 은총은 똑같지만 은총의 빛을 가리는 책임은 인간의 '자유의지'에 있다고 한다. 중용에서도 인간이 한마음을 갖지 못하는 것은 인간의 선한 마음을 가로막는 욕심 때문이라고 했

예수의 뒤를 잇는 최후의 예언자다."라고 했다. 그는 계시를 받은 것으로 알려졌는데 그것을 시샘한 바흐람 1세로부터 죽임을 당한 것이다. 신도들은 순교로 여기고 포교활동을 했고, 한때 세계 4대 종교의 반열에 오르기도 했다. 마니교는 영적인 지식 즉, 지혜 또는 영을 통해서 힘들고 고통스러운 이 세상에서 구원받아야 한다고 했다. 5세기 무렵에 기독교로부터 이단으로 판정받아 박해를 당했고, 로마제국도 박해를 가해서 마니교는 완전히 소멸한다. 타림분지와 이집트에서 경전의 일부가 발견되었다. [출처] 세상의 모든 지식.

22 암브로시우스라고도 한다. 340~397, 토리아 출신. 밀라노 사교(374이후)에서 서방교회 4대 교부중 한사람. 로마황제 테오도시우스 대제를 그 잔학행위로 파문하지만 결국 면죄를 한다. 아우구스티누스를 회개시킨 장본인이다. [출처] 미술대사전.

23 Plotinos(204~270) 이집트 태생. 신플라톤주의를 대표하는 철학자. 그의 사상은 이데아를 초월하고, 이데아 창조인 일자(一者)를 무한의 존재자로 여겼다. 만물은 일자에서 유출된다는 동적인 일원론의 체계(유출설)을 구상했고, 아우구스티누스가 그의 사상을 그리스도교 신학과 결부함으로써 유럽 정신사에 막대한 영향을 끼친다. [출처] 종교학대사전.

고, 불교에서도 깨우침을 얻지 못하는 것은 마음의 번뇌와 욕심 때문이라고 했다. 과장되게 표현해서 유교와 불교의 가르침이 유럽에까지 전달된 양상이다.

아우구스티누스는 원하는 것을 소유하면 행복할지를 질문한다. 가령, 다이아몬 드를 차지했다면 진정으로 행복할지를 묻는 것이다. 그는 진정한 행복을 위한 두 가지 필수 요건이 있다고 한다. 첫째로, 그 대상 자체가 영원히 존재해야 하고, 둘 째로, 다른 이가 빼앗을 수 없도록 우리와 필연적인 관계를 갖는 것이어야 한다고 한다. 다이아몬드는 깨질 수도 있고, 남이 훔쳐 갈 수도 있으니 두 가지 모두 충족 시키지 못한다. 답은 신(神)이라는 것이다. 그는 영원한 진리에 도달하기 위해서는 내면으로 들어가라고 한다. 즉, 내적인 스승인 신의 지혜와 진리, 로고스인 그리스 도의 목소리에 귀를 기울이라고 한다. 양심의 목소리에 따른 자기 돌봄의 중요성을 설파하고 있다.

그는 또한 올바른 것이 무엇인지 알고 있는 사람이라도 윤리적인 행위는 지혜 와 진리를 사랑하는 사람의 의지로부터 생긴다고 하면서 사랑의 윤리 실천을 강조 한다. 즉, 신플라톤주의자들이 주장하는 일자(一者)·정신(지성)·세계 혼(영혼)은 '향유'의 자세로, 그 자체를 목적으로 사랑해야 하고, 동물·식물 그리고 무생물· 질료는 '사용'의 자세로, 목적을 위한 수단으로 사랑하라고 한다. 가치나 윤리의 왜 곡을 피하고자, 사랑해야 할 것을 올바른 방식으로 사랑하는 사랑의 질서가 요구된 다고 주장한다. 이것을 '사랑의 윤리학'이라고 한다. 가령, 요즘은 반려견 가족들이 많은데 그들을 사람과 같이 사랑해서는 안 된다는 의미처럼 들린다. 동물애호가인 필자는 받아들이기 힘든 요구다. 필자는 반려견을 가족이라고 생각한다. 인간과 다를 바가 없다고 본다.

3-6　성 아우구스티누스와 성 토마스 아퀴나스

　　신플라톤주의와 그리스도교의 차이는 전자의 신은 인간과의 관계에 있어서 인간의 일방적인 환상과 이데아적 사랑의 윤리에 따르는 것이라면, 후자인 아우구스티누스의 신은 고차적 단계의 사랑으로 서로 교류되는 생동감이 넘치는 살아있는 신을 의미한다는 것이다.

　　칼융은 종교에 대해서 인간에게 있어서 종교는 자율성을 가진 무의식의 독자적인 현상이며, 그가 인간 정신의 목표라고 생각한 개성화 과정은 인간의 내면에 있는 신적 요소라고 할 수 있는 자기의 실현에 있다고 생각했다. 칼융에 따르면 심리적 '신의 실재'라는 것은 어떤 사람이 물리적 실재와 상관없이 신이 존재한다고 믿으면, 물리적 실재와 똑같이 사람들에게 영향을 미친다고 한다. 사람들은 그들이 그렇다고 믿거나 생각하는 내용으로 지배받는다고 한다. 신의 실재 여부와 상관없이 신앙생활을 할 수 있고, 실제로 신을 체험할 수도 있다고 한다. 신은 그에게 실재하기 때문이다. 칼융에 따르면, 참다운 종교는 인간의 보편적인 심적 상태의 자발적 표현이고, 사람들에게 생명과 의미의 원천이 된다고 한다. 종교는 한 사람을 생명의 뿌리와 연결하고, 살아가야 할 방향을 제시하며, 내적 분열이 조성될 때, 그것을 통합하면서 구원의 길로 나아가게 하기 때문이라 한다. 또한 종교체험은 정신 치료의 효과가 있다고 주장한다. 신적 존재에 대한 체험은 그전까지 다른 콤플렉스에 집중되었던 정신에너지를 새로운 중심에 집중시켜서 정신에너지가 새로운 수로를 따라서 흘러가기 때문이라고 한다.

　　플라톤은 세상을 감각으로 지각하는 '물질세계'와 지성으로 파악하는 영원한 '이데아의 세계'로 나눈다. 신플라톤주의는 인간의 영혼은 세계영혼이 주재하는 이데아 세계에 있던 것이 물질세계로 유출된 것으로, 이 영혼은 불멸하며 이데아계를 동경하는 것에서 진정한 인식이 얻어진다고 한다. 그들은 감각적 지식은 단순한 억

견(doxa)이며, 영혼에 의한 '지적 직관'으로써 동경하는 것이 '참지식'이라고 한다. 플라톤은 이것을 '에피스테메'라고 했다. 후설의 현상학도 순수의식을 통하여 본질을 직관하는 것이라 했는데, 신플라톤주의를 많이 참조한 것 같은 생각이 든다. 그들은 인간에게는 육체에 잠시 머무는 영혼에 의해 이데아계를 인식하는 곳에 인간 최고의 기쁨이 있고, 철학자는 현실 세계를 이 이상에 근접시키는 역할을 한다고 한다.

토마스 아퀴나스의 가톨릭교회가 신앙과 이성의 조화를 추구했다면, 아우구스티누스의 개신교는 신앙만을 주장했다는 차이점이 있다. 토마스가 이성을 절충한 것은, 보편논쟁이 제기되면서 믿음만을 강조해서는 안 되고, 이성적 판단으로 성경 내용을 찾는 것이 중요하다는 시대적 요구에 따른 것이다. 즉, 기술과 수학적 계산이 필요한 시대에 역동적으로 기독교사상을 뒷받침하는 철학이 중요했고, 토마스는 아리스토텔레스의 사상에 빠지게 된다. 토마스는 종래 신학으로부터 독립된 지적연구를 했고, 이것을 스콜라 철학의 체계 속에 융화시킨다. 즉, 스콜라 철학의 목표는 중세 사람들이 진리라고 믿었던 가톨릭 교리나 기독교 신앙에 '철학'을 이용하여 이성적인 근거를 부여하고자 했다. 그들은 앞선 사상가의 저술과 논거를 바로 활용하기보다 이전 사상을 비교 고찰해서 비판적으로 검증한 후에 원하는 결론을 이끌었다. 즉 비판적 논증을 했다. 가령, 스콜라 철학의 시조라 할 수 있는 안셀무스는 신앙을 유지하는데 이성과 철학의 역할이 중요하다고 했다. 그러므로 스콜라 철학 시대의 큰 성과이자 핵심은 '보편논쟁'이라 일컬어지는 보편개념의 의미와 실제 존재 여부에 대한 격렬한 사상 논쟁이었다는 것이다. 즉, 보편을 주장한 플라톤의 이데아 사상과 개별적으로 존재하는 것에 이름을 붙인 '유명론'의 대립이었다. 다시 말해서, 인간이라는 보편이 우선이냐? 홍길동이라는 개별 즉, 보편이란 허구성의 이름(유명)이 아닌 개별이라는 실제적인 이름이 우선이냐? 전자는 관념론으로 흘렀고, 후자는 경험론으로 흘렀다. 전자는 플라톤으로 대표되며 종교론 자들이 옹호했다. 그들에게는 이데아라는 개념과 하나님이나 예수 같은 보편적인 개념이 필요했다. 그러나 기독교에서는 믿음뿐만 아니라, 이성으로 이해시킬 수단이 필요했다. 플라톤의 이데아는 영혼 불멸의 세계로서, 아우구스티누스는 플라톤 철학을 기반으로 그리스도교의 신학을 만들었지만, 토마스 아퀴나스는 아리스토텔레스의 사상을 도입하여 가톨릭 교리를 만들려고 했다. 문제는 아리스토텔레스는 현실 세계를 중시해서 이상과 본질보다 자연 세계가 진리라고 생각하고 있었다. 신의 섭리와 기적을 부인하는 것처럼 보였던 아리스토텔레스의 사상은 파리대학에서 그의 논리학을 제외하고, 모두 강의 금지당하게 된다.

당시에 토마스는 아리스토텔레스의 박식한 지식에 매료되어 있었다. 아리스토텔레스의 사상은 세상은 무(無)가 아니라, 이미 새로운 재료가 있는 세계였으며, 흙이나 물·불·공기로 질료와 형상을 만든다고 했으니, 무(無)에서 세상을 신이 창조했다는 기독교사상과는 거리가 있었다. 즉, 자연법칙의 필연성이 하느님보다 우위에 놓일 위험이 발생했기에 그리스도교는 아리스토텔레스의 이론을 경계하고 금지시킨 것이었다.

플라톤의 질료형상론에 따르면, 육체(질료)와 영혼(형상)은 분리할 수 있다고 했다. 육체는 영혼의 감옥이라고 표현했다. 그러므로 사람이 죽으면 영혼이 육체로부터 분리되어 다른 육체로 들어갈 수 있다는 영혼 불멸을 주장했고, 아리스토텔레스는 육체와 영혼은 분리할 수 없다고 했다. 그는 영혼을 세 부류로 나누었다. 첫째, 생혼(生魂)으로 이는 식물 안에 있는 생명력의 근원이라 했다. 둘째, 각혼(覺魂)으로 이는 동물 안에 있는 생명력의 근원이다. 셋째, 지혼(知魂)으로 이는 인간 존재 안에 있는 생명력의 근원이다. 이해와 자유의지를 가지고 있으며 영원히 살게 되어있는 영혼, 곧 지혼은 오직 인간만이 갖고 있다고 했다. 그러므로 인간 영혼은 불멸적인 본질과 활기를 불어넣는 원리 그리고 생명을 활동하게 하는 원인이며, 육체와 결합함으로써 인간이란 존재를 형성한다고 했다. 플라톤은 지혼(知魂)에 대하여 탐욕 혼과 기혼과는 달리 생각의 원리이며, 육체 중에 머리에 자리를 잡고 있으며, 불멸의 신적(神的)인 성격을 띠고 있다고 했다. 가톨릭 교리서에는 "하느님은 육체와 영혼으로 된 사람을 창조하셨다."라고 되어있으며, "영혼은 죽지도 없어지지도 않는다."라고 되어있다.

토마스 아퀴나스는 아리스토텔레스의 질료형상론의 자연철학을 따르면서 인간 혼은 개성을 가진 영체로서 육신의 체형 또는 형상이 된다고 정의하였다. 영혼은 죽은 뒤에도 육신과 떨어져서 단독으로 존재하나 살아있는 동안은 육신과 합하여 완전 일체를 이루고 있다고 했다. 가톨릭에서는 인간의 영혼은 죽음 이후에도 의식 있는 개별적 존재로서 계속 존속한다고 믿고 있다. 아리스토텔레스에 따르면, 인간의 '지성'은 신체의 특별한 기관에 제한되지 않으므로 영혼과 육체가 분리되더라도 '지성'은 다른 곳에 존재할 수 있음을 암시했다.

아랍의 학자들은 아리스토텔레스가 말한 '지성'에 대해서 인간의 지성 작용은 절대적인 '우주 지성'과 연결되어 있다고 주장했다. 이것은 형이상학적인 의미를 내포하는데 인간의 위대한 지성은 영원히 살아남아서 새로운 위대한 지성과 교류를 한다는 것으로 일종의 신비주의 색채로 보이는 사상이었다. 실제로 칼융은 이러한 사상을 믿었다. 몰입을 통하여 학문의 완성을 꾀하는 학자들도 혼자 힘으로 얻기 힘든 결과를 우주 지식과의 합일을 통하여 완성하고자 하는 의식들이 강한 것은 사실이다. 필자도 이런 사상을 믿는다. 인간의 정신과 우주의 정신을 연결하는 분명한 끈이 있다고 믿는다. 이것은 개인이 습득한 수많은 지식을 '몰입'을 통하여 상호 연결된다고 생각한다.

1255년에 파리대학에서 새로운 학사 규정을 발효하면서 아리스토텔레스의 모든 저작을 수업에 사용하는 것을 허락했다. 이때부터 철학자라면 아리스토텔레스로 통하고, 주석가로는 아랍인 아베로에스를 의미했다. 아베로에스는 아리스토텔레스를 세 번이나 주해했다. 아리스토텔레스를 해석하는데 나타난 세 가지 경향은 첫째, 보수적 아우구스티누스 주의로서, 플라톤 사상을 받아들인 아우구스티누스를 인정하고, 아리스토텔레스는 자연학에서만 업적을 인정했다. 탁발수도회인 프란치스코회가 추종했다. 둘째, 극단적 아리스토텔레스주의로서, 아리스토텔레스를 지혜의 화신으로 여겼다. 라틴 아베로에스 주의가 추종했다. 셋째, 온건한 아리스토텔레스주의로서, 아리스토텔레스를 인정하다가 자신의 체험과 진리와 멀어진다고 생각되면 과감히 비판과 수정을 가했다. 토마스 아퀴나스가 관여했던 탁발수도회인 도미니크 수도회가 추종했다. 서양 중세철학은 토마스 아퀴나스가 나타나기 전에는 아우구스티누스의 사상에 의존했다. 그는 이성은 신앙의 한 수단이 되어야 한다고 주장했다. 즉, 이상세계를 중시했고, 하느님 중심적인 사고의 틀을 만들었다. 플라톤주의에 입각한 것이었다.

토마스 아퀴나스가 등장하면서, 신앙은 이성과 대립이 아닌 상호보완적인 관계로 가야하고, 이성을 기반으로 한 신앙을 강조했다. 그는 아리스토텔레스가 제시한 이성을 바탕으로 설명하려 했으나 진리와 멀어지는 부분은 과감히 수정했다. 그의 저서인 '신학대전'은 아리스토텔레스나 플라톤의 사상을 그대로 따른 것이 아니라 고유한 인간학을 정립했다. '박승찬'[24]은 아리스토텔레스의 재발견은 서구학문 전체의 지평을 확장한 사건이라고 하면서, 오늘날의 대학은 스스로 질문을 생각하고, 변화된 사회에 맞게 순수한 학문의 가치를 지켜나가야 한다고 주장했다. 또한, 가치가 허물어진 곳에서는 더 이상 진정한 의미의 지혜와 진리에 대한 추구가 없으므로 보편적인 교육과 함께 살아가는 교육이 필요하다고 주장한다.

러셀은 그의 서양철학사에서 토마스 아퀴나스는 철학 체계의 안에 진정한 철학 정신을 드러내는 부분은 거의 없다고 한다. 그는 결과를 미리 알 수 없는 영역에는 탐구의 발을 들여놓지 않았다고 비판한다. 즉, 철학을 시작하기 전에 벌써 그는 진리를 알고 있었고, 그 진리는 가톨릭 신앙으로 선언되었다고 비판한다. 또한 아리스토텔레스의 철학을 그리스도 교리에 맞게 개조했다고 본다. 그는 독창성보다 체계화 능력이 훨씬 뛰어났다고 러셀은 평가한다. 그런데도 '이교도 반박 대전'은 당당한 지적 구성물이라고 치켜세운다. 토마스는 아리스토텔레스를 더할 나위 없이 철저하게 이해했는데 이전 어떤 가톨릭 철학자도 그렇게 못했다고 러셀은 평가한다. 러셀에 따르면, 토마스는 인간이 도덕적인 죄를 지음으로써 영원무궁한 세계에 이르려는 최후의 목적을 상실하므로 영원한 벌은 인간이 받을 당연한 응보라고 아우구스티누스와 유사한 견해를 갖는다고 했다.

24　가톨릭대학교 철학전공 교수. 토마스 아퀴나스 연구전문가.

3-7 스피노자와 라이프니츠

'라이프니츠'[25]는 그의 '충족이유율'(principle of sufficient reason)에서 인간은 필연적으로 '운명'을 타고난다고 한다. 이 세계에 존재하는 모든 것들은 그것이 존재하는 이유가 있으며, 지구상에서 벌어지는 모든 사건에는 그것이 발생할 이유가 있다는 것이다. 어떤 것도 이유 없이 존재하는 것은 없다고 한다. 그의 '예정조화설'에서는 이 세상에 존재하는 전쟁, 기아, 폭력, 자연재해 같은 '악'조차도 다 이유가 있어서 존재한다고 한다. 인간이 보기에는 이런 것들이 존재할 이유가 없는 것 같지만, 신의 관점에서는 악이 있어야, 선도 존재해서 전체적인 조화를 이룬다고 한다. 이 사상을 후에 헤겔이 '절대정신'에서 인용한다. 세계사는 정해진 운명대로 진행되는 것이지 인간 개인이 만드는 역사가 아니라고 했다. 가령, 아리스토텔레스가 말한 '목적론적 세계관'에 따르면, 신이 목적을 가지고 설정한 세계라는 것으로 우주 만물의 존재와 소멸이 신의 목적에 따른다는 세계관이다.

라이프니츠가 말한 '신국(神國)'은 신이 창조한 세계로 각각의 실체와 모나드가 백성으로 참여하도록 운명 지어져 있다고 한다. 즉, 도덕적으로 선한 실체나 모나드만이 신국의 백성으로 살 수 있도록 예정되어 있다는 것이다. 여기서 '모나드'란 실체의 크기를 갖지 않는 실체를 말한다. 즉, 정신, 영혼, 힘, 에너지, 기(氣) 등을 말한다. 라이프니츠에 따르면 이 세계는 무한한 모나드로 구성되어 있다고 한다. 모나드는 다른 모나드로부터 영향을 받지 않고, 영향을 주지도 않는 서로 독립적인 관계라고 한다. 즉, 실체가 되기 위해서는 더 이상 쪼개짐이 없는 상태가 되어야 한다는 것이다. 실체란 다른 어떤 것에 의존하지 않고, 독립적으로 존재하는 것을 말

---

25 1646~1716, 독일. 철학자, 정치가, 외교관. 객관적 관념론. 그의 모나드론은 관념론적이지만 자연적으로 활동하고, 무한한 내용을 내포하고, 발전한다고하는 모나드 사상이 있으며, 이것은 후에 독일 고전철학의 변증법을 준비한 것으로 평가된다. [출처] 철학사전.

한다. 서울대 철학사상 연구소에 따르면, 라이프니츠는 이성을 가진 정신은 신과 공동체를 구성하는데, 그 공동체가 곧 신국 또는 은총의 왕국이란 것이다. 그는 모든 단자 중에서 이성을 가진 단자의 정신은 우주 안에서 매우 특별한 지위를 갖는다고 본다. 모든 단자는 우주를 모사하는 거울이지만, 이성을 가진 정신은 학문을 소유한다는 점에서 특별히 신을 모사하는 거울이라고 한다.

라이프니츠는 이성을 가진 정신을 자신의 영역 안에서의 작은 신이라고 한다. 이러한 정신은 신과의 소통을 가능하게 한다고 한다. 그가 말하는 '신국'은 자연 필연성에 따라 작용하는 자연의 왕국과 대립하는 세계로, 그 구성원들은 정념의 강제나 필연으로부터 자유를 가지고 행동한다고 한다. 그것은 자연 안에 도덕의 세계이고, 구성원들이 행복을 느끼는 나라라는 것이다. 반면에, 스피노자의 신은 곧 자연이고 자연은 정신과 물질로 그 양태를 나타낸다는 사상과 유사한듯하면서 다르다. 라이프니츠의 실체의 세계는 모나드로 구성된 세계이고, 스피노자의 실체의 세계는 신 또는 자연이다. 여기서 신은 우주 만물을 창조한다는 의미의 신이 아니다.

스피노자에 따르면 실체(신 또는 자연)란 다른 원인의 결과로 있는 것이 아니라, 자체의 원인으로 있다는 것이다. 즉, 세상에 존재하는 만물은 신이라는 실체가 자기 안의 법칙에 따라서 즉, '내적 필연성'에 따라서 만들어지는 것이라고 한다. 스피노자는 이것을 '자연'으로 표현하고 있다. 즉, 자연에는 우연적인 것은 없다는 것이다. 스피노자가 말하는 '자연'은 신이 창조하는 것이 아니라, 신의 내적 필연성에 따른 '양태(樣態)'[26]라는 것이다. 즉, 초월적 존재를 부정하는 합리적 자연관이다. 그의 저서인 '에티카'에 따르면, 신은 존재하는 모든 것의 내재적 원인이며, 초월적 원인은 아니라고 하면서, 신의 존재에 의한 만물 창조가 아님을 강조한다. 신

---

26 스피노자(1632~1677), 네덜란드. 범신론과 형이상학적 유물론. 자연지배와 인간개조가 그의 사상의 중심. 그는 신을 무한한 계속성을 가지며 자기 자신으로 존재하는 실체로 해석할 뿐만 아니라, 자연으로 해석한다. 자연의 일부로서의 인간은 속성이 개체로서 규정되었다는 의미에서 '양태'로 간주되고, 연장(물질)과 사고(정신)라는 실체의 속성을 가지고 있다. 정신에 감정과 지성을 갖추고 있는데, 그것의 근원은 자기보존의 욕구이며, 진실로 인간답게 실현되기 위해서는 감각적 인식을 제거하고, 이성적 및 직관적 인식에 의거해 진실의 존재방식을 받아들여야 한다고 했다. 여기서 감각적 인식을 열등하게 보는 합리주의적 정신이 보인다. [출처] 철학사전.

이란 존재를 자연 그 자체로 보는 것이다. 그래서 '범신론'이란 용어가 '존 톨랜드(J. Toland)'[27]에 의해서 만들어진다. '신 즉 자연'이란 뜻이다. 그래서 스피노자의 철학을 유물론적 관점에서 보는 학자들도 있다. 이 세상은 신이 창조한 것이 아니라 물질이 생겨나면서 진화의 과정이라는 것이다. 이러한 철학은 BC 5세기경에 '데모크리토스'[28]가 근간을 만들었다.

　'에티카'에서 인간의 정신을 조직하는 관념의 대상은 '신체'라고 한다. 즉, 신체가 변화되면 정신도 변화되고, 관념이 신체의 질서에 의존한다는 것이다. 이것은 데카르트가 주장한 정신과 신체를 분리하는 '이원법'과 상반된 것으로, 이성과 정신이 신체와 감정보다 우위에 둔 서양의 로고스 중심주의를 뒤흔든 개혁과도 같은 철학 사상이었다. 스피노자는 결국, 유대인 공동체로부터 파문당한다. 그의 저서인 '에티카'도 그가 죽은 후, 발간된다. 스피노자는 네덜란드가 공화정에서 군주제를 택함으로써 백성들 스스로들이 예속당하는 것을 지켜보면서 대중들이 미신에 빠져있다고 생각했다. 그는 '미신(迷信)'이란 약한 지성과 강한 상상력 때문에 생긴다고 보았다. 가령, 번개가 치면 지성이 강한 사람은 기상현상으로 파악하지만, 상상력이 강한 사람은 제우스신이 노한 것으로 파악한다. 즉, 복종을 강요하는 두려운 신의 분노가 도덕법으로 둔갑했다고 생각했다. 그러므로 예속의 상태에서 벗어나기 위해서는 지성을 통해 적절한 원인을 인식해야 한다고 했다. 신이 지닌 질서의 필연성을 이해한 자는 신을 사랑할 수 있을 뿐, 결코 복종할 수는 없다고 했다. 복종할 수 없는 이유는 신은 '상상의 소산'이지 '인식의 소산'이 아니기 때문이라 했다. 칸트는 후에 인식할 수 없는 것으로서, 신이나 영혼 같은 것들을 예로 들었으며, 이러한 것들을 인식의 범주에서 제외한 것과 무관하지 않아 보인다.

27　1670~1722, 아일랜드 사상가. 존 로크의 영향을 받아 이성과 성경 중에 이성이 더 중요한 이성주의 철학자였다. 저서: 신비적이지 않은 기독교, 이성에 근거하지 않은 성경해석은 편견을 낳고, 미신적이라고 주장. [출처] 위키백과.

28　BC 460년경~BC 370년경, 고대 그리스 유물론 철학자. 거의 동시대의 플라톤의 관념론과 대립. 객관세계는 아토마(원자)와 공허가 있을 뿐이라 했다. 그의 철학은 레우키포스의 원자론을 계승했다. 그는 유물론 입장에서 영혼의 불멸을 부정하고, 무신론의 입장에 섰다. [출처] 철학사전.

스피노자의 코나투스(conatus)는 생명을 유지하고, 살아가게 만드는 힘이자, 자기보존의 욕망이고 삶에 대한 욕망이라 했다. 사람들은 '절망'이라는 감정이 존재할 때, 최악인 자살 다음으로 마약중독, 게임중독, 쇼핑중독, 알코올중독에 빠진다고 한다. '중독'이란 절망에 맞설 용기가 부족할 때, 살고자 발버둥을 치는 외침이라고 했다. 즉, 내가 극복할 수 없을 것 같은 현실에서 당당하게 맞서는 것이 중독에서 빠져나오는 방법이라고 한다. 코나투스마저 사라질 때, 인간은 자살하는 것이다. 최악의 선택을 하는 것이다. 자살은 죄악이다. 소크라테스가 독배를 마시기 전에 자살하지 않은 것은, 법에 어긋나기 때문이라 했다. 즉, '오르페우스'[29] 교리에 따른 소크라테스의 변은 "인간이란 문을 열고 도망칠 권리조차 없는 죄수"라고 한다. 그는 인간과 신의 관계를 송아지와 주인의 관계로 비유한다. 만일, 송아지가 길에서 벗어나 멋대로 날뛰면 주인이야 당연히 화가 날 것이므로 신이 부를 때까지 자살하지 말고 기다려야 한다고 했다. 그의 변은 여기서 끝나지 않고, 자신은 죽음이 두렵지 않은 두 가지 이유가 있는데 첫째, 지혜롭고 선한 다른 신들에게 간다는 확신, 둘째, 자신이 죽은 후, 남은 사람들보다 더 선한 이미 죽은 사람들에게 간다는 확신이 있다고 했다.

스피노자에 따르면, 정서나 속견(혼란된 생각)에 인도되는 인간은 '노예'이고, 이성에 인도되는 인간은 '자유인'이라고 했다. 중요한 것은 내가 무엇을 욕망하는 사람인지 아는 것이라고 했다. 즉, 감정에 치우친 욕망은 노예이고, 이성에 도움을 받는 욕망은 자유인이라는 것이다. 그러므로 행복과 성공의 공식은 나만의 코나투스(이성적 욕망)를 증진하게 시키는 방향으로 삶을 사는 것이라 한다. 그는 시대를 앞서간 철학자였고, 철학자들의 구세주와 같은 사람이라고 질 들뢰즈는 칭송했다.

---

29 BC 8~5세기경 창시되었으며, 미트라교의 영향을 받음. 프로메테우스가 티탄의 재와 디오니소스의 재로 인간을 만들 때, 티탄의 폭력성과 디오니소스의 원초적 순수함이 합쳐져 인간이 태어났고, 디오니소스적 영혼이 신성성과 불멸성을 가져서 영혼은 불멸하지만, 티탄의 재로부터 만들어진 육체가 영혼을 구속해 인간의 원죄에 의해 슬픔의 고리(윤회와 전생)를 반복하지만, 영혼이 구원을 받으면 신들과 교감할 수 있다고 믿었고, 이것이 오르페우스교의 목적이 되었다. 여기서 등장하는 원죄개념과 영혼의 구원 등의 교리가 초기 기독교에 영향을 미쳤다고 생각하는 학자들도 있다. [출처] 나무위키.

니체는 그를 선구자라고 치켜세웠다. 실존주의의 거두였음은 두말할 필요가 없다.

3-8 현상학– 후설, 사르트르, 메를로퐁티

실존주의는 인간의 본질이란 무엇인가?라는 물음을 던지는데, 사르트르는 그의 저서인 '닫힌 방'[30]에서 '응시'에 대해서 얘기한다. 그 작품 속에는 성인 남자 한명과 성인 여자 두 명이 출구도 없는 조그만 방에 갇히게 된다. 그들은 서로의 비밀을 털어놓자, 서로를 응시하기 시작했다. 인간이 인간을 응시하는 것처럼 지옥이 없다고 사르트르는 작품 속에서 하소연한다. 지옥이 무서운 것은 항상 불이 켜져 있고, 자기를 응시하는 것이라고 사르트르는 말한다.

인간의 응시와 관련된 것으로 '현상학'이 있다. 현상학을 처음 제시한 사람은 에드문트 후설이다. 그는 유대인으로서 현상학에 관해서 많은 연구를 했으나, 모두 책으로 출간하지 않아서 그가 집필한 수많은 원고(책 100권 정도의 분량)를 나치 독일의 감시를 뚫고 벨기에의 '루뱅대학'[31]에 숨기게 된다. 아직도 그의 철학을 무엇이라고 단정하지 못하는 이유가 여기 있다. 아직도 연구 중이기 때문이다. 그는 '과학 실증주의'에 빠진 인문 사회를 구하고자 '현상학'이란 학문을 주창한다. 현상학은 사물의 본질을 직관하여 그것을 토대로 모든 학문의 토대를 마련하자는 것이다. 후설은 모든 '자연적 태도'(현상에 보이는 모든 것을 있는 그대로 주시하는 것, 선입견 또는 주관적 태도)를 버리고 '판단중지(epoche)'를 통하여 사물을 응시하는 '순수의식'의 상태로 직관해야 사물의 본질을 볼 수 있다고 했다. 즉, 순수의식이 된 상태로 사물을 주시(노에시스)하면 본질화된 사물(노에마)로 되는데 이것을 위해서 형상적 태도

---

30 1943년 집필. 사르트르 연극 중, 가장 유명하고 성공적인 작품. 1944년 초연 후, 현재까지 세계각지에서 끊임없이 상연되고 있다.

31 루뱅대학에는 루뱅 후설 아카이브에 기반을 둔 후설 전집비판본인 '후설리아나'를 1950~2008년까지 전 42권으로 발행함.

를 통한 자연스러운 변경과 분석이 필요하다고 했다. 노에마가 형성되면 그것을 뇌로 보내서 기억시키고 필요시, 그 사물을 다시 보면 본질을 바로 볼 수 있다는 '환원'의 개념으로 설명한다. 마치 칸트의 관념론을 연상시킨다. 그러나 칸트는 본질을 볼 수 없다고 선을 그었고, 후설은 본질을 볼 수 있다고 한 점에서 큰 차이가 있다. 여기서 후설의 환원되는 사물의 본질이 사람마다 모두 다르게 나타난다는 점이 모순처럼 보인다. 객관화가 빠진 상태에서 관념화가 가능한지 의심스러운 것이다.

사르트르는 '순수의식'은 무(無)라고 한다. 사람은 의식이 무(無)이기 때문에 새로운 내용의 의식으로 채움이 가능하다는 주장이다. 여기에 대해 메를로퐁티는 비판한다. 인간의 의식은 항상 무언가로 채워진다는 것이다. 즉, 죽을 때조차도 인간의 표정을 보면, 그 순간도 뭔가를 의식하고 있었다고 주장한다. 이것을 '몸의 현상학' 또는 '지각의 현상학'이라고 부른다. 즉, 응시는 눈으로만 하는 것이 아니라 신체의 감각을 모두 동원한다는 것이다. 예술작품을 보면서 시각뿐만 아니라 촉각으로도 느낀다는 것이다. 마치 '암묵적 지식'을 표현하는 것 같다. 앞서 셸링은 이것을 '예술적 직관'이라고 했으며, 여기에는 의식과 무의식이 모두 동원된다고 했다.

3-9 소크라테스, 플라톤 영혼론– 파이돈

서양철학은 소크라테스, 플라톤, 아리스토텔레스로부터 본격적으로 시작되었다. 소크라테스는 무지(無知)는 악(惡)을 낳기 때문에 선(善)을 실현하기 위해서는 지식을 습득하고 지혜를 쌓아야 한다고 주장했다. 그는 '영혼'의 중요성을 강조하면서 그 영혼으로 도덕적인 삶을 살아야 한다고 했다. 플라톤도 소크라테스의 '영혼'을 이어받아서 '이원론'을 주장했다. 즉, 물질적인 '현상세계'와 진실한 '이데아 세계'로 나누고, 사람의 육신은 현상세계에서 껍데기로 존재하고, 인간이 죽으면 영혼이 빠져나와서 다른 육체로 들어가거나, 천국으로 간다고 했다.

러셀의 서양철학사에 따르면, 플라톤은 '파이돈'[32]에서, 소크라테스가 마지막 순간에 보여준 침착함은 영혼 불멸 신앙과 밀접한 관련이 있다고 보았다. '파이돈'에서 영혼과 육체에 대해서 언급한 내용은 "우리가 무엇이든 참된 지식을 얻으려면 육체를 떠나야 하고, 그래야만 영혼이 자신 안에서 사물 자체를 바라보게 된다네. 곧, 지혜에 이른다는 말인데 죽은 다음에나, 지혜에 이른다는 말일세. 육체와 얽혀 있는 동안, 영혼이 순수한 지식을 얻지 못하지만 적어도 죽은 다음에는 지식을 얻게 된다는 말이지." 여기서 육체와 영혼은 죽으면서 분리된다는 플라톤의 사상을 알 수 있으며, 파이돈에 의하면 "참된 철학자의 영혼은 사는 동안 육체의 속박에서 벗어나 해방감을 맛보고, 죽은 다음에는 눈에 보이지 않는 세계로 떠나 신들과 더불어 천국의 기쁨을 누리려 할 것이다. 여기서 '천국'이 플라톤이 말하는 '이데아의 세계'인지는 분명하지 않다. 육체의 욕망을 추구해서 더럽혀진 영혼은 성품에 따라 무덤가를 떠도는 유령이 되거나, 나귀·이리·매 같은 동물의 육체로 들어가게 된다. 철학자는 아니지만, 덕성을 갖춘 사람은, 벌이나 말벌이나 개미 또는 군집 생활을 하는 다른 동물로 태어난다. 마치 불교의 윤회 사상을 보는 것 같다.

플라톤은 죽은 다음에 영혼은 운명이 나누어지는데 착한 영혼은 '천국'에 가고, 나쁜 영혼은 '지옥'에 가며, 착하지도 나쁘지도 않은 어중간한 영혼은 '연옥'에 간다고 했다. '연옥'은 개신교에서는 받아들이지 않고, 가톨릭교회에서는 받아들인다. 그는 이데아 세계가 진실이기 때문에 현상세계는 그것의 모사(模寫) 내지는 그림자에 불과하다고 했다. 플라톤은 영혼으로 직관한 지식이 진정한 참지식이라고 했고, 감각으로 지각한 인식은 독사(doxa). 즉, 근거가 없는 믿음이 가지 않는 지식이라 했다. 파이돈에 따르면, 본질은 변화하지 않기 때문에 '절대미'는 언제나 동일성을 유지하지만, 아름다운 사물은 계속 변화한다. 따라서 눈에 보이는 사물은 잠시 존재하지만, 눈에 보이지 않는 사물은 영원히 존재한다. 또한 영혼은 영원한 존재로서 영원한 사물, 곧 본질을 관조하는데 능통하지만, 느끼거나 지각할 때처럼 변

---

32 소크라테스가 독배를 마시기 직전부터 마신 다음 의식을 잃은 순간까지 나눈 대화를 묘사한다
   [출처] 러셀의 서양철학사.

하는 사물들의 세계를 관조할 때는 길을 잃고 혼란에 빠진다. 하지만 영혼이 자신에게로 돌아가 반성하게 되면, 그때 영혼은 내세로, 영혼과 유사한 순수, 영원, 불멸, 불변의 세계로 넘어가서, 홀로 있을 때면 줄곧 그것들과 더불어 살기 때문에, 아무 훼방도 받지 않고, 불변하는 존재와 소통함으로써 영혼도 불변하는 상태가 되는데, 이러한 상태를 '지혜'라고 한다. 또한 본질을 보는 방법으로, 참지식에 이르기 위해서는 '본질'을 봐야 하는데, 이것은 '변증법'을 사용해야 한다고 했다. 후에 헤겔이 변증법을 사용하여 본질을 볼 수 있다고 주장했는데, 플라톤의 영향을 받은 것이다. 칸트는 감각과 오성을 활용하여 사물을 인식할 수 있다는 '관념론'을 발전시켰는데 플라톤의 영혼 직관과 감각에 의한 지각에 영향을 받은 것이다. 단, 본질은 볼 수 없다고 선을 그은 것은 칸트 철학의 핵심이다.

오랜 방황을 거쳐 하느님(그리스도교 신앙을 의미)과 영혼(영혼을 중시하는 플라톤 철학과의 만남을 의미) 안에서 답을 찾고자 했던 아우구스티누스는 '영혼'을 아는 것이야말로 자기 자신을 아는 길이라고 역설했다. 그는 인간을 "죽을 운명의 현상의 육체를 '사용'(짐승, 식물, 육체를 의미)하고, 이성적 영혼을 '향유'(일자, 지성, 영혼을 의미)하는 존재"라고 정의한다. 이것은 다분히 신플라톤주의의 영향을 받은 것이다. 그는 또한 인간을 "영혼과 육체로 구성된 이성적 실체"라고 정의한다. 이것은 영혼을 중시하는 그리스 철학의 영향과 함께 영혼과 육체를 분리하지 않는 헤브라이즘의 영향을 받은 것이다.

러셀은 그의 서양철학사에서, 소크라테스에 대해서 다음과 같이 평가한다. "그는 논증을 펼칠 때, 부정직하고 궤변을 부리며, 사심 없는 지식 탐구가 아니라 사적 사고로 자신이 동의할 만한 결론을 증명하기 위해 지성을 쓴다. 만약 소크라테스가 죽음이 임박해서 죽음을 두려워하지 않는 이유를 영원한 천국의 기쁨을 누리리라고 믿지 않았더라면 더욱 비범해 보였을 것이다. 또한 그는 사고가 과학적이지 않고, 우주가 자신의 윤리적 기준과 일치한다고 증명하기로 결심했는데, 이러한 그의 태도는 진리를 배반하는 태도이며, 철학자가 저지르는 가장 큰 죄다. 그러므로 그는 철학자로서 학자들이 가는 '연옥'에 오래 머물러야 마땅하다."라고 소크라테스를 비판한다.

3-10　플로티노스와 신비주의

　　플라톤은 그의 저서인 '파이돈'에서, 사람이 죽으면 불멸하는 참된 영혼은 '천국'으로 간다고 했다. 여기서, 천국이 이데아의 세계로 돌아간다는 것인지는 확실하지 않다. 아리스토텔레스는 인간의 영혼만 지혼(知魂)으로서 불멸한다고 했다. 즉, 현상세계에서 질료와 형상으로 인간의 모습을 이루고, 인간의 신체적 운동과 인간의 존재 목적은 신(神)이 주입한다고 했다. 즉, 신에 의하여 운명 지어진다는 것이었다. 여기서 지혼이 플라톤이 말한 인간의 영혼을 의미하는 것인지 또는 인간의 지성을 의미하는 것인지 분명하지 않다. 중세 기독교에서는 그의 신에 대한 철학을 적극적으로 활용한다. 또한 그는 지식과 선(善)은 서로 연결된다고 했다. 즉, 인간은 이성적인 동물이므로 지식을 쌓으면 선은 자연스럽게 따라온다는 것이었다. 마치 소크라테스의 주장과 같아 보인다. 그러나 아우구스티누스는 지식을 쌓는다고 선(善)해지는 것이 아니라고 했다. 그리스 성현들의 가르침에 반기를 든 것처럼 보인다.

　　그는 성서를 배우는 목적은 결국, 행복해지기 위함인데 아무리 지식을 쌓아도 행복하지 않은 것은 자기 내면을 보지 못함이라 했다. 즉, 행복의 조건은 영원불멸한 것을 가질 수 있고, 그것을 빼앗기지 말아야 한다고 했다. 그 둘을 만족하는 것은 신(神)밖에 없다는 것이다. 신을 자기 내면에 두는 것은 가장 행복한 것이라고 했고, 그렇게 하기 위해서는 지혜와 참 진실을 마음속에 늘 가지고 있어야 한다고 했다. 즉, 그리스도를 영접하라는 것이다. 인간은 늘 욕정과 성욕에 사로잡히기 때문에 성직자라고 해도 그러한 유혹을 이겨내기는 인간으로서 어렵다고 보았다. 그래서 성인인 그리스도를 내면에 모시고 늘 자신을 성찰하면서 사는 것이 궁극적인 행복이라 했다. 프로이트는 아마도 아우구스티누스의 신국(神國)이란 글을 읽고

'성욕'에 대한 그의 믿음을 굳건히 했는지도 모른다. 또한 교회에 대해서 부정적인 시각을 가진 것은 아마도 아우구스티누스 같은 진정한 종교인이 보이지 않아서 그랬을 수도 있었다는 생각이다. 그러나 계몽주의자들과 니체는 아우구스티누스는 인간을 나약하게 만드는 헤브라이즘에 가까운 사람으로 평가 절하했다. 반면에 가톨릭과 개신교, 실존주의자, 종교개혁파, 신비주의자, 낭만주의자는 그를 최고의 그리스도교 전도사로 본 것이다.

　가톨릭교회의 교리로 사용될 만큼 아우구스티누스는 엄청난 영향력을 끼쳤다. 그는 18세에 사생아를 득남했고, 욕정과 성욕에 사로잡힌 청소년기를 보냈다. 그러다 '키케로'의 '지혜'에 대한 책을 읽고, 성경을 공부했다. 그러나 천지창조의 모순과 아브라함이 그의 아들인 이삭을 신의 재물로 바치려는 것을 읽고, 성경책 속에는 지혜가 없다고 성경책을 덮어버리고, 마니교에 빠지게 된다. 마니교는 악신과 착한 신의 존재를 믿는 종교였다. 그러나 신플라톤주의자인 플로티노스의 일자(一者, hen) 즉, 유일신의 천지창조를 이해하게 되고, 플라톤이 주장한 이데아를 지성과 영혼으로 세분화한 이데아계와 인간이 사는 물질세계를 분리해서 이데아계가 물질세계를 지배하고, 인간이 죽으면 일자에게 돌아가는 섭리를 긍정적으로 보게 된다. 아우구스티누스는 일자 사상에 동의하면서 성경의 유일신을 믿게 되고, 앞서 언급한 것처럼 창조주가 인간을 선하게 만들었는데 왜 악이 존재하는지 고민하게 된다. 가령, 창조주가 전능하다면 악이 존재하지 못하게 만들어야 했다고 마니교로부터 비난받은 것을 고민했다. 그러나 그는 플로티노스의 주장을 따르게 된다. 즉, 악은 선의 결핍이므로 인간의 문제이지 유일신의 잘못은 아니라는 것이었다. 즉, 인간의 욕심이 악을 만든다고 본 것이다. 이것은 '중용'에서 말하는 하늘의 뜻인 '한마음'을 저해하는 것은 인간의 욕심이라는 것과 맥락이 같다.

　아우구스티누스는 논리적으로 그리스도를 왜 믿어야 하는지 논쟁을 자주했다. 토마스 아퀴나스가 '이교도대전'을 집필하기 전까지, 유럽의 성인은 아우구스티누스였다. 플로티노스는 신 플라톤주의자로서 플라톤이 주장한 이원론, 즉, 진실한 영혼은 이데아의 세계에만 존재한다는 것에 대해서 고민에 빠졌다. 스승인 플라톤은 현상세계는 이데아계의 그림자 같아서 불완전하다고 주장했기에, 성령(聖靈) 같은 신과 일반 영혼(靈魂)의 대화를 어떻게 설명할지가 난감했다. 그들이 생각해 낸 것은 '유출설'이다. 즉, 완전한 이데아세계에서 참된 영혼의 세계가 먼저 만들어지고, 다음으로 흘러넘친 것이 현상세계를 이루었다고 주장했다. 즉, 현상세계는 이데아세계에서 영혼이 흘러넘친 후에도 이데아 세계의 영혼과 상호작용을 한다는 것이다. 즉, 관념의 세계가 현상의 세계와 '중간자'를 두고 상호작용한다고 했다. 신 플라톤주의자들은 현상세계에 존재하는 나의 정신이 이데아계로 직접 들어갈 수 있다고 생각했다. 즉, '몰입'을 통하여 이루어진다는 것이다. 다시 말해서, 정신의 몰입이 관념의 세계와 현상세계의 자기 자신을 하나로 만든다는 고대신비주의의 합일 사상을 신봉했다.

신비주의(神秘主義)는 19세기 서구에 동양의 종교가 알려지면서 탄생한 비교종교학적 개념이다. 인간이 궁극적 실체와 합일되는 체험을 할 수 있는 사상을 말한다. 즉, 초자연적이나 오컬트(occult, 숨겨진 지식을 탐구하는 학문)적인 사상이나 현상으로 오해되기도 하지만, 신비주의는 체험(experience), 수행(practice), 사고(thought)를 통틀어 말하는 개념이다. 신비체험으로는 '임사체험'[33]이나 '유체이탈'[34] 등의 다양한 종교체험을 포괄하는 용어로 사용되기도 한다. 진정한 의미의 신비주의는 신비적 합일체험(mystical union)을 말한다. 즉, 나와 신적인 존재 혹은 우주전체와 합일하는 경험으로써 나와 세계가 구분되지 않음으로써 나라는 '개체성'은 사라지고, 신과 하나가 됨으로써 나 자신이 신 혹은 궁극적 실체임을 깨닫게 된다고 한다. 중용에서 말하는 천명지위성(天命之謂性) 즉, 하늘의 뜻인 본성(本性, 선한 양심)에 따르면 모두가 '한마음'이 된다는 사상과 맥락이 같다.

---

33 심장이 멈추면 뇌에 산소 공급이 끊기게 되는데, 이때 뇌는 한순간에 정지하지 않고 일부분 기능을 유지한다. 아직 완전히 죽지 않은 뇌가 이미 기능 정지 상태인 다른 뇌부위를 인식하는 상태. [출처] 상식으로 보는 세상의 법칙: 심리편.

34 임사체험이 사후 세계를 경험. 가령, 어두운 터널을 지나거나, 밝은 빛이 비추는 등 현실과 다른 공간을 경험 또는 작고한 가족 친지를 만나는 경험 등을 하지만 유체이탈은 거기까지 가진 않고 신체에서 영혼이 빠져나온 상태. [출처] 상식으로 보는 세상의 법칙: 심리편.

3-11 아우구스티누스의 신국(神國)

410년에 로마가 '고트족'[35]에 함락되자, 이교도의 관점에서 재난의 원인을 '주피터'[36]를 외면한 것에서 찾았다. 아우구스티누스는 이런 이교도들의 논증에 답을 해야 했고, 이것이 '신국(412~427)'을 저술하게 된 배경이다. '신국'은 중세 내내 지대한 영향을 미친 책으로, 특히 교회가 세속 군주들과 투쟁할 때 영향력을 발휘했다. '신국'은 로마가 고트족의 점령으로 약탈당하는 동안 발생한 문제점을 고찰하면서 시작됐고, 그리스도교가 전파되기 이전 시대에 일어난 훨씬 더 참혹한 사건을 보여주려고 기획되었다. 너무나 방대한 분량이기 때문에 러셀의 서양철학사의 내용을 일부 발췌하면서 내용을 기술하고자 한다.

우선, 아우구스티누스는 로마가 약탈당하는 동안 고트족이 그리스도 교인들에게는 경의를 표하고, 침범하지 않은 교회가 많았다고 한다. 즉, 고트족은 절대로 야만인이 아니라는 것이다. 되레, 다른 여러 도시에서 발생한 약탈보다도 참혹하지 않았던 것은 바로 그리스도교의 영향 덕분이라고 했다.

그는 로마의 약탈기간 동안 능욕당한 독실한 처녀들의 문제를 다룬다. 숙녀들은 아무 잘못이 없다고 했다. 즉, 다른 사람의 육욕이 그들을 더럽힐 수는 없다는 것이다. 정절은 마음의 덕이므로, 능욕으로 잃어버리는 것이 아니라 실행하지 않았더라도 죄를 지으려는 의도로 잃게 된다. 만약 능욕을 피하려고 자살했다면, 그것이 더 사악하다고 했다. 자살은 언제나 죄를 짓는 일이기 때문에 피해야 한다고 한다. 소크라테스와 스피노자의 생각과 같다. 단, 그들은 능욕을 즐겨서는 안 된다고 한다. 즐긴다면 죄를 짓는 행위라고 한다. 마치 '마조히즘'을 통한 쾌락을 의미

---

35 타키투스시대(55~120년경)에 바이크셀강 하류에 정주하던 동 게르만계의 부족. 4세기 말에 훈족의 서진에 자극을 받은 게르만계의 여러 부족이 대규모로 로마제국의 영토 안으로 이주했다. 이것을 게르만족의 이동이라 한다. [출처] 두산백과.
36 제우스신을 의미함. 로마에서는 유피테르라 함.

하는 것 같다. 그는 이교도들에게 처음부터 인간이 타락해 로마로 들어온 것이 아니라 너희들이 섬기는 신들이 명해서 생긴 것이라고 하면서, 이교도의 부도덕한 신을 섬기느니 차라리 로마의 명장인 스키피오처럼 유덕한 인간을 숭배하는 편이 나을 것이라고 비판한다. 또한 로마가 그리스도교 국가로 되기 전에 고통을 겪지 않았다는 것은 사실이 아니라고 하면서, 갈리아족의 침입과 내란으로 겪은 환란은 고트족에게 당한 약탈보다 오히려 더 심했다고 한다.

그는 플라톤에게 공감을 표하면서 가장 위대한 철학자라고 치켜세웠다. 다른 철학자들은 모두 플라톤에게 자리를 내어주어야 한다고 했다. 가령, 탈레스는 물과 함께, 아낙시메네스는 공기와 함께, 스토아학파는 그들이 말한 불과 함께, 불은 이전에 헤라클레이토스도 주장한 바 있다. 에피쿠로스는 원자들과 함께 떠나라고 했다. 즉, 플라톤에 대한 극찬이다. 여기서 언급한 철학자들은 모두 '유물론자'라는 공통점이 있다. 플라톤은 관념론자다. 유물론은 훗날 마르크스에 의하여 공산주의 이론으로 탈바꿈한다. 플라톤은 신이 어떤 신체도 갖지 않은 존재이지만, 만물이 신 때문에 존재함을 이해했다고 한다. 그러나 플라톤학파가 '육화'를 인정하지 않은 점은 비판했다. 또한 플라톤은 신의 존재를 알고 있었으면서 신을 숭배하지 않은 점은 비판했으나, 감각계는 이데아 세계보다 열등하다는 점은 인정한다.

신국의 본성에 대해서 그는 신의 선택을 받은 사람들로 구성된 사회라고 한다. 신에 대한 지식은 오로지 그리스도를 통해서 얻는다고 하면서, 더 높은 종교적 지식을 얻으려면 성서에 의존해야 한다고 한다. 이와 함께, 세계가 창조되기 전의 시간과 공간을 알려고 해서는 안 된다고 하면서, 창조 이전에는 시간과 장소가 없었다고 무(無)에서 유(有)를 신이 창조했음을 강조한다.

'아담과 이브'가 선악과를 따먹은 죄를 짓지 않았다면, 죽지 않을 수도 있었지만, 그들의 죄 때문에 자손들도 모두 죽게 되는 운명이 되었다고 한다. 그러나 신의 은총으로 많은 사람이 영원한 죽음을 면했다고 한다. 그는 아담의 죄가 없었다면, 인간의 육체가 영적인 특징을 지닐 수도 있었는데, 죄로 말미암아 인간의 정신이 육체 속에 갇혀버렸다고 한다. 다분히 플라톤의 사상에 영향을 받은 흔적이 보인다.

그는 아담의 죄 탓에 우리는 벌의 일부로서 우리를 지배하는 성욕(sexual lust)의 고통을 받고 있다고 한다. 결혼생활에서 성교는 자손을 낳으려는 자연스러운 행위로 아무 부담이 없어야 하는데도 성교를 수치스럽게 여기는 까닭은 아담과 이브가 저지른 죄 탓에 기인한다고 한다. '키니코스학파'[37]는 아무 수치심을 느끼지 않아도 된다고 생각했으며, 같은 학파였던 디오게네스도 개처럼 살기를 바라며, 조금도 부끄러워하지 않았다. 그러나 그도 한 번 시도한 다음에는 수치심을 무시하는 극단적인 삶의 태도를 사실상 포기했다고 한다. 이러한 육체적 갈망을 수치스러워하는 것은 그러한 갈망이 의지와는 별개로 생기기 때문이라 했다. 여기서 '성욕'은 무의식적으로 발생한다는 프로이트 사상과 맥락을 함께한다는 것을 알 수 있다. 프로이트는 이러한 '성욕' 때문에 인간은 갈등하고 심해지면 신경증에 걸린다고 했다. 프로이트가 신국을 읽었는지는 모르겠으나 아우구스티누스의 분석은 정확했다는 것을 프로이트는 증명하고 있다.

아우구스티누스에 따르면, 신은 인류를 신의 선택을 받은 자와 신의 버림을 받은 자로 나누었는데, 사람들의 공로와 과실 때문이 아니라 자기 뜻대로 나누었다고 한다. 성 바오로의 성서 구절에서, "악한 자들은 죄를 지을 수밖에 없는 운명이기에 유혹당하고, 유혹당하기에 죄를 짓게 된다." 즉, 악한 자는 사악하여서 신의 버림을 받은 것이 아니라 신의 버림을 받았기 때문에 악해진 것이라는 결론에 도출된 것은 아닌지 러셀은 생각한다. 아우구스티누스가 신국을 통해서 던진 메시지는 결국, 교회와 국가를 분리하고 국가란 신국에 속한 일부에 불과하므로 종교와 관련된 문제라면 교회의 권위에 복종해야 한다는 분명한 가르침을 제시한다. 이후, 성 아

37　견유학파(犬儒學派). 디오게네스(BC 404?~323)는 키니코스학파의 창시자인 안티스테네스의 제자였다. 안티스테네스는 소크라테스의 제자였는데 그가 독배를 마시고 죽자, 정부와 결혼 그리고 재산을 인정하지 않는 무정부주의자가 된다. 키니코스학파는 자유연애 사상이 퍼져 애인을 공유하는 생활로 이어졌다. 키니코스라는 말은 '개와 같은'의 의미이다. 디오게네스는 세상의 모든 가치를 부정한 것은 아니고, 참된 가치와 거짓 가치의 차이만이 유일한 쓸데 있는 구분이라고 했다. 그에게 누가 어느 나라 시민이냐고 물으면 "나는 세계 시민이라고 했다." 코즈모폴리턴 즉, 세계인이란 표현을 탄생시키기도 했다. [출처] 세상의 모든 지식.

우구스티누스의 사상은 교회의 교리로 굳건히 자리 잡는다. 그는 서로마 교회의 정책을 정당화하는 이론을 중세 내내 제공했다. 그러나 동로마는 황제의 권력이 교회보다 강했으므로 별개로 취급해야 한다. 되레, 교회가 국가에 종속된 상태에 놓여 있었다. '에라스투스주의'[38]는 교회가 국가에 복종해야 한다는 학설을 주장했다. 또한 '펠라기우스'[39]는 인간은 자유의지를 믿고, 원죄설에 의문을 제기하면서 덕을 행한다면 그것은 도덕을 행하려는 인간 자신의 노력이기 때문에 올바르게 행동하는 정통 그리스도교도라면 덕의 보상으로 천국에 갈 것이라고 주장했다. 즉, 인간은 자기의 노력으로 구원을 얻을 수 있다고 주장했다. 이런 그의 견해는 아우구스티누스가 말한 인간은 원죄 때문에 하느님의 도움(은혜) 없이는 인간 스스로 구원받을 수 없다는 사상에 반하는 주장이었고, 당시에 그의 사상은 이단이었고, 아우구스티누스의 노력으로 단죄되었다. 당시에 펠라기우스의 단죄 후에도 유사 펠라기우스파로 불리는 사람들이 약화된 펠라기우스 교리를 지지했다. 프랑스에서는 529년에 오랑주 공의회에서 유사 펠라기우스를 이단으로 단죄했다. 아우구스티누스의 완벽한 승리로 막을 내렸다.

러셀에 따르면, 신국에서 독창성이 돋보이는 중요한 사상은 들어 있지 않다고 비판한다. 종말론은 유대교에 원래 있던 사상이고, 예정조화설과 선민사상은 사도 바오로의 가르침으로 아우구스티누스가 바오로의 편지에 나타난 사상을 논리적으로 다듬었을 뿐이라고 한다. 예정조화설은 개인의 선과 악의 의지는 미리 결정되었다는 것으로 후에 라이프니츠가 영향을 받는다. 러셀은 그의 서양철학사에서 다음과 같이 주장한다. 마르크스는 '야훼'를 변증법적 유물론으로, '메시아'를 마르크스로, '선민'을 노동자 계급으로, '교회'를 공산당으로, '그리스도의 재림'을 혁명으로, '지옥'을 자본가 계급의 처벌로, '천년왕국'을 공산사회로 만들었다고 회상한다. 아우구스티누스는 아담과 이브의 원죄로 아무도 자기 힘만으로 죄를 회피하지 못한

---

38 354~418년경, 웨일스 사람.

39 360(확실하지 않음)~418년 아일랜드(또는 영국) 태생의 기독교 수도사. 418년 카르타고 공의회에서 이단으로 정죄됨.

다고 하면서 신의 은총을 받아야만 인간은 유덕한 존재가 된다고 했다. 그는 원죄 때문에 모두 영원한 천벌을 받는 것은 마땅하므로 세례를 받지 않고 죽은 자들과 유아도 예외 없이 지옥에 떨어져 끝없는 고통을 겪게 될 것이라고 했다. 우리는 모두 사악한 존재인 탓에 이러한 천벌을 두고 불평할 수도 없다고 그의 '고백록'에서 언급했다. 세례를 받은 사람 가운데 몇몇은 신의 은총으로 선택받아 천국으로 간다고 했다. 이들이 바로 신국에서 말하는 선택받은 자들이다. 러셀은 중세 교회가 저지른 잔인하기 그지없는 행적의 원인은 대부분이 아우구스티누스의 음울한 보편적 죄의식(원죄)까지 거슬러 올라간다고 한다. 암흑기 이전에 지성계를 대표하는 걸출한 인물들이 문명을 구하거나 야만족을 몰아내거나 행정권의 남용을 개혁하는 일은 제쳐두고, 처녀성의 가치와 세례를 받지 못한 유아에게 천벌을 설교하는데 몰두한 현상은 이상하다고 결론을 내린다.

러셀은 아우구스티누스의 철학자로서의 식견을 높게 평가한다. 데카르트의 "나는 생각하므로 존재한다."라는 주장도 미리 보여주었다고 한다. '독백'[40]에서 이렇게 말한다. "알고 싶어 하는 너는 네가 누구인지 아느냐? 나는 네가 누구인지 안다. 너는 어디에서 왔는가? 나는 모른다. 너는 너 자신을 단 하나라고 느끼는가, 아니면 여럿이라고 느끼는가? 나는 모른다. 너는 네가 생각한다는 사실을 아는가? 당연히 알고 있다." 여기서 데카르트의 나는 생각하므로 존재한다는 주장뿐 아니라, '가생디'[41]의 나는 걸으므로 존재한다는 주장에 대한 답변도 들어 있다고 한다.

아우구스티누스는 당시의 회의주의를 극복하기 위해 새로운 인식론을 전파했다. 당시에 외부의 경험세계에서 인식을 시작하던 회의주의자들과 달리 그는 내면의 영혼에서 진리를 찾기 시작했다. 물론, 플라톤의 이데아 사상이 지대한 영향을 끼쳤다. 그는 하느님의 존재에 대한 믿음을 이성을 통하여 확증하기 위해서 노력했

---

40 2018년 발행. 분도출판사. 성염 역주.

41 1592~1655, 프랑스. 철학자, 물리학자, 수학자. 엑스대학 신학 및 철학 교수. 유물론 주장. 데모크리토스의 원자론. 원자론에 따르면, 원자와 공간 이외에는 아무것도 존재하지 않는다. 사물의 성질은 원자의 모양, 크기, 위치 및 그 결합의 밀도로 설명할 수 있다. 근세에 베이컨과 가생디를 선구자로 포이어바흐, 마르크스, 엥겔스로 이어졌다. [출처] 두산백과.

다. 그는 '독백'에서 이성과 대화하는 목적에 대해서 말했는데, 하느님과 인간(영혼)을 알고 싶어서, 지혜를 포착하기 위하여, 인간 영혼은 과연 불사불멸한 것인지 스스로 터득하고 싶다고 했다. 이성은 답하기를 "진리는 외치고 있고, 그 안에 자기가 거처하고 있다고. 자기는 불사불멸하다고. 자기가 거처하는 처소는 신체의 그 어느 죽음에 의해서도 박탈되지 않는다."고. 아우구스티누스는 신국과 사람의 왕국을 비교하면서 신의 나라는 그리스도교적 가르침을 따라가는 나라이고, 사람의 왕국은 인간의 탐욕에 의해 얼룩져있는 나라라고 차별화했다. 그리스도교의 가치에 관해서 설명하면서 사랑은 선택이 아니라 의무이며, 신의 도성에 속한 사람들은 인간의 도성에 속한 사람들도 돌볼 의무가 있다고 했다. 즉, 사랑의 의무이다. 이것은 사회의 윤리적인 측면에서 실마리를 제공했다. 또한 그는 역사란 신의 의로움을 드러내고, 정의를 실현해 나가는 과정이라고 설명한다. 역사란 신의 구속사(救贖史)라고 말한다. 또한 신의 주권이 미친 신의 가공물이라고 표현했다. 그러므로 역사의 최종 목표는 신의 나라를 실현하는 것이라고 했다. 이런 그의 '신국론' 사상에 크게 영감을 받은 사람은 헤겔이었다. 헤겔은 변증법적 역사철학으로 발전시켰고, 절대정신의 모태가 되었다. 마르크스는 아우구스티누스의 관념적인 신국론을 유물론적으로 이용했다.

3-12 칸트는 공자를, 니체는 노자를 닮았다

비교종교학적 입장에서 오르페우스 교단의 영혼불멸, 기독교 영지주의의 신과의 합일. 여기서 '영지'란 '그노시스'를 말하며, '그노시스'란 우리의 영혼 안에 또는 삼라만상 안에 현존하시는 하느님을 체험하는 것을 의미한다. 불교의 공(空)과 무아(無我), 도교의 물아일체(物我一體), 동학의 인내천(人乃天) 사상 등이 신비주의에 속한다. 오르페우스 교단의 사상은 부활의 신인 디오니소스를 섬기는 비밀스러운 의식을 행했고, 의식을 통해 감정의 공동체적 합일. 즉, 미메시스를 체험한다고 한다. 플라톤도 이 교단의 영향을 받았다. 아우구스티누스는 늘 종교에 대해서 고민했고, 그 자신이 청소년기에는 불량소년이었기에 현대인들에게 더 친밀하게 다가오는 것일지도 모른다. 인문주의자였던 이탈리아 시인인 '페트라르카'[42]는 성 아우구스티누스와의 대화 형식인 작품 '나의 비밀'을 집필했는데 그 작품의 영감은 아우구스티누스의 '고백록'을 읽고서였다. 아우구스티누스는 종교뿐만 아니라 인문학에도 지대한 영향을 끼쳤던 서양사에서 빼놓을 수 없는 성인이다.

서구 유럽 철학의 칸트와 니체. 두 사람 모두 독일인이다. 칸트가 초월적 자아를 주장하면서 도덕법칙을 유럽 철학의 뿌리로 존재하게 했다면, 니체는 철학의 다이너마이트답게 선배인 칸트를 비판한 철학자였다. 그는 도덕적 자연주의를 내세우며 선과악의 실체는 없고, 도덕도 그 실체가 존재하지 않는다고 선을 그었다. 칸트의 철학적 사상은 이 세상은 마치 개인마다 서로 다른 색안경을 끼고 보는 것처럼 서로 다른 경험적 자아를 가지고 있다고 보았다. 그러므로 사회적 가치를 지니기 위해서는 보편적 자아 즉, 초월적인 자아가 필요하다고 했고, 이러한 자아는 눈에 보이는 현상에 속박 받지 않는 무제약적 자유의 상태인 보편적인 도덕적 가치를 지닌 자아를 의미하며, 그런 자아가 존재하는 사회여야 한다고 했다. '보편적 도덕'이라는 것은 누가 보아도 존경스럽고 순응을 할 수 있는 상태의 도덕이라고 했다. 그러나 니체는 인간의 정신과 육체 그리고 의지는 유기적으로 연결되어 있으므로 그 '의지'가 인간의 삶에 상승적인 작용을 한다면 행위자에 따라서 도덕은 다르게 해석되어야 한다고 주장했다. 또한 이기심도 건전하고 발전적인지에 따라서 다르게 평가되어야 한다고 했다. 다시 말해서, 보편적인 도덕은 존재할 수도 없고, 인간 내면의 힘의 의지에 따라서 다르게 평가받아야 한다는 것이다. 현세를 살다 보면 자신의 부끄러움을 종교라는 이름으로 감추려는 사람들이 많다. 또는 '이성'이라는 이름으로 '감성'을 숨기려는 사람들도 많다. 이런 사람들은 자신의 종교에 의

---

42 1304~1374, 이탈리아 시인, 인문주의 선구자.

지하여 순간순간의 부끄러움을 감추려고 한다. 그래서 신(神)을 찾는 것이다. 그러나 신은 이런 유의 사람들을 좋아하지 않는다. 진정하고, 진실하고, 다정다감한 그런 사람을 신도 좋아할 것이다. 예배당 안에 있을 때만 신사 숙녀이고, 밖에 나와서는 다른 모습이라면 아무리 신이라도 좋아할 수 없을 것이다.

유대교나 기독교는 이분법적인 비교를 잘한다. '선과 악', '신과 악마' 이것은 '조로아스터교'의 영향을 받았다고 보인다. 페르시아의 예언자로서 조로아스터교를 창시한 사람은 '차라투스트라'[43]이다. 니체는 이성적이며, 조화를 추구하는 아폴론적인 쇼펜하우어의 영향을 받았음에도 역설적으로 정열적이며, 도취적인 디오니소스적 성향을 통하여 인간을 계몽하려는 시도를 한다. 그것이 '차라투스트라는 이렇게 말했다'이다. 니체는 '차라투스트라'라는 주인공을 통하여 신은 죽고, 초인(위버멘쉬)이 등장해야 한다고 주장한다. '위버멘쉬'라는 말은 위버(over)+멘쉬(man)이다. 즉, 사람을 초월한 상태를 말한다. 즉, 주관적인 개인이며 정신적인 귀족이며 정신의 주인인 상태를 말한다. 이 말과 대립되는 것은 '인간말종'이다. 이런 사람은 노예 의식의 소유자이기 때문에 자신을 경멸할 줄 모르는 사람, 즉 경멸스럽기 짝이 없는 사람을 말한다. 즉, 자기극복이나 자기사랑, 자유정신과 같은 '위버멘쉬'를 갖추지 못한 사람을 말한다.

'위버멘쉬'란 자기를 사랑하는 사람이 타인도 사랑하며, 타인의 발전을 나의 발전으로 여기는 사람이며, 끊임없는 긴장과 갈등은 창조적인 힘을 발산하는 것으로 믿는다. 또한 진정한 적을 진정한 벗으로 여겨서 적을 통하여 나도 발전되기 때문에 결국 상생(win-win)으로 된다고 믿는다. 이것은 정열적이며, 도취적인 디오니소스적 긍정을 의미한다.

니체는 '위버멘쉬'가 등장하기 위해서는 헤겔이 말한 변증법적 '발전'이 아니라, 인간적인 것의 철저한 '몰락'을 통한 '변신'이라고 주장한다. 즉, 인간이 이성적으로 발전함으로써 '위버멘쉬'가 되는 것이 아니라, 정열적으로 인간의 내면을 바라봄으

---

43 고대 페르시아에서 고위 사제계급으로 태어남. 기원전 6세기경에 태어난 것으로 추정.

로써 더 이상 신이나 찾는 나약한 존재가 아닌 자기를 극복할 수 있는 강한 사람이 될 수 있다고 주장한다. 신은 죽었다는 것은 신을 비하하는 것이 아니라 자기 내면의 도피처를 허물고, 좀 더 정직한 자신을 가질 수 있어야 정신적으로 영원한 자유를 얻을 수 있을 것으로 해석된다. 결국, 니체의 주장인 '신의 죽음'은 '인간의 죽음'이며, 이것은 역으로 위대한 '위버멘쉬'의 탄생을 의미하며, 또한 인간이 노예적 생활을 끝내고, 자기 자신의 주인이 되는 것을 의미한다고 보인다.

칸트와 니체의 서로 다른 주장은 마치 노자와 공자의 서로 다른 주장과 유사한 것 같아 신비롭기도 하다. 칸트의 사상은 공자의 유교를 닮았고, 니체의 생각은 노자의 도가를 닮았다. 공자의 사상은 인(仁)을 중요시하면서 결국, 예(禮)로 승화하고, 그 '예'는 효(孝)의 지지를 받아서 국가에도 충(忠)으로 이어지는 문명국가를 이룩하는 사상이다. 반면에 노자의 사상은 '무위자연(無爲自然)'을 바탕으로 자발적으로 이루어진 사회가 강하다고 했다. 여기서 '무위자연'은 아무것도 하지 않는 자연의 상태를 의미하는 것이 아니다. 노자는 공자 사상의 문제점을 '예(禮)'라는 프레임 속에 가두는 것에 있다고 보았다. 예로 이루어진 사회에서는 좋으나 싫으나 사회의 규범이므로 그것에 따르면서 사는 것이 공동체의 의무라고 생각하나, 그러한 삶은 진정한 자신의 삶이 아니라고 했다. 노자는 무엇인가를 의무적으로 해야만 하는 세상보다는 내가 하고 싶은 것을 자발적으로 하는 사회가 바람직하다고 했다. 이러한 노자의 사상은 거피취차(去彼取此), 즉, 저것을 버리고 이것을 취하라. 이 말은 이상적인 것을 멀리하고 나에게 중요한 것을 취하라는 것이니 내가 진정으로 하고 싶은 것을 하라는 뜻이다. 스티브잡스도 죽기 전에 자신이 정말 잘하고, 정말 하고 싶은 일에 매진하라고 한 것과 맥락이 같다. 반면, 공자의 사상은 극기복례(克己復禮) 즉, 자신의 욕망이나 욕심을 버리고, 도덕적으로 완성된 인간이 되라는 것이니 칸트의 주장과 너무도 유사하다. 결론적으로 칸트의 도덕적 법칙은 보편성을 중요시하므로 공자의 인과 예와 유사하다. 반면에 니체의 사상은 비도덕주의(자연적 도덕주의)이므로 프레임에 속박되기 보다는 인간 스스로의 긍정적인 힘의 의지로 삶을 발전시키면 개인도 발전하고 국가도 발전하므로 궁극적으로 행복한 삶을 살 수 있다는 것으로 노자의 무위자연 사상과 너무도 유사하다는 것이다. 현대의 관점에서 보면, 노자와 니체의 사상이 더 앞선 철학처럼 보인다. 니체의 묘비명에는 "이제 나는 명령한다. 차라투스트라를 버리고 그대들 자신을 발견할 것을" 마치 소크라 테스가 임종 전에 슬퍼하는 제자들에게 나를 돌보지 말고 너희들 자신을 돌보라고 한 것과 맥을 같이 한다.

3-13 단두대에서 목이 떨어져나간 찰스1세와 루이16세

예수와 싯다르타(부처)는 소크라테스, 공자와 함께 4대 성인으로 불리는 분들이 다. 예수는 십자가에 못 박히면서 모든 인간의 사악한 죄를 가슴에 품고 돌아가셨 다. 그분은 사랑과 봉사를 몸소 실천하신 위대한 분이다. 당시에 로마제국에서는 십자가에 죄인들을 묶는 것이 아니라, 못으로 박아서 죽는 순간까지 고통을 느끼 고 피를 흘리면서 질식사 내지는 쇼크사를 이끌었다고 한다. 로마제국이 후에 기독 교를 국교로 하면서는 십자가 사형은 사라졌다고 한다. 기독교를 국교로 제일 먼저 받아들인 나라는 아르메니아 왕국(Kingdom of Armenia)이었다. 그때가 티리다테스 3세 재위시절인 301년이었고, 로마제국에서는 콘스탄티누스 대제가 313년에 기독 교를 공인하고, 테오도시우스 황제가 국교로 삼은 것이 392년이었다.

십자가를 말하니, 현대까지 사용된 프랑스의 '단두대' 생각이 난다. 17세기 영 국의 '찰스1세'[44]는 의회를 무시하고 전제정치를 하다가 의회를 대표한 클롬멜의

---

44 청교도 혁명(1642~1649)의 희생자. 청교도 혁명은 영국의 전제정치에 반대하는 의회와 시민들이 들고 일어났다. 의회의 승인 없이도 관세를 징수하고, 선박세를 부과하고, 헌금과 공채를 강제해 서 응하지 않는 자는 투옥하였다. 1628년 코크 등이 중심이 되어 국민의 권리를 수호하기 위해 권 리청원에 기초하여 왕에게 제출함. 이 때문에 1629년 의회가 해산되고 1640년까지 11년간 의회 없는 정치를 했다. 결국 1649년 찰스1세는 목이 떨어져나가는 형벌을 받고 왕정을 폐지하고 공화 정을 수립했다.

병사들과 전투를 벌였고, 붙잡혀 머리가 잘리는 공개처형을 당한다. '마그나카르타'[45](국회의 동의 없이는 국왕이라 하더라도 세금을 강제할 수 없고, 국민을 불법으로 체포할 수 없다)를 무시한 왕의 말로를 보여주었다.

프랑스에서 1789년 프랑스대혁명이 발발하자, 루이 16세는 성직자와 귀족 그리고 평민을 베르사유 궁전에 불러서 삼부회를 연다. 평민대표들은 미국이나 영국처럼 국민이 대표가 되는 헌법을 만들려고 했다. 그들은 만민은 태어나면서부터 자유와 평등을 가지고 있다고 주장하면서 인권선언을 했다 짐이 곧 국가라고 했던 루이 14세를 부정했다. 루이 14세(재위 1643~1715)때는 바로크 음악의 시대였다. 예술 음악은 주로 절대주의 시대에서 꽃을 피운다. 궁정 음악이 당시에 바로크 음악이었다. 그 음악은 '통주저음'이 특징이었다. '통주저음(Basso continuo)'이란 바로크 시대에는 반주가 별로 없던 르네상스 음악에 비해, 반주의 역할이 매우 중요해졌는데 보통 이 반주를 통주저음이라고 한다. 여러 궁정은 교회나 새로 생긴 오페라 극장 등과 더불어 예술음악의 중요한 장소였다. 베르사유 궁전이 바로크풍으로 흐른 시대였다. 이런 낭만의 베르사유 궁전이 삼부회의 장소가 된 것이다. 루이16세와 귀족들은 평민들을 무력으로 진압하려 했으나 파리시민은 바스티유 감옥을 습격하여 죄수를 풀어주고, 국왕의 군대를 공격하여 무기를 빼앗는다. 프랑스는 일대 혼란에 빠지게 되고, 루이16세는 체포되어 '기요틴'[46](단두대)에 목이 잘린다. 약 150년 시차로 두 명의 왕이 시민들 앞에서 목이 잘리는 일이 발생된 것이다.

찰스1세가 목이 잘린 후, 영국은 입헌군주제로 되고, 루이16세가 목이 잘린 후, 프랑스는 공화정으로 바뀐다. 나폴레옹이 정권을 잡고 황제가 되나 왕정복귀는 아니다. 왕정복귀는 루이18세 때 된다. 아무튼 왕들의 목이 잘리면서 정치적으로 많은 요동을 친 것은 사실이다. 프랑스는 단두대를 프랑스대혁명 때부터 계속 사용하다가 1977년을 마지막으로 기요틴은 영원히 사라지고, 사형제도도 1981년 폐지된

---

45 Magna Carta, 1215년, 영국. 잉글랜드 왕국의 존 왕에게 실망한 귀족들이 국민을 등에 업고 왕에게 협박해서 얻어낸 계약서. 민주주의의 초석과도 같은 위상을 갖는다. 그것을 계기로 1260년대에 의회제도가 정착됐고, 1297년 에드워드 1세는 마그나카르타를 최종적으로 인정했다.

46 Guillotine, 파리 대학 의학부 교수. 실제로는 왕의 주치의인 루이박사가 설계했다고 한다.

다. 오래전에 본 영화 '암흑가의 두 사람'이 생각난다. 영화의 주인공 '알랭 들롱'은 단두대에 목이 잘리기 직전, 단두대의 두 기둥을 보고는 몸을 움츠린다. 죽음 앞에 흔들리는 인간 알랭 들롱의 마지막 장면이 아직도 애처롭다. 그 영화 상영 후, 프랑스 내부에서 사회문제가 되면서 4년 뒤에 단두대는 사라진다. 문명국가인 프랑스가 1970년대까지 단두대를 사용했다는 것이 이채롭다.

3-14 싯다르타와 디오게네스: 욕심을 버려라

싯다르타는 작은 나라의 왕자로 태어났다. 그분이 태어나실 때, 점괘는 인도를 통일시키는 위대한 왕이 되거나 위대한 종교인으로 나왔다고 한다. 그 점괘를 본 싯다르타의 아버지는 싯다르타에게 좋은 것만 보여주고 늙고, 병들고, 죽는 모습을 절대로 보여주지 않았다고 한다. 그가 젊은이가 되었을 때, 말을 타고 성안을 둘러보면서 처음으로 늙은 사람과 병든 사람 그리고 시체를 보고는 자신도 그렇게 된다는 것을 깨닫고, 시름에 빠졌다. 그분은 사랑하는 아내와 아들을 뒤로하고 출가(出家)를 결심한다. 예수의 기독교에서는 만인은 이미 선악과의 죄를 지은 사람들이니 원죄를 속죄 받고, 천국으로 가는 길은 '사랑'과 '봉사'로 임하고 예수님께 기도하라는 것이었다. 싯다르타의 불교는 인생은 결국 고난의 연속이므로 그 역경 속에서도, 명상을 통하여 무소유의 맑은 정신을 가지라는 것이었다. 결국, 기독교는 사랑과 봉사를 베풀어서 천국에서 영원히 사는 영생(永生)을 추구하는 것이라면, 불교는 명상을 통하여 마음의 온갖 욕망과 잡념을 없애고, 무소유로 되면 윤회하지 않고 해탈하고, 열반에 들어서는 것을 최선으로 본다. 이것은 불생(不生)을 의미한다. 즉, 진여(眞如)의 상태다. 진여는 늘 그 자리에 존재하는 것으로 갑자기 생긴 것이 아님을 뜻한다.

불교(佛敎)는 석가모니가 창시했으니, 공자의 유교나 노자의 도가와 비슷한 시기에 전파된 종교다. 불교는 고통으로부터 중생(衆生)을 구제하는 것이며, 그것을 위해 마음속의 번뇌를 털어버릴 것을 요구한다. 번뇌는 욕심과 그릇된 사랑으로부터 발생하니, 욕심을 버리라는 것이다. 그러나 인간이기에 욕심이 없을 수가 없으니 수양으로 극복하길 교화한다. 불교에서는 인(因)과 연(緣)을 중시한다. '인'이 직접원인이라면 '연'은 간접원인이다. 가령, 사람이 늙고 죽는 것은 태어났기 때문인데, 부모가 직접원인이라면, 그 부모는 또 다른 이유로 맺어졌으니 결국, 우주만물은 연결되어서 서로 의지하는 관계로 된다. 즉, 유위(有爲)라는 것은 인간의 의지로 만든 사물이나 존재물이기 때문에 모두 인연의 구속을 당한다. 신이 있어서 우주와 만물이 생성된 것이 아니라 인연으로 생성되었다고 교화한다. 그러므로 인간 모두는 원래 부처(Buddha)이며, 누구나 부처로 돌아갈 수 있고, 고통으로부터 해방될 수 있다고 보는 것이다.

반면에 중용(中庸)은 하느님의 마음이 곧 사람의 마음과 만물의 마음이라고 주장하므로 우주 만물은 하나라고 교화한다. 단, 욕심을 버려야만 된다는 단서를 단다. 형식만 다르지, 내용은 별반 차이가 없다. 누구나 부처가 될 수 있고, 하느님의 얼굴을 가질 수 있다고 보기 때문이다. 거의 같은 시기에 서로 다른 성인들이 비슷한 깨달음을 얻었으니 신기할 뿐이다. 소크라테스는 이들보다는 시기적으로 약간 뒤의 성인이나 도덕적으로 정직하게 살라는 교훈을 주었고, 그리스의 '디오게네스'는 견유학파(犬儒學派)를 이루었는데 개처럼 욕심 없이 지금 순간을 즐기고, 가난을 부끄러워하지 말라고 행동으로 보였다. 사람은 욕심이 많아서 재물이나 식량을 비축하려 하나 개나 돼지 같은 동물들은 당장 배고픔을 해결하면, 인간처럼 비축하지 않은 차이점을 말하는 것이다. 그는 개들처럼 밖에서 잠을 잤고 걸식도 했다. 그러나 절대로 욕심을 부리지 않는 절제된 자유를 누렸다. 종교철학이든 일반철학 사상이든 한결같이 요구하는 것은 '욕심'을 버리라는 것이다.

3-15 태극기와 음양오행 그리고 성리학

유교는 공자와 맹자의 사상과 송나라 때 주희의 성리학(性理學) 사상이 지대한 영향을 끼쳤다. 성리학이 조선의 통치이념이 되면서 선비들의 출세 발판이 되는 것은 성리학이었다. 주희의 성리학은 하늘과 인간 심성의 합일을 통하여 인간과 우주는 하나로 된다는 것이다. 이것은 중용에서 말하는 하늘의 명령인 성(性)을 따르는 것은 도(道)요, 이것을 되게끔하는 것이 교(敎)라 한 것과 맥락이 같다. 즉, 참교육은 하느님 말씀을 따르면 인간이 천국과 만난다는 것이다. 조선시대 이황은 이(理)와 기(氣)는 서로 구분된다는 이기이원론(理氣二元論)을 주장했으나 이이는 기일원론(氣一元論)을 주장했다. 이 사상은 현재까지도 한국 유교철학에서 중요한 것으로 인식되고 있다. 퇴계는 사단(四端)과 칠정(七情)을 분리시켰고, 율곡은 사단은 칠정의 선한 것만 추렸으니, 칠정인 기(氣)가 이(理)를 포함하는 이기일원론(理氣一元論)을 주장했다. 퇴계는 '사단'은 하늘의 이치이자 본질이므로 이(理)로 보았고, '칠정'은 인간의 생각과 헤아림으로 인해 변화가 생기므로 기(氣)로 보았다. 즉, 이기이원론을 주장했다. '사단(四端)'은 인간의 본성에서 우러나오는 마음씨. 즉, 선천적이며 도덕적 능력을 말하며 '맹자(孟子)'의 공손추(公孫丑) 상편에 나오는 말로 실천도덕의 근거로 삼았다. 그 내용은 측은지심(惻隱之心): 남을 불쌍히 여기는 타고난 착한 마음, 수오지심(羞惡之心): 자신의 옳지 못함을 부끄러워하고 남의 옳지 못함을 미워하는 마음, 사양지심(辭讓之心): 겸손하여 남에게 양보하는 마음, 시비지심(是非之心): 옳고 그름을 분별하는 마음을 말한다. '칠정'은 '예기(禮記)'의 예운(禮運)과 중용(中庸)에 나오는 말로 기쁨(희 喜), 노여움(노 怒), 슬픔(애 哀), 두려움(구 懼), 사랑(애 愛), 미움(오 惡), 욕망(욕 欲) 일곱 가지 인간의 자연적 감정을 가리킨다. 유교에서는 희노애락애오욕(喜怒哀樂愛惡慾)이라하고, 불교에서는 희노우구애증욕(喜怒憂懼愛憎慾)이라 한다. 어리석음과 두려움, 증오로 표현하는 것이 차이점이다.

원래 사단은 인(仁)·의(義)·예(禮)·지(智)의 덕목과 관련된 '윤리적' 범주에, 칠정은 인간의 감정을 총칭하는 '인성론'의 범주에 각각 속하여 서로 다른 맥락에서 사용되던 말이었다. 공자는 인(仁)·예(禮)를 중히 여겼고, 맹자는 인(仁)·의(義)를 중히 여겼다. 맹자는 인간은 선한 마음을 타고난다고 했으나, 순자는 인간은 태어나면서부터 악한 심성을 가지고 태어나기 때문에 인(仁)·예(禮)로 수양을 쌓아야 한다고 했다. 성리학(性理學)에서는 하늘의 이치와 사람의 심성(心性)이 일치한다고 하는 천인합일(天人合一)의 명제 아래, 우주 자연의 생성과 변화를 설명하기 위한 이론적 바탕으로 이기론(理氣論)을 발달시켰고, 다시 이를 근거로 하여 인간 심성의 발생 과정과 그 작용을 탐구함으로써 인간의 도덕적 실천의 철학적 근거를 해명하고자 하였는데, 이 과정에서 사단 칠정(四端七情)의 문제가 자연스럽게 부각되었다.

퇴계는 영남학파가 되고, 율곡은 기호학파가 된다. 동서로 나누어지게 된다. 결국, 서인인 기호학파가 정권을 잡으면서 서인은 노론과 소론으로 또 갈린다. 사단칠정론의 논쟁은 퇴계(1502~1571)와 기대승(1527~1572)의 사칠이기논쟁(四七理氣論爭)으로 시작되어, 조선 유학사에 깊은 영향을 미쳤다. 퇴계와 기대승의 8년 논쟁(1559~1566) 끝에 기대승은 퇴계를 스승으로 모셨다. 그 후로 율곡(1536~1584)도 논쟁에 가세한다. 일본에서는 율곡보다 퇴계를 더 따른다. 퇴계의 사상이 성리학의 철학을 더 따른다고 보기 때문이다. 실제로 중국에서는 '사단 칠정'보다는 태극론(太極論)을 더 중시한다. 우주만물은 음양의 조화로 질서를 이루고, 인간은 인의예지(仁義禮智)를 본질적인 도덕으로 여기고, 선한 양심을 유지하면 우주의 생성과 운행의 원리를 따라서 우주만물은 하나로 연결된다는 사상이다.

우리 태극기(太極旗)는 음양오행설(陰陽五行說)에 대해서 알아야 한다. 음양과 4괘는 우주만물의 순환을 의미한다. 태극 문양은 음양을 의미하고, 4괘는 건곤감리(乾坤坎離)로 하늘(건), 땅(곤), 물(감) 불(리)를 의미한다. 여기서 하늘과 불은 양기요, 땅과 물은 음기다. 이 또한 음양의 조화다. 지구도 음양의 조화로 운행한다. 가령, 춘하추동(春夏秋冬)도 양기와 음기의 음양으로 순환한다. 즉, 춘(春)은 목(木)이요, 하(夏)는 화(火)요, 추(秋)는 금(金)이요, 동(冬)은 수(水)다. 즉, 봄과 여름은 양기요, 가을과 겨울은 음기다. 이것을 요일로 나타내면, 화요일은 양기, 수요일은 음기, 목요일은 양기, 금요일은 음기다. 모두 음양으로 순환한다는 것을 알 수 있다. 이것이 음양의 조화다. 우리가 재미있게 표현하는 '불금'은 맞는 표현이다. 왜냐하면, 음기의 금요일이니 활발히 활동하면서 우리의 몸을 깨운다. '오행(五行)'은 화 · 수 · 목 · 금 · 토의 움직임으로 우주와 인간생활의 모든 현상과 생성 · 소멸을 의미하며 '오방색'이란 화(붉은색), 수(흑색), 목(청색), 금(하얀색), 토(황토색), 여기서 혼란스러운 것은 태극문양에서 붉은색은 양기, 청색은 음기라고 했으나 아래 〈표 3-1〉에서 음양의 조화를 정리한 표에서는 청색이 양기로 되어 있다. 태극 문양에서는 음양이 상대적이기 때문에 색의 의미가 없다.

〈표 3-1〉 음양의 조화

춘(春)	하(夏)	추(秋)	동(冬)	
목(木)	화(火)	금(金)	수(水)	토(土)
봄	여름	가을	겨울	
청색	붉은색	하얀색	흑색	황토색
양기(陽氣)	양기(陽氣)	음기(陰氣)	음기(陰氣)	양기(陽氣)
인(仁)	예(禮)	의(義)	지(智)	
측은지심 (惻隱之心)	사양지심 (辭讓之心)	수오지심 (羞惡之心)	시비지심 (是非之心)	

동양철학에서는 태극(太極)이 만물의 신이라고 했고, 속세의 세상은 물결치는 모양으로 섭리(攝理)에 따라야 한다고 했다. 다시 말해서, 인의예지신(仁義禮智信)으로 마음을 닦아 양심을 얻으면, 인간도 신이 된다고 했다. 그러므로 태극기가 얼마나 멋진 국기인지 자손들에게 제대로 설명하자. 동양철학이 모두 들어있다. 인간 도덕의 절대적 선(善)인 사단(四端)이 인간의 양심을 지탱한다고 맹자는 주장했다 그러나 사단칠정론(四端七情論)은 조선 유학 철학의 중심이었다. 이황은 사단은 절대적으로 선(善)한 이(理)이므로 선과 악이 함께 존재하는 칠정(七情)은 서로 구분

되어야 한다고 했다. 반면에 이이는 이(理)는 관념적이니, 실제 운동하는 기(氣)에서 칠정이 발생하고, 그것 안에 사단이 존재한다고 주장했다.

3-16 플라톤의 국가론과 키케로의 의무론

앞서 신은 죽었다고 주장한 니체의 사상은 보편적 도덕을 주장한 칸트를 공격한 것이다. 니체는 도덕의 정의는 있을 수 없다고 하면서 인간 내면의 상승적 에너지인 '힘의 의지'로 자신을 극복해야 한다고 주장했다. 이것은 '중용'에서 말한 하느님의 말씀을 따라야 한다는 것과 플라톤이 주장한 '이상국가' 관념론을 반박하는 사상이었다. 반면에 노자는 자신이 하고 싶은 것을 해야 강한 개인과 국가가 된다고 주장함으로써 니체의 사상을 건전하게 지탱해 준다. 고대부터 지속된 정통철학에서는 신(神)이나 도덕(道德)이란 명분의 프레임을 만들어서 민중(民衆)을 그 속에 가두고, 신을 맹목적으로 따르라는 규범과도 같은 사상이었다면, 니체의 철학은 그것을 깨부수는 대척점(對蹠點)에 선 것으로, 신에 대한 복종을 강조한 헤브라이즘(Hebraism)의 도전이기도 했다.

플라톤은 '국가'라는 그의 저서에서 국가가 정의롭게 되기 위해서는 통치자는 '지혜', 수호자는 '용기' 그리고 시민들은 '절제'를 해야 한다고 했다. 여기서 '지혜'란 나라 안의 특정 요소뿐만 아니라 나라 전체를 보고 국익에 도움이 되는 지식을 가지는 것으로 소수의 수호자가 가진다고 했으며, '용기'란 어떤 상황에서도 자신의 소신을 보존하는 것이라 했고, '절제'란 일종의 질서로서 국가나 개인을 위하여 더 나은 부분과 더 못한 부분 가운데 어느 쪽에서 통치하는 것이 유리할지 결정해서 그들에게 순응하는 것이라 했다. '절제'를 해석하면서 우리는 민주주의가 꼭 필요한 것으로 알고 있고, 그리스 아테네는 민주주의가 꽃핀 위대한 나라로 인식하고 있으나, 실제로 소크라테스나 플라톤은 소수의 선각자에 의한 통치가 이루어지고 각자의 위치에서 '지혜'와 '용기' 그리고 '절제'를 잘 지키면 이것이 이상국가라고 했다.

플라톤은 자기의 스승이었던 소크라테스가 독배를 마시고 죽음을 맞이했을 때, 결국 민주주의가 위대한 철학자를 죽음으로 몰았다고 생각했다. 그 이유는 소크라테스는 아테네가 스파르타의 식민지가 되고, 그 지배를 받을 때, 스파르타 사람들에 의해서 죽임을 당한 것이 아니라, 아테네의 민주세력에 의하여 죽음을 맞이했기 때문이었다. 플라톤은 오랜 방랑 끝에 아테네로 돌아와서 플라톤 아카데미를 세우고, '국가'라는 책을 집필하는데 그것의 모델은 스파르타였다. 그가 말한 '절제'라는 것은 시민들은 시민답게 수호자와 통치자의 뜻을 따라서 살면 되고, 상호참견과 의견교환 자체는 '불의'라고 했다. 결국, 자신의 위치에서 각자 할일을 하는 것이 정의요, 이상국가라고 했다. 그러나 후에 '키케로'[47]는 플라톤주의자이기는 했으나 다른 철학을 제시했다.

그는 로마공화정의 집정관까지 지낸 인물이다. 그는 귀족도 아니었고 평민도 아닌 기사 계급이었다. 그는 '폼페이우스'와 '카이사르' 사이에서 양다리를 걸치다가 결국 폼페이우스를 지지했으나, 카이사르는 그를 살려주었고, 카이사르가 암살을 당할 때, 옥타비아누스는 키케로를 아버지라 부르며 따랐고, 키케로는 안토니우스를 견제하기 위해 옥타비아누스가 집정관이 되는데 도움을 주었다. 그러나 옥타비아누스는 안토니우스와 레피두스와 함께 새로운 삼두정치를 위한 협정을 맺는다. 키케로는 그들의 희생양이 된다. 안토니우스는 키케로의 목과 오른손을 잘라오라고 명령했고, 그것을 대중에게 공개했다. 참혹한 말로였다. 키케로는 변호사이면서 로마뿐 아니라 그리스도 인정한 웅변가였는데, 그의 명예욕 때문에 죽음을 맞이한 것이다. 그가 주장한 사상은 그의 저서인 '의무론'에서 '지혜'란 진리에 대해서 항상 숙고하고, 모르는 것을 아는 체하지 않는 것이라고 했고, '정의'란 각자의 것은 각자의 것으로 만족하되 공동의 이익을 위해서 기술, 노동, 재능을 나누라고 했고, '용기'에 대해서 고귀하면서도 굽히지 않는 정신의 강직함으로 위기의 순

---

47 BC 106~BC 43, 로마제국, 집정관 시절에 카틸리나를 탄핵하고 국부라는 영예로운 호칭을 얻었다.

간에도 중심을 지키라고 했고, '절제'에 대해서 행동하고 말할 때 절도를 지키고 질 서를 유지하라고 했다. 플라톤은 각자의 할 일만 열심히 하면 그것이 정의요 이상 국가라고 했는데, 키케로는 길을 잃은 사람에게 등불을 함께 비추어서 더불어 사는 공동체의 중요성을 정의라고 주장하면서, 이것은 이상국가로 가는 하나의 과정이 지 결과가 아니라고 주장한 점에서 차이점이 있다.

마케도니아의 왕 알렉산드로스(Alexandros the Great)는 기원전 4세기 왕으로 그 리스의 앞선 문명을 페르시아에 전해주고자 하는 욕망으로 전쟁을 일으킨다. 페르 시아의 왕 다리우스 3세가 부하들의 배신으로 죽음에 이르기 직전에 알렉산드로스 는 다리우스 왕을 움켜쥐고 눈물을 흘린다. 다리우스는 늙은 어머니를 부탁한다고 알렉산드로스에게 말하고 죽자, 그는 다리우스의 늙은 어머니에게 어머니라고 부 른다. 그는 거기서 멈추지 않고 인도까지 침략한다. 그는 여러 곳을 점령했으나 절 대로 그 지역의 종교와 문화는 파괴하지 않았다. 이것이 그의 위대함이라고 보인 다. 그는 아리스토텔레스의 제자였고, 그로부터 이상국가에 대한 가르침을 받았 다. 아리스토텔레스의 스승은 플라톤이었는데 그는 "보이지 않는 것의 중요성"을 주장했다. 그의 저서인 '국가론'에서 "돈벌이하는 부류와 보조하는 부류 그리고 수 호하는 부류 각각이 저마다 제 일할 때 나라가 올바르게 간다."라고 하면서 자신에 게 맞는 자기 일을 할 것을 주장했다. 그는 자기의 스승인 소크라테스가 독배를 마 시면서 죽는 것을 보고, 아테네보다는 스파르타가 이상국가라고 주장했다. 그 이 유로 군주가 지혜롭고, 수호자는 용기가 있으며 국민은 절제할 수 있기에 정의로운 사회라고 했다. 그러나 훗날 스파르타는 전쟁포로들을 노예로 삼고, 국민은 군대 훈련만을 받도록 했다. 여기에 불만을 품은 노예들의 반발로 국가는 쇠퇴해지고 결 국 포에니 전투에서 로마군에게 패하고, 카르타고마저 로마군에게 패하면서 로마 제국은 시작된다.

3-17　그리스 호메로스와 로마제국의 흥망성쇠

　　소크라테스는 그리스의 일곱 현자의 교훈 중의 하나인 탈레스의 "너 자신을 알라"라는 말을 가장 좋아했다고 한다. 소크라테스는 '호메로스'[48]를 존경했는데 그는 '일리아스'와 '오디세이아'를 저술한 사람이었다. 일리아스는 죽음 보다는 삶의 중요성을 강조한다. 스티브잡스가 중퇴한 대학인 '리드 칼리지'에서는 매년 신입생들에게 일리아스와 오디세이아 책을 선물한다고 한다. 호메로스는 인간은 고통을 운명적으로 겪어야 하는 존재라고 보았다. 그중에서도 특히, 리더는 아무리 어려운 역경에 처해서도 부하들을 이끌 수 있는 용기와 지혜가 있어야 한다고 했다. 그의 저서 오디세이아에서는 오디세우스가 부하들을 이끌고 고향으로 가기 위한 10년간의 혹독한 여정을 겪게 되는데, 그는 고난과 역경을 겪을 때마다 우리는 이보다도 더한 시련을 이겨왔다고 하면서 훗날 좋은 추억거리가 된다는 말로 부하를 부추겼다. 온갖 시련을 겪고 고향에 돌아왔을 때, 그의 '곡간(穀間)'[49]은 비어있었고, 그의 가족들은 어려움을 겪고 있었다. 그는 아내에게 말했다. 앞으로도 많은 고난이 있을 것이며, 자신은 어떤 고난도 이겨내겠다고 다짐한다.

　　또한 그의 저서 일리아스에서는 주인공 아킬레우스보다도 트로이의 헥토르를 더 인간적 매력이 있는 인물로 묘사한다. 헥토르는 아킬레우스를 두려워했고 죽음을 두려워했다. 그러나 그는 공동체의 운명을 지키기 위하여 죽음을 무릅쓰고 동생 파리스 대신 싸움에 임한다. 그리스와 트로이의 전쟁은 스파르타의 왕 메넬라오스의 왕비였던 헬레나와 트로이의 왕자 파리스의 정분(情分) 때문에 시작되었고, 결국 트로이는 멸망한다. 당시에 아킬레우스는 자신이 전투에 임하면 죽을 것이라는 예언을 들었지만 전투에 임했다. 그는 공동체의 승리를 위하여, 불멸의 명성을 위

48　BC 800(?)~BC 750, 고대 그리스의 작가. 서사시인 '일리아스'와 '오디세이아'의 저자.
49　곡식을 보관해 두는 곳간.

하여 죽음을 두려워하지 않고 전투에 임한다. 헥토르나 아킬레우스나 모두 공동체의 운명을 위하여 리더로서 죽음에 임했다는 공통점이 있다.

　기원전 5세기 '헤로도토스'[50]가 쓴 위대한 저술인 '역사'에서 리디아의 왕 크로이소스는 그리스의 현자 솔론에게 "누가 가장 행복한 사람인가?"라고 물었다. 솔론은 이렇게 말한다. "전하, 인간이란 전적으로 우연의 산물입니다. 죽기 전엔 행복하다고 말하지 말고, 운이 좋았다고 하소서." 이 말은 행복은 재산과 권세에 있는 것이 아니라, 포르투나(행운의 여신)에 있으니 경계하라는 의미였다. 13세기 신곡(神曲)의 저자 '단테'[51]는 일생에서 두 번 만난 여인 '베아트리체' 때문에 예술적으로 승화된 훌륭한 작품을 썼다고 한다. 그에게 가슴 뛰게 했던 대상이었던 베아트리체가 없었다면 단테의 신곡이 있었을까? 이런 가슴 뛰는 대상을 찾고, 그것에 매진할 수 있다면, 진정으로 축복받고 행복한 사람이 아닐까 한다. 사람은 죽음 앞에 직면했을 때, 두려움이 없어야 진정 행복한 사람이란 말들을 많이 한다. 그러면 아킬레우스 같은 리더가 정말 행복한 것일까? 아니면 단테처럼 떠돌이 생활을 했지만, 결국 내면의 여인을 절대적인 사랑의 대상으로 승화시킨 문학가가 행복할까?

　그리스보다도 역사가 긴 고대 이집트는 사후(死後)의 세계가 있는 것으로 믿고, 스핑크스가 무덤을 지키게 했으나, 고대 그리스에서는 스핑크스가 인간의 운명을 예언하는 조언자의 역할로 바뀐다. 즉, 죽음 보다는 삶에 더 충실한 스핑크스로 바뀐 것이다. 오이디푸스가 스핑크스가 낸 수수께끼를 풀자 스핑크스는 물속에 몸을 던져서 죽는다. 플라톤도 신이 인간에게 준 선물은 '예지의 능력'이라 했다. 그러나 아리스토텔레스는 믿지 않았다. 훗날, '노스트라다무스'[52]를 비롯한 예언자들이 지구의 종말을 예언했으나 모두 거짓으로 판명 났다. 노스트라다무스는 의사출신이다. 그는 자신의 예언은 하느님에게서 비롯된 영감이며, 과학적인 점성술이라고

50　BC 484~BC 425(확실하지 않음), 그리스의 역사가. 키케로는 그를 '역사의 아버지'라 함. 페르시아 전쟁사를 다룬 '역사' 집필함.

51　1265~1321, 단테는 '신곡'에서 길을 안내하는 시인 베르길리우스와 많은 점을 공유한다. 시적 영감뿐만 아니라 보편적 평화에 대한 전망도 공유한 것이다.

52　1503~1566, 프랑스. 유대인 가문에서 태어났으나 훗날 가톨릭으로 개종함.

주장한다. 그의 예언서인 '백시선'은 그의 사후인 1568년에 완간되었지만 4행시로 이루어져있기 때문에 난해하고 모호하다는 평가다. 이 책에서는 1555년부터 3797년까지 역사적 사건과 대규모 재난을 예언하고 있다. 전문가들은 그의 점성학이 비합리적이라고 비판한다.

노스트라다무스는 인류가 겪게 될 사건이 섭리에 따라 이미 정해져 있으며, 자신은 하느님의 은총과 점성학의 연구를 통해 알아냈다고 하나 오늘날 점성학은 과학으로 간주되지 않는다. 그러나 그의 사후에 나타난 라이프니츠나 헤겔은 '예정조화설'이나 '세계정신'을 통하여 세계사는 이미 신의 작품으로 정해져 있다고 한 것과 낯설어 보이지는 않는다. 헤로도토스의 '역사'에 따르면, 리디아의 왕 크로이소스는 페르시아를 침공하기 전에 신탁을 받았는데 그 내용은 "너는 강력한 왕국을 멸망시키리라" 이 말을 믿은 크로이소스는 전쟁을 벌였다가 대패함으로써 리디아를 멸망시킨다. 호메로스는 오래 살고 번영을 추구할 것을, 소크라테스는 생을 진지하게 살도록 강조하면서 숙고하지 않는 인생은 살 가치가 없다고 했다. 플라톤은 물체의 내면을 보는 식견을 가질 것과 '국가론'을 통한 이상국가를 펼칠 것을 주문했고, 아리스토텔레스는 세계로 눈을 돌려서 더 큰 야망을 품을 것을 제자인 알렉산드로스 대왕에게 가르쳤고, 알렉산드로스는 세계를 평정하여 그리스 문화를 세계에 전파할 꿈을 꾸었고, 실제로 여러 국가를 정복했다.

그러나 위대한 그리스 문화를 번창시킨 것은 로마제국이었다. 로마는 8만 킬로의 도로를 건설했고, 세계를 개방적으로 다스리려고 했다. 그들은 그리스 쇠퇴의 원인을 배타적이고, 약자에 대한 배려가 없는 사회로 보고, 위대한 그리스의 정신은 계승하되, 그리스의 실수를 반복하지 말자고 다짐한다. 로마제국이 그리스의 문화를 이어받아 번창할 때, 지구의 다른 한편인 중국의 진시황(秦始皇)은 만리장성을 쌓아서 폐쇄적인 국가로 만들려고 했으니 역사의 아이러니다. 알렉산드로스와 진시황의 차이는 문화를 존중할 줄 알고, 약자를 돌보고, 타자를 존중하는 것에 있었다고 보인다. 로마는 작은 도시국가로 시작하여 차츰 세력을 넓히면서 주변 국가들을 정복하기 시작했다. 서쪽으로는 영국, 동쪽으로는 튀르키예(구 터키)를 넘어 중동 지역까지, 남쪽으로는 아프리카 사하라 지역까지, 북쪽으로는 북유럽 대부분을 정복하여 대제국을 건설했다. 로마는 왕정시대와 공화정시대 그리고 제정시대(帝政時代)를 겪는다. 왕정시대(王政時代) 때, 초대왕인 '로물루스'는 군사제도를 개편하고, 원로원 같은 자문기관을 두었고, 전리품을 사유화하지 않고 시민들에게 이익이 돌아가게 했다. 또한 정복지의 시민들을 노예화하지 않고, 로마의 시민권도 주었다. 또한, 군사제도를 개편하여 구역별로 기사들이 지휘하도록 편제했다. 당시에 로마의 군대가 세계 최강이었던 이유는 더 나은 방법을 발견하면, 즉각 자기 것을 버리고 상대방의 방법을 도입했다는 것이다. 로물루스는 주변국들과 '혼혈정책'을 폈고, 개방적으로 나라를 운영함으로써, 로마제국을 다양성을 추구하는 국가로 다져나갔다. 서로마 천년의 역사가 로물루스로부터 시작하여 로물루스 아우구스투스 때 멸망한다. 로물루스라는 같은 이름이 흥미롭다.

로마의 왕정시대를 공화정으로 바꾼 인물이 브루투스(brutus)이다. 근거리 무선 통신 기술인 '블루투스(blue tooth)'와 발음이 혼동되면 안 된다. '푸른 이빨'이란 뜻이다. 이름의 유래는 덴마크 왕이었던 하랄 1세 블로탄에서 유래한다. '블로탄'은 '푸른 이빨'이란 뜻인데 영어로 옮기면 블루투스가 된다. 하랄1세가 나라를 평화롭게 통일(연결)시키는데 큰 업적을 남긴 것처럼 여러 가지 전자제품의 무선규격을 통일시키자는 의도로 기술의 이름을 '블루투스'로 정했다고 한다. 대역폭은 2400~2483.5㎒다. 같은 2.4㎓ 대역폭을 사용하는 Wi-Fi(무선인터넷)와 동일한 주파수를 사용하기 때문에 사방에 널린 무선인터넷 신호와 블루투스의 혼선으로 블루투스 기기들 특히, 키보드와 마우스의 연결이 끊어질 때가 있다.

로마의 역사에서 빼놓을 수 없는 장군이 카이사르인데 그는 10군단을 이끌면서 삼두정치를 실현했다. 그는 마침내 원로원의 명령에도 불구하고 운명의 '루비콘 강'을 건너며, 주사위는 던져졌다는 유명한 말을 남기면서 쿠데타를 일으킨다. 그는 폼페이우스를 이집트로 몰아내고 실권을 잡는다. 그러나 브루투스 가문에 의하여 원로원에서 죽임을 당한다. 무려 23군데나 칼에 찔린다. 브루투스 가문은 공화정을 시작하게 했던 가문인데 카이사르가 왕정으로 복귀하려하자 가문의 이름으로 처단한 것이었다. 당시에 젊은 브루투스는 폼페이우스를 지지했으나, 카이사르는 그를 제거하지 않고, 요직에 임명했다. 그러나 그도 안토니우스 및 옥타비아누스의 군대와 맞서 싸우다가 패전하여 자살한다.

카이사르의 양자였던 옥타비아누스가 정적이자, 당시에 집정관이었던 안토니우스를 악티움해전에서 물리치고 로마의 초대황제가 되면서 아우구스투스가 되었다. 옥타비아누스는 행정권을 다시 원로원에 돌려주었으나, 원로원이 스스로 아우구스투스로 숭배했다. 아우구스투스 이후 로마는 200년간 계속 평화를 누리며 발전하였다. 변경의 수비도 견고하였고, 이민족의 침입도 없었으며, 국내의 치안도 확립되어 교통·물자의 교류도 활발하였고, 로마제국 내의 각지에서 도시가 번창하여 전 로마인이 평화를 구가했다. 이 시기를 팍스로마나(라틴어:Pax Romana)라고 한다.

안토니누스 피우스(Antoninus Pius)는 로마제국의 제15대 황제로서 더 이상 로마제국의 팽창을 경계했다. 그는 라인강, 도나우강, 유프라테스강 그리고 북아프리카의 경계를 넘지 말라고 로마제국의 경계선을 그어 주었다. 그러나 로마제국은 그의 지시를 어겼다. 당시에 로마제국의 장군 중에 반달족 출신이 있었는데 그가 '스틸리코'다. 그는 전술에도 능했지만, 당시의 야만족인 고트족과 같은 게르만족과도 원활한 관계를 유지했다. 당시에 게르만족이 훈족의 침략으로 로마로 이주하려고 했을 때, 스틸리코는 그들의 청을 들어주려고 했으나, 로마인들은 스틸리코를 죽이고, 게르만족을 핍박하여 결국 게르만족의 '로마 대약탈 사건'을 초래하여 로마는 함락된다. 당시에 게르만족은 우리가 일반적으로 알고 있던 야만인들이 아니었다는 것이 최근의 역사 연구에서 밝혀지고 있다. 앞서 언급했던 아우구스티누스도 '신국'에서 밝힌 바 있다. 그들은 라틴어를 사용했고, 이미 기독교를 받아들이고 있었기 때문에 성베드로 성당을 들어가지 않고, 수녀들을 보호했다. 기독교도들을 정중히 대우했다고 한다. 결국, 로마의 멸망은 세 가지로 요약된다. 첫째로 안토니누스 피우스 황제의 경계선을 지키지 않았고, 둘째로 로물루스 왕이나, 스틸리코 장군처럼 개방적인 정책을 포기했으며, 마지막으로 카르타고의 한니발 장군을 물리친 명장 스키피오 장군과 10군단을 이끈 카이사르 장군의 용기와 군기를 잃었기에 로마는 멸망한 것이다. 다시 말해서 외세에 의하여 멸망한 것이 아니라 내부의 분열로 멸망한 것이다.

3-18 '유혹(誘惑)'의 역사

'유혹(誘惑)'의 뜻은 성적인 목적을 가지고 이성을 꾀는 것을 말한다. 유혹의 시작은 2800년 전 호메로스의 서사시인 오디세이아에 등장하는 키르케와 음악의 요정 사이렌 그리고 칼립소로부터이다. 트로이와의 10년전쟁을 승리로 이끌고 그리스로 돌아오는 과정에서 10년간 시련 끝에 그리스에 안착한 오디세우스의 역경과 인내를 그려낸 걸작 오디세이아는 키르케와의 1년간의 사랑과 칼립소와의 7년간의 사랑이 그의 발목을 잡았고, 유혹으로 정신을 혼미하게 만든 여인들을 등지고, 고향의 아내와 자식에게 돌아간다는 전사의 얘기다. 유혹의 다른 예로는 이집트 클레오파트라 7세와 카이사르와의 사랑과 카이사르가 암살당한 후, 제2차 삼두정치를 이끌던 안토니우스와의 사랑이 있다. 안토니우스는 악티움 해전에서 옥타비아누스에게 패하고, 클레오파트라는 스스로 독사에게 물려 자살한다. 또 다른 유혹의 예로는 바람둥이의 화신 이탈리아인 카사노바. 그는 법학, 통계학 등 다방면에 재능을 가지고 있었으나 여성 편력으로 후세에는 좋지 못한 평가를 받았다. 실제로 귀족 여자들은 강간하고, 서민 여자들은 매춘했다고 한다. 마지막으로 마타하리가 있다. 그녀는 네덜란드인이었지만 네덜란드와 인도네시아의 혼혈로 위장했다고 한다. 제1차세계대전 시에 프랑스의 정보를 독일에 넘겨주는 스파이였으나 프랑스로부터 이중 스파이로 이용당하다가 결국 파리에서 총살당했다. 그녀는 총살당할 때 눈가리개를 하지 않고 웃으면서 힘들 텐데 어서 총을 쏘라고 했고, 그녀의 시신은 의학계에 기증하라고 유언으로 남겼다고 한다. 실제로도 스파이 역할을 한 것이 맞다는 독일 측 비밀문서가 후에 발견되면서 스파이임이 입증됐다.

3-19　카이사르, 사마천의 사기, 제갈량

　　포에니 전쟁은 BC 264~146 사이에 벌어진 로마제국과 카르타고 간의 전쟁을 말한다. 포에니는 페니키아인을 의미한다. 즉, 페니키아인들이 세운 나라가 '카르타고'라는 것이다. 카르타고는 당시에 서지중해의 패권을 잡고 무역을 통하여 많은 부를 창출했다. 지금 세계에서 가장 많이 사용되고 있는 알파벳을 만든 것도 페니키아인들이다. 장사를 할 때, 기록이 필요했기 때문에 필연적으로 만들어진 것 같다. 3차에 걸친 포에니 전쟁 끝에 결국 카르타고는 멸망한다.

　　카르타고의 한니발 장군은 2차 포에니 전쟁의 영웅이었다. 포에니 전쟁이 끝나고, BC 100년에 로마제국의 영웅인 '율리우스 카이사르'[53]가 태어난다. 카이사르보다는 시저로 더 유명하다. 그는 군사 전략가였다. 훗날, 나폴레옹은 카이사르의 군 전략을 교과서라고까지 말한다. 카이사르는 당대의 로마 장군 폼페이우스와 결전을 치르게 되는데 이것이 로마제국 내전의 시작이다. 원로원에서는 카이사르가 무장해제하고 로마로 들어오라고 명령한다. 하지만 카이사르는 무장을 한 채, 루비콘강을 건넌다. 그리고 "주사위는 던져졌다"라는 유명한 말을 남긴다. 당시에 폼페이우스는 카이사르보다도 2배 많은 보병 군과 7배 이상의 기병대를 보유하고도 군사전략에서 카이사르에게 뒤져 결국 패하고, 이집트로 도망가나 이집트 왕인 프톨레마이오스 13세의 부하에게 암살당한다. 1인 체제의 강력한 왕권을 수립한 카이사르는 소아시아 젤라 반란군을 진압 후, 친구에게 편지를 보낸다. "왔노라, 보았노라, 이겼노라" 그 유명한 단문 편지다.

53　BC 100~BC 44, 로마제국, 로마 공화정 말기의 정치가이자 장군. 폼페이우스, 크라수스와 함께 삼두동맹을 맺음. 원로원의 브루투스 등에게 살해됨.

카이사르는 이집트의 클레오파트라 7세와 사랑에 빠지고, 아들을 낳는다. 클레오파트라는 왕족과의 결혼 두 차례, 카이사르, 안토니우스 등과 결혼을 했다. 안토니우스가 죽자, 클레오파트라가 독사를 풀어서 자살한다. 옥타비아누스 황제는 이에 감복하여 안토니우스와 합장을 시켜준다. 서로마제국의 천년 통치를 가능하게 한 것은 카이사르가 있었기에 가능했다고 보는 역사가들이 많다. 그만큼 로마의 역사는 카이사르 없이는 얘기가 안 된다. 카이사르는 결단력, 신속한 상황 판단 능력, 지칠 줄 모르는 추진력으로 라인강을 건너 게르만족을 침공하고, 영국해협을 건너서 브리튼 섬을 침공했다.

카이사르와 동시대를 살았던 사마천은 BC 90년에 '사기(史記)'를 집필하는데 총 130권으로 구성된다. 상고의 황제로부터 전한의 무제까지 2천 수백 년에 걸친 통사(通史)이다. 그의 아버지 사마담(司馬談)은 한 무제때 사관인 태사령(太史令)으로 임명된 역사가였다. 사마담은 사마천에게 역사를 집필하라고 유언을 남겼다. 사마천은 아버지의 뒤를 이어서 태사령이 된다. 그의 나이가 서른여덟이었다. 역사학자들은 사마천이 홀로 방대한 '사기'를 저술했다고 생각하지 않는다. 사마담이 세상을 떠나기 전에 '사기'의 체계를 어느 정도 세워두었고, 서른일곱 편 정도는 거의 완성 단계에 있었다고 추측한다. 그 이유로 사마천은 '사기'를 태사공서(太史公書)라고 불렀으니, 이는 태사공이 지은 책이란 뜻으로 아버지의 유지를 받들었음을 의미한다. 그는 한(漢)나라의 장수 이릉(李陵)이 흉노와 싸우다 투항하게 되는데, 이것을 두고 어쩔 수 없는 일이었다고 이릉을 변호하다가 '한 무제'[54]의 노여움을 산다. 그는 그 벌로 '궁형(宮刑)'을 선택했다. 자살할 수도 없는 것이 그는 '사기'를 저술해야 한다는 아버지의 유지를 따라야 했다. 그의 가슴속 아픔이 얼마나 깊었는지 알 수 있는 대목이다. '궁형'이란 남녀의 생식기에 가하는 형벌로서, 남성은 생식기를 거세(去勢)하고, 여성은 질을 폐쇄하여 자손생산을 불가능하게 하는 형벌이다.

사마천은 정치를 5등급으로 나누었다. 최고는 자연스러움을 따르는 것, 그다음

---

54 BC 156~ BC 87년, 유철. 전한의 제7대 황제.

은 이익을 이끄는 것, 그다음은 가르쳐 깨우치게 하는 것, 그다음은 가지런히 바로 잡는 것, 마지막 가장 멍청한 것이 백성들과 다투는 것이라고 했다. 카이사르는 과연 사마천이 생각한 리더십과 자질을 지닌 인물이었을지 궁금하다. 그는 사람을 평가할 때, 재능을 알아보는 혜안(慧眼)과 성격을 파악하는 속안(俗眼)을 모두 가지고 있어야 한다고 했다. 지도자는 재능뿐만 아니라 포용력도 갖추어야 한다. 한 예로, '제갈량'[55]은 북벌을 시도하다 병을 얻어서 '오장원'에서 죽게 되는데, 죽기 전에 대치하고 있던 위나라의 '사마의'[56]가 군사 전략가라서 자신을 대신할 사람을 찾고자 고민하다가 '양의'[57]라는 부하에게 전권을 주고 자기가 죽으면 수십만 군사들을 이끌고 퇴각시키도록 지시한다. 양의는 영민하고 순간적인 전략이 좋아서 사마의를 피해서 군사들을 퇴각시킬 수 있다고 판단했다. 제갈량의 판단은 옳았다. 양의는 군사들을 잘 통솔하여 무사히 돌아온다. 모두 양의가 대권을 잡을 줄 알았으나 제갈량은 양의 대신 '장완'[58]을 이미 후임으로 정해놓고 북벌을 떠났다. 양위는 크게 실망했고, 차라리 위나라에 투항할 것을 잘못했다고 한마디 했다가 결국 그것 때문에 죽게 된다. 제갈량은 양의가 재능은 있으나 남을 포용하는 성격이 아니라는 점을 간파하고, 대권을 주지 않았다. 지도자는 재능만으로 되는 것은 아닌 것 같다. 제갈량의 놀라운 통찰력이다.

---

55 181~234, 중국 삼국시대 촉한의 정치가 겸 전략가. 와룡선생이라 불렸음. 221년 한나라의 멸망을 계기로 유비가 제위에 오르자 승상이 되었다. '삼고초려'와 '천하삼분지계'가 유명하다.

56 179~251, 중국 삼국시대 위나라의 정치가이자 군략가로 서진건국의 기초를 세움. 그의 손자인 사마염이 서진(西晉)을 세운 뒤 선제(宣帝)로 추존되었다.

57 중국 삼국시대 촉나라의 관료. 관우에게 귀순하고, 관우가 유비에게 천거함. 제갈량의 북벌 때, 세부전략과 군량조달 담당함. 제갈량은 양의가 재간은 있으나 성미가 급하고 편협하여 장완을 후계자로 세움.

58 제갈량의 뒤를 이어 약 12년간 촉한의 실질적 1인자 역할을 하였다. 사후에는 비의가 그 역할을 이어받게 된다. 이 세 사람에 동윤을 더해서 촉한의 사상(四相), 사영(四英)이라함.

3-20 석가모니 부처, 예수, 무함마드

성인(聖人)들은 서로 다른 모습일까? 그들이 일반인들과 다른 점은 무엇인가? 석가모니 부처, 예수, 무함마드. 이들은 500~600년 시차를 두고 나타난 성인들이다.

부처는 왕족의 신분으로 29세에 처자를 등지고 출가(出家)한다. 그는 속세(俗世) 속에서 인간적 고뇌를 느끼다 5~6년 후에 득도(得道)한다. 그는 추상적이기보다는 구체적인 말과 방법으로 중생들을 구제했다고 한다. 예수는 여러 문헌과 학자들에 따르면 서기 1세기경에 실존했던 인물이고, 매우 현명했다고 한다. 그의 사람됨은 무함마드에 의하여 증명된다. 무함마드는 예수와 비슷한 길을 간다. 예수는 목수였으나, 무함마드는 목동이었다. '무함마드'[59]는 예수처럼 자기 고향에서 인정받지 못하자, 한 손에는 칼을 다른 손에는 '코란'[60]을 들고 전쟁이란 수단을 통하여 지지자를 확보한다. 예수가 평화주의자였다면, 무함마드는 필요하면 칼을 든 것이 차이점이다. 그렇다고 무함마드가 잔인했다고 보면 안 될 것 같다. 사는 방식이 달랐을 뿐이다.

무함마드가 위대한 것은 유일신 하느님을 섬기라고 했던 점이다. 무함마드는 죽기 전에 유언을 남긴다. "이슬람교도들은 나 무함마드를 섬기지 말고, 유일신 야훼하느님을 섬기라"라고 했다. 이슬람교도들은 그러나 무함마드를 시조로 생각하고 따르고 있다. 이슬람교에서는 인간 예수를 인정한다. 매우 현명했고, 예지자였다고 한다. 그러나 하느님의 아들로는 인정하지 않는다. 신은 오로지 하나! 하느님

---

59 570~632, 610년경 알라의 계시를 받고 이슬람교를 창시. 박해를 피해서 622년 메카에서 메디나로 갔는데 이를 '헤지라'라고 한다. 메디나에서 신도들을 모아 630년 메카함락에 성공하고 이슬람 공동체인 움마(Ummah)를 세우고, 이를 확장하여 이슬람교는 아라비아 전역에 퍼졌다. 사회개혁운동가였으며 평등주의를 주장한 박애주의자였다. 소박하고 겸손한 인간이었다. [출처] 두산백과.

60 이슬람교의 경전. 교주 마호메트가 천사 가브리엘을 통하여 받은 알라의 계시 내용과 계율을 기록함.

뿐이라고 믿는다. 개신교교회에서는 예수를 통해서만 하느님에게 기도할 수 있으며, 예수 그리스도를 믿어야만 천국에 갈 수 있다고 한다. 필자는 아직도 이점을 이해하지 못하겠다. 예수 같은 성인이, 모든 만인을 사랑했던 예수가 기독교인들만 천국에 갈 수 있다고 말했을 것 같지는 않고, 그를 따른 제자들이 훗날 성경을 쓰면서 그런 말들이 생기지 않았을까 생각해본다.

종교는 이성적으로 믿는 것이 아니라 가슴으로 믿는 것이라고는 하나, 그 성인들도 한 인간이었고, 성찰을 통하여 위대한 성인으로 되었으니 그 자체로 믿음을 가지면 안 되는가? 위대한 성인들의 발자취를 찾아서 그들이 고뇌한 것이 무엇이고, 무엇을 찾고자 고행의 길을 걸었는지? 그들이 말하고자 했던 것은 진정 무엇이었는지? 조금이라도 이해하는 자세를 가져야 그 성인들의 심오한 뜻에 접근할 수 있을 것 같은 생각이 든다. 그 성인들이 추구한 것은 자비, 사랑, 선한 마음이었다. 결국, 모두 같은 사상이었다고 보인다. 만약 세 성인이 다시 살아나서 만난다면 가장 좋은 벗들이 될 것 같다.

3-21 전쟁과 의학의 발달 그리고 인종차별

역사적으로 강자는 약자 위에 군림하면서 특혜를 누렸다. 5,000년 인류 역사 중에서 14,500번의 전쟁이 있었으며, 35억 명이 전쟁 때문에 죽어갔다. 전쟁의 역사는 곧 새로운 무기의 등장과 연결되어 인류의 문명을 발전시켰다. 1945년 12명의 미국 군인들은 암호명 '리틀 보이'로 B-29폭격기에 핵탄두를 싣고, 일본 히로시마로 향한다. 그들은 만약에 실패하면 자결하기 위하여 독약을 몸에 지니고 있었다고 한다. 그들이 살기 위해서는 폭탄 투하 후, 43초 내에 안전지대로 비행해야만 했다. 원자탄은 성공리에 폭발했고, 폭발과 동시에 6만 명 이상의 아까운 민간인 목숨을 앗아갔다고 한다. 폭발시의 온도는 태양표면 온도보다도 만 배 높았다고 한다. 이런 무시무시한 핵탄두가 지구상에 총 19,000개 이상 있다고 한다. 지구를 20번 이상 멸종시킬 수 있는 양이다. 반면에 에너지원으로 우리 후세들이 사용할 수 있는 자원이다 보니 우라늄을 사용하지 않을 수도 없다.

전쟁은 무자비하지만 승리하면 지배자가 될 수 있으므로 인류는 계속 전쟁을 수행한 것 같다. 아이러니하게도 전쟁과 함께 발전된 것이 의학이다. 어떻게 보면 총이나 대포로 숨진 것보다도 감염 때문에 죽는 경우가 더 많았기 때문에 '박테리아'를 그 주범으로 보고, 의학연구를 계속 수행한 측면도 있었을 것이다. 14세기 유럽대륙을 휩쓴 '페스트균'과 19세기 아시아 및 유럽에 널리 퍼진 '콜레라균' 때문에 많은 사람이 죽었다. 당시에는 의학 기술이 발전하지 못하여 항생제를 사용하지 못하다 보니 더 많은 사람이 죽어갔다. 1928년 알렉산더 플레밍은 미생물학자였는데 푸른곰팡이가 박테리아가 확산하여 퍼지는 것을 막는다는 것을 발견했으나 상용화는 15년 후에 이루어진다. 이 공로로 플레밍은 노벨상을 받는다.

빛이 있으면 어둠도 있는 법, 역사의 이면에 있는 피지배 계층이 받은 수난을 말하지 않을 수 없다. 특히, 흑인들은 백인들에게 많은 박해를 당하고 살았다. 아메리카 신대륙이 발견되자, 그 드넓은 땅에 사탕수수를 재배하기 위하여 포르투갈인들은 아프리카 대륙에서 흑인을 노예로 끌고 와서 막노동시켰으며, 1861년 미국 링컨대통령은 흑인노예를 상품화하는 남부에 노예제 폐지를 촉구했으나 남부군은 연방을 탈퇴하면서 남북전쟁이 5년간 지속된다. 그 기간 60만 명이 사망한다. 결국, 공업화가된 북부가 무기에서 앞서서 농업 중심의 남부에 승리를 거두면서 흑인노예들은 해방된다. 그러나 흑인들에게 완전한 참정권이 주어진 것은 그로부터 100년이 지난 후다. 19세기 말경에 벨기에의 왕 리오폴드 2세는 콩고를 침략하여 고무나무를 베어서 고무액을 착취했다. 이 과정에서 많은 콩고의 흑인들이 손발이 잘리는 만행을 당한다. 한 여성 선교사가 이 사실을 서방세계에 알리면서 벨기에는 콩고개혁협회로부터 공격당한다.

1942년 제2차세계대전 중에 미국은 알래스카를 보호하기 위하여 알래스카 간선도로를 건설하는데 이때 투입된 인원은 11,000명의 군인들이었다. 이중 4,000명 정도가 흑인이었다. 공사구간이 무려 2,451킬로나 되는 대장정이었다. 캐나다와 미국을 잇는 대공사였고, 그 길은 남미와도 연결되기 때문에 총 26,000킬로나 되는 지구상에서 가장 긴 도로가 생기는 것이었다. 공사기간은 8개월이 주어졌기 때문에 캐나다 쪽과 미국 쪽에서 각각 길을 뚫어서 가운데에서 만나는 방법을 사용했다. 한쪽은 흑인 군인들이 다른 쪽은 백인군인들이 공사에 임했다. 공사 도중에 진창에 빠지는 경우가 많았는데 이럴 때마다 고대 로마에서 사용한 방법인 통나무로 길을 만들었다고 한다. 결국, 흑인들과 백인들은 중간지점에서 만났고, 그때부터 흑인과 백인 간의 인종차별은 많이 개선되었다고 한다.

아무튼 전쟁과 기술, 인종차별은 함께 존재하고 스스로 얽힌 타래를 풀어 나가는 것 같다. 다소, 우스운 얘기로 예전에 중국에서도 유사한 공사를 했다고 한다. 큰 산이 있어, 교통에 불편하여 터널을 뚫는 공사였는데, 마찬가지로 두 조로 나누어 반대편에서 뚫어서 가운데서 만나기로 했는데, 엉뚱하게도 터널이 두 개가 뚫렸다고 한다. 중간에서 만나는 계획이 어긋난 것이었다. 중국인들은 터널이 두 개가 생겨서 더 좋아했다는 얘기가 있다.

3-22 신대륙 탐험과 식민 지배

인류의 발전 과정을 보면 신대륙 탐험을 무시할 수 없다. 탐험은 북유럽 바이킹족부터 시작된다. 그들은 대서양을 가로질러 아메리카대륙에 당도했다. 이탈리아인 콜럼버스가 에스파냐 여왕의 도움으로 항해하여 아메리카대륙에 당도한 것보다도 무려 500년 정도 앞선다. 그러나 그곳은 신대륙도 아니고, 원주민들이 살고 있었다. 탐험을 말하기 전에 우선 동서양 무역의 교두보인 지금의 '튀르키예'[61](구 터

---

61 터키정부는 국호를 터키인의 땅을 의미하는 튀르키예로 변경했다. 유엔에서도 2022년 6월에 승인했다. 터키는 영어로 칠면조, 겁쟁이의 뜻이었다.

키) '이스탄불'의 역사를 알 필요가 있다.

이스탄불은 원래 콘스탄티누스 황제가 세운 동로마 수도인 콘스탄티노폴리스였다. 기독교 문화가 번창했고, 비잔틴 건축 문화로 성 소피아 성당을 짓는다. 그러나 콘스탄티노플(콘스탄티노폴리스)은 1453년에 술탄 메메트2세에 의하여 함락당하고, 거기에 오스만제국이 세워진다. 기독교에서 이슬람교로 바뀌면서 성당이 이슬람사원으로 바뀐다. 오스만제국은 유럽이 동양과 무역하는 것을 꺼렸기 때문에 유럽인들은 졸지에 동양과의 무역로를 잃었다. 오스만제국에 함락 전에는 유럽인들이 콘스탄티노플을 거쳐서 지중해를 끼고, 인도양을 거쳐서 인도로 향하거나 혹은 중동을 거쳐서 육로로 인도로 향하는 방법이 있었다. 그러나 그 길이 모두 막힘에 따라 포르투갈의 '디아스'는 아프리카 대륙을 우회하여 인도로 가는 길을 찾기 위한 항해를 하다가 우연히 아프리카 대륙 최남단에서 '희망봉'을 발견한다. 희망봉을 거쳐서 인도양으로 들어서면 바로 인도와 만날 수 있었다. 인도에는 비단과 향료가 있었기 때문에 유럽인들은 그것을 얻기 위하여 금이나 은이 필요했다. 그래서 신대륙 탐험을 계속했고, 1492년에 콜럼버스가 아메리카 대륙을 발견했으나 그는 죽는 날까지 그것이 인도인 줄 알고 있었다.

그 후에 에스파냐의 에르난 코르테스는 '유카탄반도'를 점령한다. 유카탄반도는 마야문명이 꽃피었던 지금의 멕시코 지역의 반도이다. 그는 아즈테카에 많은 금이 있다는 정보를 얻고, 500명의 군인과 아즈테카로 들어가는데 아즈테카의 왕은 그들을 왕궁으로 초대하는 실수를 범하고 만다. 그것 때문에 왕은 인질로 잡히고, 코르테스에게 금을 빼앗기고, 후에 백성들로부터 돌을 맞아 죽는다.

위대한 문명 중의 하나였던 '아즈테카 문명'[62]은 에스파냐에 의하여 식민지 신세가 된다. 그들은 유럽인들이 남기고 간 천연두 때문에 많은 인명이 살상되고 얼마 후 코르테스가 총독이 된다. 식민지배는 이것으로 끝이 아니라 시작이었다. 다

---

62 14세기부터 에스파냐 침략 직전까지 멕시코 중앙고원에서 발달한 인디오의 문명. 텍스코코, 타쿠바와 삼각동맹의 한 축을 이루고 있던 멕시카(아즈텍)의 목테수마 1세가 제국을 통치하면서 점차 주변의 영토를 확장해 나갔다. 1502년 목테수마 2세 때, 삼국동맹에서 절대군주제로 바뀌었다. 이런 아즈텍 문명은 1520년 에스파냐의 에르난 코르테스에 의해서 멸망한다. [출처] 두산백과.

른 에스파냐인인 '메디나'는 남미 대륙 서쪽을 종으로 잇고 있는 '안데스산맥'에 은이 많다는 정보를 입수하고 원정길에 오른다. 그는 수많은 은을 채굴하고, 그때부터 은화가 세계의 화폐(貨幣)가 된다. 에스파냐(스페인)가 세계의 중심 역할을 했다. 스페인은 황금을 빼앗기 위하여 칠레 등 남미를 공격하는데 이때 남미인들은 산속 깊이 들어가 그들의 작은 도시를 만들었다. 그것이 '마추픽추'[63]다.

마추픽추는 '잉카제국'[64]에 속해 있었다. 스페인의 기세가 하늘을 찌르고 있을 때, 영국인 '드레이크'는 엘리자베스 1세 여왕의 명을 받고, 스페인 보물선을 빼앗는 해적이 된다. 엄청난 양의 금은보화를 빼앗는다. 그래서 스페인에서는 드레이크의 목 값으로 거액의 현상금을 건다. 원수는 외나무다리에서 만난다고, 스페인 '무적함대'와 1588년 한판 대결을 벌여서 결국 드레이크가 이긴다. 이때부터 대서양의 패권은 스페인에서 영국으로 이동한다. 이틈을 노려서 네덜란드는 금융 강국이 되고, 튤립으로 한동안 난장판이 된다. 지금의 주식 역할을 튤립이 한 것이다.

한편, 1620년 영국 청교도 단인 '필그림(Pilgrim)'[65]이 메이플라워호를 타고, 신대륙 아메리카대륙으로 종교의 자유를 찾아 이주한다. 그들이 오늘날 미국인들의 조상 중에 일부라고 보면 된다. 그들은 광활한 대지에 옥수수를 심었다. 당시에 유럽인들은 사탕수수가 돈이 되다 보니 아메리카대륙에 사탕수수밭을 엄청나게 넓게 경작하기 위하여 노예를 찾고 있었다. 일할 노예를 찾기 위하여 포르투갈인들은 아프리카 대륙을 침략했고, 거기서 많은 흑인을 노예로 신대륙에 팔아넘긴다. 그 유명한 흑인인 '은징가 여왕'[66]의 얘기가 여기서 나온다.

---

63 Machu Picchu, 세계 7대 불가사의, 1400년대 후반에 지어졌고, 1530년 스페인이 쳐들어오면서 사람들 기억 속에서 사라짐. 고고학자들은 잉카제국의 파차쿠티 황제가 군사원정 도중에 휴식처 겸 긴급 대피소의 목적으로 지었을 것으로 추측하고 있음.

64 안데스 문명 최후의 국명 및 그 지배계층. 15세기말에는 주변민족을 정복하여 남북 4천 킬로미터의 대 영역을 지배함. 토기, 청동기, 직물 기술이 뛰어남. 1572년 제국 멸망.

65 필그림 파더스(Pilgrim Fathers), 북아메리카 식민지시대 뉴잉글랜드 최초의 영국 식민지가 된 매사추세츠 주 플리머스에 정착한 사람들.

66 은동고 왕국의 여왕(1583~1663), 포르투갈 사람들은 앙골라라고 불렀으며 후에 국명이 된다. 왕 킬롬보가 죽자, 오빠가 왕위를 물려받는다. 은징가의 아들을 의심하여 죽이자, 은징가는 마탐바 왕국으로 도망친다. 이 왕국을 기반으로 은징가는 세력을 뻗친다.

그녀는 포르투갈어에 능숙했고, 세례도 받았다. 그녀는 왕인 오빠의 부탁으로 마탐바에서 나와 은동고의 외교사절로 포르투갈 근거지인 루안다로 간다. 그녀는 포르투갈 군이 은동고에서 물러나라고 했다. 포르투갈 군은 평화조약을 맺고 돌아갔으나, 그들은 다시 와서 흑인들을 노예로 잡아간다. 오빠가 죽고, 은징가가 왕위에 올랐으나 여성이 왕이 되면 안 된다고 반란을 일으켰다. 반란을 일으킨 펠리페는 포르투갈에게 위성국이 되겠다고 했다. 그녀는 펠리페와 포르투갈 연합군에 패하고, 마탐바 왕국으로 다시 들어가서 왕권을 빼앗고 여왕이 된다. 이번에는 네덜란드가 루안다를 점령하자, 그녀는 네덜란드 편에 선다. 그러나 네덜란드가 포르투갈에 패하자 다시 마탐바로 돌아간다. 마침내, 포르투갈은 은동고에서 철수하면서 정권을 원래의 왕조에게 돌려준다.

은징가는 은동고와 마탐바의 통치자가 된다. 앙골라에서는 은징가를 '앙골라의 어머니'로 추앙한다. 그녀는 여성운동의 상징이었다. 그러나 유럽에서는 그녀의 잔혹함에 대한 얘기가 퍼졌고, 프랑스 작가인 사드 후작은 소설에서 그녀를 사디즘 성향의 잔혹한 여왕으로 묘사했다. 일설에는 그녀가 흑인 종족을 노예로 넘겨주는 정치적 수완을 발휘했다고 한다. 주로 중앙아프리카에서 신대륙으로 넘겨졌고, 그 노예들은 사탕수수 재배를 해야만 했다. 그 결과, 엄청난 부를 거머쥔 유럽인들은 인도의 비단과 향신료를 얻기 위하여 은화를 가지고 무역거래를 하는데 그 때 엄청난 은화와 금이 인도로 들어온다. 당시 인도 땅에 있었던 무굴제국의 '샤자한'은 역경을 딛고, 삼남의 신분으로 왕위에 오른다. 무굴제국은 몽골제국의 후손으로 보면 될 것이다. 그는 부인이 여럿 있었는데 그중에서도 정실부인인 '뭄타즈 마할'을 가장 사랑했다고 한다. 그러나 마할은 14번째 아이를 분만하다가 죽고 만다. 샤자한은 사랑한 왕비를 위하여 무덤을 짓는데 이것이 그 유명한 '타지마할'이다. 이것은 마치 궁전과 같았는데 완공까지 무려 22년이 걸렸다고 한다. 샤자한은 자신도 왕위를 삼남 신분으로 얻었듯이 자기 자식들 간에도 골육상쟁이 일어나 결국 막내가 왕위를 차지하고 아버지인 샤자한을 탑 안에 은거시킨다. 샤자한은 탑 안에서 희미하게 보이는 타지마할을 바라보면서 나머지 생애를 외롭게 지냈다고 한다.

3-23 카리브해의 슬픈 역사와 레게음악

흑인 노예가 많았던 아이티는 카리브해의 이스파뇰라 섬에 육지를 국경선으로 도미니카 공화국과 영토를 나누고 있다. 아이티는 일인당GDP가 700불 정도로 북한과 비슷한 빈민국이다. 프랑스의 식민지였고, 사탕수수와 커피를 재배했다. 식민지 당시에는 상당한 부를 쌓고 있었다. 물론 부는 프랑스의 차지였지만 그래도 지금보다는 생활이 더 나았다. 1804년에 아메리카대륙에서 미국 다음으로 독립을 빨리했다. 그러나 독립하고도 프랑스, 영국, 스페인의 간섭은 계속되었다. 32차례의 쿠데타가 일어날 정도로 국내 정치가 불안했고, 경제가 엉망이었다.

반면에 도미니카 공화국은 일인당GDP가 6000불 정도로 아이티보다는 높다. 스페인의 지배를 받았고, 사탕수수를 주로 재배했다. '산토도밍고'라는 아름다운 섬은 사오나 섬과 더불어 도미니카의 휴양지이다. 콜럼버스가 아메리카대륙을 발견하고 처음 발을 딛고 주거지로 사용한 곳이 산토도밍고다. 콜럼버스의 아들이 총독으로 근무했던 관저가 아직도 그곳에 있다.

쿠바는 카리브해에서 가장 큰 섬이다. 일인당GDP는 4500불 정도로 가난하다. 스페인의 식민지였고 사탕수수와 시가 담배와 커피를 재배했다. 미국이 쿠바를 탐내서 스페인으로부터 쿠바를 사려고 했으나 스페인은 계속 거부했다. 흑인 노예를 이용하여 설탕을 수출해서 많은 돈을 벌고 있는데 굳이 매각할 이유가 없었다. 그러나 미국과의 전쟁에서 패하고, 1902년 쿠바는 독립한다. 그러나 부패와 친미 성향 독재 정권을 타도하기 시작했고, '피델 카스트로'가 사회주의 혁명을 일으키고, '체 게바라'의 도움을 받는다. 체 게바라는 아르헨티나의 의사였으나 라틴아메리카의 반정부 혁명을 돕기 위하여 쿠바로 가서 게릴라 활동을 한다. 피델이 정권을 잡자, 그 밑에서 산업부 장관을 거치면서 이인자로 등극하나 콩고와 볼리비아의 반정부 활동에 가담한다. 그러나 젊은 나이에 볼리비아 정부군에 잡혀서 죽임을 당한다. 그의 혁명 정신을 세계의 많은 젊은이가 좋아한다. 쿠바가 사회주의 국가가 되자 소련은 쿠바를 이용한다. 냉전 시대에 쿠바에 미사일 기지를 세우려다가 미국의 경고를 받고, 10일 만에 철수했다. 1990년 소련이 무너지자, 쿠바도 몰락하여 미국의 미운 오리 새끼로 된다. 금수조치 등 경제적 제재를 지금도 받고 있다. 오바마 대통령 때 화해의 몸짓이 보이기는 했으나 트럼프 대통령이 집권하면서 테러지원국 리스트에 다시 올랐다.

그밖에 '자메이카'는 카리브해에서 세 번째로 큰 섬으로 영국의 식민지 생활했고, 지금도 넉넉한 살림은 아니다.

마지막으로 '바베이도스'라는 섬나라 공화국은 국토가 평택 정도 되고, 인구가 군포 정도 되는 작은 나라다. 일인당GDP는 2만 불 정도로 카리브해에서 잘사는 편이다. 영국 식민지였고, 1834년에 노예해방법이 제정된다. 카리브해의 국가들은 낭만과 정열, 야자수와 '레게음악'의 도시지만, 제국주의 식민지 시절에는 흑인 노예가 강제노역으로 사탕수수와 담배를 재배한 슬픈 역사를 공통으로 지니고 있고, 아직도 대부분 국가가 굶주리거나 못사는 나라들이란 것이 안타깝다. 그들의 조상은 대부분이 흑인 노예들인데 후손도 잘살지를 못하니 안타까울 따름이다. 아메리카대륙에는 실제로 흑인 노예가 4%밖에 안 되었고, 카리브해나 멕시코와 남미 등지로 흑인 노예들이 팔려나갔다.

'레게(Reggae)음악' 이전에 '스카(Ska)음악'이 있었는데 자메이카에서 만들어져 발전한 음악이다. 아프리카에서 노예로 팔려온 흑인들이 서인도제도의 트리니다드섬에서 탄생한 '칼립소 음악'에 춤추기 위한 리듬을 입히면서 '캐리비안 멘토'라는 자신들만의 음악을 만들었다. '스카음악'에서 '록스테디'를 거쳐 '레게음악'으로 가지를 쳤다. '레게음악'은 '스카음악'보다도 더 느리게 연주된다. 자메이카의 레게음악은 2018년 유네스코 인류무형문화유산 대표목록에 등재되었다. 전통적인 흑인 댄스뮤직에 미국의 솔뮤직(soul music, 靈歌調의 재즈음악) 등의 요소가 곁들여 형성되었다.

흑인 노예 해방은 1807년 영국에서 노예 매매를 금지하는 법령이 처음으로 만들어졌고, 미국에서는 1862년 링컨이 노예 해방을 선언했으나 1900년도까지 흑인 노예를 해방하지 않은 주가 있었다. 켄터키, 미시시피, 델라웨어가 그렇다. 미시시피는 1995년까지 개와 흑인 노예를 같은 물건으로 취급했다. 노예제 폐지의 비준(批准)이 1995년에 이루어졌다는 것이 놀랍다.

3-24 '칭기즈 칸'의 몽골제국

제국(帝國)에 관하여 생각해 보자. 로마제국은 기원전 8세기경에 세워져서 번영을 누린다. 로마는 원래 작은 농업도시였으나 세력을 키워서 카르타고와 이집트를 정복하면서 지중해 쪽을 장악하고, 독일, 프랑스, 영국까지도 손에 넣는다. 그러나 군인들이 득세하면서 황제의 권위에 도전했고, 내부 혼란을 겪게 되고, 군인들에게 지급할 예산이 부족해지면서 결국 쇠락의 길을 걷다가 서로마부터 멸망한다. 그러나 로마 군인들이 보여준 건축기술과 목욕시설, 포도주 생산은 프랑스와 독일에 많은 영향을 준다. 동로마는 비잔틴문화로 존속하면서, 오스만튀르크제국에 멸망할 때까지 콘스탄티노플(이스탄불)을 수도로 번창한다.

또 다른 제국으로 몽골제국의 '칭기즈 칸'을 생각할 수 있다. 1206년에 몽골을 통일하고, 후에 그 자손들에 의하여 중국, 러시아를 점령하고, 일본만 빼고 아시아 전역을 흡수한다. 유럽 쪽으로는 폴란드와 헝가리를 비롯한 동유럽을 손아귀에 넣고, 더 이상 서유럽으로 진격하지 않았다. 당시에 몽골이 마음만 먹었으면, 유럽 전역이 함락될 수도 있었다. 유럽은 몽골군을 '죽음의 사자'라고 불렀다. 교황이 프랑스인 사신을 평화유지를 위해 몽골에 파견한다. 사신은 1년 반에 걸친 여정 끝에 몽골에 도착해서는 초원만이 존재하는 곳에서 그런 막강한 군사력을 보유한 것을 보고는 이해가 가지 않았다고 한다. 점령한 영토의 면적을 두고, 대영제국이냐, 몽골제국이냐 말들이 많은데 무력(武力)으로 수많은 나라를 굴복시킨 몽골에 더 힘을 실어주는 사람이 많다. 팍스 로마나, 팍스 몽골리아를 거쳐서 지금은 팍스 아메리카나로 이어지고 있다. '칭기즈 칸'이 200만밖에 안 되는 인구로 수억 민족의 대륙을 정벌할 때 사용하던 전술은 '속도전(速度戰)'이었다.

가령, 조그만 몽고말을 이용한 속도전으로 말 위에서 잠을 자고, 다음 날 아침이면 적이 예상도 할 수 없는 상태에서 공격을 감행했다고 한다. 그리고 싸움에 지쳐 말이 쇠약해지면 죽여서, 그 말고기로 영양을 보충하면서 대륙을 삼켰다고 한다. 몽골 기마 민족은 초원에서 유목민으로 살아남기 위해서 소유가 간편하고, 정보가 많아야 하며, 공동체 의식을 가지고 생활해야만 했고, 남에게 정복당하지 않기 위해서 남을 먼저 공격해야 했다. 그리고 중앙아시아와 유럽 등지의 강대국에 비해서 인구의 수와 전력에서 열세인 것을 작은 말과 작은 칼, 각종 정보 그리고 '속도'로 눌러야 했다. 비록, 몽고야생말은 작지만 커다란 서양 말에 비해서 지구력이 좋았기 때문에 먼 길 원정 전투에 유리했고, 작은 칼은 큰 서양 칼에 비해서 민첩성이 있었고, 세계를 상대로 동시에 전쟁을 치르기 위해서 파발마(擺撥馬)를 이용한 정보수집과 대상(隊商)들을 활용한 정보 교류에 등한시하지 않았다. 그 일례로 연락병사는 말을 열 필 정도 몰면서 수시로 말을 바꾸어 타면서 2,000리를 쉬지 않고 달려가 소식을 전달했다고 한다. 지금이야 인공위성이 있으니 각국에서 무슨 일이 벌어지고 있는지 수시로 모니터할 수 있지만 지금으로부터 800년 전에, 그 연락 병사들의 역할은 지금의 인공위성에 견줄 수 있을 만큼 대단한 위력이 있었을 것이다.

위에서 언급한 내용 중에서 무엇보다 중요한 것은 '속도'에 있다. 몽골군은 말 위에서 잠을 자고 말린 육포를 지니고 다니면서 식량으로 사용했다고 한다. 손톱만 한 육포를 물에 개면 한 손만큼 부풀어 올랐다고 한다. 이런 육포를 말에 메 달고 다녔으니 개인 병사당 몇 개월 치의 전투 식량이 주어졌다. 이러니 기동력이 좋을 수밖에 없었고, 그들이 주로 사용했다는 활은 사슴의 뿔과 힘줄로 시위를 만들어서 사정거리가 멀고 강력했다고 한다. 얼마나 강력했던지, 서양의 철갑 옷을 뚫었다고 한다. 이런 모든 것들이 인류역사상 가장 위대한 정복자인 칭기즈 칸을 가능하게 했다. 칭기즈 칸 탄생 800년이 지난 지금도 '칭기즈 칸'이 거론되는 것은 현대의 경제 전쟁 구도가 그 당시의 몽골 부대가 사용하던 전술과 너무도 유사하기 때문이다. 유라시아(Eurasia) 대륙을 상대로 동시에 전쟁을 치르는 것이 현대의 세계경영과 흡사하며, 급변하는 과학 지식을 과감하게 속국으로부터 수용한 것과 동서로 가로지르는 인적 네트워크 구축 및 정보 교류가 또한 그렇고, 현실에 안주하기보다는 더 넓은 미지의 세계로 공격을 감행한 도전정신이 그렇고, 남을 공격하는 데 말을 타고 달리면서 쉼 없이 공격하는 것이 그렇다. 현대의 무역구조와 너무나도 유사하다. 칭기즈 칸은 800년을 앞서서 현대인들에게 한 수 가르쳐준 느낌이다.

3-25 한겨울에 알프스를 넘은 한니발과 나폴레옹

1800년에 이탈리아 마렝고에서 전투가 벌어지는데 주인공은 나폴레옹이다. 그는 알프스를 넘어서 마렝고까지 침략하여 주둔 중인 오스트리아 군대를 무찌르고 이탈리아를 손아귀에 넣게 된다. 화가 다비드는 1801년에 알프스산맥을 넘는 나폴레옹을 유화로 그린다. 지금도 루브르 박물관에 소장 중이다. 그림에서 나폴레옹은 편안한 얼굴을 하고 있고, 반면에 주변환경은 바람이 몹시 불고, 말이 놀라는 모습을 그린다. 다비드는 정치적 소양을 가진 화가로 나폴레옹을 추앙했고, 나폴레옹의 지시로 그림을 그렸다. 프랑스대혁명의 위용을 전 세계에 알리기 위하여 나폴레옹을 영웅으로 그렸다. 그러나 실제로 나폴레옹은 노새를 타고 알프스를 넘었다. 그림에 보면 '한니발'[67]이란 이름도 나온다. 한니발은 기원전 3세기 사람이니

---

67 Hannibal Barca, BC 247~183(181 확실하지 않음), 카르타고 총사령관. 인류 역사상 최고의 명장 중 한명. 전투 코끼리가 포함된 군대를 이끌고, 겨울에 알프스 산맥을 넘어서 로마 본토를 공격함. 로마를 함락시키지는 못함. 칸나이 전투 대승으로 로마를 궁지로 몰아넣음. 로마의 명장인 스키피오에게 자마전투에서 패배한다. 정작 전투 코끼리는 알프스를 넘으면서 거의 죽었으나. 자마전투에서는 코끼리를 사용했다고 전한다.

나폴레옹과는 2,000년이란 시차가 난다.

한니발은 카르타고의 장수였는데 당시의 카르타고는 로마제국보다도 국력이 강했다. 서지중해를 지배했다. 바다는 카르타고가 육지는 로마가 장악하고 있었다. 한니발은 로마를 원정 정복하기로 계획한다. 이 사실을 간파한 로마는 해상경계를 더욱 강화한다. 당시에 한니발은 이베리아(지금의 스페인 지역)를 본거지로 하고 있었다. 한니발은 로마군의 허(虛)를 찌르기 위하여 해상 대신 프랑스와 스페인 국경이 있는 피레네산맥을 넘어서 갈리아를 통과하여 알프스를 넘어서 로마의 북부를 공략한다. 당시는 겨울이라서 알프스를 넘는다는 것은 상상도 못 했던 로마는 아수라장이 되고 만다. 그러나 한니발이 주춤하고 있을 때, 당시의 로마 명장인 '스키피오'[68]는 한니발이 원정해온 길을 똑같이 역으로 밟아 이베리아를 점령하고, 북아프리카 카르타고의 본거지까지 점령한다. 카르타고는 전쟁배상금을 로마에 물고, 해상무역을 차단당하고, 함선의 수도 줄이고, 실질적인 로마의 식민지 꼴이 된다. 한니발은 카르타고 원로원으로부터 미움을 받고, 여러 나라를 전전하다가 비티니아까지 가게 되는데, 거기서 장군으로 기용되어서 다른 왕국을 상대로 승리도 거두지만 로마의 '플라미니누스'[69]가 비티니아를 정벌하고, 당시에 비티니아에 망명한 한니발을 넘겨줄 것을 요구한다. 로마인에게 한니발은 공포 그 자체였다. 비티니아 왕 프루시아스 1세는 한니발을 넘겨주는데 동의했으나 한니발은 이미 사망했다. 그가 어떻게 어디에서 죽었는지 정확한 기록은 없다. 단지, 자살했다고 추정할 뿐이다.

2,000년을 사이에 두고 두 영웅 나폴레옹과 한니발은 알프스를 넘는다. 푸치니의 오페라 '토스카(Tosca)'의 배경이 나폴레옹이 전투를 벌인 1800년 '마렝고'[70]라는

---

68 BC 235~BC 183, 로마공화정, 정치가이자 장군. 코르넬리우스 스키피오 가문에 입양. 제3차 포에니 전쟁에서 카르타고를 함락하고, 누만티아도 멸망시킨 당대 로마의 최고의 지휘관.

69 BC 229~BC 174, 로마공화국, 로마공화국 집정관. 제2차 마케도니아 전쟁의 영웅.

70 1800년 6월14일 이탈리아 마렝고 전투에서 승리한 나폴레옹을 위하여 요리사 뒤낭이 상관을 위해 만든 음식. 당시에는 닭, 달걀, 민물가재밖에 재료가 없어서 닭을 토막 내 토마토와 마늘을 넣고, 올리브 오일로 튀겼다. 버터도 없었다. 그러나 달걀, 가재, 크루통은 이후 레시피에서 사라졌다. [출처] 그랑 라루스 요리백과.

사실이 새삼스럽다. '토스카'는 배신, 고문, 살인, 자살이 난무하는 폭력적이고, 비극적인 베리스모(Verismo, 사실주의)오페라의 대표작으로 초연 시(1900년), 관객이 반감과 비난을 쏟아냈다. 하지만 푸치니는 아름다운 선율로 한편의 예술로 승화시켰다. 토스카의 원작은 빅토리앵 사르두(Victorien Sardou)가 쓴 5막짜리 비극적 희곡을 바탕으로 한다. 1887년 10월 어느 날, 푸치니는 이탈리아 밀라노에서 우연히 연극 토스카를 보게 된다. 연극은 원어인 프랑스어로 공연됐고, 프랑스어를 알지 못했던 토스카는 단 한 줄의 대사도 이해할 수 없었지만, 예술가의 직관으로 연극의 작품성을 간파했고, 곧장 오페라로 만들기로 결심했다. 베르디와 프란케티와 같은 쟁쟁한 경쟁자를 제치고, 푸치니가 최종 판권을 얻는다. 오페라에서는 '토스카'의 아리아 '노래에 살고 사랑에 살고', '카바라도시'[71]의 '별은 빛나건만' 등이 명 아리아로 지금도 불리고 있다.

3-26 베토벤의 영웅교향곡과 차이코프스키의 1812년 서곡

사람의 욕심(欲心)은 끝이 없는 것 같다. 이것 때문에 문명(文明)이 발전하기도 하고, 후퇴하기도 했다. 나폴레옹은 프랑스대혁명의 참여자였고, 이탈리아와 오스트리아 그리고 이집트를 정복하고 쿠데타를 통하여 '통령'이 되고 스스로 황제가 되었다. 베토벤은 교향곡 3번인 '영웅'을 나폴레옹을 위하여 작곡했으나 첫 장을 찢었다. 그 이유는 황제 나폴레옹은 싫었기 때문이다.

'영웅교향곡'은 1802년에 작곡하기 시작하여 1804년 봄에 완성되었고, 1805년 오스트리아 빈에서 초연되었다. 결과는 참담했다. 당시 대중들은 이곡의 거친 형

---

71 토스카의 애인이자 화가. 토스카를 사이에 두고, 경시총감인 스카르피아와 카바라도시의 삼각 애정 관계를 묘사한 작품. 토스카는 스카르피아를 살해하고, 자살하고, 카바라도시는 총살을 당한다.

식미, 광폭하고 야수적인 음향, 긴 연주 시간에 거부반응을 보였다. 작곡 당시에 베토벤은 귓병이 급속도로 악화되어 거의 들을 수 없었다. 그는 '하일리겐슈타트의 유서'[72]를 작성하여 두 동생에게 남긴다. 죽음에 대한 회한(悔恨)과 비장함이 쓰여 있었다. 그런 상황에서 작곡된 곡이기에 이 교향곡은 하이든과 모차르트의 음악에서 벗어난 베토벤만의 색을 내는 작품이었다. 베토벤은 독일과 오스트리아의 전제 군주정치에서 비롯된 폐해(弊害)를 깊이 실감하고 있었기에 프랑스대혁명의 혼란으로부터 나라를 일으켜 세운 나폴레옹에게 강하게 이끌렸다. 완성된 악보에는 '보나파르트 교향곡'이라고 써 넣었지만, 나폴레옹이 스스로 황제의 자리에 올라섰다는 소식을 듣자 불같이 화를 냈다고 한다. 그는 제목을 '신포니아 에로이카(한 위대한 인물을 추념하기 위해)' 로 수정했다. 나폴레옹이란 이름이 사라진 것이다. 이 사실을 당시 나폴레옹을 깎아내리고 싶어 했던 영국이, 단편적인 사건으로 이용하려 했다고 베토벤의 제자이자 전기 작가인 '페르난디트 리스'는 주장했다.

프랑스는 다시 전제정권(專制政權)이 들어섰고, 나폴레옹은 영국과 러시아를 제외한 유럽 전역을 차지했다. 나폴레옹은 영국을 차지하기 위하여 넬슨 제독과 맞섰지만 패배했다. 이에 앙심을 품고, 전 유럽에 대해서 영국과의 무역을 금지시킨다. 러시아가 이에 반기를 들자, 나폴레옹은 러시아를 침략한다. 마치 히틀러가 제2차세계대전 때, 소련을 침략한 것과 유사하다. 나폴레옹은 군사전법에서는 천재였다. 그는 속전속결로 전쟁을 끝냈다. 그 비법은 식량을 가볍게 가지고 다니면서 점령지에서 식량을 해결하는 전략을 사용하다 보니 짐이 가벼워서 군사 이동이 빠를 수밖에 없었고, 그로 인해 상대국들은 미처 준비가 안 된 상태에서 점령당했다. 마치 몽골군의 속도전을 연상시킨다. 러시아는 이런 나폴레옹 전략을 역이용한다. 가령, 점령지에서 식량해결을 못하도록 모스크바를 불태우면서 식량과 장비도 모두 불태운다. 당시 모스크바의 70%가 불에 탔다. 시민들은 다른 곳으로 피난 가게

72　1801년 베토벤은 의사로부터 청각을 잃을 수도 있다는 얘기를 듣고, 요양을 겸해서 하일리겐슈타트로 간다. 거기서 제6교향곡인 전원 교향곡을 구상했다. 그곳에서 유서를 작성했는데 동생들에게 보내지는 않고, 베토벤이 죽은 후에 발견된다.

하는 전술을 사용했다. 당시에 나폴레옹은 버티면 러시아 황제가 협상하러 올 것으로 기대했으나 황제는 나타나지 않았다. 나폴레옹은 결국 러시아의 혹독한 추위와 굶주림 때문에 퇴각을 결정하는데 60만 대군이 돌아올 때는 9만밖에 안 되는 참혹한 원정이었다. 러시아 군대와 농민들은 후퇴하는 나폴레옹 군의 측면을 공격하여 나폴레옹 군대를 아수라장으로 만든다. 굶어 죽고, 얼어 죽고, 총 맞아 죽고, 실제로 프랑스로 돌아온 군인들은 9만 명도 채 안 되었다. 나폴레옹 군대의 사실상 대패였다.

러시아는 오스트리아와 프로이센의 도움으로 나폴레옹 군대를 대파하고, 나폴레옹은 엘바섬으로 유배를 떠난다. 그러나 그는 엘바섬을 탈출하면서 프랑스로 행선 방향을 잡는데 알프스를 다시 넘는다. 하늘은 결국 나폴레옹의 편이 되고, 나폴레옹은 파리로 입성한다. 루이 18세는 도망가고 없었다. 나폴레옹은 다시 황제가 되었으나 결국 영국과 프로이센 연합군에게 벨기에의 '워털루'에서 패하고 그의 100일 천하는 막을 내린다. 그는 세인트헬레나섬으로 유배되어서 거기서 위암으로 죽음을 맞이한다. 이러한 나폴레옹의 정복욕은 후에 히틀러라는 독재자를 만드는 데 이바지했다고도 보인다. 나폴레옹이 유럽을 호령할 때, 우리나라에서는 안동김씨가 세력을 잡고, 백성들의 주리를 틀자, 급기야 '홍경래'[73]가 들고 일어난다. 나폴레옹이 주장한 것은 자유와 평등이었는데 홍경래가 주장한 것도 자유와 평등이었다. 비슷한 시기에 비슷한 사상이 지역을 달리하면서 존재했다는 것이 흥미롭다.

차이코프스키는 1812년 러시아의 대프랑스 전쟁의 승리를 기념하는 곡을 작곡하는데 '1812년 서곡'이다. 연주 중에 실제로 대포 소리와 교회의 종소리가 들린다. 작곡을 의뢰했던 니콜라이 루빈스타인(당시 지휘자이자 차이코프스키 친구)은 그의 곡을 혹평했다. 차이코프스키도 그것을 인정했다. 짧은 시간에 모스크바 산업예술박람회(1882년)의 기념음악으로 작곡했으니 말이다. 그러나 1891년 미국 카네기홀

---

73 홍경래의 난은 1812년 1월31일~5월29일. 청천강 이북 8군을 점령했다. 소위 서북 지방은 성리학 전파가 늦어져서 양반들도 소학을 읽지 않았다. 서북지방 수령들은 세도가문과 연결되어 수탈이 매우 심했다.

기념 공연에서 연주할 때, 우레와 같은 박수갈채를 받았다. 지금도 표제음악의 걸작 중에 하나로 칭송받는다는 것이 아이러니다.

3-27 히틀러의 전격작전과 메흐메트2세의 골든 혼 작전

나폴레옹과 침략의 의도는 달랐으나 히틀러라는 전쟁 광신도도 영국을 손에 넣지 못하자 러시아를 침공한다. 나폴레옹 때와 상황은 비슷하게 시작되었다. 그러나 히틀러의 목적은 러시아의 산업중심 도시인 '스탈린그라드'와 유전도시인 '코카서스' 지역을 점령하기 위해서였다. 당시에 일본은 동남아와 중국을 침략하고 있었는데 루스벨트 대통령이 일본에 석유수출 금지를 지시하자, 일본은 인도네시아의 유전지대를 얻어야 중국과 동남아 지역을 집어삼킬 수 있다고 생각했다. 그렇게 하기 위해서는 필리핀을 침략해야 하는데 필리핀은 미국의 속국이었으니 그것이 마음에 걸렸다. 당시에 미국은 군사력에서 일본에 미치지 못했다. 일본의 항공모함 수도 6대로 미국의 4대를 앞섰다. 항공기 수와 함정 수도 일본이 미국을 앞섰다. 그래서 진주만 기습을 감행했다. 히틀러는 상황이 일본과 다르지 않다는 것을 깨닫고, 코카서스를 손에 넣기 위해서 러시아 침략을 감행한 것이다. 또한, 미국이 제2차세계대전에 참여하게 되었으니 스탈린그라드의 무기 공장과 코카서스의 유전지대를 손에 넣어야 한다는 강박 관념이 있었을 것이다. 그러나 나폴레옹처럼 히틀러도 러시아에게 대패당하고 제2차세계대전에서 패전하게 되는 결정적인 순간을 맞이한다. 얼마 후, 소련군이 베를린을 점령한다. 나폴레옹 시절, 프랑스 파리에 당시 제정 러시아가 점령한 것과 같은 결과다. 이 또한 신이 만든 작품일까? 헤겔이나 라이프니츠는 그렇다고 대답할 것 같다. 성바오로도 마찬가지다.

독일은 제1차세계대전 패전국으로서 여러 지역을 연합군에게 빼앗기고, 베르사유 조약으로 엄청난 전쟁배상금을 갚기 위하여 마르크화를 찍어내다 보니, 하이

퍼인플레이션으로 경제는 망가져 있었다. 거기에 미국에서 촉발된 '경제대공황'으로 경제가 거의 마비 상태가 되었다. 이때 위대한 독일 건설을 외치며 나타난 히틀러는 중화학공업으로 경제를 일으키고, 3,000킬로미터나 되는 '아우토반'[74] 고속도로 건설로 실업자 수를 엄청나게 줄여나갔다. 독일 국민들은 그를 수상으로 선출했고, 나치당은 소수당에서 지배당이 되었다. 히틀러는 제1차세계대전 중에 하사관으로 근무했던 경험도 있었다. 그는 전쟁에 패하고, 긴급히 열차 안에서 승전 연합국에 의해 강제 항복조인식한 것을 치욕으로 생각하고 있었다. 그는 프랑스에 대한 군사적 침략을 우선으로 생각했다. 그것을 하기 위해서는 우선 독일 후미에 붙어있는 폴란드부터 제압해야만 했다. 그러나 소련이 걱정되어서 소련과 상호불가침 조약을 맺고, 폴란드의 서부전선을 공격한다. 2주 뒤에는 소련이 폴란드의 동부전선을 공격한다. 폴란드는 버티다가 결국 항복하고 만다.

히틀러는 연합국의 공격을 막기 위하여 해상을 확보해야 했으므로 네덜란드와 덴마크를 공격했다. 이 두 나라도 항복했다. 남은 문제는 프랑스를 공격하는 것이었는데, 독일의 장군들은 대부분이 반대했다. 이미 제1차세계대전에서 프랑스와의 참호전쟁으로 패배를 맛보았기 때문이기도 했고, 프랑스와 독일 국경 사이에 배치된 '마지노선'이 공격을 어렵게 만들었다. 마지노선은 국경을 요새화로 만든 것으로 80만 명의 군인들이 기거하며 지하에서 적과 싸울 수 있는 최고의 시설이었다. 당시 프랑스는 최고의 육군을 보유하고 있었다. 이런 프랑스를 상대하는 것은 군사력에서 절대 열세인 독일군에게는 생각할 수조차 없었다. 그러나 히틀러는 공격할 수 있는 전략을 내라고 장군들을 압박했다. 당시에 독일의 장군이었던 '만 슈타인'은 기발한 아이디어를 냈다. 마지노선을 피해서 공격하자는 것이었다. 국경선에는 룩셈부르크와 벨기에가 있었다. 연합국에서는 절대로 마지노선은 통과하지 못할 테니 나머지 군사력을 모두 벨기에 전선에 투입했다.

만 슈타인은 '아르덴고원'으로 공격하자고 제안했다. 다른 장군들은 모두 비웃

---

74 독일어로 고속도로라는 뜻. 로마제국 도로망을 모방했고, 제한 속도 무제한 구간이 있고, 톨게이트가 없다. 통행료 무료에 오토바이도 달릴 수 있는 것이 특징.

었다. 숲으로 울창한 지역인 아르덴고원을 어떻게 통과할 수 있는지 물었다. '아르덴고원'은 룩셈부르크와 벨기에 지역의 공통부분에 있던 숲 지역으로 마지노선(Maginot Line)을 우회하는 절묘한 곳이자, 결코 뚫고 나가기가 거의 불가능한 곳이었다. 연합군은 독일군이 아르덴고원으로 침투하리라고는 예상도 못 했다. 대부분의 연합군 장군들은 방어가 비교적 허술한 벨기에가 목표물이 될 것으로 판단했다. 그래서 모든 전력을 벨기에로 집중시켰다. 실제로 독일군은 주력과 비주력으로 나누어서 공격했는데 비주력이 벨기에를 공격하고, 주력이 아르덴고원을 통과하는 작전을 수립했다. 히틀러는 만 슈타인 전략을 신뢰했고, 주력을 아르덴고원으로 집결시킨 것이다. 실제로 연합군 정보망에 이것이 포착되었음에도 연합군이 이를 무시한 것이 독일군에게 초기 주도권을 빼앗기는 결정적인 결과를 초래하게 된다. 아르덴고원 침투 작전에 사용된 전략이 '전격작전'이다. 힘으로는 도저히 연합국에 상대가 안 되니, 신속히 이동하여 타격하는 전법을 택한 것이다. 공병과 보병들은 부지런히 숲의 나무를 자르고 기갑부대와 기계화 부대가 신속히 전진하고 항공기가 대포의 역할을 대신했다.

　당시에 기갑부대와 기계화 부대의 사령관은 '구데리안'이었는데 그는 휘하에 '롬멜'이라는 영웅을 보유하고 있었다. 그는 더 이상 전진하지 말라는 히틀러의 명령을 어기고 순식간에 프랑스 해안까지 침투한다. 다시 말해서 벨기에 전선 후방을 침투하여 연합군을 포위한 것이었다. 프랑스는 마지노선이 무용지물이 되고, 그 안에 대기하고 있던 병사들도 모두 포위가 되자 항복한다. 히틀러는 제1차세계대전에서 항복조인식에 사용했던 그 열차를 가져오게 해서 똑같은 방법으로 프랑스로부터 열차 안에서 항복을 받는다. 이 또한 역사의 아이러니다. 신의 작품이 아니고서는 도저히 인간이라면 생각할 수 없는 일이었다.

　헤겔과 라이프니츠는 또 한 번 웃었다. 신기(神技)에 가까웠던 아르덴고원 침투는 제2차세계대전 초반을 뒤흔든 독일의 완벽한 승리였다. 나치는 당시에 군인들에게 '퍼버틴(Pervitin)'이란 각성 성분이 들어있는 캔디를 보급했다. 제 정신이 아닌 상태로 전격작전을 수행한 것이다. 'Temmler'라는 독일의 제약회사에서 퍼버틴을 1937년에 특허신청해서 1938년 캔디형식으로 된 제품을 일반에 팔기 시작했는데 커피보다 저렴하고 피로회복에 탁월해서 엄청나게 많이 팔렸다고 한다. 1940년 나치는 350만개의 퍼버틴을 보급했으나 병사들은 더 원했다고 한다. 아마도 필로폰 성분을 사용했으리라는 추측이 든다. 가령, 필로폰을 투여하면 졸음과 피로감이 사라지며, 육체적 활동이 증가되고 쾌감이나 행복감을 느낀다고 한다. 물론, 내성과 심각한 의존성이 생기고, 금단증상이 유발된다. 즉, 향정신성의약품인 '마약류'로 분류되고 있다.

상상할 수 없었던 일이 그 이전 동로마에서도 있었다. 레오나르도 다빈치가 태어난 지 1년이 되던 해인 1453년, 콘스탄티노플은 오스만튀르크의 20세 약관(弱冠, 갓을 쓰는 나이) 술탄이었던 메흐메트2세(메메드2세)에게 점령당한다. 900년을 유지한 성벽을 무너뜨렸다. 당시에 사용한 대포는 포탄의 무게가 250킬로그램이 나가는 대형 대포였다. 당시 '골든 혼(Golden Horn)'을 감싸고 있던 그 성벽은 3중으로 된 요새로 20여 차례의 침공을 이겨낸 천하무적 성벽이었다. 당시에 메흐메트2세는 마르마라 해와 보스포러스 해협으로 연결된 '골든 혼'이란 천연의 요새와 성벽 그리고 바다 밑에 심어둔 쇠사슬을 통과해야만 성을 함락할 수 있다고 보았다. 그의 전략은 물자를 운반하는 선박을 저지하면 결국, 성 안에서 굶주려서 죽을 것이라고 판단했다. 문제는 배를 어떻게 '골든 혼'이라는 만(灣)으로 이동시킬 지였다. 그는 산악지형을 2킬로 이상 깎아내어 통나무를 받침대로 삼아 선박들을 이동시키려는 말도 안 되는 전략을 사용했다. 마치 히틀러가 사용한 '아르덴고원' 침투와 비슷한 것이었다. 비밀이 새지 않도록 보안도 철저히 지켰다. 결국, 성공했고, 동로마제국(비잔티움 제국)은 멸망했다.

전쟁에는 원칙이 없다. 누가 더 이기려고 미친 아이디어를 내고 미치도록 싸우느냐가 승패를 좌우한다. 만약 '아르덴고원'에 운집한 기갑부대를 연합군이 먼저 공격했다면, 히틀러는 더 이상 싸울 자원도 없는 상태였다. 당시에 연합군 정보망에 걸렸는데도 아르덴고원을 통과하리라고 예상한 연합군 장군이 거의 없었다는 것이 불행의 시작이었다.

3-28 아프가니스탄과 탈레반 그리고 성전(聖戰)

군사 요충지 국가인 '아프가니스탄'에 대해서 알아보자. 아프가니스탄은 왜 끊임없이 전쟁의 소용돌이에 휘말릴까? 사우디아라비아나 이라크처럼 석유 매장량이 많은 나라도 아니고, 비옥한 땅을 가지고 있는 나라도 아니다. 산악과 협곡이 많은 나라다. 언뜻 보면 이해하기 힘든 나라이다. 그러나 그들의 지역적 특성 때문에 항상 외침의 관문이 되었다. 이 나라는 서쪽으로 이란, 동쪽으로 중국, 북쪽으로 중앙아시아, 남쪽으로 파키스탄과 인도로 그야말로 군사 전초기지로는 손색이 없는 지역적 특성 때문에 수많은 제국주의자가 그곳을 발판 삼으려고 했다. 동방을 침략하고자 하는 알렉산드로스 대왕의 병참기지 역할을 했다. 유럽을 삼키려는 몽골 군대도 그곳을 이용할 수밖에 없었다. 그러나 이상하게도 그곳에 영국, 소련, 미국 등 아프가니스탄을 침공한 어떤 제국주의도 아프가니스탄을 제대로 통치하지 못하고 철수했다. 그들에게는 풀뿌리 공동체 정신이 있었다. 그들이 이슬람국가로 된 것은 9세기 경 이슬람 세력이 팽창할 때이다. 아프가니스탄은 단지 군사적 요충지라는 이유로 침략받았고, 지금도 불안한 상태다.

우리나라도 삼면이 바다고 중국과 러시아 그리고 일본을 견제할 목적으로 반도(半島)라는 운명으로 제국주의자들의 희생양이 되어왔다. 아프가니스탄과 비슷한 형국이다. 식민지가 되고, 나라를 되찾기 위하여 독립 투쟁을 한 것도 유사하다. 우리에게 항일독립군이 있었다면, 그들은 '무자헤딘(mujahidin)'이란 애국심에 불탄 민족이 있었다. 공통점은 게릴라전이다. 상대보다 약하니 게릴라전밖에 없었다.

'무자헤딘'은 반군 게릴라 단체로 성전(지하드)에서 싸우는 전사를 의미한다. 1979년 소련이 아프가니스탄을 침공하여 기존의 공산정권을 무너뜨리고 새로운 친소 정권을 수립했을 때, 저항에 나선 이들을 '무자헤딘'이라 했다. 미국과 서방세계 그리고 이슬람 국가들은 '무자헤딘'을 도와주었다. 10년간의 긴 전쟁 끝에 소련은 엄청난 인명피해를 당하고 철수했다. 그 자리를 유화적인 이슬람교도들이 통치를 잘했으면 아프가니스탄은 더 이상의 비극을 막을 수 있었지만, 그들도 오래 통치하지 못했다. 왜냐하면 아프가니스탄은 다민족 국가로서 통일되기가 어려웠다. 수니파가 80%정도 되고, 파슈툰족이 40% 이상을 차지한다. 기존 정권을 무너뜨리고 '탈레반'에 의해 1996년 수도 '카불'이 함락되었다. '무자혜딘'은 다시 무장 게릴라 조직이 되었다. 탈레반은 파슈툰족이므로 정권을 잡기가 유리했다. 더욱이 파슈툰족의 75%는 파키스탄에 거주하고 있어서 언제든지 그들로부터 지원을 받을 수 있는 장점이 있었다. 그러나 탈레반은 여성비하 문제로 지구촌의 손가락질을 받고 있었다. 당시에 온 몸과 얼굴도 가리는 '부르카(burka)'를 입고 다녀야 했다. 또한 세계 아편의 80%를 재배하다 보니 마약 생산이 그들의 주 수입원이었다. 러시아나 중국이 표면적으로 아프가니스탄을 도와주는 것 같았지만 이런 문제를 생각하지 않을 수 없는 처지였다. 탈레반의 이런 모습 때문에 탈출 행렬이 줄을 잇고 있었다.

그러나 더 문제점은 극악무도한 수니파 계열의 'ISIS'가 자살테러를 감행하여 죄 없는 민간인을 살상하고 있다는 것이었다. 그들은 탈레반 휘하의 집단이 아니다. 탈레반과도 적대적인 관계이다. 'ISIS'를 이해하기 위해서는 알카에다를 이해해야 한다. 알카에다는 1988년에 사우디아라비아인 오사마 빈 라덴이 만든 강성 국제테러 조직이다. 'ISIS'는 알카에다 이라크 지부에서 활동했던 극렬무장 테러 단체이다. 그들은 미국과 서방을 향해 지하드(성전)를 부추긴다. 개인의 목숨보다는 이슬람 공동체를 먼저 위한다. 그들은 기꺼이 '알라신'[75]을 위하여 자폭한다. 그래야 천국으로 간다고 믿는다. 2001년 9.11테러의 배후를 오사마 빈 라덴으로 지목하고 미국은 2001년 아프가니스탄을 침공한다. 당시 정권을 잡고 있던 탈레반은 '성전(聖戰)'을 외친다. 미국에 의해서 정권을 잃은 탈레반은 다시 게릴라가 된다. 그들은 레바논의 헤즈볼라, ISIS 등과 성전(聖戰)을 위해 각개전투 식으로 국제테러를 자행했다. 여기서 '성전'이란 구약성서에서 야훼는 '만군의 주'라고 하며, 이스라엘인과

---

75 이슬람교에서 숭배하는 신으로 알라 외에는 어떠한 신도 인정하지 않기 때문에 유일신으로 존재한다.

외적의 싸움을 '야훼의 싸움'이라고 했다. 또한 적(敵)에 속하는 것은 모두 신에게 '바쳐진 것'으로서 사람이든 동물이든 전멸시키는 것이 성전의 규정이다. 이슬람의 지하드가 말하는 '성전'은 미국과의 전쟁이다.

ISIS는 2014년경에 이라크와 시리아의 일부 지역을 빼앗고, 이슬람국가(IS)를 세웠다. 실제로 '칼리프(caliph)'[76]를 세우기도 했다. 그들은 같은 이슬람과도 싸웠다. 그래서 이란, 이라크, 시리아 그리고 미국과 전쟁을 했다. 결국, IS는 영토를 모두 빼앗기고, 공공의 적이 되어서 게릴라 활동을 벌이고 있다. 미국은 IS를 견제하기 위하여 다른 중동 국가를 이용했다. 탈레반과도 2020년 평화협정을 맺고, 미군 철수를 진행했다. '성전'의 배경에는 제국주의 미국의 중동 석유 야욕과도 연관된다. 이란의 팔레비 국왕은 미국의 시녀 역할을 하면서 잘 지냈지만, 1979년 호메이니 혁명군에 공격당하고, 권좌에서 쫓겨난다. 이란 이슬람 공화국이 세워졌다. 왕정이 무너진 것이다. 그때부터 이란과 미국은 앙숙이 된다. 경제적 제재도 많이 받았다. 지금은 핵무기 개발을 두고 미국과 마찰을 빚고 있다.

그 와중에 득을 본 것은 이라크였다. 그 해에 사담 후세인은 정권을 잡았고, 미국의 원조 하에 이란과 8년전쟁을 벌여서 결국 승리한다. 이란을 견제하는 방편으로 미국의 지원으로 이라크는 성장했다. 그 여세를 몰아 1990년에는 쿠웨이트를 침공한다. 전쟁은 미군을 포함하는 34개국 연합국대 이라크였다. 역사상 가장 빨리 끝난 전쟁이었다. 완벽한 미국의 승리였다. 곤경에 처한 후세인에게 미국의 기업들은 투자를 해줄 테니 대신 석유산업을 민영화하라고 압력을 가했다. 후세인은 거절했다. 그는 러시아의 도움을 받았다. 그러나 성난 미국이 가만히 있지 않았다. 2002년에 생화학무기를 생산한다는 이유로 이라크를 침공한다. 사담후세인은 도망 다니다가 2006년 미군에게 붙잡혀서 사형당한다. 알카에다 수장인 오사마 빈 라덴도 2011년 파키스탄에 숨어 있다가 미군에 잡혀서 사살된다. 이슬람 국가들은 모

---

76 칼리프는 예언자 무함마드(632년 사망)의 뒤를 이어 이슬람 교리의 순수성과 간결성을 유지하고, 종교를 수호하며, 동시에 이슬람공동체를 통치하는 모든 일을 관장하는 이슬람 제국의 최고 통치자를 가리킨다. 오스만제국 시절에 칼리프의 칭호는 부활하나, 1924년 무스타파 케말 아타투르크가 이슬람 칼리프제를 폐지했다. [출처] 두산백과.

두 뭉쳐서 미국과 서방에 대항하자는 것이 그들의 뜻이다. 그러나 미국의 힘이 워낙 강해서 다른 이슬람 국가들은 눈치를 보고 있다. 테러 자체는 나쁘지만 그들의 주권과 석유를 지키려는 의지까지 깎아내려서는 안 될 것 같다. 우리도 일본 강점기에 김구 선생의 지시로 암살과 게릴라전을 한 것과 뭐가 다른가? 피를 흘리지 않고 자유와 주권은 찾아지지 않을 것이다.

3-29 르네상스 예술을 이끈 세 명의 거장

르네상스(Renaissance)에 대해서 알아보자. 이 운동은 14~16세기 이탈리아에서 시작되었다는 것이 통설이다. 서로마 제국이 멸망(476년)하고, 그때부터 르네상스까지의 시기를 야만시대 또는 암흑시대, 인간성이 말살된 시대로 간주하고, 그리스·로마 시대의 학문 또는 예술을 부흥시킴으로써 신에 대한 조건 없는 복종이 아닌 인간의 사유(思惟)로 인간의 창조성을 재생시키려 했다. 르네상스 시대에 영국의 '토마스 모어'는 영국 농민들의 비참한 생활상을 비판하는 '유토피아(Utopia)'라는 작품을 쓴다. 이 작품은 1516년에 쓰였고, 1500년 당시를 배경으로, 영국 플랑드르에서 모직공업이 발달하여 양모 값이 급등하자, 영국 귀족들은 농민들을 쫓아내고, 이 땅을 밀밭에서 초지로 바꾸어 양떼를 키우기 시작한다. 쫓겨난 농민들은 거리의 부랑자로 내몰렸다. 농민들은 고용주를 만나지 못하면 매를 맞거나 단순 절도죄로 처형당하기도 했다. 이것이 '양들이 사람을 잡아먹고 있다'라는 '인클로저 운동(enclosure movement)'[77]으로 퍼지게 되는 계기가 된다. '유토피아'는 6시간만 노동하는 나라, 사유재산을 폐지하여 공동생산, 공동 분배를 하는 사회주의 나라, 주

---

77 잉글랜드에서 일어난 사회 변화 현상. 일종의 울타리 치기 운동으로 소유 개념이 모호한 공유지나 서로 간 경계가 모호했던 사유지에 울타리를 쳐서 자신의 영역임을 확인하고 자산으로 만들었다.

민 자치제로 주민이 주인인 나라, 한가한 시간에 독서를 즐기고 마음대로 교육받을 수 있는 나라를 의미한다. 모든 사회적 경제적 진보의 시기에는 대중들은 희생양이 될 수밖에 없다. 부(富)는 힘센 자들의 전유물이었다. 현실적인 어려움에 부딪힌 대중들의 탈출구로, 당시에 부패한 왕권정치와 귀족들을 조롱하고 비판하며 토머스 모어는 '유토피아'를 탄생시킨다. 시대적 울분이 만든 작품이라고 할 수 있을 것이다.

르네상스를 이끈 이탈리아가 내란과 황제파와 교황파의 소용돌이 속에서 1800년대에 가서야 통일을 이루었다는 것이 놀랍다. 이탈리아라면 생각나는 것이 '피렌체'다. 그 유명한 단테도 미켈란젤로도 모두 피렌체 출신이고, 레오나르도 다빈치, 라파엘로 그리고 마키아벨리도 피렌체 출신이다. 다빈치는 '모나리자'와 '최후의 만찬'으로 유명하지만, 실제 그는 과학자이면서 발명가였다. 그의 천재성은 500년이 지난 지금도 감탄사를 연발하게 한다. 그가 베네치아를 방문했을 때, 오스만 튀르크군대에 맞설 잠수복을 설계했으나 당시에 사용되지 못했다. 최근에 그의 설계대로 만들어 보니 기능적으로 문제가 없음을 증명했다. 그는 당시에 금기시했던 '해부학'에도 많은 지식을 쌓고, 그림으로 그렸는데, 지금 보아도 손색이 없을 정도이다. 그는 이미 '동맥경화'를 알고 있었다. 그러한 그의 천재성에도 불구하고, 그는 늘 이동하면서 생활했고, 늘 가난하게 살았다. 그러나 미켈란젤로와 라파엘로는 교황 율리우스 2세의 부름을 받고 로마로 와서, 환대받는다.

미켈란젤로는 회화보다는 조각을 더 좋아했다. 성 베드로 성당 안에 있는 '피에타'는 그의 걸작 가운데 하나로 꼽히는데 죽은 예수를 안고 있는 성모마리아를 조각한 것이다. 예수를 비스듬히 안고 있는 것은 하느님이 예수를 위에서 잘 볼 수 있도록 의도적으로 기울인 것이며, 성모마리아를 크게 조각한 것은 원근법을 고려한 배치 때문이었다. 그는 또 성베드로 성당 설계에도 참여하게 되는데 교황이 앉는 자리에 빛이 들어오게 설계하고, 내부를 십자가 형태로 꾸미면서 머리는 '지혜'를 뜻하며 교황의 자리이고, 두 팔은 '용기'를 뜻하는 성직자들의 자리이고, 마지막으로 긴 쪽은 '절제'를 뜻하고 신자들이 앉는 자리로 설계했다. 이 모두를 합치면 플라톤의 '국가론'에서 말한 '이상국가'가 된다. 이처럼 미켈란젤로는 플라톤 철학의 영향을 받는다. 그는 시스티나 성당의 벽화로도 유명하다. '최후의 심판'을 벽화로 남기는데 보는 이로 하여금 전율을 느끼게 할 정도다. 그는 이 그림을 단테의 '신곡'에 나오는 '지옥편'을 참고하여 그렸다고 한다. 단테의 신곡은 영문으로는 'The Divine Comedy'다. '神曲'은 일본식 작품명이다.

이번에는 '라파엘로'에 대해서 알아보자. 그는 다정다감한 성격에 온화한 그림을 그렸다. 교황들은 특히, 그의 그림을 좋아했다. 마리아와 어린 아기들의 그림을 잘 그렸다. 그는 성 베드로 성당에 라파엘로의 방을 가지고 있는데 그의 작품 중에 특히, '아테네 학당'이 눈길을 끈다. 전체적인 구도는 레오나르도 다빈치로부터 영감을 받았기 때문에 플라톤을 그릴 때, 다빈치의 얼굴로 묘사했고, 인간의 세밀한 근육 및 핏줄은 미켈란젤로로부터 영감을 받아서 헤로도토스를 그릴 때, 미켈란젤로의 얼굴로 묘사했다. '아테네 학당'에 등장하는 철학자들은 기원전 6세기 파르메니데스로부터 기원후 12세기 아베로에스에 이르기까지 다양한 시대를 살아간 철학자들을 묘사하고 있다. 그림 속에 피타고라스는 수학자로 널리 알려졌지만 '철학'이란 용어를 사용한 사람이었다고 한다. 자기는 지혜를 사랑하는 사람이라고 했는데 고대 그리스어로 'philosophia' 였다. 그는 "지혜로운 이는 오직 신뿐이고 따라서 어떤 인간도 지혜롭다고 말할 수 없소"라고 말했다. 라파엘로는 거장이었지만 37세에 요절을 한다. 다빈치가 죽고 일 년 뒤, 라파엘로도 죽는다. 그해에 도학정치를 살리려했던 사림과 조광조도 기묘사화로 인해 죽는다. 거의 같은 나이로 요절을 했기에 두 명의 죽음이 오버랩 된다.

르네상스는 이 세 명의 거장이 이끌었다고 해도 과언이 아니다. 이탈리아는 1860년에 '가리발디장군'이 나폴리와 시실리아 섬을 정벌하여 이탈리아 통일에 이바지를 했고, 1871년에 로마까지 흡수함으로써 진정한 통일 국가를 이룬다. 공교롭게도 독일의 통일도 1871년이니 우연치고는 너무도 우연이다. 이탈리아나 독일은 내부 통일을 이루는 데 많은 시간이 소요됐지만, 영국과 프랑스는 왕정에서 공화정으로 이끌고 있었으니 유럽의 패권은 영국과 프랑스가 잡을 수밖에 없었다. 이탈리아는 로마제국의 영광과 르네상스의 주인공임에도 불구하고 유럽 역사에서 조연으로 자리매김한다. 가리발디장군은 국민적 영웅이었으나 1년 동안 먹을 마카로니 외에는 가진 것 없이 카프레라 섬에 은둔한다. 그러면서 그는 말했다. "누구도 왕보다 더 빛날 수는 없다." 뭔가 먹먹함을 느끼게 하는 말이다.

3-30 베네치아공화국과 서인도제도

'베네치아'는 예전에 베네치아공화국으로 불린 도시국가였다. 대단히 부유했고 강대국이었다. 15세기 때는 프랑스 무역량의 5배를 넘었다. 그 나라는 당시에 향신료를 동아시아로부터 사들여 유럽 각지에 팔면서 막대한 부를 챙겼다. 당시 오스만튀르크는 콘스탄티노플을 점령했고, 동방과의 무역을 차단했으나 베네치아만은 무역을 허락했기에 강성해질 수 있었다. 특히, 이베리아반도의 스페인과 포르투갈은 향신료를 얻기가 더 어려웠다. 그들은 해양(海洋)을 무대 삼을 수밖에 없었다. 후추를 얻기 위해서 인도를 찾아 바다로 진출했다.

1488년, 포르투갈의 바르톨로뮤 디아스가 아프리카 대륙의 최남단 '희망봉'을 발견했다. 1497년, 포르투갈의 바스코 다가마는 디아스와 함께 인도를 찾아서 항해를 시작했다. 그들은 4척의 배로 170여명의 선원을 데리고 출항했으니 열악한 상태였다. 그들은 인도의 캘리컷에 도착해서 왕을 알현했으나 인도는 당시에 명나라와 더불어 엄청난 부(富)를 축적하고 있었기에 도도했다. 그들은 인도인의 비웃음만 산채 귀국해야 했다. 그러나 2차 캘리컷 항해 때는 총과 대포를 이용하여 무력으로 점령했다. 바스코 다가마는 백작의 칭호를 얻었다.

포르투갈은 여기서 그치지 않고, 1511년에는 말레이시아의 '믈라카'를 공격하여 그곳 주민을 학살했다. 1512년에는 인도네시아 반다 섬을 점령했다. 1615년에는 네덜란드가 그 섬을 다시 공격하여 원주민을 대량 학살했다. 이때 일본 사무라이들이 용병으로 참여했다. 당시에는 누가 해상권을 지배하느냐에 따라서 세계무역의 판도가 바뀌었다. 포르투갈이 아라비아, 인도, 동아시아 해상을 장악할 때 스페인은 아메리카 대륙을 장악했다. 1492년 콜럼버스가 바하마제도 산살바도르에 상륙하고, 그곳을 인도로 착각해서 지금도 '서인도제도'라 불린다. '바하마'는 에스파냐의 식민지배를 받다 1783년부터 영국의 영토가 되었고, 1973년에 독립했다.

콜럼버스가 처음 상륙한 섬이 무엇인지는 아직도 확인되지 않고 있다. 추측만 무성할 따름이다. 그곳에는 크고 작은 섬들이 많기 때문이다. 그 당시 카리브 해를 기반으로 있던 섬 국가들은 쿠바, 도미니카, 자메이카, 푸에르토리코, 바베이도스 등이 있었는데 후에 영국인들은 그곳에 사탕수수 농장을 세우고 아프리카 흑인들을 노예로 삼아 엄청난 부를 창출했다. 당시에 노예는 총 세 자루만 주면 살 수 있었다. 영국이 제국으로 성장하는 데는 설탕과 모직물, 럼주가 있었기에 가능했고, 산업혁명도 가능했을 것으로 주장하는 학자들이 많다. 이상한 것은 당시에 이슬람 세력은 오스만튀르크제국이 있었고, 인도는 무굴제국, 중국은 명나라가 있었다. 그들은 왜 해상 세력이 되지 못했는가?

1405년 명나라 영락제 때, '정화선단'[78]은 규모가 엄청났다. 그들은 스리랑카, 인도를 거쳐서 아프리카 동해안까지 진출했다. 영락제는 당시에 지금의 중동 지역에 있던 티무르 왕조와의 사이가 좋지 않아서 티무르를 경계하기 위하여 서쪽 지역의 우방을 찾아 나섰다는 것이 근거가 있어 보이는 설이다. 정화가 7차 해외 원정까지 하고 죽고 나서, 더 이상 막대한 비용이 소요되는 해양 원정은 의미가 퇴색되었다. 티무르 제국은 이미 약한 제국이 되었고, 명나라 폐 황제였던 건문제(영락제에 의해 쫓겨남)의 추적도 영락제의 권력이 공고화됨에 따라서 의미가 없었다. 선덕제는 내정에 치중함에 따라서 더 이상 대규모의 해외 원정 항해는 없었다. 그 당시 유럽의 식민지 건설은 활황세였으므로 상대적으로 오스만튀르크제국, 무굴제국,

---

78 정화: 1371~1434, 명나라, 명나라의 군인, 탐험가. 대함대를 통한 대항해라는 업적을 남긴 전설적인 환관. 몽골제국에 속해있던, 우즈베키스탄에서 출생. 원나라가 망했음에도 주원장에게 항복하지 않고 버티다가 결국 쓰촨성이 함락되면서 정화는 거세당하고 훗날 영락제의 환관이 된다.

명나라는 박탈감을 느낄 만도 했을 텐데 이상할 정도다. 그들이 마음만 먹었으면 해상을 장악하고도 남았다. 그러나 상기한 나라들은 해상은 관심이 없었고, 오로지 육지 점령에만 몰두하였다. 만약, 그들이 해상에 야욕을 가졌다면 세계사는 그들의 차지가 되었을 것이다.

3-31 슈바이처 박사와 알자스로렌

이제 인물과 문학 쪽으로 눈을 돌려보자. 우리는 '앨버트 슈바이처'[79] 박사를 너무도 잘 알고 있다. 철학박사, 신학박사, 의학박사, 그리고 음악가이기도 했던 슈바이처. 그러나 무엇보다도 아프리카 가봉에서 보여준 헌신적인 의료 활동으로 많은 감명을 주었다. 후에 노벨평화상을 받았다. 이런 그에게도 아픈 상처가 있었다. 그가 태어난 곳은 독일의 '알자스로렌'[80]이었다. 원래는 프랑스령이었는데 1871년 프로이센의 비스마르크가 병합을 시켜버렸다. 그것을 그린 단편소설이 '알퐁스 도데'[81]의 '마지막 수업'이다. 그 소설에서 프랑스 선생님은 프로이센(독일)의 침략을 받고 점령당하자, 더 이상 프랑스어로 수업을 할 수 없다고 말한다. 그러면서 프랑스어를 국어로 간직하고 살면, 감옥에서 열쇠를 쥐고 있는 것과 같다는 얘기를 남긴다.

독일계였던 슈바이처 박사는 아프리카 가봉으로 의료봉사를 하기 위하여 갔다. 당시에 가봉이 프랑스령이었는데 제1차세계대전이 발발하면서 그만 적국의 의사라는 이유로 프랑스군의 포로가 된다. 석방된 후에는 철학과 신학 강의와 연주회로 돈을 모으고, 기부금 모금을 통하여 아프리카에 병원을 세우고 평생을 아프리카 빈

---

79 1875~1965, 독일계 프랑스, 의학·종교·예술. 괴테상(1928년), 노벨평화상(1952년).
80 현재는 프랑스 관할으로 알자스-모젤로 되었다.
81 1840~1897, 프랑스 소설가.

민들을 위하여 헌신한다. 그가 태어난 알자스로렌은 다시 프랑스령이 되었으나 제 2차세계대전이 발발하면서 또 다시 독일령이 된다. 그러나 지금은 프랑스령이다. 슈바이처 박사는 자신의 출생지가 계속 독일과 프랑스로 바뀌자 아예 자신의 조국 은 프랑스도 독일도 아닌 '알자스로렌이'라고 했다. 이곳은 프랑스와 독일의 국경 에 접해있었고, 포도주 생산과 농업이 활성화되어 있었고, 철과 석탄이 풍부하여 경제적으로나 정치적으로 가치가 있는 곳이었기에 프랑스와 독일에서는 늘 가지고 싶어 하던 지역이었다. 비스마르크는 프랑스와의 전쟁에서 승리하고, 황제는 포로 로 잡혔다. 작은 공국이었던 프로이센이 통일된 왕국인 프랑스를 이긴 것이다. 프 로이센의 빌헬름 1세는 절대왕권의 상징이었던 베르사유 궁전 거울 방에서 독일제 국의 탄생을 선언했다. 제2차세계대전 시, 프랑스가 구축한 마지노선도 알자스로 렌을 지키기 위한 요새였다. 그 이유는 전쟁에서 승리하는 쪽이 항상 알자스로렌을 가져갔기 때문에 마지노선이 뚫리면 프랑스는 패한 것과 마찬가지로 여겼다. 현대 사에서 1871년부터 프랑스와 독일은 세 번의 전쟁을 치르는데 독일은 이 지역을 총 20년간 지배했을 뿐이다. 지금은 운하로 다뉴브강과 연결되어 흑해와 지중해까지 나간다. 유럽화물 수송의 대동맥 역할을 하고 있다.

3-32 셰익스피어의 비극과 토마스 모어의 유토피아

영국의 대문호 셰익스피어(1564-1616)는 미스터리한 인물이다. 고등교육을 받 지 못했고, 서민가정에서 태어났다. 이러한 셰익스피어가 위대한 희곡을 여러 편 집필한 것에 의문을 제기하는 사람들이 많다. 실제로 그의 작품은 독창성과 보편성 이 없다고 보는 전문가들이 있다. 즉, 대부분의 그의 작품들은 기존에 존재한 주제 들의 개작(改作)이라는 비판을 늘어놓는다. 또한 일부에서는 작품성이 위대하기 보 다는 시대가 그를 위인으로 만들었다는 비판도 있다. 가령, 중세와 르네상스를 거치면서 세계의 패권은 지중해에서 대서양으로 옮겨지고, 유럽 열강들의 식민제국 건설에 대포와 총만으로는 식민지의 시민들을 교화(敎化)할 수 없었기 때문에 성경과 셰익스피어를 이용했다는 설도 있다. 아무튼 셰익스피어의 비밀이 무엇인지 확실하게 밝혀지지 않은 상황에서 섣불리 그를 비하하는 것은 옳지 못한 것 같다. 그의 작품 중에서 '리어왕'은 여러 가지 시사점을 주는 작품으로 유명하다.

리어왕에게는 딸이 세 명이 있었는데 그중에서도 셋째 딸인 코딜리아를 가장 사랑했다. 그러나 두 언니와 달리 코딜리아만 자신을 사랑한다는 아첨을 하지 않자, 분노해서 재산을 물려주지 않았다. 그녀는 왕으로부터 추방당했으나 프랑스 왕이 거둔다. 리어왕은 첫째와 둘째 딸에게 결국 버림을 받고 광야를 미친놈처럼 배회한다. 그때 그를 따르던 충신 글로스터에게는 두 아들이 있었는데 첫째가 에드가고 둘째가 에드먼드였다. 에드가는 적자였고, 에드먼드는 서자였기에 늘 불만에 차있었다. 그는 에드가에게 누명을 씌워서 추방당하게 만든다. 리어왕처럼 글로스터도 에드먼드로부터 결국 버림을 받고, 두 눈이 먼 채로 광야를 배회하다가 죽는다. 아버지의 추방 소식에 코딜리아는 프랑스군을 이끌고 언니들을 치기 위하여 침략하나 붙잡혀서 에드먼드가 보낸 자객에게 죽임을 당한다. 죽기 전에 아버지 리어왕과 화해를 한다. 이 과정에서 리어왕은 코딜리아를 통하여 오이디푸스 콤플렉스를 느낀다. 마치 햄릿이 자신의 어머니에게서 느낀 비슷한 감정이었을 것이다.

리어왕은 왕이란 신분에서 추락하여 광야를 떠돌면서 진정한 사랑이 무엇인지 깨닫는다. 전형적인 기독교적 깨달음이었다. 마치 아우구스티누스가 오랜 방황 끝에 자신의 영혼을 그리스도에게 맡기고 하느님의 사랑을 깨닫는 것처럼 무지와 오만으로부터 고행을 통하여 신의 중요성에 대한 깨우침을 얻는다. 그러나 에드먼드는 당시 신분의 속박(the Great Chain of Being)으로부터 탈출을 시도한다. 즉, 인본주의(人本主義)로 나간 것이다. 즉, 인간은 타고난 운명에 영향을 받는 것이 아니라, 자기 기술과 능력으로 새로운 권력을 얻는다는 믿음을 가진다. 이것은 중세의 기독교적인 신에 대한 절대복종에서 르네상스 시대의 개인주의(個人主義)로의 새로운 발걸음을 의미한다.

후에 니체는 인간은 '권력욕'에 사로잡힌다는 것이 에드먼드의 사상과 맥락이 같다. 햄릿이나 리어왕은 오이디푸스 콤플렉스를 겪는데 후에 프로이트에게 인간 본성의 심리학을 연구하게 되는 바탕을 제공한다. 또한 리어왕은 광야를 배회하면서 가진 자의 횡포를 비판하고, 부(富)가 특정계층에 독점되는 것보다는 없는 자에게 분배되어야 한다고 주장한다. 후에 마르크스는 이것을 사회주의 이론에 응용하면서 셰익스피어는 위대한 인민의 작가라고 칭송한다. 토마스 모어의 '유토피아'와 만나는 지점이다. 영국이 사회주의나 공산주의에 빠지지 않은 것이 이상할 정도다.

유토피아는 1516년에 라틴어로 쓰인 소설의 제목이자, 소설 내에 등장하는 섬나라 이름이다. 한마디로 정리하면, 유토피아는 경제는 사회주의, 정치는 민주주의 체제를 지니면서도 교육과 종교의 자유를 보장하는 이상적인 나라이다. 500년 전에 쓰인 소설인데도 하루 6시간 노동, 지방자치제, 공유경제, 공공주택, 안락사 인정, 사형제 완화, 비밀투표 보장, 종교의 자유, 노동의 의무, 국방의 의무는 모병제를 채택하면서 용병 고용, 남녀평등 교육, 기본소득제 채택, 사유재산 불인정 등. 현재, 우리 사회에서 논의되거나 시행되고 있는 것도 많다는 점에서 놀라운 작품이다. 특히, 이혼과 재혼을 인정하고, 사형대신 강제 노동을 시킨다는 점은 인권도 고려하는 앞선 생각이다. 그러나 노예제도는 현시대에는 맞지 않으나 1990년대까지도 미국에서 존재했다는 사실에서 '토마스 모어'[82]의 통찰력을 엿볼 수 있다. 또한 가장 중요한 것은 금은보화를 중시하지 말도록 교육을 시키고 실제로 노예의 치장도구나 어린아이들 장난감으로 사용하게 했다. 단, 타국과의 무역에서만 교역의 대가지불을 위하여 사용했다는 점이다. 이러니 사유재산을 가질 이유도 없었던 것이다. 이 얼마나 아름다운 사회인가! 이런 사회를 동경하는 사람들이 지금도 분명히 많을 것 같으나, 2016년 스위스에서 기본소득제 도입 여부를 두고 국민투표를 실시했는데 결과는 반대 77%, 찬성23%로 부결된 것으로 보아 사회주의 이상보다

---

82 1478~1535, 영국의 근대철학자. 법률가 · 저술가 · 사상가 · 정치가. 헨리 8세의 개인비서. 가톨릭에서는 성 토머스 모어라고 부른다. 성공회에서도 그를 성인으로 추앙한다. 비록 1517년 마틴 루터의 종교개혁 시에 헨리 8세의 입장에 섰지만, 당시 상황을 감안했다.

는 자본주의에 익숙해있다는 것을 알 수 있다.

그러나 실제로 미국 일부 지역에서는 2008년 금융 위기 후, 달러가 약세로 돌아서는 것을 목격하고는 달러사용 대신 지역 화폐를 발행하여 화폐로 사용하도록 했다. 또한, 직업에 상관없이 일한 시간에 비례해서 지역 화폐를 지불했다. 마치 유토피아를 보는 착각이 들 정도였다. 만약, 누군가 돈 많은 재벌이 두바이에 인공 섬을 만들었듯이, 그런 섬을 만들어서 원하는 사람들은 누구든 살게 하고, 대신 규칙에 따라서 노동을 하고 유토피아와 똑 같은 구조로 사회를 만든다면 필자도 참여할 의사가 있다. 얼마나 이상적인 사회인가! 그곳에는 도둑과 강도가 있을 필요가 없다. 사유재산을 불인정하기 때문이다. 모두가 주인인 사회다. 얼마나 멋진가! 변호사도 필요 없는 사회다. 남에게 해를 주지 않고 공동체를 우선하는 삶을 살면 법도 필요 없는 사회이다. 그러나 많은 사람들이 함께 살다보면 이상한 사람들이 나타나므로 그런 사람들 때문에 법이 존재할 뿐이다.

다시 셰익스피어로 돌아가자. 셰익스피어 작품들은 여러 각도의 다의성(多義性)을 보여주는 훌륭한 문학작품들이다. 햄릿이나 리어왕은 모두 '비극(悲劇)'에 속하는 작품이다. '비극'이란 인간과 신이 충돌하여 발생한다. 가령, 오이디푸스는 아폴로라는 운명의 신이 만든 굴레 속에서 아버지가 아버지인 줄 모르고 죽이고, 어머니가 어머니인 줄 모르고 결혼한다. 후에 오이디푸스는 진실을 알고서는 자기 눈을 스스로 찔러서 시각장애인이 된다. 신이라는 존재가 만든 자신을 파멸시키려는 운명(運命)과 그 운명과 맞서서 스스로 눈을 찔러서, 자유의지(自由意志)를 통한 개인의 주체성을 잃지 않으려 했다. 예컨대, 헤밍웨이의 '노인과 바다'에서 자연의 힘에 인간은 파멸될지언정, 절대로 패배하지 않는다는 사상과 같다. 이것은 '휴머니즘'이며, '인본주의'이다. 이것은 고대 그리스의 '헬레니즘' 문화의 영향을 받는다. 이와 함께 서양 문화를 지탱한 다른 축은 '헤브라이즘'이다. 즉, 유대교에서 출발하여 종교개혁을 통하여 로마가톨릭과 개신교로 명맥을 유지한다. 결국, 셰익스피어 작품들은 헬레니즘과 헤브라이즘 사이의 충돌이며, 이것을 '비극'이란 이름으로 이 둘 사이를 절충한 절묘한 작품들로 볼 수 있다. 여기에 셰익스피어 작품들의 위대성을 볼 수 있는 것이다.

3-33   카뮈의 이방인과 디오게네스, 시지프

'알베르 카뮈'[83]의 '이방인'이란 단편 작품은 현대인의 고독을 사실적으로 표출한 걸작이다. 가령, 사회생활을 하다 보면 여러 경험을 하게 된다. 한일 월드컵이 있었던 2002년. 직원 중의 한 명은 월드컵인데도 들떠있지도 않았고, 남들과 어울려서 승자 알아맞히기 게임에도 동참하지 않았다. 참 이상한 친구라 생각했는데, 그 친구는 다른 일을 할 때도 마찬가지로 남과 달랐다. 남과 잘 어울리지 못하는 성격이었다. 우리는 그를 이상한 사람(미친놈)으로 생각했다. 우리 사회에서는 이방인이 된 것이었다. 돌이켜 생각해 보니 과연 그를 이방인으로 취급한 우리가 잘못된 것인지? 이방인으로 행동한 그 친구가 잘못된 것인지? 잘 모르겠다. 왜냐하면 사람들은 저마다 특징이 있기 때문이다. 이것이 개성(個性)이다. 미친놈 취급을 당했던 그 친구는 일류대 출신에 성적도 상위권이었다. 이런 우수한 친구를 우리는 사회 부적응자라고 낙인을 찍은 것이었다. 그러나 이 친구는 일 처리는 확실하게 했다. 남들과 다르게 행동한다고 해서 왕따를 시키고, 이방인 취급을 하는 것은 옳지 못한 것 같다. 노벨문학상 수상자인 카뮈의 '이방인'이란 작품에서 주인공 뫼르소는 어머니 장례식에서 밀크커피를 마시고 담배를 피우고, 졸기도 하고, 눈에는 눈물 한 방울 흘리지 않아서 사람들로부터 이방인 취급을 당하고, 후에 살인사건으로 사형선고를 받는데 그의 이상한 태도가 일조(一助)한다.

뫼르소는 솔직하다 못해 바보스러울 정도로 솔직했다. 또한 남들이 가지고 있는 승진의 욕망도 없었다. 어느 날, 해변에서 잘 모르는 아랍인을 총으로 쏘고 죽

---

83 1913~1960, 프랑스 소설가 · 작가 · 철학자. 무신론적 실존주의. 1957년 노벨문학상 수상.

게 하자, 재판을 받게 되었다. 그의 살인 동기에 대해서 재판관이 묻자, 그의 대답은 햇빛이 강렬해서 더위를 피하려고 했는데, 그 아랍인이 막고 서있어서 총을 쏘았지, 개인적인 감정으로 총을 쏜 것은 아니라고 했다. 재판정은 어안이 벙벙한 상태가 되었다. 더위 때문에 사람을 죽인다는 것은 도저히 일반인으로서는 상상할 수도 없는 일이었기 때문이다. 재판관이 뫼르소에게 살해한 것을 후회하느냐고 물으니 그런 감정은 없고 대신 재판정에서 진술하는 것들이 모두 귀찮다는 식으로 답변을 하여 결국, 사형선고를 받는데 동정의 여지를 잃게 만든다. 그는 왜 살인한 것을 후회하고, 그때는 제정신이 아니었다고 왜 남들처럼 변명조차 하지 않았을까?

카뮈는 뫼르소를 통하여 신에게 의존하지 않는 담대성(膽大性)을 실존주의(實存主義)라는 사상을 접목하여 표현했다. 뫼르소는 현실에 영합하는 영리한 사람은 아니지만 그런 사람들만 득실대는 세상에서 무미건조하고 도덕성도 없는 주인공을 통하여 그를 사회와는 동떨어진 이방인으로 승화시킴으로써 인본주의 철학을 실천한 우수한 작품이라고 보인다. 이 소설을 처음 읽을 때, 정신이상자가 쓴 글로 오해했다. 글쓴이가 무엇을 주장하는지도 모르고 읽었다. 이 책을 읽은 사람들은 저마다 의견들이 다르다. 그만큼 난해하다고 해야 할지, 현실에 맞지 않는 소설인지 참 아리송한 소설이다. 이 소설은 카뮈가 스무 살 후반에 쓴 것이다. 물론 이 책으로 노벨문학상을 받은 것은 아니다. 노벨문학상은 작품하나 좋은 것 창작했다고 수여하는 것이 아니라 그동안 집필한 작품들과 사상적 연계성과 작가가 추구하는 이상(理想)과 문학적 가치 등을 종합적으로 판단하여 수여한다.

이방인은 어찌 보면 카뮈의 대표작으로 보인다. 그만큼 많은 독자가 읽었고, 지금도 읽고 있기 때문이다. 무엇이 독자들을 열광하게 하는지 참 알다가도 모를 책이다. 필자가 생각하는 그 책의 의도는 현대사회 속에서 소외된 사람이 자기만의 생(生)을 즐기지는 않지만, 그럭저럭 사는 초점 잃은 삶. 하루하루 살고는 있지만 왜 사는지도 모르고 사는 현대인들의 삶을 있는 그대로 보여주는 것으로 책을 읽는 독자는 매료되는지도 모르겠다. 그들 중에는 소위 이방인도 있을 것이고, 아닌 사람도 있을 것이다. 실제로 격무(激務)에 시달리고, 상사로부터 핀잔을 듣고, 당장

사표 쓰고 싶지만 마땅한 자리도 없어서 그냥 눌어붙어 사는 기생충 같은 인간의 삶. 그렇지만 그들은 현실에 적응하는 정상인들이다. 독자들은 거기에 호응하면서 무의식적으로 읽어나가는 것 같다.

　이방인이란 작품에서 핵심은 햇빛이 센 어느 날, 오후에 아무 관련 없는 어떤 아랍인을 총으로 쏴서 죽인 우리의 주인공 뫼르소. 그는 그 앞에서 알짱대는 그 아랍인에게 총을 쏜다. 마치, 디오게네스가 한낮의 일광욕을 즐기고 있는데, 알렉산드로스 대왕이 와서 뭘 도와주면 되는지 그에게 묻자, 그는 당신 때문에 햇빛이 가리니 몸 좀 치우라고 한 디오게네스. 그 또한 소설 속의 이방인과 무엇이 다르랴! 그가 평범한 사람 같았으면 손바닥에 버터를 바르고 짬짜미하면서 잘 살 텐데, 사서 고생을 하는 것이다. 그는 견유학파(犬儒學派)였다. 개 같은 학파. 여러 설명이 필요 없이 아무 욕심 없이 인생을 사는 거지같은 철학을 하는 일종의 절제된 쾌락주의. 그가 일반인들 눈에 미친놈처럼 보이는 것은 당연할 것이다. 그는 대낮에 횃불을 들고 사람들의 얼굴을 비추고 다녔다. 진짜 인간을 찾는다고 말이다. 그런 그의 행동은 일반인들이 볼 때, 제정신이 아닌 이방인이었을 것이다. 우리의 주인공 뫼르소가 만약 재판정(裁判廷)에서 그 살해당한 아랍인이 가슴에서 칼을 꺼내려 하기에 먼저 총을 쏘았다고 거짓말만 했어도 정당방위가 될 수도 있었다. 그러나 그는 솔직히 태양 때문에 살해했다고 바보 같은 대답을 했다. 이것 때문에 결국 사형이 확정되었다.

　카뮈는 그가 쓴 시지프 신화에서 시지프는 그리스 신들에게 노여움을 사서 언덕 위로 커다란 돌덩이를 굴려 올리면 꼭대기에서 이내 힘들게 밀어올린 돌을 다시 떨어뜨리는 형벌을 받는다. 이런 작업을 하루 종일해야 하는 형벌이었다. 그래도, 자살을 선택하지 않고 끝까지 돌을 굴려 올렸다. 카뮈는 자살은 정상적이 아니라고 보았다. 마치 스피노자가 코나투스(살고자 하는 본능. 즉, 의지)를 잃었을 때, 인간은 절망하여 자살한다고 했는데, 그것조차 카뮈는 부정하면서 '부조리'라도 받아들이는 것이 정상인으로 보았다. 즉, 현실의 수모를 이겨내는 것이 곧 승리라고 보았다. 신들에게 시지프는 정상인이 아니라 이방인처럼 보였을 것이다. 살 수 있는 요기는 진정한 용기다. 소크라테스가 스스로 자살을 택하지 않은 것은 신의 뜻은 독배를 받아들이라는 것이라고 믿었고, 탈출하지 않은 것은 법을 위반하는 정의롭지 못한 것이라고 내면의 양심이 알려주었기 때문이다. 그런 소크라테스를 향해 당신은 이방인이라 했으면 그는 무엇이라고 했을까? 너나 돌보라고 했을 것이다.

우리의 주인공 뫼르소는 왜 스스로 사형을 받아들였을까? 일종의 자살로 보는 것이 맞는 것일까? 그는 이제껏 산 인생을 사회에 적응하지 못하는 이방인으로 살았기에 재판정에서도 타협보다는 영원한 이방인을 택했던 것일까? 소설 속에서 그의 마지막 소원은 공개 처형되는 날 많은 구경꾼이 와서 자신의 주검에 침을 뱉어줄 것을 바랬다. 마지막 가는 길조차 이방인으로 가고 싶었다. 디오게네스, 시지프, 뫼르소 모두 현실 세계에서는 이방인 미친놈이었으나, 그들은 거짓, 쾌락과 욕심으로 가득한 현실을 도외시한 어쩌면 그들만의 이데아의 세계에 살았는지도 모른다. 누가 그들에게 미친놈이라고 손가락질할 것인가! 그렇게 말하는 자가 더 미친놈일 수도 있는데…….

3-34 맹상군의 '계명구도(鷄鳴狗盜)'와 닭 울음소리의 깨달음

개를 사랑한 디오게네스. 우린 개를 사랑하면서도 잡아먹는 민족이다. 이중성을 지녔다. 개는 얼마나 충직한 동물인가! 주인이 죽기 전날에 늑대 울음소리를 내면서 울어준다. 개는 일본에서 영물(靈物)로 중시한다. 중국도 마찬가지다. 유독 한국에서만 이중성을 갖는다. 플라톤도 사람이 죽으면 개나 곤충의 몸속으로 그 영혼이 들어간다고 했고, 아리스토텔레스는 심지어 식물도 혼이 있다고 했다. 우리도 고대에는 개를 소중히 여기었으나 삼국시대 때부터 개새끼가 욕이 되고, 잡아먹는 일이 발생하기 시작했다. 개새끼도 욕인데, 개만도 못한 인간이면 그보다 더한 욕이 되는 것이다. 하필, 많은 동물 중에서 개새끼가 욕이 되었을까? 일설에는 새끼가 자라서 제 어미와 교배해서 새로운 새끼를 낳는다고 해서 개새끼가 욕이 되었다는 설도 있고, 개는 주인을 물었다가도 주인이 먹이를 주면 금방 살랑살랑 꼬리를 쳐서 이런 비굴한 면 때문에 개새끼라는 것이 욕이 된 것 같기도 하다.

디오게네스는 현자였지만 개처럼 살았다. 성적으로 문란하게 살았다는 얘기가 아니라 개처럼 밖에서 잠을 자고, 어떤 재물도 필요로 하지 않는 사람이었다. 심지어 그가 허리춤에 차고 다닌 쪽박마저도 사치스럽다고 깨버렸다. 그는 신에 가까운 인생을 살아야 정말 자유롭고, 속박 받지 않는 인간이며, 행복한 인간이라고 생각했고, 이것이 '견유학파'이며 후에 '스토아학파'에도 영향을 끼친다. 스토아학파의 특징은 신에 의하여 천지창조가 된 것이 아니라 이미 불이 존재했고, 공기 물 흙 등으로 만물이 형성되고, 신은 그것을 지배하는 존재로 인식했다. 신을 부정한 것은 아니고, 자연 그대로를 받아들이면서 인간 질서를 위해서는 윤리의 중요성도 강조했다. 경험을 통하여 인간은 이성을 갖는다고 보았다. 신플라톤주의와 다소 다른 면은 있었지만, 헬레니즘 문화를 계승하고, 소크라테스와 플라톤 그리고 아리스토텔레스의 철학도 받아들인 학파였다. 그러나 견유학파처럼 가난이나 예속 등에서 완전히 초탈할 것을 주장하지는 않았다. 동양의 노자 사상이 견유학파와 더 가까울 수도 있다. 무위(無爲)와 가깝기 때문이다. 스토아학파는 윤리적인 것과 이성을 강조하기도 했으니 노자 사상과는 동떨어질 수도 있다.

다시 개와 관련된 얘기로 돌아가자. 중국 전국시대 제나라에서, '맹상군'[84]은 재상으로서 두루 인재를 초청하였다. 닭 울음소리를 잘 내고, 개소리를 내면서 도둑질을 잘하는 자들도 자기 식객(食客)으로 초대했는데 결국 그들이 진(秦)나라에 간 맹상군을 구했다. 진나라 왕이 그를 재상으로 삼으려고 하자, 진나라의 권력자들은 반대하면서 그를 죽여야 한다고 주장했다. 왕은 그를 투옥하고 죽이려고 했으

---

84 ?~BC 279?, 중국 제나라, 정치가. 사재를 털어 천하의 인재를 후하게 대우하여 수천의 식객을 거느렸다. 그의 아버지는 제 선왕의 서제인 정곽군 전영이었다. 아버지가 죽고, 설(薛)의 봉지(封地)를 물려받았다. 사마천의 사기에는 설 지역의 풍속을 경험한 바를 적으면서 "세상에 전하기를 맹상군이 손님을 좋아하고 스스로 즐거워하였다고 하니 그 이름이 헛된 것은 아니었다."에서 명불허전(名不虛傳)이란 성어가 비롯되었다. [출처] 두산백과.

나, 왕의 애첩이 맹상군이 가지고 있다는 '호 백구'(여우의 겨드랑이털이 흰색인데 그것으로 만든 옷)를 탐냈다. 맹상군 주변 사람들은 그 애첩을 이용하여 맹상군을 도우려 했으나, 안타깝게도 그 옷은 이미 맹상군이 진나라에 들어오면서 왕에게 선물로 바친 상태였다. 꼼짝없이 죽게 된 맹상군 앞에 그의 식객인 개소리를 잘 내는 도둑놈이 나타나서 자기가 '호 백구'를 훔치겠다고 큰소리쳤다. 다른 사람들은 모두 비웃었지만, 그는 진나라 황궁으로 진입하여 개소리를 내면서 용케 '호 백구'를 훔쳤다. 그리고는 그 애첩에게 주고 모두 황궁을 탈출했으나, 당시 진나라는 '상앙'이라는 개혁자가 만든 법 때문에 새벽이 되어야만 함곡관(函谷關)의 문이 열렸다. 탈출소식을 전해 들은 진나라 권력자들은 그를 쫓도록 했고, 또 한 번 처한 위기에서 이번에는 닭 울음소리를 잘 내는 자가 꼬끼오를 외치니 함곡관의 문이 열렸다. 이것을 '계명구도(鷄鳴狗盜)'라 한다.

2014년에 아르헨티나 수도권에 있는 메를로에서 한 주민이 옆집 주인에게 닭울음소리가 고통스러우니 해결을 부탁했지만, 그 집 주인은 눈도 깜빡하지 않았다. 이에 화가 난 그 주민이 시를 상대로 민사소송을 제기했고, 재판부는 닭 울음소리는 소음으로 인정된다고 하면서 우리 돈으로 약90만원의 배상금을 지급하라고 명령했다. 베드로는 예수를 모른다고 부인하면서 도망쳤으나 닭 울음소리를 듣고 참회했다.

선가(禪家)에서는 소리를 듣고 도를 깨쳤다는 이야기가 전해진다. 종소리, 낙숫물 떨어지는 소리, 기왓장 깨지는 소리, 어린아이 울음소리를 듣고 도를 깨우친 예도 있다. 휴정 '서산대사'[85]도 어떤 마을을 지나던 중에 닭 울음소리가 들렸다. 대사의 마음에 전광석화처럼 파고들었다고 한다. 그의 오도송 내용은 다음과 같다. "머리는 희어도 마음은 희지 않나니/ 옛사람이 이미 누설한 것이라/ 이제 한마디 닭 울음소리를 듣고서/ 장부가 해야 할 일 마침내 끝냈도다!/ 문득 내 집을 이제야 얻으니/ 모든 만물이 다만 이렇고 이렇도다! 보배로운 수많은 대장경이/ 원래는 한 장의

---

85 서산대사 (휴정): 1520~1604, 양반집에서 태어남. 임진왜란 때 승병을 모아 일본군과 맞서 싸운 승병장. 그의 제자가 사명대사. 유교, 불교, 도교는 같다고 주장하는 삼교 통합론을 주장.

빈 종이로다! 이 오도송을 '이제열'[86]의 해석에 따르면, 변화하는 것은 몸이니 본래 면목으로서의 부처 마음은 변하지 않는다. 이는 과거의 모든 스승이 이미 한결같이 밝혔음이다. 닭 울음소리에 도를 깨치니 이제 해야 할 일이 없다. 홀연히 내 안의 집에 돌아오니 부처가 다른 사람이 아니다. 세상 만물 하나하나가 또한 이와 같으니, 마음과 도와 부처와 만물은 차별이 없다. 과거 부처님이 설하신 팔만 사천의 대장경이 본래는 백지 같은 청정한 마음에서 나온 것이니 참된 경전은 문자에 있음이 아니다. 필자가 감히 느낄 때는 닭 울음소리에서 자기의 마음을 읽었고, 곧 부처의 마음을 보았으니 닭과 나와 부처는 한마음이라는 깨달음 같다.

3-35 프란츠 카프카와 유대인

다시 이방인으로 돌아오자. 카뮈와는 색다른 이방인 '프란츠 카프카'에 대해서 알아보자. 그는 1883년 체코의 프라하에서 태어난다. 당시에 체코는 오스트리아와 헝가리의 이중 제국에 소속되어 있었다. 오스트리아와 헝가리 제국은 제1차세계대전에 참여하게 되었다. 독일을 주축으로 오스트리아-헝가리 제국과 오스만튀르크 제국이 연합했으나, 결국 러시아와 영국 그리고 프랑스가 주축이 된 연합군에게 패하고 제국들은 하나둘 해체가 된다. 전쟁 당시의 오스트리아는 막강한 유럽의 국가였다. 그러나 전쟁 패배의 여파로 체코와 헝가리가 독립하고, 오스트리아는 지금의 작은 나라로 된다. 오스만튀르크제국도 지중해의 강한 제국이었으나 전쟁에서 패배하고 해체되어 지금의 튀르키예(구 터키)로 남는다.

프란츠 카프카는 체코사람이면서 유대인이었다. 그러나 그는 독일어로 작품을 썼고, 유대인으로 행세하지 않았다. 그래서 주변의 유대인으로부터 미움을 사기도

---

86 법림선원 지도법사.

했다. 그는 40세에 결핵으로 사망하는데 죽을 때까지도 그는 자신이 누구인지를 반문하면서 살았다고 한다. 그는 전업 작가도 아니었다. 어쩌면 취미로 글을 쓰는 사람이었다. 그렇다고 부유한 것은 아니었기에 살기 위해서 보험업을 해야 했다. 40대에 사망한 철학자는 스피노자와 키에르케고르가 있다. 모두 불행한 인생을 살다가 이슬이 됐다. 카프카는 여러 작품을 남겼으나 당시에 히트한 책은 없었다. 거의 팔리지 않았다. 그의 작품은 그가 죽고 나서 관심을 받았다. 그의 작품은 난해해서 여러 의미로 해석된다. 그는 문학에 대해서 말하길 "우리의 두개골을 주먹질로 쳐서 깨우는 글"이라고 표현했고, "책은 우리 내면의 얼어붙은 바다를 깨는 도끼"라고 표현했다. 그의 표현은 독일인이 보아도 이상한 표현이었다고 한다. 그래서 그런지 영어 사전에 보면 'Kafkaesque'라는 단어가 있는데 이 단어의 뜻은 카프카적인, 설명할 수 없는 방식으로 공포감과 위협을 주는 무시무시함이란 뜻과 부조리하고 암울함의 뜻으로 사용된다. 이방인의 '뫼르소' 느낌과 같은 표현들이다.

　　사전에 사용될 만큼 카프카의 성향과 작품의 성격은 특이했던 것 같다. 그는 늘 자신을 '이방인'으로 생각했다. 짐멜(Simmel)은 "이방인은 오늘 와서 내일 가는 그러한 방랑자가 아니라 오늘 와서 내일 머무는 그러한 방랑자를 가리킨다."라고 했다. 이 말은 유럽에서의 '이방인'들을 말하는데, 외부자이자 내부자였던 '유대인'을 가리킨다. 당시에 유럽에는 '게토(ghetto)'[87]라는 유대인 격리시설이 있었다. 유대인들은 곱슬머리를 하고, 늘 검은색 옷을 입고 다녔고, 평발이 많아서 군대에 가지 못하는 사람들이 많았다. 그런 이유 등으로 해서 유럽에서는 유대인을 혐오하고 배척했다. 카프카의 '변신'이란 작품 속에서 '갑충'은 기생충이었는데 이것은 바로 유럽의 기생충인 유대인을 의미했다.

　　'게토(ghetto)'라는 것은 중세 이후, 유럽의 각 지역에서 유대인들을 그리스도 교도들과 분리하는 정책에 의해서 고립시킨 것을 의미하며, 그들은 벽으로 둘러싸인 그들의 거주지에서만 생활해야 했고, 외출할 때는 황색의 표식을 하고 다녀야 했

---

[87]　유대인들이 모여 살도록 법으로 규정해 놓은 거주 지역.

다. 14세기에 페스트가 유럽에서 창궐하자, 유대교도에 대한 차별 정책은 더욱 심해졌다. 그들에게 시민권은 허용되지 않았다. 18세기말 이래 유럽 여러 나라에서 유대교도 해방과 더불어 차별주의는 붕괴하였으나 러시아를 포함하는 동유럽 국가에서는 20세기까지도 존속했다. 제2차세계대전이 일어난 1940년 무렵에는 나치가 폴란드 등 그들의 점령지에 게토를 설치하여 유대인들을 강제로 수용했다.

유대인은 BC 2000년경 메소포타미아에서 팔레스티나로 이주한 히브리어를 말하는 사람들을 뜻한다. 이들을 이해하려면, 디아스포라(Diaspora, 이산, 離散)를 이해해야 한다. 이 말은 본토를 떠나 유대인의 규범이나 관습에 따라 사는 공동체를 의미한다. 그러나 그들의 정신적 지주는 예루살렘이다. 디아스포라의 시작은 BC 734~BC 721년으로 팔레스타인 북부를 차지하고 있던 이스라엘 왕국은 아시리아의 침입으로 인해 멸망했고, 이후 BC 597~BC 582년 신(新)바빌로니아인의 침략으로 팔레스타인 남부의 '유다왕국'도 멸망하자, 그들은 타국 땅으로 이주하게 되었다. 이것이 '바빌론 유수(Babylonian Captivity)'다. BC 601년 신바빌로니아의 왕 네부카드네자르2세는 유다왕국을 공격하여 예루살렘을 함락시키고, BC 597년 유대인을 바빌론에 포로로 데려갔다. 이것이 첫 번째 유수이고, 두 번째는 BC 586년, 세 번째는 BC 582년 일이다. 당시, 유다왕국의 총인구는 25만 명으로 추정되며, 포로는 귀족·군인·공인(工人) 등이었다.

디아스포라의 가장 큰 중심지는 로마제국의 3대 도시인 로마·안티오키아·알렉산드리아였다. 안티오키아에 유대인들이 정착한 것은 BC 150년 이후였으며, 로마는 그보다도 늦은 시기였으나 규모가 크고 부유하였다. 알렉산드리아의 유대인이 그중에서도 가장 영향력이 컸으며, 100만 명 이상이 거주했다고 전한다. 디아스포라의 유대인들은 팔레스타인 유대인들보다도 높은 수입을 올렸으며, 알렉산드리아에서는 원주민보다도 높은 지위를 얻었다. 그들은 대부분이 그리스어를 사용했으며, 주로 수공업과 무역에 종사했다. 학문 중심지였던 알렉산드리아에 유대인 헬레니즘 문화를 만들었다. 즉, 유대인들은 구약을 그리스어로 번역한 '70인 역 성서'를 출간하여 그리스도교에 큰 영향을 끼쳤으며, 필론을 비롯한 많은 학자와 저술가를 배출하였다. 후에 로마제국이 그리스도교를 국교로 한 것과도 무관하지는 않을 것이다. 중세에 그리스도교를 유럽에 전파하는 데도 많은 이바지를 했을 것으로 추정된다. 즉, 로마가톨릭에서 그리스에 사람들을 파견하여 그리스도 사상을 전파했는데 그 책이 많은 역할을 했을 것이다. 그들은 그리스어를 익히고 그리스어로 전도사 역할을 했다.

한편, 디아스포라를 통하여 반(反)유대인적인 풍조가 발생하기도 했다. 유대인들의 민족적 배타성과 경제적 번영, 특권들로 인해 많은 도시에서 유대인 혐오가 확산하였다. 반유대인 폭동이 일어나기도 했다. 법정에서는 유대인들에게 무거운 벌금을 부과시켰다. 알렉산드리아에서 지속된 반목은 결국 로마 황제인 '칼리굴라'[88]의 박해로 이어졌고, 필론을 단장으로 하는 대표단이 로마 법정에 박해를 중지해달라고 호소하기에 이른다. 이 박해는 칼리굴라의 암살로 끝났다. 당시에 칼리굴라는 심한 정신질환을 알고 있었고, 누이동생들과 잠자리를 같이하는 반윤리적 만행도 저지르고 있었다. 이런 기회를 칼리굴라의 숙부가 이용한 것이다. 황제의 자리는 그의 숙부였던 '클라우디우스'였다 숙부가 정권을 빼앗은 모양새였다. 그는 칼리굴라의 누이동생을 정치적 정통성의 이유로 네 번째 아내로 맞이했다. 그녀는 이미 아들을 가지고 있었는데 '네로'[89]였다. 그녀는 클라우디우스를 암살했고, 권력을 잡으려고 했으나 아들 네로한테 죽임을 당한다. 그녀는 로마 황실의 악녀로 유명했다.

햄릿 작품 속의 햄릿은 덴마크의 왕자였다. 햄릿의 삼촌인 '클라우디우스'가 형을 독살하고, 왕이 되어 햄릿의 어머니인 '거트루드'와 결혼한다. 햄릿은 그 결혼이 역겹다고 말했다. 로마 시대의 역사를 셰익스피어가 베낀 듯한 느낌이다. 공교롭

---

88 12~41(향년 28세), 로마 제3대 황제, 근친상간설에 대해서 억측이 난무. 칼리굴라라는 영화는 아예, 포르노로 제작함. 감독들은 포르노에 반대해서 도중에 감독이 4번이나 바뀜.

89 37~68, 로마 제5대 황제. 폭군의 대명사, 그의 어머니인 아그리피나는 네로를 황제로 만들기 위해 칼리굴라 다음으로 황제 자리에 오른 클라우디우스와 결혼에 성공하고 황후가 되자 클라우디우스를 암살했다. 16세의 나이로 황제 자리에 오른 네로는 예술감은 있었던 것으로 보인다. 그의 스승은 세네카였다. 네로는 친모가 정부와 짜고 자신을 없애려는 음모를 꾸미자 친어머니를 살해하고 로마 시내를 불 지른다.

게도 삼촌들의 이름이 같고, 이야기 전개가 비슷하기 때문이다. 셰익스피어는 무의식적으로 작품을 전개한 것인지 의식적으로 작품을 전개했는지 알 수 없으나 인간은 자신도 모르는 사이에 이전의 역사와 경험으로부터 아이디어를 얻는 경우가 많다. 조선시대에는 세조가 어린 조카 단종의 권력을 찬탈한다. 역시, 숙부였다 숙부와 조카의 관계가 애매하다 보니, 실제로 사이가 좋지 않은 집안이 꽤 있다. 특히, 재벌가들을 보면 그렇다.

유대인 얘기로 돌아가자. 로마 사회의 키케로, 세네카, 타키투스 등 로마를 대표하는 문학가들조차 반유대적인 편견이 심했다. 이것은 현대에 이르는 2,000년 동안 유럽과 중동 등지에서 집요하게 발생한 비이성적인 반유대주의와 같은 맥락에서 이해된다. 제2차세계대전의 '홀로코스트(Holocaust)'도 만연한 반유대주의의 일환이었을 것이다. 히틀러도 미친놈이었지만, 반유대인 감정이 전 유럽을 휩쓴 것도 사실이었다. 현재도 전 세계에 퍼져있는 유대인의 수가 1,400만 명 정도 되는 것으로 추산하고 있다. 그들의 절반은 아메리카대륙에 살고 있다. 원래는 세계 유대인의 80%가 유럽에 살고 있었으나 유럽인들의 박해를 피해 이주를 했기 때문이다. 학자나 예술가 중에 뛰어난 유대인들이 많지만 대부분 유대인은 도시에 사는 노동자·중산계급이다. 디아스포라로 자손은 세계 각지를 유랑하여, 그 땅에 인종·민족과 혼교(混交)를 거듭했기 때문에, 형질·문화·종교는 다양하다. 즉, 형질상 다수의 유대인은 백인이지만 일부는 흑인(인도의 Black Jews)이며, 유대인의 코가 갈고리같이 생겼다고 해서 그런 코를 가진 사람만 유대인으로 잘못 알고 있다. 종교적으로 그들 중에는 유대교에서 다른 종교로 개종하거나 무신론자가 된 사람도 많다.

카프카 얘기를 하다가 유대인 얘기로 흘렀다. '카프카'는 자신도 유대인이었기에 주류에 속하지 못하는 이방인으로서의 자신의 처지를 비관하여 '학술원에 드리는 보고'라는 글을 쓴다. 이 작품은 암울했던 1977년 명동 창고극장에서 공연되었던 연극배우 고(故) 추송웅 씨의 모노드라마인 '빨간 피터의 고백'으로 국내 무대에도 선다. '빨간 피터의 고백'은 원숭이가 사냥꾼에게 포획되어서 좁은 우리 속에 갖히면서 시작된다. 원숭이는 배를 타고 이동하는데 인간들이 하는 행동을 따라 하게 된다. 그러면 인간들은 그것을 보고 희희낙락했다. 육지에 도착해서 원숭이는 동물원 철창으로 갈지 아니면 서커스단으로 갈지 결정된다고 한다. 대부분 원숭이는 서커스단으로 가려고 한다. 그곳은 먹을 것도 많고, 인간들과 생활하기에 철창보다는 낫다는 생각에서다. 서커스단에 들어간 원숭이는 인간이 시키는 대로 인간의 흉내를 내면서 인간사회에 적응하면서 산다.

어느 날 학술원에서 그 원숭이에게 5년 전 아프리카에서 원숭이로 있을 때와 인간사회로 들어와서 인간들과 지낸 생활을 비교해서 말해 줄 것을 요청받는다. 그 원숭이는 자신이 똑똑해서 가장 고매한 인간들이 모이는 학술원에서 강연하는 것에 만족했으나 결국 원숭이는 원숭이요, 인간은 인간이라는 차이에서 벗어나지 못한다. 원숭이는 인간사회에서 단지 이방인일 뿐이며, 그것은 바로 유대인으로 투영된다고 카프카는 본 것이다. '빨간 피터의 고백'에서 추송웅 씨는 당시의 군부 정권에 의한 유신이라는 암울한 사회상과 그 사회에 맞추어 사는 인간을 마치 원숭이처럼 묘사하면서 당시에 지식인들의 심금(心琴)을 울렸다.

3-36 도스토옙스키와 안나 스니트키나 그리고 톨스토이

러시아의 대문호인 '도스토옙스키'[90]와 '톨스토이'[91]. 그 둘은 상반된 인생의 길을 걷는다. 도스토옙스키가 흙수저였다면, 톨스토이는 금수저였다. 도스토옙스키는 군의관이었던 폭군 아버지 밑에서 자랐다. 그의 아버지는 농노해방의 시대에 농민들에 의해서 살해된다. 그의 어머니마저도 청소년기에 죽는다. 그는 늘 가난하게 살았으며, 건축학교를 졸업은 했으나 작가의 길로 접어든다. 도스토옙스키는

---

90 1821~1881, 러시아제국, 러시아를 대표하는 대문호 중 한 명.
91 1828~1910, 러시아제국, 러시아를 대표하는 대문호, 철학자, 평화주의자.

공병학교에 입학하여, 장교로 군 복무를 시작했으나, 늘 돈에 쪼들린 생활을 했다. 낭비벽이 심했기에 그는 늘 자신이 가난하다고 생각했다. 그는 돈을 벌기 위하여 글을 썼다고 해도 과언이 아니다. 그 시절의 작품들은 '가난한 사람들', '도박꾼' 같은 소설을 썼다. 문학적인 가치보다는 사실에 치중한 소설들이었다. 그는 당시에 러시아의 '전제정치(專制政治)'[92]에 반감을 품고, 공상적인 사회주의에 빠지면서 10년간 시베리아 유배 생활을 한다. 그는 사형선고를 받았으나, 사형장에서 극적으로 황제로부터 형집행정지를 받고, 유배 생활을 시작한다. 그는 유배 생활하는 동안에 사악한 악당들의 심리를 관찰하고, 자유에 대한 갈망과 사색을 하게 된다.

그의 유명한 작품들은 주로 25살 연하 여인이었던 '안나 스니트키나'와의 결혼 이후이다. '석영중'[93]에 따르면, 천재 작가와 젊은 속기사와의 만남은 한 편의 드라마였다고 한다. 그들의 첫 만남은 도스토옙스키가 살던 허름한 셋집이었다고 한다. 도스토옙스키는 형한테 물려받은 빚 중 3,000루블을 당장 갚지 않으면 안 될 처지에 있었다. 채권자들은 그를 감방에 처넣겠다고 협박했다. 할 수 없이 악덕 출판업자와 계약을 맺었다. 계약한 날이 다가오지만 한 줄도 쓰지 못한 상태였다. 그의 친구인 밀류코프는 친구들과 상의하고, 한 장씩 친구들이 써주면 도스토옙스키가 문장을 다듬고 수정해서 보완시킬 심산이었다. 그러나 도스토옙스키는 그 제안을 거절했다. 밀류코프는 속기사 고용을 제안했다. 역사는 거기서부터 시작됐다. 도스토옙스키도 반신반의했지만, 장편소설 한 권이 기적처럼 26일 만에 완성됐다. 이 작품이 '도박꾼'이다. 훗날 이 과정은 담은 구소련영화가 '도스토옙스키 인생의 26일'이란 제목으로 1980년에 상영되고, 1981년 베를린 국제영화제에서 은곰상을 수상했다. 더 극적인 장면은 결혼식을 치른 후, 도스토옙스키는 첫 번째 결혼 때처럼, 심한 간질 발작을 일으켰다. 이번에는 하루에 두 번이나 그랬다. 그때 안나 부

---

92 국민의 정치참여와 자유권이 없고 지배자가 국가의 모든 권력을 장악하여 초월적 · 강권적으로 지배하는 것이다. 가령, 미국 독립이나 프랑스 혁명에서는 전제가 군주정과 동일시되어 공화국의 건설을 목표로 한다. [출처] 21세기 정치학대사전.

93 1959~, 고려대학교 교수. 미국 오하이오 주립대학교 슬라브어문과 문학박사, 한국 러시아문학회 회장, 한국 슬라브학회 회장 역임.

인의 태도는 놀라웠다. 난생처음 간질 발작을 보았음에도 나이 어린 신부는 도망가기는커녕 쓰러져 입에 거품을 물고 경련을 일으키는 늙은 남편을 끌어안았다. 이것이 도스토옙스키가 그녀와 14년 동안 살면서 대작을 남기게 되는 기반이 된다. 그의 성공 뒤에는 강한 어린 신부가 있었다. 정말로 닭살 돋는 얘기다.

그 후에 그 유명한 '죄와 벌'이 완성된다. 그 작품 속에서 대학생이었던 라스콜니코프를 통하여 '자유'와 '정의'에 대한 사색을 시도한다. 그 작품 속에서 라스콜니코프는 살인을 통하여 자신의 정신적 속박상태에서의 '자유'와 물질적으로 얻은 금은보화를 세상에 던져줌으로써 '정의'를 실현하려고 했으나, 결국, 자유의 박탈감과 소외감 그리고 혐오감만을 느낀 채, 더 깊은 자기 수렁으로 빠진다. 그 작품 속에서 가난은 돈으로부터 시작되고, 가난하므로 자유를 빼앗긴 것을, 초인 사상(인간이 신이 된다는 인신(Man-God) 사상)을 통하여 살인을 저지르게 된다. 니체의 초인 사상과는 다르다. 살인의 동기는 물질에 찌든 하숙집 주인아줌마 한 명을 죽임으로써 다수가 행복과 기쁨과 자유를 얻는다는 공리주의(功利主義) 사상에 위탁한다. 공리주의 사상은 '최대 다수의 최대 행복'을 말하는 것으로 사회 구성원 개개인의 행복은 궁극적으로 사회의 전체 행복을 이룬다는 것이다.

본 작품 속에서는 '트롤리의 딜레마'도 실험된다. 즉, 한 명을 죽임으로써 다섯명을 살린다는 것이다. 그러나 라스콜니코프는 살인 후에 부자유와 고독을 더 느낀다. 마치 '카라마조프가의 형제들' 내용 중에서 "지옥이란 공간이 아니라 사랑할 수 없는 상태"라고 한 것과 일치되는 '지옥'과 같은 감정을 느낀다. 사르트르는 '갇힌 방'에서 남자 한 명과 여자 두 명은 서로를 응시하는데 이러한 타인의 시선을 '지옥'으로 표현했다. 라스콜니코프는 아마도 타인이 아닌, 자기의 내면을 응시하면서 지옥 같은 감정을 느꼈을 것이다.

도스토옙스키는 '죄와 벌'에서 이상과 현실 사이의 괴리감을 날카로운 사실심리로 글을 전개함으로써 최고의 심리작가라고 극찬받는다. 심리학의 대가인 프로이트조차도 그의 작품을 읽고 감탄했다. 그가 죽기 직전에 저술한 '카라마조프가의 형제들'이란 작품에서는 실질적인 살인뿐만 아니라 마음속에서 살인하려는 욕망조차도 죄로 인정함으로써 인간 내면의 악을 죄악으로 승화시킨다. 앞서, 아우구스티누스의 '신국' 내용 중에 "정절은 마음의 덕이므로, 능욕으로 잃어버리는 것이 아니라 실행하지 않았더라도 죄를 지으려는 의도로 잃게 된다."라는 것과 맥락이 같다.

결국, '죄와 벌'의 시사점은 진정한 자유는 기쁨을 느끼고, 누군가를 사랑하고, 세상과 관계를 맺어야 한다는 점이다. 이것은 톨스토이의 작품인 '안나 카레니나'에서 '레빈'이 느끼는 '몰입'을 통한 자아 해방과 세상과의 교감과도 비슷한 사상이다. '몰입'이란 무언가 한 가지 일에 몰두해서 창조적 에너지를 얻는 정신적 활동을 말하는데, 이러한 상태가 되기 위해서는 마음이 평온하고 잡념이 없어야 한다. 이러한 상태에서 진정한 정신적 자유를 얻을 수 있다. 라스콜니코프는 살인을 저질렀기 때문에 이런 마음의 평정을 얻기는 힘들었을 것이다.

톨스토이가 정신적인 성장을 통한 기쁨과 행복을 추구했다면, 도스토옙스키는 정신적인 자유 해방을 통해서 진정한 사랑을 느끼고 그것으로부터 기쁨을 얻는 것이라고 볼 수 있다. 두 작품 속에 주인공들인 레빈과 라스콜니코프는 궁극적으로 행복과 기쁨을 느낀 것은 같았으나 해결방안에서는 차이점이 있다. 레빈은 헤겔이 주장한 노동을 통한 행복감의 실현이고, 라스콜니코프는 마음속의 갈등을 종교로 보상받은 것이 아니라 스스로 죄를 인정하고 마음속의 평온을 찾았으니 니체가 말한 '초인사상(위버멘쉬)'의 사상을 실현하고자 하는 상태라는 것을 발견할 수 있다. 즉, 자기 극복을 통하여 내면의 노예 상태에서 해방되어 진정한 자아를 형성한다는 개념이다.

도스토옙스키는 긴 수감생활을 통한 고독과 도박벽 그리고 간질병과의 오랜 싸움을 통하여 체득한 인간 내면의 고독한 실체를 사실적인 묘사를 통하여 작품으로 승화시켰다는 점이 그의 위대성이고, 반면에 톨스토이는 백작 지주로서 느낀 감정과 그의 하인들인 농민들과의 소통을 통하여 함께 더불어 살아가는 속에서 느꼈던 진정한 기쁨을 작품으로 승화시켰다는 점에서 다소 방향은 서로 다르나 종착지는 비슷한 결과를 보인다는 점이, 두 러시아 작가의 위대성이라 할 수 있다.

3-37 닥터 지바고와 라라의 테마

'닥터 지바고' 영화는 러시아 작가 '파스테르나크'의 원작 소설을 모태로 전개된다. 물론, 소설 내용과 다른 부분도 많았다. '닥터 지바고'라는 원작 소설은 1955년에 창작된 작품이었으나, 불행히도 소련에서는 본 책을 금서로 지정하고 출판을 허락하지 않아, 이탈리아에서 처음으로 번역본이 출판되고, 이어서 1958년 노벨문학상까지 받는다. 그러나 소련에서 작가의 출국을 허용하지 않아, 결국 수상식에도 가지 못한다. 문학의 세계가 '이념'의 희생이 되었다. 일설에는 그의 작품이 사회주의 혁명에 부정적이란 이유로 작가 동맹으로부터 추방당할 위기에 처하자, 스스로 노벨문학상을 포기했다는 주장도 있다.

'닥터 지바고'라는 소설은 제1차세계대전과 레닌의 러시아 공산혁명을 배경으로 하는 영화로 제정 러시아가 공산주의의 암흑기로 빠져드는 붉은 혁명을 '지바고'라는 의사의 삶을 통하여 사실적으로 전달하고, 설원과 전장, 학살과 사랑, 혁명가와 시인을 적절하게 대조시키면서 비련의 불륜적 사랑을 미학으로 승화시키는 역작이다. 이런 아름다운 로맨틱한 색감의 대 러브로망 소설이 소련의 작가에 의하여 쓰인 사실이 놀라울 정도다. 미국 할리우드에서는 본 소설을 영화화하기 위하여 세계적인 감독인 '데이비드 린'을 영입한다. 데이비드 린은 '아라비아의 로렌스'와 '콰이강의 다리' 등으로 유명한 감독이다. 음악은 아라비아의 로렌스에서 데이비드와 함께했던 모리스자르가 맡는다. 그 유명한 '라라의 테마'는 그가 단 몇 분 만에 완성했다고 한다. 본 영화는 1965년에 영화로 세상에 나오는데 그해 '사운드 오브 뮤직'이라는 걸출한 뮤지컬 영화도 경쟁했다. 물론 아카데미 상 수상 횟수는 닥터 지바고가 뒤졌으나, 뮤지컬 영화인 '사운드 오브 뮤직'을 누르고 그해 아카데미 주제가상을 받는다. '라라의 테마'는 영화를 보는 내내 오리지널사운드트랙(OST)으로 등장한다. 애절한 러시아풍의 음악이었다.

본 영화의 제작은 이탈리아인 폰티가 맡는데, 그는 할리우드 여배우인 소피아 로렌의 남편이기도 했다. 그는 데이비드 린에게 소피아 로렌을 '라라'의 역으로 캐스팅해줄 것을 제안했지만, 데이비드는 같은 영국 국적의 여배우인 금발의 미녀 '줄리 크리스티'를 선택한다. 그녀는 1966년 아카데미 여우주연상을 닥터 지바고가 아닌 '달링'이란 영화를 통해서 받는다. 그해 사운드 오브 뮤직의 줄리 앤드루스를 눌렀다. 줄리는 그 전해인 1965년에 '메리 포핀스'로 이미 여우주연상을 받았기 때문이기도 했을 것이다. 불행히도 닥터 지바고의 남자주인공 오마샤리프는 캣벌루에서 1인 2역을 한 '리 마빈'에게 밀려서 그해에 아카데미 남우주연상을 받지 못한다. 대신 골든 글로브 남우주연상에 만족해야 했다. 오마샤리프는 이집트 출생의 성격파 배우였다.

3-38 카프카, 비트겐슈타인, 칸트의 죽음에 임하는 자세

인간은 자기 자신과의 투쟁을 통하여 하나의 완성된 인간으로 형성된다고 생각된다. 범인과 위인과의 차이는 자기 극복 여부로 보인다. 범인은 죽을 때까지도 자기의 모습을 성찰하지 못하고 죽음을 맞이한다. 반면에 위인은 죽는 순간까지도 자기를 찾기 위하여 노력한다. 그에게는 이승에서 살아있는 하루하루가 대단히 중요하고, 축복이고, 행복이다. 스스로 이방인으로 산 프란츠 카프카는 죽는 순간까지도 자기 자신이 누구냐고 하소연했으나, 반면에 '비트겐슈타인'[94]은 "난 멋진 생을 살았다."라고 하면서 눈을 감았다. 비트겐슈타인은 상속으로 받은 재산이 어마어마했지만, 자신은 수령을 거부하고, 늘 가난하게 살았다. 안타깝게도 그의 3명의 형들은 모두 자살했다. 그도 자살을 시도했지만, 자살은 좋지 않은 것으로 깨닫고

---

[94] 1889~1951, 오스트리아 출생 영국인, 저서: 논리철학논고 외 다수.

포기한다. 그는 시골 교사로 생활하면서 살았는데, 마을 사람들은 그가 약간 미친
것은 아닌지 의심했다고 한다. 그는 도스토옙스키와 톨스토이 작품에 매료돼서,
소련에서 노동자로 살고자 했으나, 소련에서는 대신 철학 강사 자리를 제안했다.
그는 거부하고 돌아와서 후에 케임브리지대학의 철학 교수가 된다. 그때 학생 중에
그 유명한 앨런 튜링이 있었으나 비트겐슈타인과 학문적 논점이 달라서 강의 듣는
것을 포기한다.

  칸트는 죽는 순간, 하늘에는 별이 빛나고, 내 마음속에는 도덕법칙으로 충만하
다고 했다. 카프카, 비트겐슈타인, 칸트 똑같은 죽음이건만, 마음의 상태는 달랐
다. 카프카는 자기의 삶을 비관하면서 죽었다면 비트겐슈타인과 칸트는 스스로 만
족하는 삶이었다고 회고했다. 톨스토이는 '인생의 길'에서 "오늘 밤까지 살라. 동시
에 영원히 살라"는 멋진 말을 남긴다. 이 말은 죽음은 언제 올지 모르기 때문에 하
루하루 충실하게 오늘이 인생의 마지막 순간처럼 열심히 살라는 의미일 것이다.
즉, 왜! 죽어야 하는지를 분노하지 말고, 죽음을 늘 기억하는 삶을 살면 현재가 더
풍요로워지고 살아있는 순간순간이 소중한 선물이자, 기쁨이라는 것을 느낀다는
의미이다. 하이데거도 '존재와 시간'에서 현존재는 유한한 존재이므로 시간의 소중
함을 느끼면서 살라고 했으며, 스티브 잡스도 암으로 죽어가면서 인생을 허비하지
말고, 내일 죽는다면, 오늘 무엇을 할지를 생각하듯이 인생을 살라고 했다. 즉, 꼭
필요한 일을 후회 없이 하라는 조언이었다. 이어령 선생은 "죽음이라는 게 거창한
것 같지? 아니야. 내가 신나게 글 쓰고 있는데, 신나게 애들이랑 놀고 있는데 불쑥
부르는 소리를 듣는 거야. '그만 놀고 들어와 밥 먹어!' 이쪽으로, 엄마의 세계로 건
너오라는 명령이지."라고 했다.

  메멘토 모리!(죽음을 기억하라!)는 사람은 모두 필연적으로 죽는다는 사실을 강
조한다. 로마 황제이면서 스토아학파 철학자였던 '마르쿠스 아우렐리우스'[95]는 죽
음은 자연스러우며 불가피한 것이기 때문에, 재물이나 세속적인 부(富)에 매달리거

---

95 121~180, 스토아학파, 명상록의 저자, 그의 아들은 로마 삼대 폭군(네로, 칼리굴라, 코모두스) 중
   의 하나인 코모두스이다.

나 수명에 집착하지 않음으로써 죽음의 '불안'이 사라졌다고 했다. 르네상스 시대의 '미셸 몽테뉴'[96]는 '메멘토 모리'를 선호한 나머지 "우리는 모두 묘지 가까이에 살아야 한다"라고 했다. 죽음을 피하지 말고 늘 가까이에서 지켜보면서 살라는 뜻이다. 죽음을 기억하는 삶이란 모든 살아있는 것의 변화를 수용하고 시간과 더불어 살라는 의미이다. 그는 회의론에서 출발했으며 중세의 스콜라 철학이나 가톨릭교회의 교의, 신 자체에 대해서 의문을 품었지만, 수상록(Essais, 1580)이란 20년간의 집필, 107장이란 긴 글 속에 담긴 것은 모순에 빠진 인간의 모습이었고, 결국 그의 결론은 "내가 아는 것은 무엇인가?"라는 회의주의적 발언이 아닌 인간성에 대한 깊은 성찰이었다. 그의 작품은 후세의 과학주의와 민주주의에 원천이 되었다.

톨스토이는 '전쟁과 평화'라는 작품에서 진정한 소통은 언어를 통한 것이 아니라 '눈빛 교감'이라고 표현한다. 즉, 피에르와 적군 사령관과의 무언의 눈빛 교감을 통하여 인류의 동포 감을 느꼈다고 표현한다. 결국, 자기 자신과의 무언의 대화와 타인과의 무언의 소통, 이런 것들은 어떤 소통보다도 값진 위력을 발휘하고, 위대한 정신적인 결과물을 만든다. 무언의 교감(交感) 속에 수많은 창조물이 만들어진다. 이것이 인간들만이 가지고 있는 내면의 힘인 것 같다. 이런 것들은 암묵적인 지식과 지혜를 탄생시키는 중요한 도구라고 생각한다.

3-39　톨스토이의 "사람은 무엇으로 사는가?"

톨스토이의 "사람은 무엇으로 사는가?" 1885년에 저술된 작품으로 기독교 종교 문학적 성향의 단편소설이다. 구두장이 시몬과 천사 미하일 그리고 시몬의 아내 마트료나 등이 주요 인물로 나온다. 천사 미하일은 어떤 부인의 영혼을 가져오라는

96　1533~1592, 프랑스 철학자, 모럴리스트(도덕주의자).

하느님의 지시를 어긴다. 그 이유는 그 부인은 쌍둥이 여자아이를 낳았는데, 그 쌍둥이의 아버지는 며칠 전에 나무에 깔려 죽었고, 그 부인마저 죽으면 불쌍한 아이들은 누가 키우냐고 사정하자 미하일은 영혼을 데려가지 못한다. 하느님의 명령을 어긴 죄로 미하일은 인간 세상으로 추방당하는데, 하느님은 미하일에게 세 가지를 깨달으면 다시 천사가 될 수 있다고 약속한다. 첫째로, 인간에게 주어진 것은 무엇인가? 둘째로, 인간에게 주어지지 않은 것은 무엇인가? 마지막으로 인간은 무엇으로 사는가?이다.

첫 번째 해답은 미하일이 춥고 배고픈 알몸 상태로 성당의 모퉁이에 앉아있는데 시몬이 자신이 입고 있던 외투를 그 사내에게 입히고 함께 집으로 돌아온다. 무척 가난했던 시몬은 아내의 노여움이 두려웠다. 그러나 그의 아내는 비록 내일 먹을 양식도 없지만 남아있는 양식을 기꺼이 미하일에게 준다. 미하일은 인간에게는 '사랑'이 있다고 깨닫는다. 두 번째 해답은 부유한 귀족이 귀한 가죽을 가져와서는 장화를 만들어 달라고 요구한다. 그는 만약 1년 뒤에 실밥이 뜯어지면, 감옥에 처넣을 것이라고 윽박지른다. 미하일은 그 귀족의 등 뒤에 죽음의 천사가 있다는 것을 보고는 장화 대신 장례식에 사용할 실내화를 만든다. 미하일은 인간에게는 미래를 내다보고 자기에게 필요한 것이 무엇인지 아는 능력이 없다는 것을 깨닫는다. 마지막 해답은 쌍둥이에게 신길 구두를 사기 위해 온 여인에게서 답을 구한다. 그 여인은 쌍둥이의 생모가 아닌데도 불구하고 사랑으로 쌍둥이를 키우는 것을 보고 미하일은 인간은 '사랑'으로 산다는 답을 얻는다. 이 세 가지 답을 깨닫는 순간 미하일의 몸은 빛으로 빛났고, 날개가 생기면서 다시 하늘로 올라간다.

이 소설은 인간에게 주어진 순수한 사랑과 그 사랑의 실천을 보여주어, 책을 읽는 이로 하여금 마음을 맑게 해준다. 사람이 사람 냄새를 서로 맡으면서 우리에게 주어진 사랑하는 마음으로 왜 살지를 못하고, 서로 불신하고, 미워하고, 욕심을 부리면서 사는지 안타까운 마음이 든다. 톨스토이는 우리 마음속에서 맴돌면서 '사랑'을 전파하고 있건만, 우리 마음은 사랑을 애써 외면하는 것 같아 안타깝다.

3-40 좌뇌와 우뇌의 역할 분담과 요가와 명상

　사람의 뇌는 참 신기하다. 우뇌와 좌뇌가 있는데 우뇌는 신체의 좌측을 통제하고, 좌뇌는 신체의 우측을 통제한다. 마이클 가자니가(Michael S. Gazzaniga) 박사의 실험으로 들어가 보자. 좌우뇌의 연결이 끊어진 뇌 환자의 좌뇌(우측 눈)에 닭의 발만 찍은 사진을 보여주고, 우뇌(좌측 눈)에 눈이 쌓여있는 사진을 각각 보여주었다. 이어서 다른 몇 장의 그림을 보여주며 최초 보여준 그림과 가장 연관성이 있는 것을 선택하도록 했다. 우뇌(왼손을 사용)는 눈 치우는 삽을 선택했고, 좌뇌(오른손을 사용)는 닭을 고른 것이다. "왜 왼손으로 눈 치우는 삽을 선택했지요?"라는 질문을 환자에게 던졌다. 질문은 '언어 영역'이므로 '좌뇌'가 대답해야만 한다. 그 환자는 우뇌의 일은 모르기 때문에 "모르겠는데요."라고 대답해야 정상인데 이상한 답변을 했다. "닭발은 닭과 연결되고, 그럼 당연히 닭장을 청소할 삽이 있어야 하죠." 좌뇌는 거짓말하고 있다. 언어를 담당하는 좌뇌는 주어진 정보를 활용하여 상황을 재구성하여 설명하는 역할을 하므로 말을 지어낸 것이다.

　1986년 플로리다 케네디 우주센터에서 챌린지호가 발사되었다. 발사 73초만에 공중 폭발했다. 너무도 충격적인 사건이었다. 연구자가 피실험자를 대상으로 당시의 상황을 노트에 적도록 했다. 그 사건을 어디에서 들었고, 누구와 함께 있었는지, 느낀점 등을 적도록 했다. 2년 6개월 뒤에 그때 설문에 응했던 사람들에게 똑같은 질문을 하고 종이에 적도록 했다. 즉, '추적조사'를 한 것이다. 놀랍게도 10%만 내용이 같았고, 25%는 전혀 다른 내용을 적었다. 연구자는 그 25%에게 왜 그렇게 생각하냐고 물으니 피실험자는 자기의 기억이 옳다고 계속 주장했다고 한다. 그 당시 기록을 보여주자, 그 당시에 잘못 적었고, 지금 적은 것이 바르다고 주장했다. 위 두 실험을 통하여 인간은 자신의 선택을 정당화하기 위하여 좌뇌에서 거짓말한다는 사실을 알 수 있었다. 좌뇌의 거짓말은 의식적이라기보다는 자신을 방어하기 위한 무의식적인 반응일 것이다.

1996년 갑작스러운 뇌졸중으로 쓰러진 질 테일러(Jill Taylor) 박사의 얘기다. 그녀의 좌뇌는 전원이 꺼져버렸다. 그녀는 평생 뇌를 범주화하고 거기에 이름 붙이는 일을 해오던 사람이었다. 그녀는 주로 좌뇌를 활용했는데 그 좌뇌가 꺼져버렸으니 난감한 일이었다. 이와 함께, 자연스럽게 우뇌 의식이 전면에 등장했다. 그녀는 수년이 지난 후, 뇌졸중에서 회복되었는데 그녀는 그 기간 끊임없던 내면의 목소리가 처음으로 조용함을 느꼈다고 했다. 그녀는 "내 인생의 기억들로부터 떨어져 나갔고, 무한히 확장되는 은총 앞에 마주 서게 되었다." 좋고 나쁨, 옳고 그름의 범주들이 서로 단절된 반대 극으로 느껴지지 않고, 하나의 연속체로 경험되었다고 했다. 즉, 그녀의 에고(ego)를 지배했던 좌뇌는 더는 의식 안에서 주도적 존재가 아니었다고 크리스 나이바우어(Chris Niebauer)는 그의 저서인 "자네, 좌뇌에 속았네."에서 기술했다.

질 테일러는 우뇌(right brain) 안에서 언제나 '충족됨'과 '감사함'을 느꼈다. 우뇌는 자비롭고, 배려심이 깊었으며, 영원토록 긍정적이라고 했다. 크리스 나이바우어는 그녀의 상태에 대해서 우뇌는 이미 깨우침(enlightenment)의 상태에 있고, 좌뇌가 우뇌를 방해할 수 없다면 즉, 좌뇌를 진정시킬 수 있다면 불교에서 말하는 "당신은 이미 부처다" 상태가 되는 것 아닌지 추측(推測)한다. 그는 행복은 좌뇌와 어떻게 균형을 이룰 수 있는가에 달리지 않았을까? 반문한다. 그 균형을 위한 목표는 우뇌가 지배권을 갖는 것도, 좌뇌를 아예 꺼버리는 것도 아님을 주장한다. 즉, 붓다가 '중도(middle path)'라고 불렀던 것을 성취하는 데 있다고 본다.

석가모니는 왕자로서의 낙행(樂行)과 출가 후의 수도자로서의 고행(苦行)을 모두 체험한 후, 터득한 것은 양면 중, 어느 한쪽에 치우치는 것은 옳지 않다고 했다. 이것이 중도(中道)이다. 팔정도(八正道)는 고행이나 쾌락주의 등의 어느 한편의 치우침에 빠지지 않을 뿐 아니라 지혜와 정력(定力)과 자재(自在)와 깨달음(覺)과 열반(涅槃)을 얻는 가장 정당한 방법이라 설파했다. 고려의 의천(義天)은 "진리는 말이나 형상이 없지만, 말이나 형상을 여읜 것도 아니다. 말이나 형상을 여의면 뒤집힌

'미혹(迷惑)'[97]이요, 말과 형상에 집착하면 참으로 '미(迷)'한 것이다. 편향 집착을 버리고 중도(中道)로써 수행할 것과 중도의 중요성을 밝히고 있다. 논어의 위정편(爲政篇)에서 공자는 나이 마흔 살이 되면, 세상일에 '미혹'되지 않았다는 표현이 나온다. 이것이 불혹(不惑)이다. 흔들림 없이 자신의 의지대로 살 나이라는 것이다.

중도(中道)나 중용(中庸)이나 비슷한 개념이다. 불교에서 주장하는 것이 중도이다. 가령, 성철스님이 수행했다는 8년간의 장좌불와(長坐不臥, 눕지 않고 앉아서 하는 수행) 이것을 두고 말들도 많았다. 인간이 도저히 할 수 없는 자세라고 말이다. 중요한 것은 마음 자세일 것이다. 석가모니도 6년간 보리수(菩提樹) 밑에서 수행하여 깨달음을 얻었다고 한다. 보리(菩提)란 깨달음의 뜻이다. 그러나 정작 성철스님은 돈오돈수(頓悟頓修, 단박에 깨달음)를 주장했고, 석가모니도 한쪽에 치우치지 않는 중도(中道)를 설파했다. 계정혜(戒定慧)를 두루 섭렵해 도(道)를 깨우치라 했다. 아리스토텔레스도 한쪽에 치우치지 않는 '중용'을 주장했고, 노자도 유무상생(有無相生)을 주장했는데 이것의 핵심은 '경계'에 서란 것이니 의미가 유사하다. 중용(中庸)에서도 한쪽에 치우치지 않는 '한마음'을 주장했다.

크리스 나이바우어는 우뇌는 태극의 '음(陰)'이고, 좌뇌는 '양(陽)'이라고 주장한다. 가령, 지각(知覺)된 어떤 것에, 좌뇌는 범주적(範疇的)으로 접근하는 반면, 우뇌는 좀 더 전체적이고 넓은 시야로 접근한다고 표현한다. 즉, 좌뇌가 국소적 요소에 집중하는 반면, 우뇌는 그 요소들이 창조하는 전체를 다룬다. 좌측은 '언어 중추'이고, 우측은 '공간 중추'라는 것이다. '언어'는 범주적이다. 읽을 때나 말할 때나 한 번에 한 단어씩 좁은 초점으로 본다면, '공간'을 감지할 때는 단번에 전체를 처리하며 서로 연관된 상태를 감지한다. '지각(知覺)'한다는 것은 사람마다 모두 다르다. 같은 사물이나 사건을 봐도, 개인이 가지고 있는 지식이나 감각의 정도에 따라 인

---

97 미혹(미혹할 미, 미혹할 혹): 구름 걷히자 푸른 봉우리 우뚝하고(운귀봉취흘, 雲歸峰翠屹) 여기서 구름은 번뇌 망상으로 인한 미혹한 마음을, 산은 부동(不動)하므로 부동심(不動心)을 뜻한다. '금강경'에서는 본심을 부동심이라고 하였다. 구름 걷히면 눈앞이 청산이듯이 미혹한 마음이 걷히면 본심(本心)이 그 멀리 어디에 있는 것이 아님을 넌지시 일러준다. [출처] 법상 스님 김해 정암사 주지.

식하는 것이 모두 다르다는 것이다. 한 교실에서 같은 선생님 밑에서 공부해도 성적 차가 나는 것과 같다고 보면 된다. '범주적'으로 접근한다는 것은, 같은 성질의 것을 같은 모음군으로 정리 분석한다는 것이다. 그만큼 분석이 체계적으로 될 수 있다는 뜻이다.

좌뇌보다는 우뇌가 더 '착시 현상'에 속지 않는 실험 결과가 있다. 우뇌는 직접 손으로 만져보기까지 한다. 그러니 더 정확하고 환영(幻影)에 속지 않는다. 그러나 좌뇌 측면에서 볼 때, 우뇌의 작용은 무의식적으로 본다. '무의식적'이란 표현은 과학 세계에서는 부정적인 표현이다. 즉, 서구 과학에서는 암묵적 지식과 같이 생각이나 해석이 의식적으로 필요하지 않은 육체적·정신적 기능을 덜 중요한 것으로 여긴다. 이것은 좌뇌가 만든 것이다. 언어 중추 밖에서 수행되는 기능은 생각과 사고의 영역이 아니라고 무시한 것이다. 크리스 나이바우어는 '에고(ego)'는 태생적으로 우뇌 의식을 경험하는 것이 불가능하다고 한다. '에고' 자체가 좌뇌가 만든 구조물이기 때문이다. 그는 '요가(yoga)'를 우뇌 의식의 사례로 든다. 요가는 수천 년 동안 이어져 왔으며 인도에서 가장 오래된 문헌에도 언급되었다고 한다. 요가는 어떤 자세의 움직임인데, 그 움직임 속에서 기분 좋은 느낌을 받으며, 행하는 동적이거나 정적인 움직임에 대해 온전히 '의식'한다. 거기에 다른 생각이 끼어들 틈이 없다. 요가의 핵심은 "이 순간에 존재함"으로 완성된다고 한다. 요가를 하는 중에, 좌뇌 해석 장치의 교묘한 간계에 넘어가지 말아야 한다. 요가 수행이 무의식적이라고 하는 것은 상상조차 할 수 없다고 한다. '요가'의 어원은 '결합(union)'이란 의미다. 진정한 자아와 그 외 우주의 모든 것의 결합이란 뜻이다.

'명상' 또한 우뇌 의식이라고 한다. 호흡에 '의식'을 두면서 지금, 이 순간에 머물도록 이끈다고 한다. 호흡할 때, 생각이 필요 없듯이 무엇을 의식할 필요도 없다. '태극권'이나 '기공' 같은 움직이는 형태의 명상도 기(氣) 또는 내공(內攻, internal energy)을 증진할 목적으로 행해진다. 모든 움직임은 호흡과의 조화 속에서 행해진다. 이때 수행자는 완전히 의식적인 움직임이 되며, 거기에 좌뇌가 끼어들 자리는 없다는 것이다. 이러한 수행법이 무의식적은 아니라고 한다. 오히려 경험자들은 말로 표현하기 어렵지만, 고도로 깨어 있는 의식 형태라는 것이다. 일종의 암묵적 지식 형태이다. 그러나 초심자의 명상과 깨우침을 위한 수행자들의 명상은 분명히 다르다. 후자의 경우는 몰입의 상태로까지 발전해서 거의 무의식의 상태로 될 가능성이 크다고 보인다.

'무아지경(in the zone)'에 있는 상태는 우뇌 의식의 상태일 가능성이 크다고 한다. 이것은 의식적인 생각이 필요하지 않았을 때 경험할 수 있다고 한다. 이 상태는 미하이 칙센트미하이(Mihaly Csikszentmihalyi)가 주장한 몰입(flow)이란 상태와 매우 유사하다고 했다. 몰입이란 "어떤 다른 목적 없이 행위 자체만을 위해 그것에 완전히 빠져듦"이다. '에고'는 떨어져 나가고 시간은 순식간에 지나간다. 마치 재즈 연주처럼 당신이란 존재가 통으로 일체가 되고 당신의 기교는 최고치로 발휘된다. 재즈 연주가인 루이 암스트롱(Louis Armstrong)은 "재즈가 뭔지 머리로만 생각한다면, 죽을 때까지 알 수 없을 것이다."라고 했다. '몰입'에 빠지면 순간적인 무의식 상태가 된다. 이것은 설명할 수 없는 암묵적인 상태다.

크리스 나이바우어는 우뇌 의식의 핵심은 쓸데없는 생각 없이 '그냥 하기(Just Do It)'라고 한다. 말도 생각도 필요 없다. 그래서 우뇌 의식에 관해서 설명하기 어렵다고 한다. '선불교(禪佛敎)'[98] 가르침의 핵심은 '의식'을 실재(實在)로 되돌려 추상적 개념의 세계에서 헤매는 짓을 멈추게 하는 것이라고 한다. 가령, 절간에 '청동 물고기'나 '목각 물고기'가 추녀 끝에 매달려있는 것은 물고기가 잘 때도 눈을 뜨듯이, 늘 깨어 있으면서 수행에 정진(精進)하라는 뜻이 있다고 한다. 다시 말해서 앞서 여러 번 설명한 것과 같이 '진여'의 상태로 자신을 붙잡아 두라는 것이다.

몰입의 세계에 빠지면 무아지경(無我之境)이 될 것이고, 이러한 상태를 의식적인 상태로만 볼 수는 없을 것이다. '무아지경'은 대단한 경지를 말하는 것은 아니고, 일상생활에서도 가끔 경험할 수 있다. 가령, 게임이나 악기연주 또는 공부처럼

---

[98] 부처님과 역대 조사들이 깨우친 불법의 핵심에 해당한다. 먼저 치열한 자기 응시에서 비롯하여 마음의 깨달음을 궁극으로 삼는다. 선불교는 사제 간의 관계를 중시하는 특징을 갖는다. 선불교에서는 화두를 탐구하는 간화선을 최상의 승법으로 간주하며, 정진하면 견성이 가능하여 반드시 본래 성품을 깨달아 묘각(妙覺)에 이른다는 것이다. [출처] 문화원형백과 승려의 생활.

신체적 활동은 적으면서 고도로 집중해야 하는 정신 활동을 하다 보면, 평소의 자기 실력보다 훨씬 더 나은 실력이 나오는 경우가 종종 있다. 그러다 문득, 내가 어떻게 이걸 하고 있지 하면서 자신을 자각하는 순간, 집중이 깨져서 평소의 자신으로 돌아간다. 이처럼 순간적으로 무아지경의 무의식 상태로 되면서, 무한한 정신적 에너지를 체험할 수도 있을 것이다. 무의식의 상태는 좌뇌와 우뇌가 관여하는 영역은 아닐 것이다. 신비스러운 영역이다. 정신 수양을 깊게 하다 보면, 이런 영역에 접근할 수 있다. 이런 창조적인 영역에서 문학, 예술, 철학, 그리고 과학적 성과를 창출할 수 있을 것이다. 이 영역은 절대로 말로 설명할 수 없는 미지의 영역이다. 수많은 철학자나 연구자도 이 영역을 정복한 사람은 드물 것이다. 종교도 마찬가지다. 이러한 미지의 세계를 "암묵적 지식의 세계"로 필자는 생각한다.

3-41 천재 폰노이만과 그의 제자 앨런 튜링

영국인 앨런 튜링(Alen Turing)이란 천재가 있었다. 그는 케임브리지대학을 다녔고, 미국 프린스턴대학에서 그 유명한 천재 중의 천재 '폰노이만'[99] 교수 밑에서 박사학위를 받는다. 그는 프린스턴에 남아 달라는 폰노이만의 제의를 거절하고 영국으로 돌아온다. 그가 프린스턴에 있을 때 세기의 천재 아인슈타인이 교수로 재직하고 있었다. 천재 삼인방이 한 대학에서 있었다는 사실만으로도 토픽감이다.

헝가리에는 천재들이 많았다. 수학자로 1,500편 이상 논문을 쓴 '폰 에어디시', 원자폭탄 개발의 아버지 '레오 질라드'(아인슈타인으로 잘못 알고 있는데 그는 당시에 루스벨트 대통령에게 편지를 보내서 원자폭탄을 만들어야 한다고 건의했다). 수소폭탄 개

---

99 John Von Neumann(1903~1957), 헝가리 태생의 미국인, 수학, 컴퓨터, 물리학, 1942년 맨해튼 계획에 참여함. 에드삭(EDSAC)이란 새로운 개념의 컴퓨터를 제작함. 1932년 프린스턴 고등연구소가 세워지자 1957년 암으로 사망할 때까지 거기서 연구한다.

발의 아버지 '에드워드 텔러', 컴퓨터를 최초로 설계한 사람은 '폰노이만', 노벨물리학상 수상자 '유진 위그너' 이들은 모두 헝가리 출생으로 부다페스트 루터교의 수학교사였던 '라츠' 선생으로부터 배웠다. 라츠 선생은 매월 한 문제씩 창의적인 문제를 학교 게시판에 올렸다고 한다. 누가 가르쳐 주는 것이 아니라 학생 스스로들이 풀었다고 한다. 어떤 기자가 '유진 위그너'에게 물었다. "헝가리에는 천재들이 얼마나 많습니까?" 그는 대답했다. "폰노이만만 천재입니다." 폰노이만이 얼마나 천재였으면, 대륙 간 탄도 미사일에 대한 계산을 여러 과학자가 몇 개월에 걸쳐서 연구한 것을 폰노이만은 단 2시간 만에 정답을 주었다고 한다.

앨런 튜링은 제2차세계대전이 터지자 입대해서 '에니그마(Enigma)'라는 독일군 암호를 풀었다. 에니그마는 독일의 엔지니어인 아르투어 세르비우스가 발명했다. 에니그마는 쉬운 문장을 이해할 수 없는 글자배열로 바꾸어 2,200만 개의 암호 조합을 만들어내는 암호 생성기로 나치의 암호생산을 담당했다. 영국은 암호문을 해독하기 위해 콜로서스(Colossus)라는 기계를 개발한다. 앨런 튜링과 토미 플라워스 등 영국의 전산학 선구자들이 프로젝트에 참여했다. 앨런 튜링이 전쟁에서 이바지한 공로는 그것 하나로도 지대하다. 그는 훗날 논문을 발표하는데 그 유명한 '튜링테스트'다. 슈퍼컴퓨터와 인간이 지략대결을 벌이는 것이다. 즉, 문제를 제시하면 짧은 시간에 사람과 컴퓨터가 답을 입력하여 시험관들에게 제출하고, 시험관 중에서 일정 수 이상이 컴퓨터가 쓴 답인지 인간이 쓴 답인지 구분을 못 하면 그 슈퍼컴퓨터는 튜링테스트를 통과하는 것이다.

그 논문은 1950년에 철학 저널 마인드(Mind)에 발표한 "계산하는 기계와 지능(Computing Machinery and Intelligence)"에서, 기계가 지능적이라고 간주할 수 있는 조건을 언급했다. "기계가 생각할 수 있는가?"라는 질문에 대해 그는 "긍정적"이라고 답변하면서, "기계가 생각할 수 있다면 그것을 어떻게 알 수 있는가?"라는 핵심 질문에 대해 그는 "기계로부터의 반응을 인간의 반응과 구별할 수 없다면, 그 기계는 사고(思考, thinking)할 수 있는 것"이라고 주장하였다. 이 논문이 발표되고, 64년 만에 영국의 '레딩 대학'에서 튜링테스트를 최초로 통과했다. 이 대학에 따르면 경쟁에 참여한 프로그램 중 '유진 구스트만(Eugene Goostman)'이라는 챗봇이 이 기준을 통과했다고 발표했다. '유진'은 5분 길이의 텍스트 대화(문자로 입력하는 대화)를 통해 심사위원 중 33% 이상에게 '유진은 진짜 인간'이라는 확신을 줬다고 한다. 영국의 체면을 세운 쾌거였다. 러시아 태생의 3명의 프로그래머가 개발했다. 컴퓨터 학회에서는 매년 앨런 튜링을 기려서 상을 수여하는데 컴퓨터 계에 노벨상이라 불린다.

이런 테스트를 할 수 있도록 1950년에 동기를 제공해준 천재 앨런 튜링은 불행히도 논문을 발표한 다음 해에 당시에는 불법으로 되어있던 동성애자로 체포된다. 그는 징역을 살거나 아니면 성충동 억제 약물치료(화학적거세) 중에 택일해야만 했다. 그는 '화학적거세'를 택하고 강제로 호르몬을 주입받아야만 했다. 그러나 그는 치료를 참지 못하고, 1954년에 청산가리가 든 사과를 먹고 41세의 젊은 나이에 자살한다. 애플의 로고가 튜링의 독이 든 사과라는 말이 있었다. 그러나 스티브 잡스는 부인했다. 그가 죽고 59년 만에 영국 엘리자베스 2세는 그를 무죄로 복권한다.

3-42 천재 아인슈타인

아인슈타인은 천재의 대명사인데도 학창 시절에는 수학과 과학 재능은 뛰어났지만, 나머지 과목은 별로였다고 한다. 실제로 스위스 연방 대학교에 진학을 못 하고 1년간 특성화된 대학에 다니다가 스위스 취리히 연방 공과대학에 입학했다고 한다. 언뜻 보아도 그의 머리는 커 보여서 역시 머리가 커야 머리가 좋은가 보다 했는데, 그가 죽고 그의 뇌를 보관한 프린스턴대학의 의사 말에 따르면 1,230g 정도의 뇌 크기였다고 한다. 일반 남자들이 1,350~1,400g인 것을 고려해 보면 뇌 크기와 지능지수는 정비례하지는 않은 모양이다. 실제로 여자보다 남자가 뇌 크기는 크나, 평균 아이큐는 여자가 더 높다. 그러나 아인슈타인은 지능지수를 측정한 적은 없다고 한다.

아인슈타인은 예수를 인정하지 않는 '유대교'였다. 그리고 나치를 피해서 미국 생활을 할 때, 공산주의자로 FBI 추적을 당하기도 했다. 당시에 희극인 찰리 채플린도 공산주의자로 몰렸는데, 둘이 함께 찍은 사진을 보니 둘은 친했던 것 같다. 아인슈타인에게는 두 명의 아들이 있었는데 큰아들은 나중에 토목 쪽에 두각을 나타내 교수까지 된다. 그러나 작은아들은 어릴 때부터 정신적으로 질환이 있었다고 한다. 아인슈타인은 자신의 모교인 취리히 대학에서 교수 생활을 할 때, 창밖으로 보이는 정신병원을 보면서 나도 저들과 같은 정신병자라고 했다.

아인슈타인은 젊을 때, 잠시 정부 특허사무국에서 일한 적이 있다. 그때 그가 쓴 논문이 정말 엄청난 이론 논문이었다고 한다. '일반상대성이론(1915년)'이었다. 이것은 중력에 대한 상대론적 이론으로서 중력이 약한 경우, 뉴턴의 만유인력 법칙과 같은 결과를 보여주지만, 중력이 강하면 뉴턴의 법칙과 다른 결과를 보이므로 무거운 별 근처에서 그 효과를 확인할 수 있다고 한다. 현대의 우주론은 아인슈타인 방정식으로 우주의 진화를 설명한다. 즉, 우주상수를 포함하고 등방성과 균일성 등의 우주원리를 적용할 경우, 프리드먼-로버트슨-워커(Friedman-Robertson-Walker)의 해를 얻게 된다. 이것을 통해 대폭발로부터 시작되어 지난 140억 년 동안 변화해 온 우주를 설명할 수 있다고 한다. 이것은 수성의 근일점 이동, 중력렌즈의 효과 등을 통해 정밀하게 검증되었다.

당시에 여러 학자가 젊은 아인슈타인을 만나기 위해서 특허사무국을 자주 방문했다고 한다. 아인슈타인은 특허업무를 좋아했다고 한다. 남의 기술 아이디어를 섭렵할 좋은 기회였다고 한다. 낮에는 일하고 밤에는 자신의 연구를 수행했다고 한다. 필자도 특허업무를 기업과 대학에서 경험한 사람으로서 동질감을 느낀다. 아인슈타인은 수학 실력이 뛰어났기 때문에 자연현상에 몰두할 수 있었다. 천재들의 특징은 '몰입' 한다는 것이다. 머릿속에서 질문하고 스스로 답을 찾고, 또 질문하고 이런 식으로 몰입한다. 마치 게슈탈트 심리학처럼, '전경'과 '배경'을 이용하여 사상에 심취한다. 이것은 설명하기도 어렵다. 당사자만이 그 암묵적 지식의 세계에서 자기 사고력을 키우는 것이다.

3-43 '대리인 문제'와 집단 학습

　　만약 회사에 소속된 엔지니어가 자기 기술 아이디어를 회사의 이름으로 특허출원 하지 않으면 무슨 일이 발생할까? 회사는 당장 직무발명임을 내세워 소송을 제기할 것이다. 실제로, 삼성전자와 발명자 간의 '유명한 소송'[100]이 있었다. 이러한 것을 '대리인 문제'가 발생했다고 한다. '대리인 문제(agency problem)'란 대리인이 의뢰인의 입장에 서지 않을 때 발생한다. 가령, 최고경영자(CEO)가 주주의 이익을 대변하지 않고, 자신을 위하여 일하는 경우가 있다. 가령, 회사의 주주들은 회사를 합병시켜야 주식의 가격이 올라서 이득을 보게 되나, CEO는 자신의 일자리를 염려하여 주주들의 판단을 흐리게 하는 전략을 만들어서 설득하는 경우가 있을 수 있다. 이 경우, CEO를 해고하면 되지만 만약 그가 경쟁사로 이직하여, 적으로 될 경우도 있으므로 주주들의 처지에서는 섣불리 판단할 수 없다.

　　회사는 기술적으로 특정 개인에게 의존할 수도 있고 또는 팀과 같은 조직에 의존하는 경우가 종종 있다. 만약, 특정 개인(individual)이 중요한 지식을 가지고 있다고 가정해보자. 그는 최고의 기능공이다. 이 경우, 회사는 그에게 그가 가지고 있는 기능인 '노하우'를 다른 직원들에게도 전파하기를 바란다. 만약, 그가 그렇게 한다면, 그의 지식은 남에게 알려진 형식지(explicit)가 된다. 더는, 최고의 기능공 자리를 유지할 수 없을지도 모른다. 그래서 이런 경우, '대리인 문제'가 발생하는 것이다. 회사는 강요로 그에게 지시할 수 없다. 그는 언제든지 다른 회사로 이직할 수

100　천지인 자판 특허소송: 1994년 삼성전자연구원 2명이 발명하였다. 2002년에 소송으로 번져 삼성전자에서 합의금을 주고 합의하였다. 그러나 개인발명가인 조관현씨가 먼저 천지인 특허권을 인정받았었고, 소송 끝에 삼성전자측의 특허권은 권리무효되었다. 삼성전자는 천지인 자판을 사용할 수 있는 통상실시권을 얻었다. [출처] 나무위키

있기 때문이다. 이것이 회사와 개인의 딜레마이다. 대부분은 회사에서 그의 암묵적(implicit) 기능을 인정하여 연봉을 많이 주고, 그 대가로 그의 기술을 활용한다. 회사 차원에서는 늘 불안할 수밖에 없다.

이번에는 회사 내의 팀과 같은 집단(social)을 생각해 보자. 만약 집단이 가지고 있는 지식이 특허로 등록되면 객관화(objectified)되었다고 말한다. 그러나 특허는 권리가 한정되는 단점이 있다. 권리 기간이 지나면, 권리행사를 못 하고, 공개된 기술로 되어 대중이 더 좋은 기술로 개량하는데 동기를 제공할 수도 있으므로 회사 차원에서는 특허로 전체 공개되는 것보다는 회사 내 일부 집단만 알 수 있는 지식(collective)을 선호한다. 그러나 이 경우, 핵심이 되는 사람이 다른 회사로 이직하면 회사의 '노하우'가 함께 이동하는 위험이 있을 수 있다. 노하우는 법으로 보호도 안 된다. 단지, 그가 의도적으로 노하우를 누설했다는 증거를 잡아야 하는데 그 또한 어려운 일이다. 그래서 회사에서는 집단 학습(learning)시켜서 집단이 단계를 나누어서 특정 지식을 갖도록 할 수 있다. 이것을 넬슨 앤 윈터(Nelson and Winter)는 초이성적인 학습 과정은 다수를 이끌고, 이것은 회사의 표준 프로세스(routines)가 된다고 주장한다. 이런 방식을 회사는 선호하는데 단, 이것이 성공을 거두기 위해서는 회사는 교육과 훈련에 더 많은 투자를 해야 한다.

3-44 톨스토이, 앙리 뒤낭, 나이팅게일의 공통점은 '사랑'

일본에 대한민국의 국권이 넘어간 1910년 경술국치(庚戌國恥). 그 해에 많은 위대한 인물이 사망한다. 러시아의 대문호 톨스토이가 그해에 사망했고, 국제적십자 창설을 주창한 스위스인 앙리뒤낭도 그러했으며, 간호사의 어머니 영국의 나이팅게일도 그러했다. 톨스토이와 뒤낭은 각각 다른 삶을 살았는데, 톨스토이가 문학에 빠진 인생을 살았다면 뒤낭은 사업가로 인생을 살았다. 그들의 사소한 공통점은 대학을 중도에 자퇴했다는 점이고, 말년을 불우하게 보냈다는 것이다. 톨스토이는 아내와 다투고, 가출하여 열흘 뒤, 작은 마을 역사에서 폐렴으로 쓸쓸하게 생을 마감했고, 뒤낭은 양로원에서 우울증과 피해망상증으로 고생하다가 생을 마감한다. 도스토옙스키는 뒤늦게 젊은 아내를 신부로 맞아 그의 역작을 집필한 것과 반대로 톨스토이는 아내와 평생을 두고 다투었다. 두 문호의 운명이 아내로 인해 바뀐 것은 없는지 돌아보게 된다.

톨스토이의 아내인 소피아 안드레예브나 베루스(1844~1919)는 1862년 34세의 톨스토이와 결혼하는데 그녀의 나이는 18세였고, 그녀의 아버지는 왕실 의사였으며 톨스토이와 친구 사이였다. 그녀는 톨스토이의 많은 작품에 퇴고를 해주었다. 전쟁과 평화도 그녀의 도움으로 7년 만에 완성됐다. 많은 작품이 출간됨으로써 인세 수입도 많아지게 되었고, 이것으로 인해 부부싸움이 잦았다고 한다. 톨스토이는 인세로 받은 돈을 사회를 위하여 써야 한다고 주장했으나 소피아는 가족의 미래를 위하여 사용해야 한다고 의견이 달랐기 때문이다. 둘 사이의 자식이 9남 4녀였으니 소피아의 말도 일리가 있어 보인다.

톨스토이는 예수 그리스도의 가르침과 구원을 가로막고 있는 것은 러시아 정교회와 독재적인 제정 러시아 정부라고 보았다. 그는 경찰의 감시를 받았고, 러시아 정교회로부터 1901년에 파문당했다. 그는 예수 가르침의 핵심은 오로지 복음서에 담겨있다고 보았다. 그는 복음서의 핵심 진리는 '사랑'이라고 확신했다. 톨스토이의 신앙과 철학을 옹호하는 지지자들은 그의 영지 주변에 몰려들었다. '마하트마 간디'[101]는 1910년에 남아프리카에 '톨스토이 농장'[102]을 개설했다. 간디가 톨스토이 추종자였다는 것이 흥미롭다. 다시 톨스토이 부부 얘기로 돌아가자. 톨스토이 부부는 늘 다투었고, 급기야 톨스토이는 예수가 했던 것처럼, 신발과 옷 한 가지만 챙긴 채 가출했고, 그가 다시 고향에 돌아왔을 때 그는 집으로 가는 것을 거부했고,

---

101 1869~1948, 인도, 민족운동 지도자, 인도 건국의 아버지, 비폭력 무저항주의.

102 러시아의 대문호이자 철학자이며 평화론자인 톨스토이 이념에 따라, 남아프리카 더반에 집단협동농장을 설립한다. 이곳은 비폭력 저항운동, 즉, 사티아그라하의 거점이 된다.

아스타포브역의 역장실에서 향년 82세로 눈을 감았다. 당시에 오후 6시 5분에 사망했는데 아직도 폐역된 그 건물에는 6시 5분에 멈추어있는 시계가 있다. 안타깝게도 소피아는 그의 장례식에도 참석하지 못했다. 톨스토이는 유언으로 그녀의 접근을 금지했기 때문이다. 결국, 둘은 합장도 못 하고, 소피아는 10리나 떨어진 곳에 묻혀야 했다. 톨스토이라는 대문호의 이면에 이런 슬픈 사연이 있다니 참 가슴 아픈 일이다.

톨스토이가 크림반도에서 일어난 전쟁에 장교로 참전하게 되었을 때, 영국에서 온 하얀 가운의 등불을 든 천사 나이팅게일도 그 전쟁에 참전하게 된다. 크림반도 전쟁은 러시아가 부동항인 흑해를 손에 넣기 위하여 남진 정책을 통하여 오스만튀르크제국을 공격하면서 발발한다. 당시에 영국과 프랑스는 러시아의 영토 확장을 경계하기 위하여 오스만튀르크제국을 돕는다. 오스만튀르크제국을 중국인들은 '돌궐'이라 불렀다. 전쟁의 양상이 거세지고, 페스트가 만연하여 많은 사상자가 발생하자, 나이팅게일은 38명의 다른 간호사들과 함께 튀르키예(구 터기) 이스탄불에 거처를 마련하고 병사들을 치료했다. 나이팅게일은 영국 귀족 가문의 후손으로 부모가 여행 중에 이탈리아 피렌체에서 태어난다. 피렌체는 레오나르도 다빈치, 미켈란젤로, 라파엘로, 마키아벨리 그리고 단테가 태어난 유서 깊은 곳이다. 그녀는 어려서부터 남 돕는 일에 앞장섰다. 부모의 반대에도 불구하고 간호사를 자청하여 어려운 일에 뛰어들었다. 그녀의 박애 정신과 희생정신은 영국을 감동하게 했고, 빅토리아 여왕은 그녀에게 간호학교를 세워주었다. 그녀의 박애 정신과 희생정신에 감동한 앙리 뒤낭은 국제적십자를 창설하게 된다. 태어난 나라도 태어난 해도 모두 달랐지만, 그들은 같은 해에 세상과 이별한다. 그 셋의 공통점은 박애 정신의 신봉자였다는 점이다. 이러한 큰 별들이 지는 해에 공교롭게도 경술국치가 있었다는 점이 가슴을 더욱더 공허하게 만든다.

3-45   수레바퀴를 고치는 것은 암묵적 지식이다

　　얼마 전 TV에서 서강대 모 교수님이 강연했는데 평상시 필자의 생각과 너무도 일치하는 것이 많아서 끝까지 본 적이 있다. 그분의 강의 요지는 남의 말에 따라서 살지 말고, 자기 뜻에 따라서 살라는 것이다. 중국 전국시대 제나라 때, 수레를 고치는 장인이 임금의 수레바퀴를 수리하고 있었는데, 임금은 독서하고 있었다. 그 장인은 임금에게 무슨 책을 읽고 있는지 묻자, 성현의 말씀을 읽고 있다고 했다. 그러자, 그 장인이 지나간 것은 의미 없는 술 찌꺼기라고 하자, 임금은 대노(大怒)하며, 자기가 이해하도록 설명하지 않으면, 죽음을 면치 못할 것이라 했다. 그는 수레바퀴를 만드는데 더 깎아도 안 되고, 덜 깎아도 안 되니 그것은 설명으로 되는 것이 아니라 오랜 세월 숙달된 손의 감각 때문이라고 했다. 이것은 그 장인의 암묵적 지식이었다. 즉, 몸으로 체득한 지식이었다. 임금은 그 말을 듣고 그를 죽이지는 않았다.

　　바로 여기에 요점(要點)이 있다. 남의 말, 남의 글은 하나의 개념 내지는 관념이지 실재(實在)가 아니라는 것이다. 중요한 것은 현실(現實)을 자기 것으로 만드는 것이라 한다. 직장에서도 시키는 일만 잘했던 사람은 정작 퇴직 후에 할 일이 없다. 그는 남의 인생을 살았기 때문이다. 그날 강의한 교수는 한 곳에 빠지면 안 되고, 관념과 실재의 경계에 늘 자신을 위치시켜야 한다고 설명했다. 즉, 유무상생(有無相生)의 논리다. 그래야 자기 마음이 주인이 되는 세상을 산다는 것이다. 참 일리가 있는 말 아닌가!

　　세상을 살다 보면 좋을 때도 있고, 나쁠 때도 있다. 이것을 현명하게 극복한 사람은 자연이 준 마지막 선물인 자연사(自然死)를 할 수 있다. 이것이 9988234(99세까지 88하게 살다가 2~3일 아프고 죽자)다. 누구는 살기 위해서 사력(死力)을 다하는데, 누구는 죽기 위하여 몸부림친다. 자살을 결심하는 사람 대부분은 우울증이 심해져서 그 병으로 자살을 부른다고 한다. 그 외에는 하루라도 더 살기 위하여 가진 노력을 다한다. 사람에게 신체에서 가장 중요한 부위는 '심장'일 것이다. 심장이 멈추는 순간 운명도 멈춘다. 1967년 남아프리카공화국에서 심장이식 수술을 시행한다. 교통사고로 뇌사 상태에 빠진 젊은 여성의 심장을 57세의 심장부전 질환을 앓고 있는 남성 환자에게 이식하는 수술이었다. 수술 성공의 관건은 심장이 살아있도록 저온으로 관리한 후, 이식하면서 산소가 공급되도록 인공산소 펌프를 계속 유지할 수 있는지였다. 수술은 성공리에 끝났다. 그 수술로 인해 의학계에 새로운 지평을 열었다. 그러나 그 환자는 폐렴에 걸려 18일 후에 사망한다. 당시 수술을 집도한 크리스천 버나드 의사는 얼마 뒤, 젊은 환자를 대상으로 심장이식 수술을 시행하여 500일 이상 생존시킨다.

의학이 발달하여 인공심장 이식에는 성공했으나 환자가 오래 살지는 못했다. 이처럼 심장이식 수술을 통한 생의 연장은 어려운 숙제이다. 앞으로 가까운 미래에 3D프린터 기술을 활용하여 인공심장을 만든다고 한다. 자기 세포를 이용하여 프린팅하면 거부반응을 덜 일으켜서 사망률을 줄인다고 한다. 정말 이것이 성공하면 인간의 생명은 150세까지도 가능할 것이다. 그러나 의학계에서는 과연 프린팅할 때, 산소가 충분히 공급될지가 미지수라고 한다. 산소가 제대로 공급되지 못하면 세포는 이내 죽기 때문이다. 진시황은 불로장생(不老長生)을 꿈꾸고 '불로초(不老草)'를 찾아 나섰지만, 전염병에 걸려 죽는다. 오래 살고자 한 욕심이 죽음을 재촉했다. 중국 전설 속의 인물인 팽조(彭祖)는 800년을 살았다고 한다. 그의 죽음 앞에 그의 아내가 슬프게 울자, 이웃 주민들이 말하기를 남들은 80세도 살지 못하는데 800세이면 천수(天壽)를 누린 것인데 무엇이 슬퍼서 우냐고 하니, 그 여인은 900세까지 살지 못한 것이 슬프다고 했다. 이처럼 인간의 수명에 대한 욕심은 끝이 없는 것 같다. 수명을 늘리는 것도 좋지만 어떻게 늘어난 수명을 살 것인가가 더 중요하지 않을까!

3-46 굴이 변하여 탱자가 된다

'귤화위지'(橘化爲枳 (橘(귤)-귤, 化(화)-변하다, 爲(위)-되다, 枳(지)-탱자)), 귤이 변하여 탱자가 된다. 이 말의 유래는 제나라 '안영'이다. 초나라 왕이 안영에게 묻기를 "제나라에는 인재가 그리도 없소? 왜 당신 같은 난쟁이를 사신으로 보냈소?" 이 말에 안영이 "제나라에는 인재가 넘칩니다. 현명한 사람은 현명한 나라에 사신으로 보내고, 현명하지 못한 사람은 현명하지 못한 나라에 사신으로 보냅니다. 제가 재주와 덕이 없어서 초나라로 왔으니 널리 이해해 주시기 바랍니다."라고 하자 이 말을 들은 왕은 할 말이 없었다. 이때 초나라 왕이 죄인을 압송하는 것을 보았는데, 죄인은 제나라 사람이었다. 왕이 "제나라 사람들은 도둑질하는 버릇이 있소?"라고 묻자 안영은 "귤이 회수를 건너면 탱자가 됩니다. 제나라에 있을 때는 도둑이 아니었는데, 초나라에 와서 도둑이 되었으니 이것은 초나라의 문화 때문입니다."라고 답하였다.

'안영'이란 제나라 사신은 분명히 좌뇌와 우뇌가 고루 발달한 사람임이 틀림없다. 말주변이 논리적이고 흠잡을 것이 없으니 좌뇌가 발달한 사람이고, 난쟁이라는 인신 모독에 가까운 말을 들었음에도 흥분하지 않고, 차분하게 대처하는 마음가짐을 볼 때, 우뇌도 발달하였음이 틀림없다. 이처럼 사람은 좌뇌와 우뇌의 균형적인 발달이 필요하다. 그러나 더 중요한 것으로 인간의 뇌를 두루 활용할 수 있는 '신경전달 물질'의 활성과 '메타인지'를 할 수 있는 단련된 뇌 신경의 발달이 현대를 사는 데 중요하다.

3-47　실존(實存)이 곧 본질(本質)이다-하이데거

　　필자가 환갑을 넘기고 어느덧 정년을 앞두고 있으니 만감이 교차한다. 나란 인간은 생을 가치 있게 산 것일까? 의문이 많이 들기도 한다. 가장 아쉬운 점은 남들이 공부할 때, 왜 집중을 못 하고 방황했는지 이것이 제일 아쉽다. 이것은 두고두고 열등감으로 남았다. 꿈을 꾸어도 학창 시절 꿈을 많이 꾼다. 그리운 벗들을 만나는 것이 아니라 시간에 쫓겨서 답안지를 제출하고, 시험을 쳐야 하는데 시험장이 어디에 있는지 못 찾는 꿈과 갈 길을 수 없이 잃어버리는 꿈, 자동차를 잃어버리는 꿈 등 편안한 꿈이 별로 없었다. 지금도 이런 꿈을 자주 꾼다. 세월을 되돌릴 수만 있다면 정말 최선을 다할 텐데…. 아쉬움과 아픔으로 점철된 과거 일이 아직도 가슴 한구석을 차지하고 있다는 것이 안타깝다. 정상적인 사람보다도 불안한 사람들이 꿈을 더 많이 꾼다고 한다. 가슴속 응어리가 꿈으로 나타나기 때문일 것이다. 이 또한 무의식 속에 잠재된 '결핍' 때문일 것이다. 무의식 속의 병을 고치는 것이 프로이트의 정신분석학이고, 그 병을 의식 밖으로 꺼내주는 것이야말로 정신분석학자의 역할이다. 필자는 알면서도 스스로 병에 갇혀서 살고 있다.

　　그다음으로 아쉬운 것은 '소속감(所屬感)'을 거의 느끼지 못하고 살았다. 땅에 다리를 대고 서 있는 것이 아니라 늘 공중에 떠 있는 기분이었다. 마치 영원한 대통령 후보인 허경영 후보(실제 허경영 후보는 롤스로이스 차를 몰고 최고의 삶을 사는 멋쟁이다)처럼. 어느 쪽에도 속하지 못하는 '이방인' 같은 삶이었다. 알베르 카뮈의 '이방인'이 낯설게 느껴지지 않았다. 주인공 뫼르소의 심정을 이해했다. 춤추는 것과 같이, 여행하는 것과 같이, 즐기기도 짧은 인생이거늘.

　　아리스토텔레스는 '니코마코스 윤리학'이라는 자신의 저서 속에서 인생은 '에네르게이아(그리스어 energeia)'로 살아야 한다고 했다. 이 말은 현재(現在)에 모든 것을 바쳐서 집중해서 살라는 것이다. 과거는 흘러갔고, 미래는 불투명하므로 현재에 충실 하라는 얘기다. '아들러'[103]도 열등감(劣等感)을 모두 잊고 춤추듯이 인생을 살라고 했다. 춤추면서까지 미래를 생각하는 바보는 없을 것이다. 인생 내내 현재에 집중하라는 의미이다. 실존주의자인 하이데거는 실존(實存)이 곧 본질(本質)이라 했다. 헤라클레이토스도 세상은 변화하니 현재를 잡으라고 했고, 불교에서 말하는 깨달음의 본질도 결국 현재를 잡으라는 것이다.

플라톤과 아리스토텔레스 시대 이후, 철학자들은 영원한 본질에 근거하여 참된 실재를 영원한 것으로 여겼다. 즉, 변화되는 실재는 본질로 간주하지 않았다. 이것은 파르메니데스의 철학 사상(존재하는 것은 불생불멸(不生不滅)의 실체이며, 변화는 가상(假像)이라고 주장)을 따른 것이다. 그러나 헤라클레이토스를 비롯한 '화이트헤드'[104]와 같은 철학자는 고정 불변한 실재(reality)란 이 세상에 존재하지 않는다고 주장했다. 화이트헤드는 과정(process)의 중요성을 말했다. 이것이 '과정철학(過程哲學, process philosophy)'이다. 화이트헤드는 그의 철학을 '유기체 철학'이라 불렀다. 이것은 '진화론'의 영향으로 모든 존재는 서로 연결되어 영향을 주고 영향을 받는다는 것이다. 창조적 과정도 서로가 협력적 의존 관계 속에서 완전(完全)을 향해가는 과정적 상태에 있다는 것이다. 과정철학의 영향을 받은 것이 '과정신학(process theology)'이다. 신의 본질은 영원히 불변하는 것이 아니고, 일시적인 과정(過程)에 의하여 영향을 주고 영향을 받는다고 주장한다. 반면에 유신론에서는 신은 불변한다고 주장한다.

불꽃 같은 사랑이 영원하기를 인간들은 바라지만 '에리히 프롬'은 사랑은 순간이고, 그 순간만큼은 시간이 흐르지 않는 영원이라고 했다. 과정(過程)의 중요성을 얘기한 것이다. 즉, 순간(瞬間)을 잡으라는 것이다. 노자는 거피취차(去彼取此, 저것을 버리고 이것을 취하라)라 해서 멀리 있는 피안(彼岸, 번뇌를 해탈한 열반의 세계)을 기대하지 말고, 지금 여기가 '피안'이라고 했다. 즉, 도덕경의 핵심 철학 개념으

---

103 알프레트 아들러(1870~1937), 오스트리아, 정신의학자, 개인심리학을 수립. 인간의 행동과 발달을 결정하는 것은 열등감에 대한 보상 욕구라 함.

104 1861~1947, 영국의 철학자, 수학자, 논리학자, 하버드대학교 교수.

로, 정해진 이념에 따르는 자가 되지 말고, 바로 네가 원하는 것에 집중하라는 것이다. 석가모니도 현재는 잡지도 못할 정도로 휙 지나가는 제행무상(諸行無常)을 설파했다. 즉, 모든 살아있는 것들은 변화된다는 것이다. 앞서 파르메니데스는 변화하는 것들은 가상(假像)이라는 말과 통하는 것이다. 불교에서도 같은 논리다. 살아있는 것들은 변화가 있으니 '가상'이라는 것이다. 그러니 세상은 가상 세계인 공(空)이므로 모든 욕심을 버리라는 취지와 같다. 공자(孔子)도 사람이 죽으면 어디로 가느냐는 제자의 물음에 현재에 충실 하라 했다. 예수가 십자가에 못이 박힐 때, 12인의 제자들은 예수를 모른다고 고개를 저었다. 석가모니가 그들은 봤으면 불교의 팔정도(八正道)의 하나인 정명(正命, 정의를 위하여 죽는 목숨)을 지키지 못했다고 지팡이를 내리쳤을 것이다. 이제 하루하루가 두렵다. 머릿속에 정리된 뭔가를 세상에 남겨야 한다는 중압감에 시달리고 있다. 이제껏 못했으니 지금이라도 하고 싶은 생각이다. '아들러'가 보면 열등감에서 오는 신경증 증세가 심하다고 할 것이다. 그나마 행복했던 순간은 하루하루 필사적으로 살았다는 필자의 일방적 주장뿐이다.

괴테가 '파우스트(Faust)'[105]에서 해변에 도시를 짓는 장면이 나오는데 왜 하필 해변에 도시를 세우려고 했을까? 간척된 해변 도시는 쓰나미가 밀려오면 여지없이 도시는 사라진다. 늘 긴장하지 않으면 안 되는 구조다. 인생도 마찬가지다. 하루하루 최선을 다하지 않은 자는 아무것도 얻을 수도, 남길 수도 없다. 만약, 우리가 무언가를 얻었다면 해변에 세운 도시일 것이다. 미셸 푸코는 죽으면서 한 말이 "인생은 바닷가 모래밭에 자기 이름을 쓰는 일"이라 했다. 다소 허무적인 말일 수 있다.

하루하루 필사적으로 산 자만이 홀로 춤을 추는 것이다. 인생은 누구의 편도 아니다. 묵묵히 자신의 길을 간 자를 기억할 것이다. 그러니 과거에 대해서 아쉬워하거나 슬퍼하지 말자. 내 주위에 사람이 없다고 넋두리하지 말자. 인생이라는 잘 익은 포도주에 취해서 내가 포도주가 되어 중생들과 영혼을 섞은들 어떠하리. 무엇이 두려워서 쫓기는 꿈을 꾸는가. 귓가에는 천사들의 소곤대는 소리가 들리고, 알 수 없는 황홀경의 에너지가 감싸주고 있거늘!

---

105 저자: 요한 볼프강 폰 괴테(1749~1832): 파우스트는 스물네 살에 구상하기 시작하여 생을 마감하기 한 해 전에 완성한 역작.

권향원 · 최도림, "근거이론적 방법의 이론화 논리에 대한 이해: 한국행정학의 비맥락성
　　과 방법론적 편향성 문제를 중심으로", 일반논문 「한국행정학보」 제45권 제1호,
　　pp.275-302, 2011.

금인숙, 「신비주의」, 살림지식총서, 2006.

김상태 · 홍운선, "한국과 미국의 기술이전 제도 비교 연구: KAIST와 캘리포니아대학교를
　　중심으로", 「기술혁신학회지」 제16권 제2호, pp.444-475, 2013.

김진, 「쇼펜하우어의 "의지와 표상으로서의 세계" 읽기」, 세창미디어, 2013.

단 자하비, 박지영 옮김, 「후설의 현상학」, 한길사, 2017.

리사 제노바, 윤승희 옮김, 「기억의 뇌과학」, 웅진 지식하우스, 2022.

무카이 마사아키, 임창석 · 이지영 옮김, 「라캉 대 라캉」, 새물결, 2017.

미하이 칙센트미하이, 이희재 옮김, 「몰입의 즐거움」, 해냄, 2021.

박검진 · 김병근 · 조현정, "우리나라 대학의 특허창출과 기술이전 성과에 영향을 주는 요인
　　연구", 「산업재산권」 제35호, 2011.

박우용, "기업연구소의 효율적 사내 기술이전에 관한 사례 연구", 한국과학기술원 석사학
　　위 논문, 1996.

버트런드 러셀, 서상복 옮김, 「러셀 서양철학사」, 을유문화사, 2019.

사이먼 로버츠, 조은경 옮김, 「뇌가 아니라 몸이다」, 소소의책, 2022.

샤란 메리엄, 강윤수 외 옮김, 「정성연구방법론과 사례연구」, 교우사, 2005.

석금경, "기술 확보 수단으로서의 전략적 제휴에 관한 연구", 서강대학교 경제대학원 정보
　　기술전공 석사학위 논문, 1994.

신경림 외, 「질적 연구 방법론」, 이화여자대학교 출판부, p.86, 2004.

알베르트 아인슈타인 · 지그문트 프로이트, 지서우 옮김, 「아인슈타인 VS 프로이트」, 도서
　　출판 새터, 2021.

알프레드 아들러, 김문성 옮김, 「아들러 심리학 입문」, 스타북스, 2015.

에드문트 후설, 박지영 옮김, 「현상학의 이념」, 필로소픽, 2020.

옥주영 · 김병근, "국내 공공 연구기관들의 기술이전 효율성 분석", 「기술혁신연구」 제17권

제2호, 140면, 2009.

우치다 타츠루, 이경덕 옮김, 「푸코, 바르트, 레비스트로스, 라캉 쉽게 읽기」, 갈라파고스, 2010.

윤병운·이성주, "중소기업의 오픈 이노베이션 모델", 「기술혁신학회지」 제13권 제1호, pp.160-183, 2010.

이기종·박병무, "광역경제권역별 선도산업 육성과 대학의 산학협력 특성화 분석", 「국가정책연구」 제24권 제1호, 2010.

이남인, 「후설과 메를로 퐁티 지각의 현상학」, 한길사, 2014.

이성근·안성조·이관률, "기술이전 성과와 결정요인에 관한 연구-기술이전센터를 중심으로", 「한국지역개발학회지」 제17권 제3호, pp.31-50, 2005.

이윤준, "공공연구기관의 기술이전 활성화 전략", 「기술혁신연구」 제16권 제1호, 2008.

이재숙, 「우파니샤드」, 풀빛, 2005.

임채윤, "중소기업의 기술이전 장애요인: 사전적 고찰과 연구방향", 「ie 매거진」 17(4), pp.47-50, 2010.

자크 라캉, 맹정현·이수련 옮김, 「자크 라캉 세미나 11권」, 새물결, 2008.

장 폴 사르트르, 정소성 옮김, 「존재와 무」, 동서문화사, 2009.

조규갑·문병근, "대학 산업계간 기술이전을 위한 기술이전 에이전트의 모델 및 역할", 대한 산업 공학회, 추계학술대회 논문집, pp.409-412, 2000.

조니 톰슨, 최다인 옮김, 「필로소피 랩」, 윌북, 2021.

조명옥·최영희, 「문화간호연구: 이론과 실제」, 현문사, 2000.

주석정·홍순구·박순형, "중소기업의 성공적인 기술이전 방안에 관한 연구", 「한국산업정보학회논문지」 제15권 제1호, 2010.

지그문트 프로이트, 성해영 옮김, 「문명 속의 불만」, 서울대학교출판문화원, 2014.

칼 융, 김성환 옮김, 「무의식이란 무엇인가」, 연암서가, 2016.

크리스 나이바우어, 김윤종 옮김, 「자네, 좌뇌에게 속았네!」, 불광, 2019.

한동성, "대학 기술이전의 효율성에 관한 연구", 고려대학교 박사학위논문, p.20, 2009.

현만석·유왕진, "DEA 모형을 이용한 공공연구기관의 기술이전 효율성 분석에 관한 연구", *Journal of the Korea Industrial and Systems Engineering*, Vol. 31, No. 2, p.97, 2008.

Abidi, S.S.R. et al., A Knowledge Creation Info-Structure to Acquire and Crystallize the Tacit Knowledge of Health-Care Experts, *IEEE Transactions on Information Technology in Biomedicine*, Vol. 9, No. 2, June, 2005.

Acs et al., High Technology Employment, wages and university R&D spillovers: Evidence from US cities, *Econ. Innov. Techn.*, Vol. 8, pp.57−78, 1999.

Acs, Z.J., Audretsch, D.B, and Feldman, M.P., R&D spillovers and recipient firm size. *Rev. Econom. Statist.* 76, pp.336−340, 1994.

Adams, J.D., Chiang, E.P. and Starkey, K., Industry−university cooperative research centers. *Journal of Technology Transfer*, 26(1−2), pp.73−86, 2001.

Allen, T.J. et al., technology transfer as a function of position in the spectrum from research through development to technical services, *Academy of Management Journal*, Vol. 22. No. 4, pp.694−708, 1979.

Amesse F. and Cohendet P, Technology transfer revisited from the perspective of the knowledge−based economy, *Research Policy*, 30, pp.1459−1478, 2001.

Argote, L. and Ingram, P., "Knowledge transfer: A Basis for Competitive Advantage in Firms", *Organizational Behavior and Human Decision Processes* 82 (1): pp.150−169, 2000.

Arora, A., Licensing Tacit Knowledge: Intellectual Property Rights and The Market for Know−how, *Economics of Innovation and New Technology*, Vol. 4, Issue 1, 1995.

Arrow, K., "Classificatory Notes on the Production and Transmission of Technological Knowledge.", *American Economic Review; Papers and Proceedings*, Vol. 52, May, pp.29−35, 1969.

Astley, W.G., and Zammuto, R.F.. Organization Science, Managers, and Language Games. *Organization Science*, 3(4): pp.443−460, 1992

Attewell, P., Technology Diffusion and Organizational Learning− the Case of Business Computing, Organization Science, Vol 3, No. 1, pp.1−19, 1992.

Baldini, N. et al., Institutional changes and the commercialization of academic knowledge: A study of Italian universities' patenting activities between 1965 and 2002, *Research Policy* 35, pp.518−532, 2006.

Bania et al., Universities and the startup of new companies: Can we generalize from route 128 and silicon valley?, *JSTOR*, pp.761−766, 1993.

Becker, H.S. "Social Observation and Social Case Studies", *International Encyclopedia of the Social Sciences*, Vol. 11. New York: Crowell, 1968.

Bercovitz, J. and Feldmann, M., Entpreprenerial Universities and Technology Transfer: A Conceptual Framework for Understanding Knowledge−Based Economic Development, *Journal of Technology Transfer*, 31: pp.175−188, 2006.

Bercovitz, J., Entrepreneurial Universities and Technology Transfer: A Conceptual Framework for Understanding Knowledge—Based Economic Development, *Journal of Technology Transfer*, 31: pp.175—188, 2006.

Bozeman, B., Technology transfer and public policy: a review of research and theory, *Research Policy* 29, pp.627—655, 2000.

Brooke, M., *Selling management services contracts in international business*. London: Holt, Rinehart and Winston, 1985

Brooks, H., "National Science Policy and Technology Transfer", *Proceedings of a Conference on Technology Transfer and Innovation*, Washington, D.C.: NSF, 1966.

Bryant, A., Re—grounding Grounded Theory. *The Journal of Information Technology Theory and, Application*, 4(1): pp.25—42, 2002.

Bucy, "An Analysis of Export Control of U.S. Technology— a DOD Perspective", A report of the Defense Science Board Task Force on Export of U.S. Technology, Office of DDR&E, Washington, DC, Feb, 1976.

Buratti, N. and Penco, L., Assisted technology transfer to SMEs: Lessons from an exemplary case, *Technovation*, 21: pp.31—43, 2001.

Bush, V., *Endless Horizons*, (Washington, D.C.), pp.52—53, 1947.

Carayannis E.G. et al., "Leveraging knowledge, learning, and innovation in forming strategic government—university—industry(GUI) R&D Partnerships in the US, Germany and France", *Technovation*, 20, pp.477—488, 2000.

Carr, R., Doing technology transfer in federal laboratories (part 1), *Technology Transfer*, spring—summer, pp.8—23, 1992.

Chapple, W. et al., Assessing the relative performance of U.K. university technology transfer offices: parametric and non—parametric evidence, *Research Policy* 34, pp.369—384, 2005.

Charmaz, K., *Constructing Grounded Theory*, Thousand Oaks, CA: Sage, 2006.

Chein, I. "Appendix: An Introduction to Sampling." In L. H. Kidder (ed.), *Selltiz, Wrightsman & Cook's Research Methods in Social Relations*. (4th ed.) Austin, Tex.: Holt, Rinehart and Winston, 1981.

Cohen, M.D. and L.S. Sproull., *Organizational Learning*, Sage, Thousand Oaks, CA, 1996.

Cohen, W.M. and Klepper, S., A reprise of size and R&D. *Econom. J.* 106, July, pp.925—951, 1996.

Cohen, W.M. and Levinthal, D.A. Absorptive Capacity: A New Perspective on Learning and Innovation, Administrative Science Quarterly, Vol. 35, No. 1, Special Issue: *Technology, Organizations, and Innovation*, pp.128-152, 1990.

Cohen, W.M. and Levinthal, D.A., "Innovation and learning: the two faces of R&D", *Economic Journal* 99: September: pp.569-596, 1989.

Cohen, W.M. et al., Links and Impacts: The influence of public research on industrial R&D, *Management Science*, Vol. 48, No. 1, January, pp.1-23, 2002.

Cohen, W.M., Nelson, R.R. and Walsh, J.P., Links and impacts: the influence of public research on industrial R&D. *Management Science*, 48(1), pp.1-23, 2002.

Collins, H.M., The Structure of Knowledge, *Social Research*, Vol. 60, No. 1, Spring, 1993.

Colyvas, J. et al., How Do University Inventions Get into Practice?, *Management Science*, Vol. 48, No. 1, Special Issue on University Entrepreneurship and Technology Transfer Jan. pp.61-72, 2002.

Darr, E.D. and Kurtzberg, T.R., An Investigation of Partner Similarity Dimensions on Knowledge Transfer, *Organizational Behavior and Human Decision Processes*, Vol. 82, No. 1, pp.28-44, 2000.

Daumas, M., *Histoire general des techniques*, 3 vols. (Paris, 1962-68); English translation of first two volumes by Elileen B. Hennessy, *A History of Technology and Invention*, New York, 1969.

Debackere, K. and R. Veugelers, The role of academic technology transfer organizations in improving industry science links, *Research Policy* 34, pp.321-342, 2005.

Derek J. de Solla Price, Is Technology Historically Independent of Science?, *Technology & Culture* (Summer) 6(3): pp.553-578, 1965.

Dougherty, V., *Industrial and Commercial Training*, Volumn 31. Number 7, pp.262-266, 1999.

Dove, R., Agile knowledge transfer: Reusable, reconfigurable, scalable, *Production*, 108, pp.16-17, 1996.

Eisenhardt, K.M., and Graebner, M.E., Theory Building from Cases: Opportunities and Challenges, *Academy of Management Journal*, 50(1), pp.25-32, 2007.

Faulkner, W. and Senker, J., Making sense of diversity: public-private sector research linkage in three technologies, *Research Policy*, 23, pp.673-695, 1994.

Feibleman, J.K., Pure science, applied science and technology: An attempt at definitions. In C. Mitcham and R. Mackey. *Philosophy and technology*. New York: Free Press, 1972.

Friedman, J. and Silberman, J., "University Technology: Do Incentives, Management, and

Location Matters?", *Journal of Technology Transfer*, Vol. 28, pp.17−30, 2003.

Galbraith, C.S., Transferring core manufacturing technologies in high technology firms, *California Management Review*, 32(4), pp.56−70, 1990.

Glynn. M.A., Innovative genius: a framework for relating individual and organizational intelligence to innovation, *Academy of Management Review* 21(4), pp.1081−1111, 1996.

Goldfarb, B. and Henrekson, M., Bottom−up versus top−down policies towards the commercialization of university intellectual property, *Research Policy* 32, pp.639−658, 2003.

Goldhor, R.S. and Lund, R.T., University−to−industry advanced technology transfer, *Research Policy* 12, pp.121−152, 1983.

Grant, E.B. and Gregory, M.J., Tacit knowledge, the life cycle and international manufacturing transfer. *Technology Analysis and Strategic Management* 92., pp.149−161, 1997.

Grant, R.M. and Baden−Fuller, C., "A Knowledge−Based Theory of Inter−Firm Collaboration", *Academy of Management Best Paper Proceedings*, pp.17−21, 1995.

Grant, R.M., Toward a Knowledge−based Theory of The Firm, *Strategy Management Journal*, Vol. 17 (Winter Special Issue), pp.109−122, 1996.

Grimpe, C. and Hussinger K., Formal and informal knowledge and Technology Transfer from Academia to Industry: Complementarity Effects and Innovation Performance, *Industry and Innovation*, Vol. 20, Issue 8, 2013.

Grosse, R., International Technology Transfer in Services, *Journal of International Business Studies* 27: 782, 1996.

Hall, A.R., The Scholar and the Craftsman in the Scientific Revolution, in *Critical Problems in the History of Science*, p.17, 1959.

Hall, R., A Framework Linking Intangible Resources and Capabilities to Sustainable Competitive Advantage, *Strategic Management Journal*, Vol. 14, pp.607−618, 1993.

Hall, R.A., On knowing, and knowing how to ..... In A.R. Hall and N.Smith(eds.), *History of technology*. Third annual volume. London: Mansell, 1978.

Hansen M.T., Nohria, N., and Tierney, T., Tierney, What's your strategy for managing knowledge?, *Harvard Business Review*, March−April, 1999.

Hansen, M., The search transfer problem: The role of weak ties in sharing knowledge across organization subunits, *Administrative Science Quarterly*, 44, pp.82−111, 1999.

Hedlund, G. and Nonaka, I., Models of knowledge management in the West and Japan, *Implementing Strategic Processes: Change, Learning, and co-operation*, pp.117−144, 1993.

Herliana, S., Regional innovation cluster for small and medium enterprises (SMEs): A Triple Helix Concept, *Procedia-Social and Behavioral Sciences* 169, pp.151−160, 2015.

Herschbach, D.R., Technology as Knowledge: Implications for Instruction, *Journal of Technology Education*, Vol. 7, 1995.

Hicks, D.M., P.A. Isard and B.R. Martin, "A Morphology of Japanese and European Corporate Research Networks", *Research Policy*, 25, pp.359−378, 1995.

Hindel, B. *Technology in early America*. Chapel Hill, N.C.: University of North Carolina Press, 1966.

Holton, J.A., The Coding Process and Its Challenge. In A. Bryant & K. Charmaz (Eds.), *The Sage Handbook of Grounded Theory*. Thousand Oaks, CA: Sage Publications, pp.265−290, 2007.

Huston, L. and Sakkab, N., Connect and Develop: Inside Procter & Gamble's New for Innovation, *Harvard Business Review*, March, 2006.

Hutchins, E., *Organizing work by adjustment, Organization Science*, 2, pp.14−39, 1991.

Itami, H. and Roehl, T.W., *Mobilizing Invisible Assets*, Harvard University Press. Cambridge, MA, 1987.

Jaeschke, R., Guyatt, G.H., and Sackett, D.L., Users guides to the medical literature Ⅲ. How to use an article about a diagnostic test: B. What are the results and will they help me in caring for my patients?, *JAMA*, 271: 703−7, 1994.

Johnson, H.T. and R.S. Kaplan, *Relevance Lost*, Harvard University School Press, Boston, MA, 1987

Jones, M. and Jain, R., "Technology transfer for SMEs: Challenges and barriers", *International Journal of Technology Transfer and Commercialisation*, Vol. 1, Nos 1/2: pp.146−162, 2002.

Jonsson, A., A transnational perspective on knowledge sharing: lessons learned from IKEA's entry into Russis, China and Japan, The International Review of Retail, *Distribution and Consumer Research*, Vol. 18, No. 1, pp.17−44, 2008.

Katsoulakos, Y. and D. Ulph, Endogenous spillovers and the performance of Research Joint Ventures, *Journal of Industrial Economics*, 3, pp.333−357, 1998.

Kline, B. "A Case Study of a Return−to−Industry Program: An Inservice Approach for

Vocational Instructors at a Two-Year Post-Secondary Institution." Unpublished doctoral dissertation, Department of Vocational Education, Virginia Polytechnic Institute and State University, 1981.

Kogut, B. and Zander, U., Knowledge of the Firm, Combinative, and Capabilities, and the Replication of Technology, *Organization Science*, Vol. 3, No. 3, Focused Issue: Management of Technology Aug, pp.383-397, 1992.

Kogut, B., Joint ventures: Theoretical and empirical perspectives, *Strategic Management Journal*, 9(4), pp.319-332, 1988.

Koyre Alexandre, Du monde de l'a peu pres a l'univers de la precision, *Critique* 4, No. 28, 1948.

Lam, A., Tacit Knowledge, Organizational Learning and Societal Institutions: An Integrated Framework, *Organization Studies*, pp.487-513, 2000.

Landies, D., The creation of knowledge and technique: Today's task and yesterday's experience. *Deadalis*, 109(1), 1980.

Langrish, J. et al., *Wealth From Knowledge: A Study of Innovation in Industry*. New York, NY: John Wiley, 1972.

Latour, B., *Science in Action: How to Follow Scientists and Engineers Through Society*. Cambridge, MA: Harvard University Press, 1987.

Laursen, K. and A. Salter, Open for innovation: The role of openness in explaining innovation performance among U.K. manufacturing firms, *Strategic Management Journal*, Vol. 27, No. 2, pp.131-150, 2006.

Law, J. and M. Callon, "Engineering and Sociology in a Military Aircraft Project: A Network of Analysis of Technological Change." *Social Problems* 35: pp.115-142, 1988.

Layton, E.T., *Technology as Knowledge*, Technology and Culture, Jan 1, 1974

Learned, E.R. et al., *Business Policy: Text and Cases*. Irwin, Homewood, IL, 1965.

Lee, P., Transcending the tacit dimension: Patents, Relationships, and Organizational Integration in Technology Transfer, *UC Davis Legal Studies Research Paper Series*, Research Paper No. 287, March, 2012.

Li-Hua, R., From Technology Transfer to Knowledge Transfer-A Study of International Joint Venture Projects in China, Presented at the 2003 International Association for Management of Technology (IAMOT) Conference, Nancy, France, 2003.

Link, A.L., J. Rees, Firm size, university based research, and the returns to R&D. *Small Bus. Econom.* 2, pp.25-31, 1990.

Link, A.N., Siegel, D.S., and Bozeman, B., An empirical analysis of the propensity of academics to engage in informal university technology transfer, *ICC* (2007) 16(4): pp.641−655. doi: 10.1093/icc/dtm020, First published online: June 24, 2007.

Liyanage, C., Elhag, T., Ballal, T. and Li, Q. P., Knowledge communication and translation− a knowledge transfer model, *Journal of Knowledge Management*, Vol. 3, No. 3, pp.118−131, 2009.

Macpherson, A. and M. Ziolkowski, The role of university−based industrial extension services in the business performance of small manufacturing firms: case−study evidence from Western New York, *Entrepreneurship & Regional Development: An International Journal*, Vol. 17, Issue 6, 2005.

Maitland, A., Management of Knowledge Management: Lessons can be learned Failed Attempts to Capture and Use Employees Knowledge, Management and Technology, *The Financial Times*, 1999.

Markman et al., *Sidestepping the Ivory Tower: Rent Appropriations through Bypassing of U.S. Universities*. Mimeo, 2006.

McKeon, R., *Introduction to Aristotle*, Modern Library, New York, p.427, 1947.

Merriam, S.B., *Case Study Research in Education: A Qualitative Approach*. SanFrancisco: Jossey−Bass, 1988.

Meyer−Krahmer, F. and Schmoch, U., Science−based technologies: university-industry interactions in four fields. *Research Policy*, 27, pp.835−851, 1998.

Miles, M.B. and Huberman, A.M. *Qualitative Data Analysis: An Expanded Sourcebook*. (2nd ed.) Thousand Oaks, Calif.: Sage, 1994.

Miller P., *Mobilising the Power of What You Know*. London: Random House, 1998.

Morrissey, M.T. and S. Almonacid, "Rethinking technology transfer", *Journal of Food Engineering*, 67: pp.135−145, 2005.

Morse, J.M., *Critical issues in qualitative research methods*, Thousand Oaks: Sage, 1994.

Mowery, D., *International Collaborative Ventures in U. S. Manufacturing, 1900−1940*, Ballinger, Cambridge, MA, 1988.

Mowery, D.C. et al., Strategic Alliances and Interfirm Knowledge Transfer, *Strategic Management Journal*, Vol. 17(Winter Special Issue), pp.77−91, 1996.

Narin, F. and Olivastro, D., Status report: Linkage between technology and science. *Research Policy*, 21(3), pp.237−249, 1992.

Narula, R., R&D collaboration by SMEs: New opportunities and limitations in the face of globalisation. *Technovation*, 24(2), pp.153–161, 2001.

Nelson, R. and S. Winter, *An Evolutionary Theory of Economic Change*. Belknap, Cambridge, MA, 1982.

Nonaka, I. and H. Takeuchi, *The Knowledge creating Company: How Japanese Companies Create the Dynamics of Innovation*. Oxford University Press, New York, 1995.

Nonaka, I., "Dynamic Theory of Organizational Knowledge Creation", *Organization Science*, Vol. Noh, J.B. et al., A case–based reasoning approach to cognitive map–driven tacit knowledge management, *Expert Systems with Application* 19, pp.249–259, 20005, No. 1, February, 1994.

Nooteboom, B., Innovation and Diffusion in Small Firms: Theory and Evidence, *Small Business Economics*, October, Vol. 6, Issue 5, pp.327–347, 1994.

Numata, J., Hane, K., Lei, B., Iwashita, Y., Knowledge discovery and sharing in an information system. PICMET '97: Portland International Conference on Management and Technology pp.713–716, 1997.

Owen–Smith, J. and W.W. Powell, Knowledge Networks as channels and conduits: The effects of spillover in the boston biotechnology community, *Organization science* Vol. 15, No. 1, January–February, pp.5–21, 2004.

Parayil, G., Technological knowledge and technological change. *Technology and Society*, 13(2), pp.289–304, 1991.

Patton, M.Q., *Qualitative Evaluation Methods*. (2nd ed.) Thousand Oaks, Calif.: Sage, 1990.

Paulin, D. and Suneson, K., Knowledge Transfer, Knowledge Sharing and Knowledge Barriers–Three Blurry Terms in KM, *Electronic Journal of Knowledge Management* Vol. 10, Issue 1, 2012.

Pavitt, K., What makes basic research economically useful?, *Research Policy* 20, pp.109–119, 1991.

Peirce, C.S., Guessing, and "The Founding of Pragmatism", *Hound and Horn: A Harvard Miscellany* (Vol. II), 1929.

Pennings, J.H., Harianto, F., Technology networking and innovation implementation, *Organization Science*, 3, pp.356–382, 1992.

Pisano, The governance of innovation: Vertical integration and collaborative arrangements in the biotechnology industry, *Res. Policy* 20. pp.237–249, 1991.

Polanyi M., *The Tacit Dimension*, NewYork: Double day Anchor, 1966.

Porter, M.E., "How competitive forces shape strategy", *Harvard Business Review*, 57(2), pp.137−145, 1979.

Porter, M.E., *Competitive Strategy: Techniques for Analyzing Industries and Competitors*. Free Press, New York, 1980.

Powers, J.B., Commercializing Academic Research, Resource Effects on Performance of University Technology Transfer, *The Journal of Higher Education*, Vol. 74, No. 1, Jan/Feb, 2003.

Price, D. deS., The science/technology relationship, the craft of experimental science, and policy for the improvement of high technology innovations, *Res. Policy* 13, pp.3−20, 1984.

Richards, D. and Busch, P., Acquiring and Applying Contextualized Tacit Knowledge. *Journal of Information & Knowledge Management*, Vol. 2, No. 2, pp.179−190, 2003.

Rip, A., "Science and Technology As Dancing Partners." In *Technological Development and Science in the Industrial Age*. P. Kroes and M. Bakker, eds, Dordrecht, The Netherlands: Kluwer Academic Publishers, pp.231−270, 1992.

Roessner, J.D., in press. *Trchnology transfer*. In: Hill, C. (Ed.), Science and Technology Policy in the US, A Time of Change. Longman, London, 2000.

Roessner, J.D., What companies want from the federal labs. *Issues in Science and Technology* 10(1), pp.37−42, 1993.

Rogers, E.M., Y. Yin and J. Hoffmann, "Assessing the effectiveness of technology transfer offices at U.S. research universities", *The Journal of the Association of University Technology Managers*, 12, pp.47−80, 2000.

Samuelson, P.A., "Diagrammatic exposition of a theory of public expenditure", *Review of Economics and Statistics*, 37, pp.350−356, 1955.

Schartinger, D., Rammer, C., Fischer, M.M. and Fröhlich, J., Knowledge interactions between universities and industry in Austria: sectoral patterns and determinants. *Research Policy*, 31, pp.303–328, 2002.

Schartinger, D., Schibany, A. & Gassler H., "Interactive Relations Between Universities and Firms: Empirical Evidence for Austria," *Journal of Technology Transfe*, 26, pp.255−268, 2001.

Schmoch, U., "Interaction of Universities and Industrial Enterprises in Germany and the United States−a Comparison", *Industry and Innovation*, 6(1), pp.51−68, 1999.

Schwartz, D.G., *Encyclopedia of Knowledge Management*, IGI Global, 2006.

Shapley, D. and R. Roy, *Lost at the Frontier: U.S. Science and Technology Policy Adrift*. Philadelphia, PA: ISI Press, 1985.

Siegel, D.S. Waldman, D., and Link, A., Assessing the impact of organizational practices on the relative productivity of university technology transfer offices: an exploratory study, *Research Policy* 32, pp.27-48, 2003.

Singer, C., Holmyard, E.J., and Hall, A.R. Hall, *A History of Technology*, 5 vols. London, 1954-58.

Skolimowski, H., The structure of thinking in technology. In C. Mitcham and R. Mackey (eds.). *Philosophy and technology*. New York: Free Press, pp.42-49, 1972.

Spender, J.C., "Making Knowledge the Basis of a Dynamic Theory of the Firm", *Strategic Management Journal*, Vol. 17, Special Issue: Knowledge and the Firm (Winter), pp.45-62, 1996.

Stake, R.E. *The Art of Case Study Research*. Thousand Oaks, Calif.: Sage, 1995.

Szulanski, G., The Process of Knowledge Transfer: A Diachronic Analysis of Stickiness, *Organizational Behavior and Human Decision Processes*, Vol. 82, No. 1, pp.9-27, 2000.

Teece, D.J., Capturing Value from Knowledge Assets: The New Economy, Markets for Know-How, and Intangible Assets, *California Management Review*, 40, pp.55-79, 1998.

Teece, D.J., Profiting from technological innovation: Implications for integration collaboration, licensing and public policy, In D. J. Teece, *The Competitive Challenge*. Ballinger, Cambridge, MA, pp.185-219, 1987.

Teece, D.J., The Market for Know-How and the Efficient International Transfer of Technology, *Annuals of the American Association of Political and Social Sciences*, November, pp.81-86, 1981.

Teece, D.J., Technology by Multinational Firms: The Resource Cost of Transferring Technological Know-How, *The Economic Journal*, Vol. 87, No. 346, Jun., pp.242-261, 1977.

Thomas E. et al., *Knowledge Diffusion in the U.S. Aerospace*, chapter 5, Ablex Publishing Corporation, 1997.

Thursby, J.G. and Kemp, S., Growth and productive efficiency of university intellectual property licensing, *Research Policy*, pp.109-124, 2002.

Tiwari, R. and S. Buse, Barriers to innovation in SMEs: Can the internationalization of R&D

Mitigate their effects?, Proceedings of the first European conference on knowledge for growth: role amd dynamics of corporate R&D, Seville, Spain, October 8-9, 2007.

Tsang, E.W.K., The Implementation of Technology Transfer in Sino-foreign Joint Ventures. *International Journal of Technology Management*, 10,7/8, pp.757-766, 1995.

Van de Ven, A., Central problems in the management of innovation, *Management Science* 32, pp.590-607, 1986.

Vincenti, W.G., *Technological Knowledge without Science: The Innovation of Flush Riveting in American Airplanes, ca. 1930-ca.1950*, the Society for the History of Technology, 1984.

Von Hippel, E., *The Source of Innovation*, Cambridge: MIT Press, 1988.

Vossen, R.W., Research note—Relative strengths and weaknesses of small firms in innovation. *International Small Business Journal*, 16(3), pp.88-94, 1998.

Vrande V Van de et al., Open innovation in SMEs: Trends, motives and management challenges, *Technovation 29*, pp.423-437, 2009.

Weber, M., *On Charisma and Institution Building*. University of Chicago Press, Chicago, IL., 1968.

Wheelwright, P.E., *The presocratics*. New York: The Odyssey Press, 1966.

White, L., "Pumps and Pendula: Galileo and Technology," in *Galileo Reappraised*, Carlo L.Golino (Berkeley and Los Angeles), pp.99-100, 1966.

Willoughby, K.W., *Technology choice a critique of the appropriate technology movement*. Boulder and San Francisco: Westview Press, 1990.

Winter, S.G., Knowledge and Competence as Strategic Assets, in *The Competitive Challenge-Strategies for Industrial Innovation and Renewal*, Cambridge, MA: Ballinger, 1987.

Winter, S.G., The research program of the behavioral theory of the firm: Orthodox critique and evolutionary perspective. In B. Gilad and S. Kaish, *Handbook of Behavioral Economics*, Vol. A. JAI Press. Greenwich, CT, pp.151-188, 1986.

Wyatt, J.C., Management of explicit and tacit knowledge, *Journal of the Royal Society of Medicine*, Vol. 94, January, 2001.

Yin, R.K, *Case Study Research: Design and Methods* (2nded.). Newbury Park, CA: Sage Publications, 1994.

Zilsel, E., The Sociological Roots of Science, *American Journal of Sociology*, 1942.

Zulkepli et al., Communication and service innovation in small and medium enterprises(SMEs), *Procedia-Social and Behavioral Sciences 211*, pp.437-441, 2015.

찾아보기

[저 자 약 력]

● 박검진(朴儉鎭, ✉ b02270@hanmail.net)

　　단국대학교 전자공학과를 졸업하고, 동 대학교 대학원 전자공학과에서 공학석사 학위를 취득했다. 6개월 석사장교(9기)를 만기제대하고, 한국기술교육대학교에서 기술경영학(MOT) 박사학위를 취득했다. LG반도체 특허협상팀 팀장, 하이닉스반도체 특허분석팀 차장, 매그나칩반도체 특허팀 팀장과 특허청파견으로 호서대학교 특허관리어드바이저를 거쳐서 현재 한국기술교육대학교 산학협력단 교수, (주)콜라보기술경영연구소 대표이사로 재직중이다.

　　주요 외부 활동으로 충청남도 기술사업화 평가위원(2022~), 한국실천공학교육학회 지재권 분과 위원장(2015~), 전자신문 IP노믹스 객원기자(2016~), 충남 천안시 전략산업 육성위원회 위원(2017~), 한국전자정보통신산업진흥회 특허분쟁 전문위원(2007~), 대덕특구본부 기술사업화 평가위원(2007~), 한국발명진흥회 특허강사(2007~), 충남북부상공회의소 특허맵평가위원(2007~), 충남 및 광주 테크노파크기술사업화 평가위원(2015~) 등이 있으며, 칼럼으로 중앙일보와 한국대학신문 그리고 전자신문 기고 외 다수, 외부 특허 강연으로 기업과 대학 방문교육 다수가 있다.

　　주요 저술활동으로 "국내 ICT산업에서 전략특허를 확보하기 위한 실무적 접근 방안(박검진 · 김병근, 한국산업재산권법학회, 2009)", "우리나라 대학의 특허창출과 기술이전성과에 영향을 주는 요인 연구(박검진 외 2인, 한국산업재산권법학회, 2011)"가 있으며, 단행본 집필로는 「특허의 허와실–기업에서 체득한 특허 이야기(2006)」, 「기술이전 특론–암묵적 지식과 특허 · 혁신(2018)」이 있다.

지식 오케스트라

2023년 2월 10일　초판 인쇄
2023년 2월 20일　초판 1쇄발행

저　자　박　　　검　　　진
발행인　배　　　효　　　선

발행처　도서
　　　　출판　　法　文　社

주 소　10881　경기도 파주시 회동길 37-29
등 록　1957년 12월 12일 / 제2-76호(윤)
전 화　(031)955－6500~6　Fax (031)955－6525
e-mail(영업) : bms@bobmunsa.co.kr
　　(편집) : edit66@bobmunsa.co.kr
홈페이지 http : //www.bobmunsa.co.kr

조 판　(주)성　지　이　디　피

정가　27,000원　　　　　ISBN 978-89-18-91381-0